Eduardo Alcócer Povis

La reincidencia como agravante de la pena

Eduardo Alcócer Povis

La reincidencia como agravante de la pena

Consideraciones dogmáticas y de política criminal

PUBLICIA

Imprint
Any brand names and product names mentioned in this book are subject to trademark, brand or patent protection and are trademarks or registered trademarks of their respective holders. The use of brand names, product names, common names, trade names, product descriptions etc. even without a particular marking in this work is in no way to be construed to mean that such names may be regarded as unrestricted in respect of trademark and brand protection legislation and could thus be used by anyone.

Cover image: www.ingimage.com

Publisher:
PUBLICIA
is a trademark of
International Book Market Service Ltd., member of OmniScriptum Publishing Group
17 Meldrum Street, Beau Bassin 71504, Mauritius

Printed at: see last page
ISBN: 978-620-2-43053-1

Zugl. / Aprobado por: Barcelona, Universidad Pompeu Fabra, Tesis Doctoral, 2017

LA REINCIDENCIA COMO AGRAVANTE DE LA PENA

CONSIDERACIONES DOGMÁTICAS Y DE POLÍTICA CRIMINAL

EDUARDO GIANCARLOS ALCOCER POVIS

PRÓLOGO

Dr. Dr. h.c. mult. Jesús-María Silva Sánchez

A mi mami Juana, por todo su amor.
Desde aquí hasta el cielo.

AGRADECIMIENTOS

Debo agradecer a Dios, por permitir que este trabajo haya llegado hasta aquí. Y a mi mami Juana, con quien literalmente aprendí a leer, sumar, restar y, sobre todo, a luchar. Ella, cuando pudo, siempre me brindó palabras de aliento y protección, en especial, cuando tuve que alejarme del Perú. Por todo, a ella, a su memoria, dedico este trabajo. Debo agradecer también a mis padres, Carlos e Inés, quienes a pesar de las dificultades supieron brindarme una buena educación. Ellos son para mí un ejemplo de unión, amor y superación. Este libro es también producto de su sacrificio. Asimismo, quiero agradecer a mi esposa, Rosa, por su apoyo y comprensión. Cualquier palabra no será suficiente para retribuir su respaldo en los tiempos duros. Sin ella, este trabajo muy difícilmente habría llegado a ver la luz. Su compañía es para mí una permanente bendición.

Deseo agradecer a mi maestro y amigo, el Prof. Dr. Jesús-María Silva Sánchez, por haber aceptado dirigir la tesis doctoral que ahora se publica y, sobre todo, por creer en mí. Sus consejos, su paciencia y su tiempo son regalos que siempre he de valorar. Espero que este trabajo responda a la confianza brindada. Agradezco también a mi querido amigo y maestro, Prof. Arsenio Oré Guardia. Con su ejemplo aprendí que para ser un buen abogado, primero hay que ser una buena persona. Su invalorable apoyo no solo hizo posible que pueda culminar la presente investigación, sino también que pueda emprenderla.

Agradezco los comentarios y recomendaciones de los Dres. Ángel Sánz Morán, Pablo Sánchez-Ostiz y Ramón Ragués i Vallès, quienes formaron parte del tribunal que evaluó la tesis doctoral que en esencia ahora se publica. También quiero expresar mi gratitud a los Profs. Dres. Eduardo Oré Sosa, Percy García Cavero, José Caro John, Ricardo Robles Planas y David Felip i Saborit, con quienes pude intercambiar ideas y dudas durante el desarrollo de la investigación. Vaya también mi agradecimiento a mi amigo Douglas Borges, por sus valiosas apreciaciones al trabajo.

Quiero agradecer a todas aquellas personas que supieron darme la oportunidad de acercarme al Derecho penal desde mis estudios de pregrado en el Perú. En especial, a los Profs. Mario Rodríguez Hurtado, Dino Carlos Caro Coria y Luis Alberto Bramont-Arias Torres.

A mis amigos, del extranjero y de mi país, debo agradecerles por todo su aprecio y consideración. En especial, a mis amigos que forman y formaron parte del Estudio Oré Guardia. También quiero hacer mención a aquellos con quienes compartí los días y noches en la Biblioteca de la Universidad Pompeu Fabra durante las incursiones que tuve en

Barcelona para terminar este trabajo (Milton Velásquez, Jesús Becerra, Rodrigo Silva, Camilo Quintero, Ana María Henao, Indira Latorre, Felipe Rey, Sergio Carreño, Rocci Bendezú, Gustavo Zavala, Luz María Núñez, Wilson Martínez, Rolando Márquez, Carlos Vásquez, entre otros amigos a quienes extiendo las disculpas del caso por la omisión). Con ellos me sentí más cerca de los míos.

PRÓLOGO

Es normal que al hablar de Rosa, de Lima, todo el mundo piense en Santa Rosa de Lima, la primera santa de América, la patrona del Perú, de América y de las Filipinas. Yo también. Sin embargo, las palabras "Rosa" y "de Lima" están asociadas en mi mente, asimismo, a Rosa, la esposa de Eduardo Alcócer. Sí, ya sé que puede parecer una excentricidad iniciar el prólogo de la obra de un marido aludiendo a su esposa. O no. Las mujeres son admirables en su capacidad de hacer varias –muchas– cosas a la vez; y en hacerlas muy bien. Desarrollar su propia carrera profesional, gestionar la administración del hogar, atender a los hijos y hasta cuidar del esposo –muchas veces, un hijo más; tal es nuestra flaqueza– constituyendo el pilar en el que se sustenta la familia. Cuando, además, el marido invierte meses y años en la elaboración de su tesis doctoral, esa condición de piedra angular de Rosa aún se ve más resaltada.

Rosa... y Eduardo. Eduardo Alcócer es un hombre de ideas firmes. Gran abogado y docente, hace años decidió emprender la ardua labor de investigar nada más y nada menos que la reincidencia. Para ello, viajó a Barcelona y se incorporó al grupo de investigación que dirijo en la Universidad Pompeu Fabra. Luego, Lima/Barcelona y Barcelona/Lima, y cruzando el charco una y otra vez, hasta que su esfuerzo concluyó felizmente con la defensa de su tesis doctoral. Todo ha valido la pena, ciertamente.

La reincidencia –debe indicarse– es sin duda la más discutida agravante de la responsabilidad criminal y asimismo constituye una de las instituciones más complejas de la teoría del delito. De ella se ha cuestionado prácticamente todo: el fundamento de la agravación de la pena que conlleva, su ubicación sistemática en las categorías de la teoría del delito, su carácter de agravante obligatoria o facultativa, su propia conformidad con la Constitución.[1] Consciente de todas estas dificultades, el Dr. Alcócer asume la tarea, en primer lugar, de recapitular el estado de la discusión; en segundo lugar, de confrontarlo con los principios constitucionales; y, en tercer lugar, de reconstruir una configuración de la reincidencia que sea conforme con la Constitución. Algo que, a su juicio, no cumpliría la *lex lata*, ni la española, ni la peruana. De ahí que la obra que tengo el gusto de presentar concluya con una interesante propuesta *de lege ferenda* que los legisladores harían muy bien en considerar.

---

[1] Cfr. recientemente los trabajos de *Sanz Morán* y *Palermo*, en: Sanz Morán/ Sánchez Lázaro/ Palermo/ Mañalich/Maldonado Fuentes (coord.), Reincidencia y concurso de delitos. Reiteración delictiva, BdeF, Buenos Aires/Montevideo, 2016.

Esta opción le lleva a separarse del sector de la doctrina que sostiene que la reincidencia –cualquier regulación que asigne un efecto agravatorio a la concurrencia de reincidencia– es inconstitucional. Más bien se sitúa en el ámbito de la Recomendación del Consejo de Europa, que lo único que excluye es la apreciación automática de la agravante. Por otro lado, en el marco de la contienda sobre los fundamentos de la agravación de la pena por reincidencia (una mayor peligrosidad[2], una mayor culpabilidad[3], un mayor injusto expresivo-simbólico[4]), Eduardo Alcócer se inclina por exigir acumulativamente todos estos requisitos, de modo que el incremento de pena que implica la apreciación de reincidencia quede especialmente reforzado. Su pretensión es a primera vista modesta, pero llena de sentido práctico; no pretende construir una doctrina abolicionista, ni legitimadora de la institución. Se "conforma" con reducir los espacios de arbitrariedad, esto es, de puro decisionismo (o automatismo) en la aplicación de la agravante, exigiendo de los jueces una motivación específica de la concurrencia de los elementos determinantes de su apreciación.

La propuesta del Dr. Alcócer es, naturalmente, discutible. Su método de reducir teleológicamente el alcance de la agravante es, sin embargo, el adecuado desde una perspectiva que opta por su mantenimiento explícito o implícito en nuestro sistema de reglas de agravación de la responsabilidad penal y, en última instancia, de la pena. En realidad, desde que Feuerbach escribiera, ¡en 1800! Su estudio "*Ueber die Strafe als Sicherungsmittel vor künftigen Beleidigungen des Verbrechers*", la gran discusión sobre la reincidencia no ha sido otra que la que tiene por objeto decidir cómo ha de reaccionarse frente a ella. Si con un medio de naturaleza contrafáctica (incremento de pena) o, por el contrario, con un refuerzo cognitivo (medida de seguridad). Las leyes "*three strikes*" [5] son un ejemplo norteamericano de lo primero; las leyes contra los "depredadores sexuales" son

---

[2] Y, por tanto, una mayor necesidad preventivo-especial de pena. Cfr., por ejemplo, *Choclán Montalvo*, Individualización judicial de la pena, 1997, p. 196.

[3] Críticamente sobre esta doctrina ampliamente dominante *Haffke*, Reincidencia y medición de la pena, en: Schünemann (ed.), El sistema moderno del Derecho penal: cinco cuestiones fundamentales, 1991, pp. 179 y ss., 186 y ss., subrayando los problemas empíricos de esta opción y planteando que aquí, en realidad, tiene lugar una solución de tipo adscriptivo.

[4] Entendiendo que este es el fundamento de la reincidencia de *lege lata*, pero crítico con el mantenimiento de esta institución, *Mir Puig*, Sobre la constitucionalidad de la reincidencia en la jurisprudencia del Tribunal Supremo y del Tribunal Constitucional, ADPCP 1993, pp. 1139 y ss., 1145.

[5] Sobre las leyes "*three strikes*" en Estados Unidos, que incorporan el conocido principio "*three strikes and you're out*", cfr. *Grasberger*, "Three Strikes and You Are Out". Zu neuen Strafzumessungsansätzen bei Wiederholungstätern, ZStW 110 (1998), pp. 796 y ss. En nuestra lengua, cfr. el comentario de *Castiñeira/ Ragués*, Three Strikes. El principio de proporcionalidad en la Jurisprudencia del Tribunal Supremo de los Estados Unidos, RDPC 14/ 2004, pp. 59 y ss.

el ejemplo norteamericano de lo segundo.[6] Desde hace un cuarto de siglo, el conocido penalista norteamericano Paul H. Robinson lleva sosteniendo reiteradamente que la peligrosidad del delincuente no debe considerarse como agravante de pena, sino únicamente en la decisión sobre la imposición de medidas de seguridad.[7] Creemos que, como principio, tiene toda la razón. Sin embargo, el gran problema práctico que se suscita es que la reiteración delictiva y la propia habitualidad en delitos de menor gravedad (por ejemplo, todos los patrimoniales) difícilmente puede permitir la fundamentación de la imposición de una medida privativa de libertad de modo adicional a la pena. Quizá sería entonces el momento de plantear medidas de libertad vigilada adicionales a la imposición de una pena escrupulosamente ajustada a la culpabilidad por el (segundo, tercer) hecho. Eso no significaría desatar, sino cortar el nudo de la reincidencia. Y probablemente las cosas tengan que ir por ahí. Pero no es seguro que los cuerpos legislativos de nuestros países estén preparados –menos todavía en el tsunami de populismo punitivo que seguimos soportando– para este paso.

En este contexto realista, el trabajo de Eduardo Alcócer constituye un intento muy serio de restringir la práctica judicial expansiva en la aplicación de la agravante. El texto refleja lo que entiendo que son las grandes virtudes del Dr. Alcócer: su capacidad de estudio, su perseverancia, su voluntad de huir de lo fácil o de lo demagógico (muy presente también en el mundo académico) para pisar de modo pausado y seguro un terreno firme sostenido por argumentos sólidos. Es para mí un motivo de gran satisfacción y un honor haber podido contribuir modestamente a que la ciencia penal peruana cuente con un nuevo doctor de las características académicas y personales de Eduardo. Se hace querer, de verdad. Y, como dicen en mi tierra castellana: "Algo tendrá el agua, cuando la bendicen".

Jesús-María Silva Sánchez

---

[6] Cfr. sobre posibles métodos de reacción *Greenwood/Abrahamse*, Selective Incapacitation, 1982; un resumen de los criterios de Greenwood puede hallarse en *von Hirsch/ Ashworth (ed.)*, Principled Sentencing, 1992, p. 163, nota 5.

[7] *Robinson*, Foreword: the Criminal-Civil Distinction and Dangerous Blameless Offenders, en The Journal of Criminal Law & Criminology 83 (1993), No. 4, pp. 693 y ss.

RESUMEN

La reincidencia, como agravante de la pena, es uno de los temas más polémicos en el campo académico. Su validez ha sido puesta en cuestionamiento desde diversas perspectivas, tanto desde la dogmática como desde una visión político criminal. No obstante las críticas, en el presente trabajo se pretende justificar su desarrollo en los ordenamientos jurídico penales, proponiendo criterios normativos que coadyuven a delimitarla. De esa manera, el análisis dogmático realizado de la agravante no se aleja de la realidad ni de los fines que, legítimamente, se busca alcanzar con ella.

ABSTRACT

Recidivism, as an aggravator of penalty, is one of the most controversial issues in the academic field. Its validity has been questioned from different perspectives, both from dogmatic and from a criminal political vision. Despite these critiques, the present work aims to justify its development in criminal legal systems, proposing regulatory criteria that help to put limits on its application. Thus, our dogmatic analysis of this aggravator is not far from reality neither from the purposes that, legitimately, are sought with it.

CONTENIDO

CONTENIDO IX

ABREVIATURAS XII

INTRODUCCIÓN XIV

CAPÍTULO I 18

FUNDAMENTOS DE LA REINCIDENCIA COMO AGRAVANTE DE LA PENA 18

I.1 CONCEPTO 18

I.2 CONSIDERACIÓN ACERCA DE LOS FUNDAMENTOS DE LA REINCIDENCIA COMO AGRAVANTE DE LA PENA 19

A. Apunte previo: el papel del injusto y la culpabilidad en el momento de la determinación judicial de la pena 19
B. La reincidencia como expresión de un mayor injusto 23
a. El injusto 23
b. El mayor injusto como fundamento de la reincidencia 26
C. La mayor culpabilidad del reincidente 34
a. La culpabilidad 34
b. La mayor culpabilidad como fundamento de la reincidencia 36
D. La insuficiencia de la pena anteriormente impuesta 45
E. La peligrosidad del reincidente 47
a. La peligrosidad 47
b. La peligrosidad como sustento de la mayor pena al reincidente 53
F. La reincidencia y los fines de la pena 62
a. Apunte previo 62
b. Sobre los fines legitimadores de la pena 63
i. La teoría absoluta de la pena 64
- Aspectos generales 64
- El fin retributivo de la pena y la reincidencia 68
ii. Teorías relativas 68
- Aspectos generales sobre el fin preventivo general de la pena 70
- El fin preventivo general de la pena y la reincidencia 73
- Aspectos generales sobre el fin preventivo especial de la pena 75
- El fin preventivo especial de la pena y la reincidencia 78
iii. Teorías mixtas 80
iv. Toma de postura 81

I.3 TOMA DE POSTURA 85

a. Cuestiones de merecimiento de pena 85
b. Cuestiones de necesidad de pena 96

c. Criterios para la cuantificación de la pena al sujeto reincidente 106
d. Propuesta normativa 112

CAPÍTULO II 116

ASPECTOS CONSTITUCIONALES DE LA AGRAVANTE DE REINCIDENCIA 116

II.1 APUNTE PREVIO 116
II.2 LA AGRAVANTE DE LA REINCIDENCIA Y SU VALIDACIÓN CONSTITUCIONAL 117
A. EL PRINCIPIO DE *NE BIS IN IDEM* 117
a. Planteamiento del problema 117
b. Aborde conceptual 118
c. La prohibición del *bis in idem* y la reincidencia 122
B. EL PRINCIPIO DE CULPABILIDAD 125
a. Planteamiento del problema 125
b. Aborde conceptual 125
c. El principio de culpabilidad por el hecho y la reincidencia 127
C. EL PRINCIPIO DE PROPORCIONALIDAD 132
a. Planteamiento del problema 132
b. Aborde conceptual 132
c. El principio de proporcionalidad como límite al *ius puniendi* del Estado 135
d. El principio de proporcionalidad y la reincidencia 139
D. LA TUTELA JUDICIAL EFECTIVA 142
a. Planteamiento del problema 142
b. Análisis conceptual 142
c. La tutela judicial efectiva y la reincidencia 144
E. EL PRINCIPIO DE LESIVIDAD 146
a. Planteamiento del problema 146
b. Aborde conceptual 147
c. El principio de lesividad y la reincidencia 148
F. EL PRINCIPIO DE RESOCIALIZACIÓN 150
a. Planteamiento del problema 150
b. Aborde conceptual 150
c. El principio de resocialización y la reincidencia 152
G. LA PRESUNCIÓN DE INOCENCIA 154
a. Planteamiento del problema 154
b. Análisis conceptual 154
c. La presunción de inocencia y la reincidencia 157
II.3. EXCURSO: EL REINCIDENTE COMO ENEMIGO 158
A. APUNTE PREVIO 158
B. DELIMITACIÓN DEL CONCEPTO DE PERSONA-ENEMIGO 160
C. POSTURA PERSONAL 165
II.4. BALANCE 168

CAPÍTULO III 171

LA REGULACIÓN NORMATIVA DE LA REINCIDENCIA EN ESPAÑA Y EN EL PERÚ 171

III.1 APUNTE PREVIO 171

III.2. BREVE REFERENCIA A LA REGULACIÓN ESPAÑOLA SOBRE LA REINCIDENCIA 171

III.3 BREVE REFERENCIA A LA REGULACIÓN PERUANA SOBRE LA REINCIDENCIA 196

III.4. RESUMEN 220

III.5 EXCURSO: BREVE REFERENCIA A LA LEGISLACIÓN ITALIANA, ALEMANA Y DE LOS ESTADOS UNIDOS DE NORTEAMÉRICA SOBRE LA REINCIDENCIA 221

A. El modelo italiano 221

B. El modelo alemán 225

C. El modelo norteamericano 234

CONCLUSIONES 241

BIBLIOGRAFÍA 247

JURISPRUDENCIA CITADA 282

ABREVIATURAS

AED	Análisis Económico del Derecho
AJ	*Revista Actualidad Jurídica*
ADPCP	*Anuario de Derecho penal y Ciencias Penales*
art./arts.	Artículo/artículos
CIDH	Corte Interamericana de Derechos Humanos
CEDH	Convención Europea de Derechos Humanos
CDJP	*Cuaderno de Doctrina y Jurisprudencia Penal*
CDP	*Cuadernos de Derecho Público*
CP	Código Penal
CPC	*Cuadernos de Política Criminal*
comp.	Compilador
CoPC	Código Procesal Constitucional
coord./coords.	Coordinador/coordinadores
CdePP	Código de Procedimientos Penales
Crim. Law and Philos.	*Criminal Law and Philosophy*
dir./dirs.	Director (a)/ directores
D. Leg.	Decreto Legislativo
D. Ley	Decreto Ley
ed./eds.	Editor (a)/editores
EPC	*Estudios Penales y Criminológicos*
INPE	Instituto Nacional Penitenciario del Perú
JC	*Jus Constitucional*
JD	*Jueces para la Democracia*
J. Crim. L. & Criminology	*Journal of Criminal Law and Criminology*
LECrim	Ley de Enjuiciamiento Criminal español
LO	Ley Orgánica
LOGP	Ley Orgánica General Penitenciaria
LORPM	Ley Orgánica de Responsabilidad Penal de Menores
nº/núm.	Número
PPIC	*Public Policy Institute of California*

Punishment & Society	*Punishment and Society: The International Journal of Penology*
R.N.	Recurso de Nulidad
Rec.	Recurso
RD	Real Decreto
RECPC	*Revista Electrónica de Ciencia Penal y Criminología*
RDP	*Revista de Derecho penal*
RDPC	*Revista de Derecho penal Contemporáneo*
RDPP	*Revista de Derecho y Proceso Penal*
RJUAM	*Revista Jurídica de la Universidad Autónoma de Madrid*
RJL	*Revista Jurídica La Ley*
RJP	*Revista Jurídica del Perú*
RNDP	*Revista Nueva Doctrina Penal*
RPCP	*Revista Peruana de Ciencias Penales*
RPDJP	*Revista Peruana de Doctrina y Jurisprudencia Penales*
RPE	*Revista Pena y Estado*
ROSEP	Red de Organizaciones Sociales del Entorno Penitenciario
SPACE	Estadísticas Penales Anuales del Consejo de Europa
STC/SSTC	Sentencia del Tribunal Constitucional/Sentencias del Tribunal Constitucional
STEDH	Sentencia del Tribunal Europeo de Derechos Humanos
STS/SSTS	Sentencia del Tribunal Supremo/Sentencias del Tribunal Supremo
Themis	*Themis. Revista de Derecho*
TEDH	Tribunal Europeo de Derechos Humanos
Va. L. Rev.	*Virginia Law Review*
vol.	Volúmen

INTRODUCCIÓN

1. En la actualidad, somos testigos del efecto expansivo del Derecho penal, cuya principal característica ha sido la flexibilización y, en algunos casos, la anulación de los principios del Derecho penal clásico. Al respecto, existe un sector de la doctrina que justifica y promueve este tipo de medidas basadas en criterios de eficiencia y excepcionalidad. De otro lado, un importante sector de la doctrina cuestiona la legitimidad de una política criminal que endurece las reglas del Derecho penal. Es en ese contexto en el que se pretende ubicar académicamente –con implicancias prácticas– el tema que es objeto de investigación y cuyo contenido se presenta a continuación: *La reincidencia como agravante de la pena.* La reincidencia es una de las figuras tradicionales de agravación de la sanción penal y también una de las más polémicas[8]. A pesar de que existen tesis que promueven su abolición[9] y otras su

[8] El TC español, en la STC n° 150/1991, indicó que la reincidencia es "una de las instituciones más controvertidas, tanto en lo que se refiere a su naturaleza jurídica como a su fundamentación y razón de los efectos que produce". Hoy, la situación no ha cambiado. En efecto, a pesar de su antigüedad, en los últimos años se ha reforzado el debate en torno a la delimitación de su contenido, su alcance normativo, sus fundamentos, su legitimidad constitucional y su idoneidad para hacer frente a la necesidad social de seguridad. Cfr. AGUDO FERNÁNDEZ, Enrique, *El principio de culpabilidad y la reincidencia en el Derecho español,* Granada, 2005; GUISASOLA LERMA, Cristina, *Reincidencia y delincuencia habitual*, Valencia, 2008; AGUADO LÓPEZ, Sara, *La multirreincidencia y la conversión de faltas en delito. Problemas constitucionales y alternativas político criminales*, Madrid, 2008; MONGE FERNÁNDEZ, Antonia, *La circunstancia agravante de la reincidencia desde los fundamentos y fines de la pena*, Barcelona, 2009; entre otros autores.

[9] MIR PUIG sostiene que es constitucionalmente inconveniente agravar la pena a una persona por reincidir. Cfr. MIR PUIG, Santiago, *Derecho penal. Parte General*, 10ª edición, Barcelona, 2016, p. 638. Por ello, se afirma que tal agravante debería suprimirse o, por último, hacerse facultativa. Cfr. MIR PUIG, Santiago, "Sobre la constitucionalidad de la reincidencia en la Jurisprudencia del Tribunal Supremo y del Tribunal Constitucional", en *ADPCP* (3), 1993, p. 1151. GONZÁLEZ-CUELLAR considera que la existencia de múltiples propuestas que pretenden justificar la agravante de reincidencia es muestra de que esta carece de fundamento. Cfr. GONZÁLEZ-CUELLAR GARCÍA, Antonio, "La reincidencia", en COBO DEL ROSAL, Manuel (dir.), BAJO FERNÁNDEZ, Miguel (coord.), *La reforma del Código penal de 1983*, tomo V, vol. 1, Madrid, 1985, pp. 547 y ss. Se afirma que los defensores de la teoría abolicionista estiman que el delito es un acontecimiento objetivo desvinculado de su autor. Por ello, al imponer la pena correspondiente al delito, el hecho queda retribuido y, por tanto, satisfecha la deuda con la sociedad. Cfr. MIRAVET HOMBRADOS, Miguel, *La reforma del Código Penal en general y el tratamiento de la reincidencia en particular*, Valencia, 1983, pp. 5 y ss. Además, sostiene BESIO que "es posible constatar en la dogmática española una fuerte tendencia que se alinea en el sentido de sostener como propuesta de *lege ferenda* la eliminación de la agravante de reincidencia del catálogo del art. 22 CP, reemplazando su valoración (la valoración de las condenas anteriores) como un antecedente más a considerar al interior del factor real de circunstancias personales del condenado. Dicha tendencia, en general, se justifica en la medida de los problemas que presenta dicha agravante, tanto desde un punto de vista dogmático como político criminal resultarían en buena medida irresolubles". BESIO HERNÁNDEZ, Martín, *Los criterios legales y judiciales de individualización de la pena*, Valencia, 2011, p.

atenuación[10], lo cierto es que se trata de una figura consolidada en diversas legislaciones. Su puesta en vigencia normativa en diversos países inició o reinició, según sea el caso, el debate acerca de sus fundamentos y de sus límites.

2. Son diversas las posturas en torno al fundamento de la reincidencia como agravante de la pena. Algunos consideran que la mayor sanción se explica en la mayor culpabilidad del reincidente, otros en su peligrosidad, algunos en el mayor injusto cometido; también se han planteado propuestas explicándola tanto en razón de la insuficiencia de la sanción anteriormente impuesta como relacionándola con los fines que debe cumplir la pena; entre otras ideas. En fin, resulta importante hacer un repaso de las mismas, desde una perspectiva tanto descriptiva como crítica. En este trabajo se realizará tal análisis y se buscará explicar el fundamento de la reincidencia desde el merecimiento y la necesidad de pena. Es decir, aceptando la agravación del injusto culpable en virtud del nuevo hecho criminal realizado por un sujeto que, normativamente, representa un peligro actual para la sociedad. Se explicará, además, que al Estado, a pesar de su ineficiencia (en muchos países el Estado no brinda al condenado las condiciones necesarias para su resocialización), se le exige desvalorar proporcionalmente tal situación, con el propósito de legitimar el sistema y desincentivar la producción de este tipo de comportamientos. Más aún

---

437. Asimismo, DEMETRIO considera que lo deseable hubiera sido abolir esta circunstancia por las dudas de constitucionalidad que presenta, toda vez que "su compatibilidad con el principio de culpabilidad por el hecho es absolutamente discutible". DEMETRIO CRESPO, Eduardo, *Prevención general e individualización judicial de la pena*, 2ª edición, Buenos Aires-Montevideo, 2016, p. 404. También, MARÍN DE ESPINOSA afirma que el fundamento de la agravante de reincidencia sería la mera posibilidad de iniciación del hábito de cometer delitos semejantes. Para dicha autora, tal fundamento es insuficiente y propone la supresión del agravante del ordenamiento jurídico español. Cfr. MARÍN DE ESPINOSA CEBALLOS, Elena B., *La reincidencia: tratamiento dogmático y alternativas político criminales*, Granada, 1999, pp. 194 y 380. En esa línea, CARUSO sostiene que a pesar de la tendencia histórica de utilizar la reiteración delictiva para agravar la condena, "no deberíamos ceder a la tentación de considerar a la reincidencia como una circunstancia agravante, ya que esta concepción no encuentra fundamento alguno". CARUSO FONTÁN, María Viviana, *El delincuente imputable y peligroso. Cuestiones de política criminal*, Valencia, 2014, p. 155.

[10] Quienes consideran que la reincidencia es una circunstancia atenuante, afirman que el sujeto actúa con menor libertad y menor conciencia del mal causado, porque su imputabilidad se encuentra disminuida. En ese sentido, VON HIRSCH menciona que por el primer delito cometido, el juez deberá reducir la pena al condenado. Y esa reducción disminuirá "gradualmente", en la medida que la persona tenga más condenas. De esta forma, la pena por el segundo delito también será reducida. Luego de cometido el tercer delito, se impondrá la pena correspondiente por el hecho criminal realizado. VON HIRSCH, Andrew, "Proporcionality of sentence and the role of previous convictions", en SCHULZ, Lorenz (ed.), *Festschrift für Imme Roxin*, Freiburg, 2012, pp. 155 y ss.

si se tiene en cuenta que el condenado es un sujeto de la sanción, no un objeto de ella.

3. También se abordará, a modo de aproximación, la discusión que se tiene sobre la constitucionalidad de la reincidencia. Se ha dicho que la aplicación de esta agravante supone la vulneración de la prohibición del *bis in idem*, al determinarse el monto de la pena tomando en consideración un hecho que anteriormente fue sancionado. También se critica que con la reincidencia, el Estado impone una sanción más grave con base en la sola "personalidad" del agente y no en virtud del comportamiento que dicho sujeto haya realizado. Se afirma que estamos ante una ilegítima expresión de un Derecho penal de autor (se le sanciona por lo que es) o del ánimo (se le sanciona por lo que parece ser). Aun, se indica que dicha presunción de peligrosidad podría afectar al derecho a la tutela judicial efectiva si es que no se – brinda al ciudadano sometido al proceso la posibilidad de fundamentar la inexistencia de dicho riesgo. Por otro lado, el principio de proporcionalidad también ha sido puesto en tela de juicio, señalándose que con la reincidencia la cantidad de pena supera el daño efectivamente ocasionado. No solo ello, también se afirma que la sanción más grave carece en este caso de legitimidad, por no sustentarse en una real afectación a un bien jurídico.

4. En el presente estudio se hará hincapié en los criterios que nos permitirán establecer la legitimidad de la reincidencia como agravante de la pena. Este análisis se hará, en gran medida, sobre la figura entendida en abstracto y no se sujetará a algún ordenamiento legal en particular (no obstante, se hará una evaluación necesaria de la legislación española y peruana sobre la materia). A propósito de ello, en el capítulo III se hará un repaso a la actual regulación normativa, en España y en el Perú, de esta tradicional agravante que, por su actual diseño, no está libre de crítica.

En sí, la metodología de este trabajo tiene como punto de partida el análisis dogmático de la reincidencia. Se pretende que la propuesta teórica que se expone a lo largo de este estudio (se postulan criterios normativos para delimitar la aplicación de la agravante) sirva para racionalizar su utilización[11]. Y es que, finalmente, "una buena ley" o su estudio no significan nada si los operadores de justicia no actúan en

[11] Se pretende que la dogmática esté dirigida a la consecución de los fines sociales que se persiguen a través del Derecho penal. Cfr. ROXIN, Claus, "El nuevo desarrollo de la dogmática jurídico penal en Alemania" (trad. Robles Planas y Coca Vila), en *InDret* (4), 2012, pp. 4 y ss. Las proposiciones dogmáticas están orientadas al "norte del 'Derecho correcto'". SILVA SÁNCHEZ, Jesús-María, *Aproximación al Derecho penal contemporáneo*, 2ª edición, Buenos Aires-Montevideo, 2010, p. 279.

coherencia con los principios político criminales que inspiran a un orden social y democrático de Derecho.

5. Con todo, dar una nueva mirada a la reincidencia, como agravante de la pena, resulta necesario[12]. Se trata de un tema de profundo interés académico y de clara importancia práctica. Con el presente trabajo se pretende defender su inclusión en los ordenamientos jurídico penales y brindar parámetros para describir razonablemente sus límites.

Lima, febrero de 2017

[12] De acuerdo a la investigación realizada por el Centro de Estudios Jurídicos y Formación Especializada de la Generalitat de Catalunya, la tasa de reincidencia penitenciaria en la Comunidad catalana en el año 2014 es del 30,2%. Es decir, tres de cada diez personas excarceladas han vuelto a la prisión en los cinco años posteriores de seguimiento. GENERALITAT DE CATALUNYA, *Tasa de reincidencia penitenciaria 2014*, Barcelona, 2015, pp. 236 y ss. De otro lado, en el Perú, de acuerdo a la información brindada por el INPE/Unidad de Estadística (Informe emitido en febrero de 2015), de 72,592 presos, 12,122 son reincidentes. Es decir, el 16,7% aproximadamente. Este estudio no tomó en consideración los casos de personas que volvieron a cometer un delito luego de haber sido sancionados con una pena de ejecución suspendida.

CAPÍTULO I

FUNDAMENTOS DE LA REINCIDENCIA COMO AGRAVANTE DE LA PENA

I.1 CONCEPTO

En su sentido literal, reincidir significa 'recaer' o 'repetir'. En su sentido jurídico, el contenido de dicho concepto lo delinea el trabajo legislativo, por lo que debe acudirse al Derecho positivo para entenderlo. No obstante, la doctrina ha ensayado definiciones de esta circunstancia agravante de la pena, en gran parte, influenciada por la legislación del país de origen de sus autores. Por ejemplo, CEREZO MIR afirma que "en el lenguaje vulgar, reincidencia equivale a recaída en el delito, pero el concepto jurídico de reincidencia es más estricto, es preciso, para que se dé la agravante de reincidencia, que el sujeto, al tiempo de cometer el nuevo delito, hubiese sido condenado en sentencia firme por un delito anterior"[13]. MIR PUIG sostiene que la reincidencia es la comisión de una infracción penal por parte de quien, con anterioridad a esta, ha sido condenado por otra infracción penal[14]. ZAFFARONI "renuncia" a una definición[15] y opta por una delimitación del objeto de análisis, entendiendo que "nos ocupa la problemática de las disposiciones legales que hacen derivar una consecuencia jurídica más grave o más privativa de derechos de la circunstancia de que la persona con anterioridad haya sido condenada o sufrido pena por otro delito"[16]. FRISCH, por su parte, define a la reincidencia como la "comisión renovada del hecho, pese a las advertencias previas

---

[13] CEREZO MIR, José, *Obras completas*, tomo I, Lima, 2006, p. 1025.

[14] MIR PUIG, Santiago, *La reincidencia en el Código Penal*, Barcelona, 1974, p. 7.

[15] ZAFFARONI, Eugenio Raúl, *Hacia un realismo jurídico penal marginal*, Caracas, 1992, p. 117. Sostiene que es difícil proporcionar un concepto satisfactorio de "reincidencia" a nivel internacional, dado que los esfuerzos que se realizan en este sentido, desde hace décadas, no resultan alentadores. Dicho autor afirma que "esta dificultad obedece a varias razones: a) Conspira contra una definición pacíficamente aceptada la disparidad de presupuestos exigidos en la legislación comparada, que da lugar a la clasificación más corriente entre *genérica o específica* y *ficta o real.* b) Esa misma disparidad y la incorporación legislativa de conceptos que implican a la reincidencia o que le son próximos (como la *multirreincidencia,* la *habitualidad,* la *profesionalidad* o la *tendencia*), hacen inevitable la parcial superposición con estos. c) Ocasionalmente, estos conceptos próximos y parcialmente superpuestos admiten hipótesis de *reiteración,* lo que confunde más las cosas al desdibujar los límites entre esta y la reincidencia. d) Por último, los intereses científicos de los juristas y de los criminólogos no suelen coincidir en esta materia, por lo cual los objetos que focalizan son diferentes y, por ello, las delimitaciones conceptuales resultan dispares".

[16] ZAFFARONI, Eugenio Raúl, *Hacia un realismo jurídico penal marginal*, p. 117.

realizadas"[17]. En líneas generales, se afirma que es reincidente el sujeto que vuelve a realizar una conducta criminal después de habérsele dictado en su contra una sentencia condenatoria definitiva.

I.2 CONSIDERACIÓN ACERCA DE LOS FUNDAMENTOS DE LA REINCIDENCIA COMO AGRAVANTE DE LA PENA

A. Apunte previo: el papel del injusto y la culpabilidad en el momento de la determinación judicial de la pena

La reincidencia es, en muchos países, una agravante de la pena. Como tal, se determina en el momento que el juez individualiza la sanción. Al respecto, y de modo general, se afirma que la determinación de la pena es un proceso amplio y complejo. Esta tiene tres fases, la legislativa[18], la judicial[19] y la ejecutiva[20]. En la etapa judicial, en la que centraremos esta parte de la discusión, la pena se fija según

[17] FRISCH, Wolfang, "Pena, delito y sistema del delito en transformación" (trad. Coca Vila), en *InDret* (3), 2014, p. 20.

[18] Es en la etapa legislativa cuando se fija, en abstracto, el tipo y el marco de pena. Es también donde se describen los criterios de medición de pena: los generales (permiten graduar la sanción dentro del marco punitivo previamente establecido) y los cualificados (permiten imponer una sanción fuera del marco de pena ya indicado). Según ZIFFER, el legislador intenta que la fórmula elegida para redactar el tipo penal comprenda en la forma más completa y precisa posible todas las valoraciones sociales sobre cierto hecho reprochable. Esto no solo indica el rango de la norma, sino que en la fijación de los límites penales también quedan ya reflejadas cuáles son las necesidades de prevención general respecto de determinado delito. Cfr. ZIFFER, Patricia, *Lineamientos de la determinación de la pena*, Buenos Aires, 1996, pp. 106-107.

[19] En los últimos tiempos, se han planteado diversas teorías a fin de orientar el poder discrecional del juez a la pena justa. Así, por mencionar unos ejemplos, en su momento se postuló un sistema dirigido a encontrar la pena puntual (pena exacta y supuestamente acorde con el grado de culpabilidad), se expuso un sistema diseñado para determinar la pena dentro de un "marco de culpabilidad" y un sistema que postuló establecer la pena en dos estadios (teoría del valor relativo). Cfr. DEMETRIO CRESPO, Eduardo, *Prevención general e individualización judicial de la pena*, pp. 234 y ss; ZIFFER, Patricia, "El deber de fundamentación de las decisiones judiciales y la determinación de la pena", en *RPCP* (6), 1998, p. 860; ELLA MISMA, *Lineamientos de la determinación de la pena*, pp. 67 y 100; CARO CORIA, Dino Carlos, "Notas sobre la individualización judicial de la pena en el Código Penal peruano", en http://www.ccfirma.com/publicaciones/pdf/caro/IJP-Carlos%20Caro.pdf., pp. 2 y ss (última visita: 27 de abril de 2015); entre otros autores.

[20] En la etapa ejecutiva (otros la denominan "administrativa"), la aplicación de la pena está sujeta al control judicial y, en líneas generales, a los fines preventivos que se buscan con ella. Cfr. MIR PUIG, Santiago, *Derecho penal. Parte General*, pp. 790-792.

las circunstancias[21] del caso concreto[22], conforme con el merecimiento y su necesidad[23].

En efecto, consideramos que la pena se individualiza en atención a un análisis retrospectivo (el juez mira tanto el injusto cometido como la culpabilidad del autor) y prospectivo del hecho (el juez establece una pena acorde con los fines preventivos que se pretenden alcanzar con ella)[24], dentro de los límites punitivos establecidos por el legislador[25]. Más allá de que existen posiciones teóricas que postulan una mirada única o preferente a la culpabilidad en el momento de cuantificar la sanción (postura fundada, entre otras razones, en la imposibilidad de alcanzar con la pena los fines preventivos)[26], lo cierto es que el Derecho penal no solo debe proteger los

---

[21] MUÑOZ CONDE y GARCÍA ARÁN sostienen que las circunstancias son "situaciones que rodean (*circumstare*: 'estar alrededor') a la realización del hecho o que suponen especiales condiciones del autor, determinando la modulación de la pena aplicable. Por tanto, su toma en consideración exige, obviamente, la previa comprobación de la existencia del delito con todos sus elementos". MUÑOZ CONDE, Francisco y GARCÍA ARÁN, Mercedes, *Derecho penal. Parte General*, 9ª edición, Valencia, 2015, p. 480.

[22] Se afirma que la determinación judicial de la pena es la determinación de las consecuencias jurídicas del hecho punible llevada a cabo por el juez, conforme con su naturaleza, gravedad y forma de ejecución, eligiendo una de las diversas posibilidades previstas legalmente. Cfr. JESCHECK, Hans-Heinrich, *Tratado de Derecho penal. Parte General* (trad. Olmedo), Granada, 2002, pp. 938 y ss; PRADO SALDARRIAGA, Víctor Pablo, *Determinación judicial de la pena y Acuerdos Plenarios*, Lima, 2010, pp. 183 y ss; entre otros autores.

[23] Para el análisis que se lleva a cabo en este trabajo se asume una perspectiva ecléctica respecto al ámbito de estudio de las circunstancias (entendidas como factores accidentales de medición de pena): situamos a las circunstancias en la teoría del delito por su capacidad para graduar el injusto culpable. Asimismo, las ubico en la teoría de la pena, porque coadyuvan a delinear la necesidad de la sanción. Respecto a las diversas posiciones que se han expuesto sobre el tema, cfr. OBREGÓN GARCÍA, Antonio, *La atenuación de la pena. Sentido y regulación de la llamada atenuación extraordinaria, con especial referencia a las eximentes incompletas y a las atenuantes muy calificadas*, Madrid, 1998, pp. 143 y ss.

[24] ZIFFER sostiene que la culpabilidad y prevención deben ser interpretadas como conceptos contrapuestos, "la una mirando al pasado y la otra, al futuro". No obstante, dicha autora menciona que "la evolución de la teoría de la culpabilidad demuestra que no es posible una separación estricta de ambos conceptos". ZIFFER, Patricia, *Lineamientos de la determinación de la pena*, pp. 67 y 100.

[25] Si bien no es posible exigir al juez una precisión absoluta en el momento de cuantificar la sanción penal (la decisión del juez siempre contiene un componente individual); sin embargo, sí resulta exigible a la autoridad que su decisión sea racional (correcta y suficientemente motivada), capaz de ser controlable.

[26] Existe un sector de la doctrina que renuncia a la idea del fin preventivo especial de la pena (producto de su "nulo" efecto resocializador, entre otras razones), como elemento esencial a tener en cuenta en el momento de determinar judicialmente la sanción. Se afirma que la cuantificación de la pena está limitada a la culpabilidad y a la proporcionalidad del hecho delictivo. Cfr. VON HIRSCH, Andrew, *Censurar y castigar* (trad. Larrauri), Madrid, 1998, pp. 150 y ss; HÖRNLE, Tatjana, "Desarrollo y cambios en la teoría alemana de la determinación de la pena" (trad. Franchini), en *Determinación de la pena y culpabilidad*, Buenos Aires, 2003, pp. 31-32. De otro lado, FEIJÓO considera que la teoría de la proporcionalidad por el hecho carece del sustento de una teoría sobre la función social de la pena. Señala que "no es posible determinar la medida de la pena si esta no se

intereses de una de las partes en el conflicto (la víctima), sino que también debe cumplir con su función social[27] de ordenación de conductas; a fin de que, en el futuro, el mismo sujeto u otros no realicen hechos criminales. La cantidad de pena impuesta debe cubrir esta doble expectativa, claro está, de modo relativo, pues "la exactitud en materia de determinación de la pena está muy lejos de ser alcanzada"[28].

Para cumplir esta tarea es importante que el juez tenga en cuenta, en el momento de medir la dosis de pena, entre otros factores, aquellas circunstancias que estrictamente no forman parte del injusto ni de la culpabilidad, pero que los afectan[29]. En este nivel, la mayor o menor cantidad de pena dependerá de la intensidad de aquellas[30]. Por ejemplo, será razonable sustentar una sanción más

---

encuentra referida a un fin. La determinación o la individualización judicial de la pena no deja de ser una concreción de la teoría de los fines o de los criterios generales de legitimación de la pena". FEIJÓO SÁNCHEZ, Bernardo, "Individualización de la pena y teoría de la pena proporcional al hecho. El debate europeo sobre los modelos de determinación de la pena", en *InDret* (1), 2007, pp. 7-8.

[27] FEIJÓO SÁNCHEZ, Bernardo, "Individualización de la pena y teoría de la pena proporcional al hecho", p. 8.

[28] ZIFFER, Patricia, *Lineamientos de la determinación de la pena*, p. 30: "Ninguno de los esfuerzos doctrinales realizados para dotarla de precisión matemática ha logrado avances decisivos en este aspecto".

[29] Y es en el momento de la individualización judicial de la pena, conforme anota SILVA SÁNCHEZ, los conceptos tradicionales de la teoría del delito tienen un alcance cuantitativo más amplio, orientados a las finalidades preventivas y de garantía que legitiman el recurso al Derecho penal. Cfr. SILVA SÁNCHEZ, Jesús-María, "La teoría de la determinación de la pena como sistema (dogmático): un primer esbozo", en *InDret* (2), 2007, p. 6. Sobre este tema, ZIFFER sostiene que la afirmación del ilícito culpable es, por cierto, la valoración más importante del hecho, pero no necesariamente la única posible dentro del ordenamiento jurídico. Y es que "existen determinadas circunstancias que pueden influenciar en esa primera valoración sobre el hecho, y esto les otorga relevancia para la determinación de la pena". ZIFFER, Patricia, *Lineamientos de la determinación de la pena*, p. 152. PERALTA, por su parte, menciona que ningún factor para la determinación judicial de la pena cuenta "si no tiene relación con el injusto y la culpabilidad". Dichos factores son graduables. Cfr. PERALTA, José Milton, *Una investigación acerca de la relevancia de las motivaciones individuales para el Derecho penal liberal*, Madrid, 2012, p. 128.

[30] SALINERO ALONSO, Carmen, "Naturaleza jurídica, fundamento y comunicabilidad de las circunstancias modificativas", en ADÁN NIETO, Martín (ed.), *Libro homenaje al Dr. Marino Barbero Santos*, Salamanca, 2001, p. 1306: "La tesis mayoritaria defiende la conexión entre circunstancias y elementos del delito porque gradúan la gravedad del hecho y la culpabilidad de su autor. Se dice entonces que tratándose de elementos accidentales modifican, también accidentalmente, los elementos a los que van referidas. Admitida, por tanto, la verificación de un previo injusto culpable, las circunstancias se limitarán únicamente a graduar o modificar su medida, sin incidir en su esencia". En esa línea, señala MARÍN DE ESPINOSA que tanto el injusto como la culpabilidad "son magnitudes graduables" que, en virtud al principio de proporcionalidad, "deben tener su correspondencia en la pena a aplicar en el caso concreto". MARÍN DE ESPINOSA CEBALLOS, Elena B., "Las circunstancias modificativas de la responsabilidad criminal y los concursos de delitos", en ZUGALDÍA ESPINAR, José Miguel (dir.), MORENO-TORRES HERRERA, María Rosa (coord.), *Lecciones de Derecho penal. Parte General*, Valencia, 2015, p. 11.

grave en base a la valoración de los móviles execrables que tuvo el agente para cometer el hecho criminal[31] o del uso de una violencia exacerbada en el momento de su ejecución[32]. Con ello, se incrementará la posibilidad de que la respuesta penal por el hecho cometido no sea solo justa, sino también necesaria.

Es gráfica la Ejecutoria vinculante emitida por la Corte Suprema del Perú en el R.N. n° 3864-2013-Junín, del 9 de septiembre de 2014, en la que se señaló lo siguiente: "La determinación judicial de la pena en su etapa de individualización de la pena concreta, define el estándar cualitativo y cuantitativo de la sanción que deberá cumplir el condenado sobre la base de las circunstancias atenuantes y agravantes que concurran en el caso *sub iúdice* y que permitirán identificar la mayor o menor gravedad del hecho punible cometido; así como la mayor o menor intensidad de la culpabilidad que alcanza a su autor o partícipe". Las circunstancias del delito han sido definidas como "elementos accidentales nominados o innominados dentro de la estructura del delito que influyen en la determinación de la pena. Su carácter accidental implica entonces que no constituyen (ni son constitutivas) del injusto ni de la responsabilidad del sujeto" (Acuerdo Plenario n° 8-2009-CJ/116). Las circunstancias son "factores objetivos o subjetivos que influyen en la medición de la intensidad del delito (antijuridicidad o culpabilidad), haciéndolo más o menos grave" (Acuerdo Plenario n° 1-2008-CJ/116). De esta manera, la Corte Suprema peruana considera que en el momento de la individualización de la sanción, el injusto y la culpabilidad son analizados a fin de determinar su mayor o menor intensidad, según las circunstancias que acompañen al hecho.

Desde esta perspectiva, y como se pasará a explicar a continuación, es posible considerar a la reincidencia como una *circunstancia* que afecta la valoración del injusto y la culpabilidad en el momento de la cuantificación de la sanción. Además, dependerá de las características del nuevo hecho cometido para establecer la necesidad de una mayor intervención punitiva.

[31] Cfr. SILVA SÁNCHEZ, Jesús-María, "La teoría de la determinación de la pena como sistema (dogmático): un primer esbozo", p. 9.
[32] Cfr. ZIFFER, Patricia, *Lineamientos de la determinación de la pena*, p. 107.

B. La reincidencia como expresión de un mayor injusto

a. El injusto

En principio, y de modo general[33], el injusto ha sido definido como la expresión de una conducta *antinormativa*[34]. A través de la norma[35] el Derecho penal cumple un rol social: prevenir la realización de comportamientos que afecten o pongan en riesgo bienes jurídicos penales. Por ello, podemos decir que la norma no es el fin del Derecho penal, sino un instrumento para la consecución de sus fines sociales[36]. Afirmar lo contrario sería adoptar un sistema penal acrítico o neutral ante los problemas de la comunidad (en esa medida, se descarta la concepción formal de bien jurídico entendido como la mera protección de la vigencia de la norma[37])[38]. Con

---

[33] Para mayor profundización, por todos, MOLINA FERNÁNDEZ, Fernando, *Antijuridicidad penal y sistema del delito*, Barcelona, 2001, pp. 17 y ss.

[34] Con la Ley penal se establecen las normas dirigidas al ciudadano, que lo determinan a realizar o no comportamientos (normas de prohibición, mandato y permisión) bajo la amenaza de un mal (la pena). Sobre este tema y el carácter valorativo e imperativo de la norma, cfr. SEHER, Gerhard, "¿Puede ser 'subsidiario' el Derecho penal? Aporías de un principio 'indiscutido'" (trad. Montiel), en ROBLES PLANAS, Ricardo (ed.), *Límites al Derecho penal. Principios operativos en la fundamentación del castigo*, Barcelona, 2012, pp. 133 y ss; POLAINO NAVARRETE, Miguel, *El injusto típico en la teoría del delito*, Buenos Aires, 2000, pp. 84 y ss; MARTÍNEZ-BUJÁN PÉREZ, Carlos, *El contenido de la antijuridicidad (Un estudio a partir de la concepción significativa del delito)*, Valencia, 2013, pp. 16 y ss; GARCÍA CAVERO, Percy, *Lecciones de Derecho penal. Parte General*, Lima, 2008, pp. 36 y ss; entre otros autores.

[35] MIR PUIG, Santiago, *Derecho penal. Parte General*, p. 66: "Una norma jurídica es un mensaje prescriptivo –que prescribe una actuación determinada– expresado a través de determinados símbolos, normalmente consistentes en enunciados".

[36] ROBLES, con razón, señaló que en la obra "Aproximación al Derecho penal contemporáneo", de SILVA SÁNCHEZ, se fusionó la idea de que la teoría de las normas no solo es un instrumento dogmático en sentido clásico, sino también un "marco dogmático de las consideraciones político-criminales". ROBLES PLANAS, Ricardo, "Introducción a la edición española. Dogmática de los límites al Derecho penal", en ROBLES PLANAS (ed.), *Límites al Derecho penal. Principios operativos en la fundamentación del castigo*, Barcelona, 2012, p. 21.

[37] Tal concepción no es exclusiva de JAKOBS. Así, POLAINO-ORTS cita a WELZEL, quien consideró que "la tarea primaria del Derecho penal no es la protección actual de bienes jurídicos [...] porque para ello llega generalmente demasiado tarde. Más esencial que la protección de los concretos bienes jurídicos individuales es la tarea de mantener segura la vigencia real (cumplimiento) de los valores de acción de la actitud jurídica". POLAINO-ORTS, Miguel, "Vigencia de la norma: el potencial sentido de un concreto", en *Libro homenaje al profesor Günther Jakobs. El Funcionalismo en Derecho penal*, tomo II, Bogotá, 2003, p. 79.

[38] Cfr. CARO CORIA, Dino Carlos, "Sobre la moderna teoría del bien jurídico-penal en España y el rechazo al funcionalismo sistémico de JAKOBS", en *Themis* (35), 1997, p. 146: "Es común que en la doctrina se afirme que este autor [JAKOBS] renuncia al concepto de bien jurídico, lo cual es parcialmente inexacto si se entiende que no propone erradicar del vocabulario penal la expresión 'bien jurídico' y sustituirla por una mera

razón se afirma que, a través de las normas, el Derecho penal busca la evitación de conductas que afecten bienes jurídicos[39] entendidos como aquellos valores[40] orientados a resguardar el desarrollo de la persona en la sociedad[41]. En esa medida, toda afectación al bien jurídico conlleva un daño al individuo (en sus posibilidades de participación en la comunidad)[42] y a la sociedad (en tanto el delito conlleva un innegable menoscabo a los intereses comunes)[43].

---

concepción de lesividad social. JAKOBS, más bien, manifiesta su desconfianza hacia el bien jurídico, tal y como hasta ahora ha sido entendido, concluyendo que lo protegido por el Derecho penal es la vigencia de la norma jurídica".

[39] Cfr. SILVA SÁNCHEZ, Jesús-María, *Aproximación al Derecho penal contemporáneo*, pp. 585-586: "[Las normas] son directivas de conducta, cuya misión es influir sobre los ciudadanos (mediante el mecanismo de la prevención general disuasoria), para que se abstengan de la realización de hechos delictivos". Con respecto al ciudadano interesado en su seguridad, la norma supone "una fuente de orientación, una institucionalización de su expectativa". POLAINO NAVARRETE, Miguel, "Protección de bienes jurídicos y confirmación de la vigencia de la norma: ¿dos funciones excluyentes?", en *CPC* (93), 2007, pp. 37-38: "norma y bien jurídico no tienen por qué ser incompatibles, sino todo lo contrario: ambos se exigen mutuamente, de manera que la norma es la forma y el bien jurídico el contenido".

[40] MIR PUIG, Santiago, *Derecho penal. Parte General*, p. 174. Quien sostiene que el concepto de bien jurídico se funda en la relación dialéctica de la realidad con el valor. Además, hace una precisión señalando un ejemplo "el Derecho penal no ha de proteger el 'valor vida' en cuanto tal valor, sino las vidas concretas de los ciudadanos. Pero por supuesto que estas vidas reales no constituyen bienes jurídicos en cuanto meros datos biológicos, sino *por su valor funcional para sus titulares y para la sociedad*". La cursiva es nuestra. ROXIN, por su parte, explica que el bien jurídico no es un sustrato de naturaleza ideal, sino se trata de una "entidad real". Además, no debe por qué tener una realidad material. Lo importante es que sea una realidad necesaria "para una vida social libre y segura que garantice los derechos humanos y fundamentales del individuo, o para el funcionamiento del sistema estatal erigido para la consecución de tal fin". ROXIN, Claus, "¿Es la protección de bienes jurídicos una finalidad del Derecho penal?" (trad. Ortiz de Urbina Gimeno), en HEFENDEHL, Roland (ed.), *La teoría del bien jurídico. ¿Fundamento de legitimación del Derecho penal o juego de abalorios dogmático?*, Madrid-Barcelona, 2007, pp. 447-448.

[41] Cfr. SILVA SÁNCHEZ, Jesús-María, *Aproximación al Derecho penal contemporáneo*, pp. 431-432.

[42] Incluso los bienes jurídicos colectivos protegen de forma mediata al individuo. Cfr ROXIN, Claus, "El concepto de bien jurídico como instrumento de crítica legislativa sometido a examen" (trad. Cancio Meliá), en *RECPC* (15), 2013, p. 6.

[43] SILVA SÁNCHEZ, Jesús-María, *Aproximación al Derecho penal contemporáneo,* pp. 439-440 y 458-459: "Todo bien, para ser 'jurídico', requiere, pues, que los ataques contra el mismo se revelen como trascendentes en la esfera social en un sentido dañoso: si al Derecho en su conjunto, le competen funciones de protección social, este solo podrá intervenir en casos en que concurra la referida dañosidad social". No es suficiente que una determinada "realidad" merezca la protección del Derecho penal. También debe evaluarse si dicha "realidad" necesita una respuesta penal. Asimismo, afirma POLAINO NAVARRETE que la pretensión de configurar técnicamente el concepto de tutela penal en conexión con las necesidades reales, "tanto de la naturaleza objetiva como de índole espiritual" es la orientación que se ha acreditado como la "más acertada a lo largo del proceso de la evolución histórico-dogmática de la doctrina del bien jurídico". POLAINO NAVARRETE, Miguel, *El injusto típico en la teoría del delito*, p. 497.

Esta visión funcional de bien jurídico influye en la determinación de un concepto de injusto que permita garantizar su protección. Por ello, a nuestro juicio, al injusto no se le debe concebir como una mera y pura infracción (formal) de la norma[44]. El injusto, en sentido amplio, es también de resultado[45] (caracterizado por la puesta en peligro o lesión de bienes jurídicos penales, aunado a los elementos subjetivos[46]). De esta manera, se tiene un concepto que permite, entre otras cosas, desarrollar un sistema orientado a la prevención de delitos (a través de las normas) y a desaprobar la consecución de resultados antijurídicos.

En ese orden de ideas, para la configuración del injusto es necesario que la realización de la conducta criminal ocasione un daño no solo normativo (defraudación de una expectativa normativa), sino también empírico (individual y social)[47]. El juez debe tener en consideración ambos criterios, especialmente, al individualizar la sanción. Como ha mencionado SILVA SÁNCHEZ, en el marco de la individualización judicial de la pena es necesario "acoger un *concepto real de injusto* que incorpore, junto a la dimensión empírica, también la comunicativa (o de negación

---

[44] Cfr. POLAINO NAVARRETE, Miguel, *El injusto de la tentativa en el ejemplo de los delitos de mera actividad y de omisión pura*, Bogotá, 2004, p. 30.

[45] MUÑOZ CONDE y GARCÍA ARÁN afirman con razón que para comprender que un determinado hecho se puede considerar antijurídico, "debe distinguirse entre desvalor de acción y desvalor de resultado". MUÑOZ CONDE, Francisco y GARCÍA ARÁN, Mercedes, *Derecho penal. Parte General*, p. 31. WOLTER señala que "únicamente" la conjunción del injusto de conducta, el injusto de la peligrosidad [desvalor de riesgo] y el injusto del resultado conforman el "contenido total del injusto del hecho". WOLTER, Jürgen, "Contribución a la crítica del sistema jurídico-penal de orientación político-criminal de Roxín" (trad. Silva Sánchez), en SCHÜNEMANN, Bernd (comp.), *El sistema moderno del Derecho penal*, Buenos Aires-Montevideo, 2012, pp. 125-126. TAVARES, por su parte, menciona que según esta concepción, el moderno Derecho penal se vincula con la dañosidad social, es decir, con el delito y su incompatibilidad con las reglas de una próspera vida en común. Cfr. TAVARES, Juarez, *Teoría del injusto penal* (trad. Pereira), Buenos Aires-Montevideo, 2010, p. 194.

[46] Cfr. SILVA SÁNCHEZ, Jesús-María, *Aproximación al Derecho penal contemporáneo*, pp. 626 y ss.

[47] Como menciona SILVA SÁNCHEZ, el sentido social completo del hecho conlleva valorar en su total dimensión la dañosidad social que se provoca con el comportamiento. Es decir, más allá de la *dañosidad material* (en el sentido de lesión del bien jurídico), también hay que tener en cuenta "la exacta medida de aquella dimensión de la dañosidad que tiene que ver tanto con la psique de la víctima como con la psicología social (*daño intelectual* del delito)". Además, un injusto pleno supone considerar "la plena defraudación de la norma entendida simbólicamente como expectativa normativa de conducta (*daño ideal o simbólico*)". SILVA SÁNCHEZ, Jesús-María, "¿Adiós a un concepto unitario de injusto en la teoría del delito? A la vez, una breve contribución a la teoría de las medidas de seguridad", en *InDret* (3), 2014, p. 7.

de la norma)"[48]. De esta forma, se podrá desvalorar razonable y proporcionalmente el comportamiento delictivo y sus efectos, respectivamente.

b. El mayor injusto como fundamento de la reincidencia

Según esta teoría, se puede considerar que el delincuente reincidente vulnera, al cometer el nuevo hecho, dos tipos de normas, una que prohíbe u ordena realizar la conducta descrita en el tipo penal y otra que impone el deber de no incurrir en futuras infracciones penales[49]. En otras palabras, con el nuevo delito cometido se provoca una doble lesión[50]: de una parte, una lesión inmediata al bien jurídico protegido por la norma infringida y, por otro lado, una lesión mediata de carácter político o social[51]; o,

---

[48] SILVA SÁNCHEZ, Jesús-María, "La teoría de la determinación de la pena como sistema (dogmático): un primer esbozo", p. 11.

[49] Esta última norma ha sido descrita de la siguiente forma: "no debes dejar arraigar en ti la tendencia a cometer delitos". Este mandato, llamado por algunos de *carácter*, es infringido ante la reiterada comisión de comportamientos criminales (reincidencia). En este caso, el agente infringe dos deberes a pesar de tener la "capacidad" de cumplirlos. Cfr. KAUFMANN, Armin, *Teoría de las normas. Fundamentos de la dogmática penal moderna* (trad. Bacigalupo y Garzón Valdés), Buenos Aires, 1977, pp. 283-284. De otro lado, el deber de "no volver a delinquir" puede ser también expresado en términos positivos "contribuir a brindar seguridad y confianza en el sistema jurídico". Sobre este tema, COX LEIXELARD, Juan Pablo, *Delitos de posesión. Bases para una dogmática*, Buenos Aires-Montevideo, 2012, pp. 179 y ss.: "En [la] teoría de las normas se acepta mayoritariamente que mandatos y prohibiciones son solo formalmente distinguibles, de manera que cualquier prohibición puede expresarse bajo la forma de un mandato y viceversa".

[50] BENTHAM, Jeremías, *Compendio de los Tratados de legislación civil y penal* (trad., y notas de Escriche), tomo II, Madrid, 1839, p. 6. Dicho autor explica que el mal de segundo orden que producen los delitos (alarma o temor social) es mayor o menor dependiendo de la presencia de determinadas circunstancias. Entre ellas, menciona a la gravedad del "mal de primer orden". Con relación a lo propuesto por BENTHAM, vid. CARRARA, Francesco, *Programa del curso de Derecho criminal. Parte General* (trad. Soler), tomo I, Buenos Aire,s 1944, pp. 142-143, nota pié 1: "BENTHAM llamó daño inmediato, mal de primer orden y al daño mediato, mal de segundo orden". Explica CARRARA que "incluso la influencia del daño mediato en el cálculo de la cantidad [política] de los delitos es tanta, que frecuentemente modifica las proporciones derivadas del daño inmediato".

[51] CARRARA afirma que "el hecho de que el delito fuese cometido por un reincidente" se ocasiona un "daño mediato" (mayor sensación se inseguridad con relación al delito cometido por el delincuente primario), porque se aumenta "el temor de los buenos, viendo que la pena no sirve para frenar a los culpables; y aumenta el mal ejemplo, mostrando a los malvados el desprecio que tiene por la pena quien ha sufrido su rigor". No obstante, señala que dicha idea requiere que el conocimiento de la reincidencia sea público, lo cual no sucede de modo frecuente. Por ello, postula que se tome en consideración, para fundamentar la agravante, un criterio constante: la insuficiencia relativa de la pena. En esa medida, ante el segundo hecho delictivo, se presume la mayor insensibilidad del reincidente, "en atención a la pena sufrida por primera vez". Cfr. CARRARA, Francesco, *Programa del curso de Derecho criminal. Parte General* (trad. Soler), tomo II, Buenos Aires, 1944, pp. 118-119. Al respecto, MIR PUIG sostiene que de esta forma, CARRARA distinguió entre "daño inmediato" y "daño mediato" del delito, consistiendo el primero en la lesión del bien jurídico protegido por la

como señala MANZINI, un menoscabo "al entero orden jurídico"[52]. En esa línea, PAWLIK sostiene que todo ciudadano tiene el deber de mantener "el estadio de juridicidad" en una sociedad[53]. Sin embargo, "el autor que lesiona nuevamente una norma que ya ha sido dañada y debilitada, incumple su deber de cooperación de manera más grave"[54]. Y es que, conforme a esta posición teórica, al reincidente se le debe imponer una pena más dura por haber menoscabado nuevamente "el proyecto de paz"[55] de una comunidad.

---

norma penal infringida, y el segundo en el mayor daño social que como efecto reflejo produce tal lesión (aunque finalmente el mencionado autor no haya seguido "este camino" para justificar la agravante de reincidencia). Cfr. MIR PUIG, Santiago, *La reincidencia*, p. 440. Sobre este tema, BENAVENTE CHORRES, Hesbert, *Reincidencia y habitualidad en el proceso penal peruano*, Lima, 2011, p. 45. Menciona que, según esta tesis, con la realización del nuevo hecho criminal no solo se provoca una lesión o puesta en peligro, según sea el caso, al bien jurídico protegido por el tipo penal acabado de cometer, sino también un "daño político al fin estabilizador del derecho".

[52] MANZINI sostiene que la agravante de reincidencia no está determinada por la alarma social que, como indica el autor, "muchas veces no se verifica en absoluto", sino por la afectación al interés de mantener el orden jurídico penalmente protegido. No obstante, señala dicho autor que la reincidencia muestra la persistencia del agente en mantener "la voluntad antijurídica". En esa medida, concluye que con la repetición delictiva no aumenta la gravedad objetiva del delito, sino la "imputabilidad psíquica". Cfr. MANZINI, Vicenzo, *Tratado de Derecho penal* (trad. Sentís Melendo), tomo 3, Buenos Aires, 1949, p. 462. Al respecto, MARTÍNEZ DE ZAMORA afirma –refiriéndose a la obra de MANZINI– que a pesar de que dicho autor tomó en cuenta el efecto objetivo o social del segundo delito cometido, lo cierto es que la teoría expuesta logró fundamentar la pena finalmente en la personalidad del reincidente y no en el hecho cometido. En efecto, para el autor italiano, el reincidente, al cometer el nuevo hecho criminal, demuestra su voluntad no solo de infringir el concreto precepto penal, sino también expresa una "voluntad persistente a delinquir" o "la voluntad de no conformarse con el ordenamiento jurídico general penalmente sancionado", lo que legitimaría al Estado a imponer una mayor pena. Cfr. MARTÍNEZ DE ZAMORA, Antonio, *La reincidencia*, Murcia, 1971, pp. 51 y ss.

[53] PAWLIK sostiene que el injusto del delito radica en la lesión del deber del autor frente a su comunidad jurídica. Cfr. PAWLIK, Michael, "La pena retributiva y el concepto de delito" (trad. González Rivero), en *La libertad institucionalizada. Estudios de filosofía jurídica y Derecho penal*, Madrid-Barcelona-Buenos Aires, 2010, p. 86. Y es que todo ciudadano, según esta postura, tiene el deber de "contribuir al mantenimiento de la libertad", a fin de asegurar el propósito de que cada uno pueda "conducir su vida según su propia visión de las cosas". Cfr. PALERMO, Omar, "Reincidencia, injusto y culpabilidad", en MALDONADO FUENTES, Francisco (coord.), *Reincidencia y concurso de delitos. Reiteración delictiva*, Buenos Aires-Montevideo, 2016, pp. 152 y 165.

[54] PAWLIK sostiene que ello justificaría una "mayor pena" del que resultaría necesaria "en el caso del quebrantamiento de una norma cuya vigencia no se pone en tela de juicio". PAWLIK, Michael, "La pena retributiva y el concepto de delito", p. 106.

[55] PAWLIK, Michael, "La pena retributiva y el concepto de delito", pp. 105-106. Indica que la pena debe agravarse en tanto en la historia del agente, el delito no fue un acontecimiento aislado, sino "una pieza más de su carrera criminal". Por ello, agrega que "pesará sobre la pena del autor los anteriores delitos del mismo, sobre todo si son delitos similares".

Se cuestiona la tesis del "mayor injusto" cometido por el reincidente, pues la admisión de la existencia de la vulneración de dos normas (lo que equivale a afirmar la existencia de dos bienes jurídicos) se basa en una "ficción jurídica", que busca tutelar –en buena cuenta– a aquel "viejo y autoritario derecho subjetivo estatal a la obediencia pura"[56]. En esa línea, PALERMO critica la legitimidad de la segunda norma vulnerada por el reincidente, indicando que esta tiene "cierto sesgo moralizante": "sé un ciudadano amoldado a las convicciones generales de la mayoría"[57]. Además, menciona dicho autor que si bien el mantenimiento de las libertades requiere de la participación de todos los ciudadanos, lo cierto es que un "Estado que genera condiciones de pobreza y marginalidad pierde legitimidad para hacer exclusivamente responsables por sus hechos penalmente antijurídicos a las mismas víctimas de esa injusticia distributiva"[58]: los reincidentes[59].

De otro lado, ZAFFARONI consideró en un inicio que el nuevo hecho delictivo es más grave, pues crea una mayor "alarma social"[60], la sociedad "teme la comisión de nuevos delitos"[61]. Se dice que esta posición, basada en la "mayor alarma social" del

[56] MONGE FERNÁNDEZ, Antonia, *La circunstancia agravante de la reincidencia desde los fundamentos y fines de la pena*, pp. 122-123. También, ZAFFARONI, Eugenio Raúl, *Derecho penal. Parte General*, con colaboración de Alejandro Alagia y Alejandro Slokar, Buenos Aires, 2000, pp. 1011-1012.

[57] PALERMO, Omar, "Reincidencia, injusto y culpabilidad", pp. 152 y 155. Quien además sostiene que "no hay razones metodológicas ni sistemáticas para afirmar que haya un tipo de injusto de carácter o un tipo de injusto por conducción de vida". Afirma PALERMO que "la reiteración delictiva en general y la reincidencia en particular no incrementan ni el disvalor de acción ni el disvalor de resultado".

[58] PALERMO, Omar, "Reincidencia, injusto y culpabilidad", p. 170. Quien, cuestionando la posición de PAWLIK, afirma que "tiene una importante dosis de cinismo pretender que una sociedad que genera desigualdades y criminalización dentro y fuera de las cárceles, ponga solo en cabeza del excluido el deber de cooperar en el mantenimiento de un orden que no lo contiene socialmente y que, además, lo obliga a cargar exclusivamente con los costes de la persistencia en la infracción de su deber de cooperación".

[59] Como se explicará más adelante, consideramos, si bien el Estado y la sociedad incumplen en muchos países su papel en torno a la resocialización, lo cierto es que el condenado-reincidente también tiene una cuota de responsabilidad por el nuevo delito cometido, que debe ser evaluada y expresada en una dosis mayor de pena, limitada, en orden al principio de proporcionalidad. Vid., *infra* capítulo I subcapítulo I.3 literal b.

[60] ZAFFARONI, Eugenio Raúl, *Tratado de Derecho penal*, tomo V, Buenos Aires, 1998, p. 344.

[61] GUISASOLA LERMA, Cristina, *Reincidencia y delincuencia habitual*, p. 62. De otro lado, AGUADO LÓPEZ señala que "la alarma social es un concepto ambiguo y peligroso que nos puede llevar a elevar la pena sin límites". AGUADO LÓPEZ, Sara, *La multirreincidencia y la conversión de faltas en delito*, p. 48. También se afirma que esencialmente la alarma social es provocada por los medios de comunicación. De modo crítico, se sostiene que en los últimos años tal concepto ha tenido un papel relevante en la configuración de planes de prevención delictiva, tanto en España como en la Unión Europea. Sobre este tema, cfr. FERNÁNDEZ VILLAZALA, Tomás; GARCÍA GARCÍA-CERVIGÓN, Josefina; GIMÉNEZ-SALINAS FRAMIS, Andrea; LUACES GUTIÉRREZ, Ana Isabel; RECHEA ARBEROLA, Cristina; SERRANO GÓMEZ, Alfonso; SERRANO MAÍLLO, María Isabel; SERRANO TÁRRAGA, María Dolores y VÁSQUEZ GONZÁLEZ, Carlos, *Tendencias de la criminalidad y*

hecho cometido por el reincidente, se explicaría solo si los miembros de la comunidad conocieron que el hecho criminal lo cometió un reincidente, creándose una mayor necesidad de seguridad[62]. Por lo tanto, el fundamento de la "mayor alarma social" carece de sentido, pues está claro que en la realidad no siempre sucede que los integrantes de la comunidad estén enterados de la condición de reincidentes de los delincuentes. Al respecto, GARCÍA señala que esta concepción [la de la alarma social como fundamento de la reincidencia] no es nueva, así como tampoco las objeciones que se le han opuesto. Señala dicho autor que estas objeciones se resumen en que la mayor gravedad del segundo hecho solo sería relativa y condicionada a que la comunidad conociera que ha sido cometido por un reincidente, pues, de lo contrario, "no podría decirse con justicia que la alarma social es mayor y que aumenta subjetivamente la inseguridad"[63]. Otros rechazan que la agravación de la pena pueda fundamentarse en la mayor alarma social producida por el segundo delito cometido, ya que aquella puede ser un efecto de la reincidencia, pero no su fundamento[64].

MIR PUIG, por su parte, sostiene que la mayor gravedad por el segundo delito cometido se produce en el propio hecho, ya que en él, el sujeto demuestra una actitud de mayor desprecio y rebeldía frente a los valores jurídicos que tuvo además ocasión de comprobar a través de la pena[65]. Y puede suponer únicamente una mayor gravedad del injusto, pues el delincuente, al delinquir por segunda vez infringe dos normas: la del delito que comete y la que prohíbe especialmente la repetición delictiva tras la condena. No obstante, para MIR PUIG este aumento del injusto es insuficiente para justificar la existencia de la agravante, pues estaría demasiado alejado de la idea de lesión o peligro de bienes jurídicos[66]. Por ello, propone la supresión de la agravante

percepción social de la inseguridad ciudadana en España y la Unión Europea, Madrid, 2007, pp. 31-34 y 123 y ss. Sobre este tema, CASTILLO MORO, Manuel, "Seguridad ciudadana. Un análisis desde el miedo", en *CPC* (111), 2013, pp. 218-224.

[62] Cfr. CARRARA, Francesco, *Programa de Derecho criminal. Parte General*, p. 118.

[63] GARCÍA, Luis M., *La reincidencia y la punibilidad*, Buenos Aires, 1992, p. 115.

[64] Cfr. MARTÍNEZ DE ZAMORA, Antonio, *La reincidencia*, p. 51.

[65] Cfr. MIR PUIG, Santiago, *La reincidencia*, pp. 523 y ss. De otro lado, como menciona AGUADO LÓPEZ: "Esta fundamentación, basada en el incremento del injusto, solo se puede explicar desde la concepción del Derecho penal que defiende este autor [MIR PUIG]. Como el propio MIR PUIG explica en su monografía sobre la reincidencia, la actitud de rebeldía del sujeto solo puede elevar el injusto, no la culpabilidad o la imputación personal, porque entiende que el injusto ha de comprender todos los elementos que influyen en el desvalor del hecho, es decir, el desvalor de la acción y el desvalor del resultado, mientras que la imputación personal se concibe como mera condición de atribuibilidad del injusto penal". AGUADO LÓPEZ, Sara, *La multirreincidencia y la conversión de faltas en delito*, p. 45.

[66] Cfr. MIR PUIG, Santiago, *La reincidencia*, pp. 527 y ss.

de reincidencia y su sustitución por medidas de seguridad vinculadas con la idea de habitualidad criminal[67].

CARUSO sostiene que no es posible dar credibilidad a las posturas que pretenden ver en la reincidencia un aumento del injusto. Según dicha autora, de ninguna manera puede afirmarse que una conducta presenta una mayor lesividad por el mero hecho de que su autor haya sufrido previamente una condena o haya sido condenado por hechos similares. De esta forma, concluye que "la gravedad de un hecho típico y antijurídico viene determinada por el grado de peligro o lesión que provoca a bienes jurídicos penalmente protegidos y esta situación no puede verse afectada por circunstancias ajenas al hecho, incluso cuando estas estén referidas a un comportamiento pasado del autor del delito"[68].

MARÍN DE ESPINOSA considera que el fundamento de la agravación de la pena al reincidente es "la posible especialización del delincuente en la comisión de delitos de la misma naturaleza". No obstante, aprecia que este argumento resulta insuficiente para sustentar dicha institución, pues la calidad y cantidad de antecedentes no dan un mayor contenido al injusto (no agrega nada al hecho). En otros términos, la gravedad del hecho no puede depender de las circunstancias personales del autor[69].

> Opinión contraria es la del Tribunal Supremo español que, en algunas sentencias, se decantó por esta posición (la del mayor injusto producido por el acto del reincidente). Así, en la STS s/n, del 21 de febrero de 1992, indicó que la apreciación de la agravante de reincidencia sirve para "valorar el contenido del injusto y su consiguiente castigo". En esa línea, en la STS nº 788/1992, del 9 de marzo de 1992, se consideró que "la lesión del bien jurídico es más grave cuando es repetida"[70]. En el Perú, la Corte Suprema señaló que la agravante reincidencia se explica en razón del "contenido de injusto y de la culpabilidad" por el hecho cometido (R.N. nº 3151-2013-Apurímac, del 23 de enero de 2014). En otras Resoluciones se menciona que la pena impuesta al reincidente es proporcional al injusto y a la culpabilidad por el hecho atribuido al agente (R.N. nº 3361-2012-Lima, del 5 de marzo de 2013 y R.N. nº 3085-2013-Lima, del 27 de mayo de 2014).

---

[67] Comparten esta posición, COBO DEL ROSAL, Manuel y VIVES ANTON, Tomás, *Derecho penal. Parte General*, 5ª edición, Valencia, 1999, pp. 901-902.

[68] CARUSO FONTÁN, María Viviana, *El delincuente imputable y peligroso. Cuestiones de política criminal*, p. 142.

[69] Cfr. MARÍN DE ESPINOSA CEBALLOS, Elena B., *La reincidencia*, pp. 194 y ss.

[70] Cfr. GUISASOLA LERMA, Cristina, *Reincidencia y delincuencia habitual*, p. 63.

Consideramos que, desde el plano fáctico, la conducta del reincidente podría constituir un hecho similar al cometido por el delincuente primario. Sin embargo, normativamente la conducta de quien volvió a delinquir es más grave, pues tal persona se volvió a enfrentar, de modo consciente y libre, al ordenamiento jurídico[71]. Este mayor efecto desestabilizador también tiene una dimensión empírica que debe tenerse en consideración en el momento que se determina judicialmente la pena: el incremento de la inseguridad social[72]. Y es que el "recado" enviado por el reincidente con la comisión del nuevo hecho se dirige a quienes se ven afectados inmediatamente por la comisión del delito y conllevaría, también, la alteración de la paz pública[73], esto es, la transformación de una situación de tranquilidad social en un estado real de inseguridad[74]. En concreto, no se trata de la tutela, en el marco de la determinación

[71] A nuestro parecer, el reincidente se convierte, a efectos de una probable imposición de pena más grave (no para determinar su responsabilidad penal), en un sujeto cualificado. La razón de tal posición especial se basa en la relación que tiene dicha persona con la norma que lo obliga a no repetir conductas delictivas o en el deber positivo de contribuir a brindar confianza en el sistema jurídico y seguridad en la sociedad. Al respecto, JIMÉNEZ DÍAZ, María José, *Seguridad ciudadana y Derecho penal*, Madrid, 2006, p. 71: "cuando el sujeto reincide, no solo está cometiendo un nuevo delito sino que, además, está desobedeciendo el mandato ínsito que la previa condena le imponía de no volver a delinquir. Este acto de desobediencia o, lo que es lo mismo, la infracción del deber de no volver a delinquir, derivado de la condena anterior, determina un plus de reprochabilidad que se suma al que es consustancial por el nuevo delito".

[72] Anota POLAINO-ORTS que quien vuelve a delinquir tiene, frente al delincuente ocasional o incidental, "un poder de desestabilización normativa y social incomparablemente mayor". POLAINO-ORTS, Miguel, *Lo verdadero y lo falso en el Derecho penal del enemigo*, Lima, 2009, p. 223. En esa línea, se afirma que la repetición de conductas delictivas causa precisamente tal situación de inestabilidad. Cfr. LLOBET ANGLÍ, Mariona, *Terrorismo y "guerra" contra el terror: límites de su punición en un Estado democrático*, tesis doctoral UPF, Barcelona, 2008, p. 51.

[73] "Paz y seguridad pública" son, en líneas generales, sinónimos. No obstante, en adelante, dejaremos de mencionar la expresión "paz pública" a fin de evitar se la relacione con el específico bien jurídico tutelado en algunos delitos como, por ejemplo, el de disturbios (art. 315 del CP peruano) o el de desorden público (art. 557 del CP español). Respecto a la seguridad pública como elemento indispensable para el normal ejercicio de las libertades constitucionales o la convivencia humana, cfr. ACOSTA GALLO, Pablo, *Derecho de la seguridad, responsabilidad policial y penitenciaria*, Valencia, 2015, p. 66; ORTIZ DE URBINA GIMENO, Iñigo; PAREJA, Monserrat; PONCE SOLÉ, Juli y SIBINA, Doménec, "Estudio preliminar: convivencia ciudadana, seguridad pública y urbanismo", en ORTIZ DE URBINA GIMENO, Iñigo y PONCE SOLÉ, Juli (coords.), *Convivencia ciudadana, seguridad pública y urbanismo. Diez textos fundamentales del panorama internacional*, Barcelona, 2008, p. 20; CORCOY BIDASOLO, Mirentxu, "La perspectiva jurídico-penal", en MIR PUIG, Santiago y QUERALT, Joan J. (dirs.), CARPIO BRIZ, David (coord.), en *La seguridad pública ante el Derecho penal*, Buenos Aires-Montevideo, 2010, p. 4; SÁNCHEZ-OSTIZ, Pablo, *Fundamentos de Política criminal. Un retorno a los principios*, Madrid, 2012, pp. 100 y 127; entre otros autores.

[74] No cabe duda que el delito causa efectos no solo en lo normativo, sino también en el "mundo real" y que el Derecho penal debe atender. De modo amplio, para SILVA SÁNCHEZ "el miedo constituye un factor fundamental en la interacción social". A continuación, cita el autor un texto de DRANE y NEAL que anoto: "La interacción social depende de la predecibilidad de la conducta de los otros y de los sentimientos de seguridad

cuantitativa de la pena, de los "sentimientos sociales de temor"[75] *per se* (posición que ha sido criticada por un sector de la doctrina[76]), sino de la valoración real del efecto

(…). Sin una expectativa segura de que los demás se abstendrán de las acciones que teme, un individuo carece del grado de autonomía necesario para el enriquecimiento social". SILVA SÁNCHEZ, Jesús-María, *En busca del Derecho penal. Esbozos de una teoría realista del delito y de la pena*, Buenos Aires-Montevideo, 2015, pp. 67-68. JAKOBS afirma que la persona requiere "para su hacer y su dejar de hacer", no solo la seguridad de que dispone de derechos, sino también la seguridad de que "podrá disfrutar de la libertad garantizada por el derecho". JAKOBS, Günther, "¿Daño social? Anotaciones sobre un problema teórico fundamental en el Derecho penal" (trad. Polaino-Orts), en *CPC* (100), 2010, p. 45. POLAINO-ORTS sostiene que la norma exige, para mantener su vigencia, que los ciudadanos tengan la "mínima seguridad cognitiva de que la norma sigue siendo un mecanismo válido (actual) de comunicación: sin esa seguridad la norma no es posible, ni la protección normativa es real". POLAINO-ORTS, Miguel, *Lo verdadero y lo falso en el Derecho penal del enemigo*, p. 268. HÖRNLE, por su parte, deja de lado al concepto de paz pública, por los problemas de definición que dicha expresión ostenta, como un interés a ser tutelado penalmente por hechos en los que no se pueda identificar un daño concreto a la víctima. Señala la autora que en estos casos se legitima la intervención del Estado en tanto el delito afectó aquellos "intereses humanos (...) generalizables y especialmente importantes, que cabe caracterizar como intereses de seguridad". HÖRNLE, Tatjana, "La protección de sentimientos en el StGB" (trad. Martín Lorenzo), en HEFENDEHL, Roland (ed.), *La teoría del bien jurídico. ¿Fundamento de legitimación del Derecho penal o juego de abalorios dogmático?*, Madrid-Barcelona, 2007, p. 385.

[75] No obstante, tomando una posición desligada de criterios formales, RECASENS señala que un modelo basado en la seguridad tiene como prioridad "oponerse a la inseguridad", siendo indiferente en este nivel que sea objetiva o subjetiva. El objetivo principal consistirá en "garantizar y preservar los derechos y libertades de los ciudadanos entendidos como conjunto social". RECASENS. Amadeo, "Elementos emergentes de inseguridad ciudadana", *en Revista Catalana de Seguretat Pública* (6-7), 2000, pp. 13-14. De otro lado, respecto a la necesidad de desarrollar políticas que ofrezcan mayor seguridad objetiva y que también otorguen mayores "sentimientos" de seguridad, cfr. ACOSTA GALLO, Pablo, *Derecho de la seguridad, responsabilidad policial y penitenciaria*, pp. 37-38; MEDINA ARIZA, Juanjo, *Políticas y estrategias de prevención del delito y seguridad ciudadana*, Buenos Aires-Montevideo, 2011, p. 22 y ANDRÉS-PUEYO, Antonio, "La delincuencia violenta internacional. La perspectiva psicológica", en MIR PUIG, Santiago y QUERALT, Joan J. (dirs.), CARPIO BRIZ, David (coord.), en *La seguridad pública ante el Derecho penal*, Buenos Aires-Montevideo, 2010, p. 257. Nota del autor: consideramos que la agravante de pena en caso de reincidencia se justifica, entre otras razones, por la inseguridad (real y objetiva) que se causa con el segundo comportamiento criminal. Ahora bien, la valoración de la inseguridad subjetiva (sentimientos sociales de temor sin base aparente) es importante en torno al diseño de políticas públicas, sobre todo, de corte educativo. La población tiene derecho a estar informada del estado real de la criminalidad. De esta forma, se reducirá el efecto negativo que provoca la manipulación mediática, en algunos casos, de la noticia criminal. La inseguridad subjetiva no legitima la agravante de pena al reincidente.

[76] Por todos, CANCIO MELIÁ, Manuel, "El injusto de los delitos de organización: peligro y significado", en *Revista cuatrimestral de las Facultades de Derecho y Ciencias Económicas y Empresariales* (74), Madrid, 2008, pp. 259-260. Quien menciona que las expresiones "paz" o "seguridad" públicas son indeterminadas, que abriría "las puertas a una criminalización ilimitada". No obstante, a modo de reflexión, SILVA SÁNCHEZ señala que en la actualidad, "en medida creciente, la seguridad se convierte en una pretensión social a la que se supone que el Estado y, en particular, el Derecho penal debe dar respuesta". SILVA SÁNCHEZ, Jesús-María,

comunicativo del injusto y de sus consecuencias[77]. Estas dos dimensiones del injusto (formal y empírica) deben ser evaluadas en el momento de cuantificar la sanción, a fin de determinar una pena justa[78].

En este escenario, es oportuno plantearse la siguiente pregunta: ¿todo nuevo hecho criminal del reincidente produce un mayor efecto desestabilizador, elevando la gravedad del injusto? La respuesta es negativa. El efecto desestabilizador que se causa con el hecho cometido por el reincidente es mayor que el producido por quien, por vez primera, delinque, siempre que se hayan cumplido ciertos requisitos de carácter objetivo y subjetivo necesarios para la legitimación de la agravante. Tales requisitos son los siguientes: la relación de injustos entre los crímenes cometidos (la identidad entre los delitos perpetrados puede ser absoluta o relativa), un plazo de prescripción de reincidencia (plazo razonable que debe transcurrir entre la declaración de responsabilidad penal previa y el nuevo delito cometido) y la presencia del dolo, tanto en el delito anterior (el que fue objeto de una declaración de responsabilidad penal firme), como en el nuevo comportamiento criminal cometido[79]. De esta manera, la determinación de la gravedad del injusto se basa en el mayor y real efecto desestabilizador que causa el reincidente al volver a delinquir[80]. El nuevo hecho, con las características antes mencionadas, ataca efectivamente la base cognitiva necesaria para la confianza en la norma: la seguridad pública. Tales requisitos son, finalmente, límites razonables para la aplicación de la agravante.

La expansión del Derecho penal. Aspectos de política criminal en las sociedades postindustriales, 3ª edición, Buenos Aires- Montevideo, 2011, p. 31.

77 En el marco de la tesis funcionalista del Derecho penal, POLAINO-ORTS indica que una cosa es que exista "una sensación más o menos generalizada de inseguridad, y otra muy diferente es que esa inseguridad haya hecho mella en los ciudadanos". Agrega que "nos encontramos ante situaciones en las que, en efecto, la percepción subjetiva de inseguridad corresponde plenamente a la entidad objetiva de peligro". POLAINO-ORTS, Miguel, *Lo verdadero y lo falso en el Derecho penal del enemigo*, pp. 269-270.

78 La reincidencia no es un tipo de injusto (de lo contrario estaría ubicado en la Parte Especial del CP), sino una circunstancia especial que lo agrava. Tal consecuencia se basa, entre otras razones, en el mayor efecto desestabilizador (formal y empírico) que provoca el agente al realizar el nuevo hecho delictivo.

79 Vid. *infra* capítulo I subcapítulo I.3 literal a.

80 Dice CANCIO que para JAKOBS, una confianza mínima de la colectividad en la norma es presupuesto de su vigencia. Esta confianza falta, en su opinión, cuando –como sucede, entre otros, "en el caso de las conductas aprehendidas por las infracciones que aquí interesan– concurre una 'elevación drástica del riesgo' normal. El anuncio (...) de la comisión futura de hechos punibles supone tal elevación del nivel de riesgo ubicuo que causaría, desde este punto de vista, 'efectos de desorientación', es decir, precisamente la conmoción de la base cognitiva de la confianza en la norma, de la 'paz social'". CANCIO cuestiona que se recurra a la sensación social de inseguridad para definir la paz, el orden o la seguridad públicos. Considera que de ser así, la discusión solo queda desplazada "hacia lo empírico" y, con ello, "librado a la arbitrariedad". CANCIO MELIÁ, Manuel, "El injusto de los delitos de organización: peligro y significado", pp. 262 y 267.

En suma, con la realización del nuevo hecho criminal, con las características antes anotadas, no solo se provoca una lesión o puesta en peligro, según sea el caso, del bien jurídico objeto de tutela del delito último, sino también una mayor afectación del fin estabilizador del derecho o también podría decirse un menoscabo "a la necesidad social de seguridad"[81]. Por tanto, la mayor pena al reincidente no tiene explicación en una circunstancia ajena al hecho o relacionada con la personalidad del autor, sino en su propio comportamiento.

C. La mayor culpabilidad del reincidente

a. La culpabilidad

A pesar de la intensa y amplia discusión doctrinal sobre los alcances de la culpabilidad como categoría del delito[82], concebimos que dicho concepto no abandona la idea del "reproche". Lo que se cuestiona al agente es precisamente la omisión de una conducta exigida al autor[83]. Al agente, quien actúa libremente[84], se le

[81] Conforme con la STC n° 0014-2006-AI/TC, emitida por el TC peruano: "no debe olvidarse que la reeducación, la reincorporación y la resocialización, previstas en el artículo 139, inciso 22 [de la Constitución], no son los únicos fines de la pena (...) sino que es también obligación del Estado proteger otros bienes constitucionales, entre ellos, la seguridad de los ciudadanos, tal como manda el artículo 44 de la Constitución". También, en cuanto a la tutela de la seguridad, el TC español señaló que se trata de la "actividad dirigida a la protección de personas y bienes (seguridad en sentido estricto) y el mantenimiento de la tranquilidad u orden ciudadano que son finalidades inseparables y mutuamente condicionadas" (STC n° 33/1982). Se trata de la tutela de aquellas condiciones mínimas para el ejercicio de los ciudadanos, entre ellos, el de la confianza en el ordenamiento puesta en cuestión por el hecho que realiza el reincidente, el mismo que es, desde esta perspectiva, más grave en comparación al realizado por el delincuente primario.

[82] Para mayor profundización, cfr. PÉREZ MANZANO, Mercedes, *Culpabilidad y Prevención: Las teorías de la prevención general positiva en la fundamentación de la imputación subjetiva y de la pena*, Madrid, 1990, pp. 94 y ss; HÖRNLE, Tatjana, "La concepción anticuada de la culpabilidad en la jurisprudencia y doctrina tradicionales de la medición de la pena" (trad. Martín Lorenzo), en *Determinación de la pena y culpabilidad*, pp. 52 y ss; COUSO SALAS, Jaime, *Fundamentos del Derecho penal de culpabilidad*, Valencia, 2006, pp. 107 y ss; entre otros autores.

[83] BUSTOS y HORMAZÁBAL sostuvieron, con acierto, que culpabilidad es exigibilidad. Esta última es entendida como la capacidad del Estado para exigir a una persona concreta una respuesta determinada (por ejemplo, de respeto a la norma). BUSTOS RAMÍREZ, Juan y HORMAZÁBAL MALARÉE, Hernán, *Lecciones de Derecho penal*, 2ª edición, Madrid, 2006, p. 443.

[84] A fin de superar la crítica relacionada con la "nula" posibilidad de demostrar la libertad, se afirma que a efecto jurídico penales debe adoptarse un concepto real o pragmático de culpabilidad. Dicha idea servirá de base para establecer el principio de responsabilidad individual. Cfr. SILVA SÁNCHEZ, Jesús-María, *En busca del Derecho penal. Esbozos de un tema realista del delito y de la pena*, pp. 16-17; LUZÓN PEÑA, Diego-Manuel, "Libertad, culpabilidad y neurociencias", en *InDret* (3), 2012, p. 33; entre otros autores.

exige una conducta conforme con el derecho y si no cumple con ello, merece ser sancionado de forma proporcionada al injusto creado. De esta forma, la idea del "reproche" va aunada al deber o exigencia de actuar conforme con las normas de comportamiento[85]. Como señala LUZÓN, tal reprochabilidad jurídico-penal individual se basa en "la libertad de decisión y actuación del sujeto, en su posibilidad de acceder a las normas y de determinarse normalmente por ellas, y en la *exigibilidad penal individual* basada en valoraciones normativas que no hagan comprensible, explicable o disculpable su infracción en la situación concreta"[86] (la cursiva es nuestra). El juicio de reproche imputable al autor es graduable, en atención del nivel de exigibilidad de una actuación conforme a derecho[87], el cual tendrá que ser valorado en el momento de cualificar la responsabilidad y al cuantificar la pena (la mayor culpabilidad es, en muchos casos, un efecto del mayor injusto).

Ahora bien, para la cuantificación de la sanción también resulta importante que se tengan en cuenta las razones de prevención. Este razonamiento permitirá determinar la cantidad de pena necesaria para cumplir dicho propósito. El límite de la sanción es el grado de culpabilidad por el hecho realizado[88]. Es decir, el nivel de lo exigible normativamente al sujeto no solo es un elemento que sirve para la cualificación de la responsabilidad penal, sino que también actúa como barrera en el ejercicio de individualización de la cantidad de pena. Por todo esto, nos alejamos de una concepción de culpabilidad "caracteriológica" en su versión de "responsabilidad por la conducción de vida". En primer lugar, porque consideramos que la responsabilidad

[85] De esta manera, la culpabilidad no va desligada del injusto. Señala SILVA SÁNCHEZ que a lo largo de la historia de la dogmática, se entendió mayoritariamente que, "si el injusto se entiende como infracción de un deber, entonces este es indisociable de la culpabilidad". Así, el injusto culpable es "injusto pleno". SILVA SÁNCHEZ, Jesús-María, "¿Adiós a un concepto unitario de injusto en la teoría del delito? A la vez, una breve contribución a la teoría de las medidas de seguridad", p. 7. Como indica ROBLES PLANAS: "El Derecho penal reacciona frente al quebrantamiento del Derecho. No es pensable un Derecho penal que no presuponga un injusto culpable". ROBLES PLANAS, Ricardo, "Introducción a la edición española. Dogmática de los límites al Derecho penal", p. 22. DEMETRIO CRESPO, Eduardo, *Prevención general e individualización judicial de la pena*, p. 307. En la individualización judicial de la pena, en la cual tanto el injusto como la culpabilidad adquieren relevancia, "se adopta más bien la categoría de injusto culpable". Y es que "si la culpabilidad tiene que referirse siempre al injusto, este último tiene que ser el punto de partida de aquella".

[86] LUZÓN PEÑA, Diego-Manuel, "Libertad, culpabilidad y neurociencias", p. 32. También, vid. ÉL MISMO, Diego-Manuel, *Lecciones de Derecho penal. Parte General*, 3ª edición. Valencia, 2016, p. 483.

[87] Cfr. FERNÁNDEZ PANTOJA, Pilar, "La 'exigibilidad' y la 'no exigibilidad' de conductas adecuadas a las normas penales", en *CPC* (106), 2012, p. 189.

[88] El TC español, en la STC nº 65/1986, indicó lo siguiente: "Las cuestiones relacionadas con la medida de la pena y la culpabilidad solo se podrían plantear cuando la gravedad de la pena atribuida al condenado fuese superior a la legalmente imponible en relación a la gravedad de la culpabilidad".

penal tiene al "hecho" en un primer plano[89]. En segundo lugar, apreciamos que la "personalidad del autor" (en el sentido de ánimo o de tendencia interna[90]) no es ni puede ser causa de la responsabilidad penal ni de su agravación, pues es claro el carácter moralizante de la expresión.

b. La mayor culpabilidad como fundamento de la reincidencia

Se afirma que el sujeto, al volver a delinquir, se hace acreedor de un mayor "reproche"[91], pues con el nuevo hecho manifestó nuevamente su "desprecio"[92] u "oposición"[93] al ordenamiento jurídico en general, cuestionando la vigencia de aquellas normas que regulan la convivencia social y brindan seguridad a los ciudadanos. De esta forma, el sujeto expresa una personalidad desviada y desaprobada por el Derecho[94].

---

[89] El reproche se efectúa "en atención al hecho ejecutado por el sujeto, no por su forma de ser o de conducirse habitualmente". ORTS BERENGUER, Enrique y GONZÁLEZ CUSSAC, José Luis, *Compendio de Derecho penal. Parte General*, 5ª edición, Valencia, 2015, p. 151.

[90] Sobre el concepto de culpabilidad basado en la actitud interna del agente, cfr. GALLAS, Wilhelm, *La teoría del delito en su momento actual* (trad. Córdoba Roda), Barcelona, 1959, p. 62. Quien señaló que culpabilidad es pues "reprochabilidad del acto en atención al ánimo (*Gesinnung*) jurídicamente desaprobado que se realiza en él". De esta manera, se realiza un juicio de valor sobre la "actitud global del autor hacia las exigencias del derecho". Sobre la posición de GALLAS, vid. COUSO SALAS, Jaime, *Fundamentos del Derecho penal de la culpabilidad*, p. 147. JESCHECK, describiendo esta perspectiva, señala que el contenido material de la culpabilidad es la actitud interna del sujeto sobre el hecho. Se trata de una "actitud interna jurídicamente defectuosa (actitud interna frente al derecho censurable) de la cual ha surgido la resolución de cometer el hecho". JESCHECK, Hans-Heinrich, *Tratado de Derecho penal. Parte General*, p. 580. Un sector de la doctrina admite que en cierta medida es discutible la incorporación de la desvaloración de la actitud interna en el momento de cuantificar la pena, pues el juez, al calcular la dosis de pena, entre otros elementos, toma en cuenta los "móviles" del sujeto. Esta concepción normativa de la culpabilidad tiene como presupuesto que la "libertad" del agente le permite "poder actuar de otro modo". ¿Por qué la actitud interna es jurídicamente desaprobada? Algunos manifiestan que tal actitud interna es desaprobada pues se enfrenta libremente al ordenamiento jurídico, teniendo el sujeto la capacidad personal de evitar el riesgo. Cfr. COUSO SALAS, Jaime, *Fundamentos del Derecho penal de la culpabilidad*, pp. 147 y ss.

[91] JIMÉNEZ DÍAZ, María José, *Seguridad ciudadana y Derecho penal*, p. 70.

[92] GARCÍA, Luis M., *Reincidencia y punibilidad*, p. 107.

[93] MARTÍNEZ DE ZAMORA, Antonio, *La reincidencia*, p. 205.

[94] Se dice que la reincidencia supone una mayor culpabilidad porque el autor expresa un ánimo de cometer un nuevo delito, pese a la advertencia de la primera condena. Cfr. ALONSO ÁLAMO, Mercedes, *El sistema de circunstancias del delito. Estudio General*, Valladolid, 1981, p. 746.

Según esta tesis, la reincidencia no afecta al injusto (ni lo agrava ni lo atenúa), sino supone una condición socialmente desvalorada, basada en la "insensibilidad"[95] del sujeto quien pese a haber "sufrido la pena", vuelve a delinquir[96]. Dicho con otras palabras, la reincidencia se fundamenta en "la renovada rebelión del sujeto hacia una ley cuya eficacia ha experimentado a través del juicio precedente"[97]. El reincidente es rebelde pese a representarse lo grave (punible) de "su hacer"[98]. Al respecto, CEREZO MIR sostiene que "la circunstancia agravante de reincidencia no puede hallar su fundamento, a nuestro juicio, en una mayor gravedad del injusto, pues el desvalor de la acción o el desvalor del resultado no se ven incrementados por la condena anterior. En el Derecho penal de un Estado social y democrático de Derecho, la reincidencia solo puede hallar su fundamento en una mayor gravedad de la culpabilidad"[99].

Esta tesis es criticada. Al respecto, CARUSO sostiene, citando a SCHÜLER-SPRINGORUM, que "la mayor culpabilidad del reincidente es una presunción empírica contra reo"[100]. De otro lado, se ha dicho que resulta inconsecuente sancionar con más gravedad al reincidente solo por el hecho de conocer perfectamente la punibilidad de su actuar al haber sido condenado anteriormente, pues si el mayor "reproche" se basa en el conocimiento de las consecuencias punitivas, toda conducta delictiva realizada

---

[95] ALONSO ÁLAMO afirma que en la reincidencia, el sujeto es más culpable "por el mayor desprecio hacia los bienes jurídicos manifestado en la realización de un nuevo delito, después de haber sufrido una condena". ALONSO ÁLAMO, Mercedes, *El sistema de las circunstancias del delito*, p. 673.

[96] Cfr. LATAGLIATA, Ángel, *Contribución al estudio de la reincidencia*, Buenos Aires, 1963, p. 270.

[97] LATAGLIATA, Ángel, *Contribución al estudio de la reincidencia*, p. 270.

[98] MAURACH, Reinhart, *Tratado de Derecho penal* (trad. Córdoba Roda), tomo II, Barcelona, 1962, pp. 546-547. Agrega el autor que debe asentirse lo expuesto por la teoría dominante, la que se inclina a tratar a las anteriores condenas por el "mismo delito" como agravantes de la responsabilidad penal. La razón es que de esta forma se pone de manifiesto "un incremento de la intensidad criminal", que no aparece "en las condenas anteriores por infracciones distintas". También, BENAVENTE CHORRES, Hesbert, *Reincidencia y habitualidad en el proceso penal peruano*, p. 41: "el sustento de la posición de MAURACH consistió en el antiguo § 48, Abs. 1, párrafo 2 del Código Penal alemán (StGB), según el cual el presupuesto material de la reincidencia es que se le puede hacer al reo un [mayor] reproche en atención a la clase y circunstancias de los delitos anteriores por no haber tenido en cuenta la advertencia contenida en las anteriores sentencias condenatorias./ En atención a la naturaleza y circunstancias de los delitos anteriores, solo puede formularse un reproche de culpabilidad, suficiente para servir de base a la agravante de la reincidencia, cuando existe entre los delitos una relación interna, que se expresa en el bien jurídico, clase y forma de comisión, así como en los motivos, en el sentido de que el reo, al cometer el nuevo delito, debería haberse acordado de la condena anterior".

[99] CEREZO MIR, José, *Obras Completas*, p. 1029.

[100] CARUSO FONTÁN, María Viviana, *El delincuente imputable y peligroso. Cuestiones de política criminal*, p. 120.

por los operadores del derecho (abogados, fiscales o jueces) merecerán siempre una sanción más grave[101].

Como respuesta a esta crítica, se afirma que el mayor "reproche" al reincidente no se funda en el conocimiento del *quantum* legislativo de la pena abstracta, sino en la "indiferencia" del delincuente a las consecuencias del nuevo hecho punible, las mismas que experimentó anteriormente, teniendo además la capacidad personal de evitar el hecho criminal reiterado[102]. JAKOBS, por su parte, afirmó que la trayectoria criminal "agrava la responsabilidad penal", ya que en caso de delincuencia reiterada existe un considerable "déficit de lealtad al derecho"[103].

---

[101] Cfr. CÓRDOBA RODA, Juan y RODRÍGUEZ MOURULLO, Gonzalo, *Comentarios al Código Penal*, tomo I, Barcelona, 1972, p. 742. En esa línea, ZIFFER sostiene que esta teoría, llamada de la "advertencia": "o bien es puramente ficticia, y solo sirve como una burda justificación para una violenta lesión al principio de inocencia, o bien, tomada estrictamente, resultaría aplicable no solo al autor, sino a todos sus parientes cercanos, o incluso a todos aquellos que participen de uno u otro modo del juicio: fiscales, jueces, defensores, parientes y amigos del procesado tendrían ganada de antemano una mayor pena, pues también ellos conocen en forma efectiva cuáles son las posibles consecuencias de la comisión de un delito". ZIFFER, Patricia, *Lineamientos de la determinación de la pena*, p. 156.

[102] Estas objeciones han sido recogidas "por los propios defensores de la idea de una mayor culpabilidad en el reincidente, quienes matizan su posición, reconociendo que, en ciertos casos de reincidencia, puede existir una menor capacidad del sujeto para autodeterminarse, bien por su personalidad, o por no haber recibido un tratamiento resocializador adecuado. Y también se reconoce que el reincidente no tiene por qué mostrar siempre una especial rebeldía hacia el Derecho. Por ello, la postura que fundamenta la reincidencia en la mayor culpabilidad termina concluyendo que, de *lege ferenda*, resultaría preferible atribuir esta circunstancia un carácter meramente facultativo; y, de *lege lata*, realizar una interpretación teleológica y restrictiva de esta circunstancia en el sentido de apreciarla únicamente cuando, de acuerdo con su fundamento, pusiera de manifiesto una mayor culpabilidad del autor". SANZ-DÍEZ DE ULZURRUN LLUCH, Marina, "Reincidencia, habitualidad y profesionalidad en las últimas reformas penales. Especial referencia a la delincuencia patrimonial", en *EPC* (XXXIII), 2013, p. 107.

[103] JAKOBS, Günther, *Derecho penal. Parte General. Fundamentos y teoría de la imputación* (trad. Cuello Contreras y Serrano González de Murillo), 2ª edición, Madrid, 1997, pp. 587-588. Para JAKOBS, la reincidencia no puede acarrear la disminución de la culpabilidad, pues ello llevaría a que el sistema penal sea en sí contradictorio. Y es que para él, "[d]ado que no se puede tolerar que se remunere con indulgencia a la delincuencia reiterada, las dificultades de obedecer el derecho que puedan comportar los delitos anteriores no dejan de ser asunto del autor, es decir, que no disminuyen la culpabilidad. No interesa el hecho de la constitución psíquica del autor, sino la responsabilidad por el déficit de lealtad al Derecho, ya considerable, ciertamente, en caso de delincuencia reiterada". En contra, entre otros, PALERMO quien se pregunta de qué manera el segundo hecho tiene mayor culpabilidad "en razón de un delito previo cuyo significado fue marginalizado mediante la pena correspondiente". Dicho autor cuestiona la tesis jakobsiana de la siguiente forma: "¿puede el nuevo hecho del reincidente hacer renacer una culpabilidad que fue oportunamente compensada por la pena anterior sin antes violar el principio de culpabilidad?". PALERMO, Omar, "Reincidencia, injusto y culpabilidad", p. 160.

De otro lado, se sostiene que la culpabilidad –desde una visión motivacional y no normativa– o deja pasar toda la gravedad del injusto o la disminuye, pero nunca la agrava. En otras palabras, las circunstancias agravantes afectan al injusto, pero no a la culpabilidad[104]. También se dice que la culpabilidad no aumenta por la presencia de circunstancias agravantes, como es el caso de la reincidencia, pues consiste en un juicio de imputación personal de un hecho previamente considerado como antijurídico, por lo que no hay agravantes de la culpabilidad. Según esta posición, la antijuridicidad sí puede verse afectada por las circunstancias, agravándola o atenuándola.

Consideramos que sí es posible graduar la culpabilidad, como sucede en otros casos, en el momento de determinar la responsabilidad penal y de establecer la cantidad de pena[105]. Por ejemplo, para determinar la responsabilidad penal se analiza si el sujeto incurrió en error de prohibición vencible o invencible; o si se presentó una eximente incompleta de culpabilidad. Asimismo, en el momento de la determinación judicial del *quantum* de la sanción, se acepta el efecto agravatorio de la circunstancia de parentesco (art. 23 CP español)[106].

La determinación de la culpabilidad sigue el método valorativo. Por lo tanto, su contenido está sujeto a una mayor o menor carga negativa según se presenten las circunstancias y, sobre todo, según el grado de exigibilidad de una conducta conforme a derecho. Aunque es doctrina dominante considerar que la valoración de la culpabilidad al determinar la pena solo permitirá la disminución de esta. HÖRNLE resume esta posición de la siguiente forma: "el examen de la culpabilidad tiene que

---

[104] MIR PUIG, Santiago, *Derecho penal. Parte General*, p. 641: "[s]i se concibe la imputación personal como en este texto, como mera condición de atribuibilidad del injusto penal, que puede impedir la atribución total o parcialmente, pero no puede aumentar la gravedad atribuible al hecho, aquella actitud de desprecio y rebeldía solo puede considerarse causa de elevación del injusto del hecho".

[105] En el marco de la individualización judicial de la pena, se puede considerar que el hecho puede ser susceptible de una mayor o menor reprochabilidad. Cfr. CHOCLÁN MONTALVO, José Antonio, *La individualización judicial de la pena. Función de la culpabilidad y la prevención en la determinación de la sanción penal*, Madrid, 1997, p. 179. Nota: CHOCLÁN considera que con la reincidencia no se agrava la culpabilidad, sino es muestra de una mayor peligrosidad; HAFFKE, Bernhard, "Reincidencia y medición de la pena" (trad. Silva Sánchez), en SCHÜNEMANN, Bernd (comp.), *El sistema moderno del Derecho penal*, Buenos Aires-Montevideo, 2012, p. 238; GÓMEZ BENÍTEZ, José Manuel, "Sobre lo interno y lo externo, lo individual y lo colectivo en el concepto penal de culpabilidad", en SILVA SÁNCHEZ, Jesús-María (ed.), *Política criminal y Derecho penal. Libro homenaje a Claus Roxin*, Barcelona, 1997, p. 270.

[106] El Tribunal Supremo español indicó, en la STS nº 370/2003, del 15 de marzo de ese año, que "los ataques o agresiones dentro del círculo de personas incluidas el artículo 23 del Código Penal merecen socialmente un mayor reproche del injusto".

asemejarse, según la metáfora de *Horn*, al uso de un colador. Dado que en el caso normal, son causas de disminución de la culpabilidad, el peso del hecho se determina exclusivamente por el injusto del hecho, todo el injusto traspasa el 'tamiz de la culpabilidad' y cae íntegro en el platillo de la balanza (...), una elevación de la pena como consecuencia del examen de la culpabilidad está excluida, porque no hay circunstancias que incrementen la culpabilidad"[107].

Por su parte, ROXIN sostiene que la agravante de reincidencia no se condice con el principio de culpabilidad, pues "la capacidad de resistir la tentación de cometer nuevos delitos no aumenta sino disminuye con el número de condenas previas"[108]. En esa línea, HAFFKE afirma que "la profusa y sutil investigación psicológica de la personalidad del autor llevará previsiblemente, según todos los conocimientos que tenemos de los reincidentes, a la conclusión de que su culpabilidad por el hecho en general podría estar disminuida"[109]. FROSCH, sobre este tema, dijo: "Pues, del mismo modo que para la mayoría de los autores se puede sentar como base la tesis de la libre decisión de voluntad, en todo caso se dan indicios de peso de la existencia de grupos de autores en los que dicho ámbito de libertad se halla disminuido desde la primera infracción y sus consecuencias (...) habría que valorar la disminución de la resistencia al delito incluso como atenuante de la culpabilidad, pero, en todo caso, de ahí se sigue, al menos, la prohibición de derivar de la reincidencia, de forma más o menos obvia e indiferenciada, un aumento de la culpabilidad"[110]. Según SERRANO GÓMEZ, existen factores de riesgo que afectan la "libertad de decisión" en los delincuentes reincidentes (por ejemplo, la falta de medios económicos, marginación, deficiente educación, entre otros elementos). Por ello, considera que "la agravante de

---

[107] HÖRNLE, Tatjana, "La concepción anticuada de la culpabilidad en la jurisprudencia y doctrina tradicionales de la medición de la pena", p. 68. En esa línea, SCHÜNEMANN indica: "Las consideraciones puramente preventivo especiales deberían desempeñar un papel –y solo en este punto estimo convincente la teoría del valor posicional– simplemente en el marco de decisiones de pronóstico, como las que se exigen en los casos de suspensión de la pena (...), de modo que las mismas nunca pueden incidir sobre la pena preventivo-general en perjuicio del autor sino solo (en caso de pronóstico favorable) a favor de él. Con ello, además, se atiende a las visiones realistas acerca de las posibilidades limitadas de una 'corrección mediante la pena'". SCHÜNEMANN, Bernd, "La función del principio de culpabilidad en el Derecho penal preventivo" (trad. Silva Sánchez), en SCHÜNEMANN, Bernd (comp.), *El sistema moderno del Derecho penal. Cuestiones fundamentales*, Buenos Aires-Montevideo, 2012, p. 226.

[108] ROXIN, Claus, "¿Qué queda de la culpabilidad?" (trad. Silva Sánchez), en *CPC* (30), 1986, p. 676.

[109] HAFFKE, Bernhard, "Reincidencia y medición de la pena", p. 242.

[110] Cit. HAFFKE, Bernhard, "Reincidencia y medición de la pena", p. 242.

reincidencia debe erradicarse del Código Penal", pues la culpabilidad se ve afectada[111].

Consideramos que existen razones para agravar la pena al reincidente, incluso si damos por cierto que la condena previa provoca una disminución de su capacidad de resistir a la tentación de cometer un nuevo delito[112]. A nuestro juicio, en el supuesto que se presente dicha situación, el sujeto debe ser considerado responsable por ese *defecto* de culpabilidad. Si su capacidad de actuar conforme a la norma decreció a raíz de la condena previa, ello fue producto, entre otras razones[113], de no haber orientado su conducta hacia la socialización luego de habérsele declarado responsable de un hecho criminal[114]. A fin de cuentas, se le estará imputando al agente la infracción de un deber por incumbencia[115] (*Obliegenheit*)[116]: al reincidente se le

[111] SERRANO GÓMEZ, Alfonso, "La reincidencia", en FERNÁNDEZ TERUELO, Javier Gustavo (dir.), GONZÁLEZ TASCÓN, María Marta y VILLA SIEIRO, Victoria (coords.), *Estudios penales en homenaje al profesor Rodrigo Fabio Suárez Montes*, Oviedo, 2013, pp. 692-696. Anteriormente, el autor consideró que la reincidencia se justificaba, según la legislación de aquella época, por la "mayor culpabilidad del sujeto", sin perjuicio de que este pueda representar "una mayor peligrosidad". SERRANO GÓMEZ, Alfonso, "La reincidencia en el Código Penal", en *ADPCP* (24), 1976, p. 75.

[112] No se puede sostener que en el reincidente encontremos siempre una menor culpabilidad. En primer lugar, porque debería demostrarse que el medio carcelario produce de manera efectiva el efecto desocializador. Y, en segundo lugar, porque el reincidente no necesariamente debe haber pasado por prisión. Cfr. PUENTE RODRÍGUEZ, Leopoldo, "Fundamento dogmático de la agravación por reincidencia", en *RJUAM* (26), 2012, p. 195.

[113] La corresponsabilidad del Estado y de la sociedad por el nuevo hecho criminal realizado por el reincidente debe ser tomado en cuenta de cara a optar por una alternativa penológica menos lesiva que sea, a su vez, proporcional al grado del injusto culpable creado por el reincidente y necesaria para los fines de prevención. No obstante, ello no quiere decir que el grado de reprochabilidad, en estricto, se haya visto disminuido en la generalidad de los casos de reincidencia. Todo lo contrario, la exigibilidad de una conducta conforme a derecho es mayor que la esperable de un delincuente primario. Solo existe una *distribución de costos* que influirá en necesidad de una determinada cantidad de pena (vid. *infra* capítulo I subcapítulo I.3 literal b).

[114] Con razón PAWLIK señala que durante la ejecución de la pena el ciudadano tiene la pretensión "que se le ayude a llevar a cabo ordenadamente en el futuro su deber primario de lealtad activa". Ahora bien, "a partir del mantenimiento de su rol de ciudadano, el autor está también obligado a participar en su resocialización". PAWLIK, Michael, "La pena retributiva y el concepto de delito", p. 107.

[115] Esta regla es generalmente utilizada en doctrina para explicar la "imputación" en el caso de la *actio libera in causa* o en el error de tipo vencible, por citar unos ejemplos.

[116] Se afirma que en estos casos se está ante una imputación extraordinaria (al presentarse en el momento de la situación típica un defecto –atribuible al agente– que impide la imputación ordinaria). Sobre este tema, HRUSCHKA, Joachim, "La imputación ordinaria y extraordinaria en *Pufendorf*. Sobre la historia y el significado de la diferencia entre *actio libera in se* y *actio libera in sua causa*" (trad. Pastor Muñoz), en SÁNCHEZ-OSTIZ, Pablo (ed.), *Imputación y Derecho penal. Estudio sobre la teoría de la imputación. Joachim Hruschka*, Navarra, 2005, pp. 57 y ss; SILVA SÁNCHEZ, Jesús-María, "Introducción 1991-2012", en

podría atribuir una mayor responsabilidad penal e imponer una mayor pena, pues le incumbía mantenerse en condiciones de cumplir con las reglas de conducta en el momento de la situación típica[117].

Con todo, apreciamos que el juicio de culpabilidad o "reproche" constituye un ejercicio de atribución personal de responsabilidad que cumple funciones sociales[118]. Por ello, dicho juicio está configurado por las necesidades preventivas y limitado por la garantía de la proporcionalidad: la dosis de pena justa será graduable a la necesidad de prevención. En el caso de la reincidencia, el efecto desestabilizador del sistema ocasionado por el sujeto, al volver a delinquir, es mayor, por lo que es justo y necesario que se le imponga una pena más grave en comparación con la impuesta al delincuente primario. Naturalmente, dentro del marco de la pena correspondiente al injusto del segundo delito. A quien anteriormente se le atribuyó la comisión de un delito se le exige no solamente comportarse como "buen ciudadano" y "no dañar bienes ajenos". Él tiene una mayor carga, pues la sociedad espera que "no vuelva a

---

SCHÜNEMANN, Bernd (comp.), *El sistema moderno del Derecho penal. Cuestiones fundamentales*, Buenos Aires-Montevideo, 2012, pp. LXX-LXXI; SÁNCHEZ-OSTIZ, Pablo, "Teoría del delito, imputación extraordinaria e incumbencias", en LUZÓN PEÑA, Diego-Manuel (dir.), *Derecho penal del Estado social y democrático de Derecho. Libro homenaje a Santiago Mir Puig*, Madrid, 2010, pp. 553 y ss; EL MISMO, "¿Incumbencias en Derecho penal? Depende", en *InDret* (1), 2015, p. 7 y ss; MONTIEL, Juan Pablo, "¿Existen las *Obliegenheiten* en el Derecho penal?", en *InDret* (4), 2014, pp. 7 y ss; PÉREZ DEL VALLE, Carlos, "Recensión a Pablo Sánchez Ostiz. Imputación y teoría del delito", en *InDret* (2), 2010, pp. 20 y ss; entre otros autores.

117 A partir de una visión funcional normativa es posible sostener que a todo ciudadano fiel al Derecho "le incumbe 'conducir la vida de un modo adecuado', para que a partir de ello sea factible mantener la presunción de que en el futuro observará comportamientos adecuados a la ley". En cambio, quien no diera cumplimiento a ello "dejaría de ser confiable en términos cognitivos para emprender cursos de acción no lesivos. Así, el incumplimiento de esta *Obliegenheit* —que excluiría una condición mínima de sociabilidad— fundamentaría la imposición de una medida de seguridad". Cfr. MONTIEL, Juan Pablo, "¿Existen las *Obliegenheiten* en el Derecho penal?", p. 7. Nota del autor: en lo que aquí se defiende, la consecuencia jurídica a imponer al sujeto reincidente es una pena más grave (se le reprochará al sujeto de forma más intensa el haber optado nuevamente por el delito) y no una medida de seguridad (mero control de un peligro).

118 Siguiendo una posición más radical, MONGE FERNÁNDEZ señala que "(…) en el 'juicio de reproche' hay que entender, también, no solo a todos los elementos objetivos y subjetivos de la acción típica, sino también debe atenderse a las circunstancias concomitantes a la acción típica, propias del delincuente. En este contexto, resulta relevante la vida anterior del delincuente y su personalidad. Esta aseveración no debe interpretarse erróneamente, haciendo gravitar exclusivamente el juicio de reproche sobre la personalidad del autor, pues entonces se tratará de penar atendiendo exclusivamente a la personalidad de aquel, lo que desembocaría en la insostenible culpabilidad de carácter o por la conducta de vida. Por el contrario, los datos indicados únicamente serán tenidos en cuenta para interpretar si le era reprochable la realización de la acción típica y en qué medida". MONGE FERNÁNDEZ, Antonia, *La circunstancia agravante de la reincidencia desde los fundamentos y fines de la pena*, p. 120.

delinquir"[119]. Este mayor nivel de exigencia sustenta la mayor pena. Lógicamente, la mayor necesidad de intervención punitiva estará limitada, como dijimos, por el principio de proporcionalidad.

Quienes defienden la posición de la "mayor culpabilidad" del reincidente afirman que entre el nuevo hecho criminal y el anterior debe haber una relación basada en su similar "naturaleza o circunstancias"[120]. Y es que solo así se puede sustentar el mayor nivel de exigencia conductual al sujeto al que anteriormente se le impuso una sanción por un determinado hecho criminal[121]. En esa línea, CEREZO MIR sostiene que: "Cuando la reincidencia es específica, es decir el nuevo delito es igual o de la misma naturaleza de aquel por el que el sujeto había sido condenado ejecutoriamente con anterioridad, la culpabilidad suele ser mayor". Dicho autor agrega lo siguiente: "La exigibilidad de la obediencia al Derecho es, además, en estos supuestos, mayor. En el sujeto se apreciará, asimismo, generalmente, una actitud de rebeldía frente a las exigencias del ordenamiento jurídico, es decir una disposición de ánimo o talante hostil al derecho. En la reincidencia genérica, cuando el nuevo delito y el anterior sean de diferente naturaleza, estos argumentos tienen, sin duda, menos fuerza"[122].

Coincidimos en lo sustancial con esta posición[123]. Sin embargo, postulamos la utilización de otros "términos" para una mejor descripción del planteamiento:

---

[119] HENKEL sostiene que "la fórmula que siempre se repite, reza así: no habría que formular un reproche de culpabilidad al autor, cuando no podía serle exigida otra conducta". HENKEL, Heinrich, *Exigibilidad e inexigibilidad como principio jurídico regulativo* (trad. Guzmán Dalbora), Buenos Aires-Montevideo, 2005, p. 46. Nota al pié 1.

[120] El presupuesto material de la reincidencia, según esta posición, es que se pueda hacer un "reproche" en atención a la clase y circunstancias de los delitos cometidos anteriormente.

[121] Cfr. PEÑA CABRERA FREYRE, Alonso, "La Ley penal sobre reincidencia y habitualidad. El retorno a los postulados del positivismo criminológico", en *AJ* (junio), 2006, p. 12.

[122] CEREZO MIR, José, *Obras Completas*, p. 1030.

[123] Sobre este tema, ZAFFARONI sostiene que "bien puede decirse que la imposición de una pena anterior de alguna manera le crea una mayor conciencia de antijuridicidad al sujeto, y por ende una mayor culpabilidad del segundo hecho, pero *siempre y cuando los dos hechos tengan algún vínculo*". La cursiva es nuestra. En seguida, dicho autor menciona un ejemplo: "si alguien libra un cheque sin fondos y después le pega a la mujer, no se le puede aumentar la pena por pegarle a la mujer, se le debe aplicar la pena solo porque le pegó a la mujer, pero no la anterior, porque no tiene nada que ver con lo segundo. No va a tener una mayor consciencia de antijuridicidad por la barbaridad que hizo porque antes libró un cheque sin fondos". ZAFFARONI, Eugenio Raúl, "No es cierto que con el nuevo Código Penal desaparezca la reincidencia" (entrevista publicada el 23 de enero de 2015), en http://www.diariojudicial.com/nota/35744 (última visita: 28 de agosto de 2016).

i) Sustentar el "mayor reproche" en la "rebeldía" del agente frente al ordenamiento jurídico lleva implícita la aceptación de la tesis normativa de la culpabilidad fundada en la especial "actitud interna" del sujeto contraria a Derecho. Dicho criterio lleva a agravar la pena sobre la base de la especial configuración del fuero interno del autor; lo cual nos retrotrae "a un Derecho penal de carácter moralizante"[124].

Es preferible optar por un concepto de culpabilidad desde la perspectiva de la exigibilidad. En esa medida, como menciona SILVA SÁNCHEZ, "actúa culpablemente la persona a la que puede exigírsele actuar conforme a las normas. El grado concreto de exigibilidad resultará de la conflictiva relación surgida, por un lado, de las necesidades preventivas, que abonarían el establecimiento de mayores niveles de exigencia, y, por otro lado, de los argumentos utilitaristas de intervención mínima, así como de los criterios humanitarios, garantísticos, en suma, que apoyarían su reducción"[125]. A nuestro juicio, esta conceptualización de la culpabilidad permite su graduación (relevante en el momento de cuantificar la mayor sanción al reincidente). Además, dicha perspectiva permite considerar, en estricto, que al reincidente no se le sanciona de forma más grave por lo que "quiso" realizar, sino por lo que le era exigible evitar (la reiteración del hecho criminal).

ii) CEREZO MIR sostiene que la exigibilidad de una conducta conforme a derecho es mayor cuando el reincidente cometió delitos de la "misma naturaleza". Si bien dicha expresión es coherente con la actual regulación de la reincidencia en España; sin embargo, de modo general, consideramos que se debe optar por un concepto jurídico que englobe las razones para que una sanción mayor sea necesaria. Por ello, postulamos que entre los delitos cometidos por el sujeto reincidente debe haber una "relación de injustos". La necesidad de que se cumpla este y otros requisitos para la aplicación de la agravante de reincidencia (tiempo y dolo) la desarrollaremos más adelante[126].

---

[124] CARUSO FONTÁN, María Viviana, *El delincuente imputable peligroso. Cuestiones de política criminal*, pp. 153-154. Esta autora afirma que: "es necesario tener presente que la consideración de los motivos por los que el sujeto llevó a cabo su hecho como fundamento de la agravación de la pena implica una moralización del derecho que debe ser evitada". En contra, ZAFFARONI sostiene, en general, que la calidad de los motivos que determinaron al sujeto a delinquir es la base de la culpabilidad por el acto. Así, en general, será menos reprochable quien mata por venganza que quien lo hace por placer. ZAFFARONI, Eugenio Raúl, *En torno a la cuestión penal*, Buenos Aires-Montevideo, 2005, p. 240.

[125] SILVA SÁNCHEZ, Jesús-María, *Aproximación al Derecho penal contemporáneo*, p. 666.

[126] Vid. *infra* capítulo I subcapítulo I.3 literal a.

En resumen, apreciamos que la reincidencia agrava la culpabilidad del agente pues él, libremente, volvió a cometer un delito con determinadas características y en especiales circunstancias (la relación de injustos entre los crímenes cometidos, un plazo razonable que debe transcurrir entre la declaración de responsabilidad penal previa y el nuevo delito cometido, y la presencia del dolo tanto en el delito anterior como en el nuevo). En este caso, su posición, frente al hecho, es más grave que la del delincuente primario, ya que a pesar de habérsele comunicado la declaración de responsabilidad penal por un hecho anteriormente cometido (sin haberse, necesariamente, ejecutado la pena) y que le era *exigible* actuar conforme con las normas que regulan su especial rol y su participación en la sociedad, optó nuevamente por enfrentarse al ordenamiento jurídico. Por esta razón, su conducta tiene un grado de reprochabilidad mayor, mereciendo una pena adecuada a dicha situación jurídica.

D. La insuficiencia de la pena anteriormente impuesta

CARRARA señala como única justificación aceptable de la reincidencia a la "insuficiencia relativa de la pena ordinaria"[127] anteriormente cumplida. Para llegar a esta afirmación, dicho autor sostiene que se presume que la pena impuesta al delincuente primario es suficiente para lograr prevenir la reiteración delictiva. Sin embargo, se indica que si el mismo sujeto, pese a que experimentó "el sufrimiento efectivo" de la sanción, vuelve a delinquir, entonces, estará dando una "clara señal de despreciar aquel mal" (la pena)[128]. De esta forma, se afirma que en tanto la sanción anterior no le sirvió de lección al delincuente, para el nuevo hecho cometido es necesaria una mayor pena: "para él [el delincuente reincidente] aquella suma de sufrimientos no es freno suficiente. Renovar en contra de él la misma pena, en tal caso, se torna fútil, porque la presunción de la suficiencia relativa de la fuerza objetiva de aquella penalidad está contradicha por el hecho"[129]. Por ello, conforme describe MIR PUIG, según esta postura, es la "insensibilidad" del agente hacia la pena lo que constituye la razón última de la agravante[130] (dato subjetivo)[131].

---

[127] CARRARA, Francesco, *Programa del curso de Derecho criminal. Parte General*, p. 119.

[128] Cfr. CARRARA, Francesco, *Programa del curso de Derecho criminal. Parte General*, p. 121.

[129] Cfr. CARRARA, Francesco, *Programa del curso de Derecho criminal. Parte General*, p. 121. Sobre los alcances de la propuesta de CARRARA, vid. MARTÍNEZ DE ZAMORA, Antonio, *La reincidencia*, pp. 36 y ss.

[130] Cfr. MIR PUIG, Santiago, *La reincidencia*, p. 434.

[131] Además, podría decirse, a partir de esta posición, que la reincidencia aparece como una figura que demuestra el fracaso de los efectos preventivos de la pena. Por ello, de modo crítico podría plantearse que no es necesario "reincidir" en la pena, pues es poco probable que surta sus efectos con una sanción más grave. Cfr. MARÍN DE ESPINOSA CEBALLOS, Elena B., *La reincidencia*, p.175. En el mismo sentido, MONGE

Se cuestiona esta tesis pues se basa en la presunción, sin más, de que la pena ordinaria es suficiente para evitar la recaída delictiva, dejándose de lado que el crimen puede deberse a razones distintas al efecto comunicativo de la sanción declarada (por ejemplo, un crimen cometido bajo un estado de emoción violenta, que no elimine la reprochabilidad). Asimismo, se indica que la tesis de la "insuficiencia de la pena anteriormente impuesta" es limitada, no puede por sí misma justificar la mayor sanción al reincidente. La razón es que la llamada "eficacia" correctiva de la pena impuesta y ejecutada solo tiene sentido en aquellos países que regulen como presupuesto de la agravante que el sujeto haya sufrido pena privativa de libertad efectiva (ni España ni el Perú asumen dicha posición en la actualidad). Es decir, en los casos de reincidencia real y no ficta. Además, como sostiene HAFFKE, la fórmula de la "advertencia" ("no haber tenido en cuenta las condenas anteriores", conforme lo estipulaba expresamente el §48 del CP alemán) es una "suposición ficticia" de una culpabilidad agravada, cuya determinación requiere un análisis de la "situación psicológica" del individuo y de las "exigencias que haya de dirigirle", el cual constituye –citando a FROSCH– una empresa "difícil y, seguramente, a menudo, sin expectativa alguna"[132].

Consideramos que la "insuficiencia de la pena anterior para evitar la recaída" no es una razón suficiente para fundamentar la agravante de la pena impuesta al sujeto reincidente, pues no solo la pena anterior "fracasó" en su efecto preventivo, sino también la sociedad, el Estado y el propio ciudadano en el objetivo de la resocialización. Como se desarrolla en este trabajo, la pena más grave al reincidente tiene un aspecto cuantitativo que se fundamenta en lo cualitativo: un injusto culpable más grave, que justifica la intervención del Estado de modo más drástico.

FERNÁNDEZ, Antonia, *La circunstancia agravante de reincidencia desde los fundamentos y fines de la pena*, pp. 137-138.

[132] Cfr. HAFFKE, Bernhard, "Reincidencia y medición de la pena", pp. 241-242 y 244: "Ciertamente, en todos los niveles del Derecho se sigue aferrado verbalmente al principio de culpabilidad, sin que, sin embargo, se hayan creado las condiciones que posibilitarían una realización estricta y consecuente del mismo".

E. La peligrosidad del reincidente

a. La peligrosidad

La inclusión de la "peligrosidad" en el debate penal no es un asunto nuevo[133]. No obstante, el contenido de dicho concepto varió conforme a las tendencias que sobre el origen o causas de la criminalidad se han presentado a lo largo del tiempo[134]. En sentido lato, se entiende por peligrosidad como aquella cualidad de alguien o algo para producir algún mal con mayor o menor inmediatez, es decir, para crear un riesgo[135]. Ello puede ser originado no solo por una conducta humana, sino también por un hecho natural o animal. Cuando este mal representa una acción humana socialmente dañosa, se va a denominar a esta peligrosidad como "social"[136]. Hasta este punto, esta acción socialmente dañosa puede o no tratarse de un delito[137]. Sin embargo, se afirma que para el Derecho penal, la peligrosidad cobra real importancia

---

[133] El concepto de "peligrosidad" no es producto de la modernidad, sino que se mantuvo presente a lo largo de la historia. Su uso data desde la época de los romanos, pasando por diversos cuerpos legales y como tema de interés de diversos pensadores, filósofos y juristas de la Ilustración. Se afirma que la noción "moderna" de peligrosidad fue planteada por FEUERBACH, quien señaló que dicho término se refiere a "la característica de la persona en la cual existe una base de probabilidad de que efectivamente lesionará derechos". Cfr. ROMEO CASABONA, Carlos María, *Peligrosidad y Derecho penal preventivo*, Barcelona, 1986, p. 16. De otro lado, para JIMÉNEZ DE ASÚA, FEUERBACH se adelantó a su época y fue el verdadero precursor de las modernas doctrinas que utilizaron el concepto de peligrosidad. Cfr. JIMÉNEZ DE ASÚA, Luis, *El estado peligroso del delincuente y sus consecuencias ante el Derecho penal moderno*, Madrid, 1920, p. 17.

[134] Cabe reconocer que el verdadero impulso al concepto de "peligrosidad" se dio a finales del siglo XIX, con la Escuela Positiva italiana, que tuvo como principales expositores a LOMBROSO, FERRI y GARÓFALO. A diferencia del modelo de Derecho penal liberal que sustentó la sanción en la culpabilidad, esta Escuela se caracterizó por fundamentar el castigo en la peligrosidad social del sujeto. Esta desviación social se habría originado por particulares defectos (biológicos o de socialización) atribuibles al individuo. Sobre la importancia y las críticas a esta corriente de la criminología moderna, cfr. JIMÉNEZ DE ASÚA, *El estado peligroso del delincuente y sus consecuencias ante el Derecho penal moderno*, pp. 7 y ss; DONNA, Edgardo, *La peligrosidad en el Derecho penal*, Buenos Aires, 1978, pp. 24 y ss; AGUDELO BETANCUR, Nódier, *Grandes corrientes del Derecho penal. Escuela positiva (Introducción a la lectura de César LOMBROSO, Rafael GARÓFALO y Enrique FERRI)*, Bogotá, 1991, pp. 66 y ss; ALMEDA, Elisabet, *Corregir y castigar*, Barcelona, 2002, pp. 101 y ss; SANZ MORÁN, Ángel José, *Las medidas de corrección y de seguridad en el Derecho penal*, Valladolid, 2003, pp. 89 y ss; entre otros autores.

[135] Cfr. MAGUIRE, Mike, *Manual de Criminología* (trad. Aparicio Vázquez), México, 2004, p. 171. Afirma que la peligrosidad es una "condición probabilística, no un hecho, y aun si esa persona no inflige lesiones a nadie, no por ello deja de ser peligrosa hasta cierto punto".

[136] La peligrosidad social resulta insuficiente para imponer sanciones penales, debiendo quedar su prevención "a la política social del Estado y, en caso de fracaso, al Derecho administrativo". DÍAZ SASTRE, Cristina, "Las medidas de seguridad con la nueva reforma del Código penal", en *RDPP* (25), 2011, p. 47.

[137] Cfr. ROMEO CASABONA, Carlos María, *Peligrosidad y Derecho penal preventivo*, pp. 13-14.

cuando "la acción temida de la persona peligrosa constituye una infracción criminal (delito o falta) o, más propiamente, un hecho típico y antijurídico"[138]. Es decir, cuando estamos ante la denominada peligrosidad criminal[139]. De esta manera, se restringe el concepto de peligrosidad, evitando el desborde del poder penal hacia supuestos no necesitados de una mayor represión punitiva. Se han expresado muchas críticas sobre el uso de este concepto en el Derecho penal, principalmente por la inseguridad de los métodos para pronosticarla en un sujeto determinado y por el amplio margen de discrecionalidad que tiene quien lo establece[140].

> En esa línea, se puede observar el manifiesto suscrito por un grupo importante de profesores de Derecho penal, respecto a la propuesta de reforma penal española del año 2015 (proyecto en el que se expuso, entre otras cosas, ampliar la posibilidad de aplicar la medida de libertad vigilada a sujetos imputables peligrosos y que se instaure, en casos graves, la pena de cadena perpetua[141]). En dicho documento se indica que: "es claro el abandono que se produce del principio de culpabilidad y su sustitución por criterios de peligrosidad: la dignidad humana va a resultar pisoteada en aras de un defensismo a ultranza, y los ciudadanos van a verse entregados no a la seguridad de la norma sino *a la indeterminación de los criterios personales con los que se va a 'administrar' la peligrosidad*". La cursiva es nuestra.

ROMEO CASABONA señala que el juicio de peligrosidad implica un cálculo de probabilidad de la ocurrencia de un hecho en el futuro. Esta prognosis es resultado del cumplimiento de dos etapas: la comprobación de la cualidad sintomática de peligroso

---

[138] Cfr. ROMEO CASABONA, Carlos María, *Peligrosidad y Derecho penal preventivo*, p. 15; ZIFFER, Patricia, *Medidas de seguridad. Pronósticos de peligrosidad en el Derecho penal*, Buenos Aires, 2008, p. 139; CEREZO MIR, José, *Curso de Derecho penal español. Parte General,* tomo I, 6ª edición, Madrid, 2004, p. 40; entre otros autores.

[139] Cfr. ARMAZA ARMAZA, Emilio José, *El tratamiento penal del delincuente imputable peligroso*, *El tratamiento penal del delincuente imputable peligroso*, Granada, 2013, p. 79.

[140] Cfr. QUINTERO OLIVARES, Gonzalo, "Monismo y dualismo. Culpables y peligrosos", en DEMETRIO CRESPO, Eduardo (dir.), MAROTO CALATAYUD, Manuel (coord.), *Neurociencias y Derecho penal. Nuevas perspectivas en el ámbito de la culpabilidad y tratamiento jurídico-penal de la peligrosidad*, Buenos Aires-Montevideo, 2013, pp. 653-657; CARUSO FONTÁN, María Viviana, *El delincuente imputable y peligroso. Cuestiones de política criminal*, p. 123; CERVELLÓ DONDERIS, Vicenta, "Suspensión de la pena y valoración de la peligrosidad criminal", en ORTS BERENGUER, Enrique (dir.), ALONSO RIMO, Alberto y ROIG TORRES, Margarita (coords.), *Derecho penal de la peligrosidad y prevención de la reincidencia*, Valencia, 2015, p. 449; SANZ MORÁN, Ángel José, *Las medidas de corrección y de seguridad en el Derecho penal*, pp. 93-94; SOTOMAYOR ACOSTA, Juan, "Crítica a la peligrosidad como fundamento y medida de la reacción penal frente al inimputable", en: https://www.unifr.ch/ddp1/derechopenal/articulos/a_20080527_14.pdf, p. 4 (última visita: 16 de febrero de 2015); entre otros autores.

[141] Finalmente, el 1 de marzo de 2015 se publicó la LO 1/2015 que recoge gran parte de lo expuesto en el Proyecto mencionado. Vid., *infra* capítulo III, subcapítulo III.2.

(diagnóstico de peligrosidad) y la comprobación de la relación entre dicha cualidad y el futuro del sujeto (prognosis criminal)[142]. Sin embargo, por su propio objeto de determinación se recrimina a este juicio de peligrosidad como incierto, debido principalmente a dos factores: a) La fiabilidad de los métodos utilizados para la averiguación, la comprobación y validez de los síntomas de peligrosidad[143]. b) La propia naturaleza incierta de la probabilidad[144].

La doctrina ha desarrollado varios métodos para determinar la prognosis criminal. A continuación resumiremos algunos de ellos: a. *Método intuitivo*: consiste en apoyarse, principalmente, en la experiencia de vida, el conocimiento de las personas y las suposiciones personales de aquel que realiza la evaluación. La principal crítica que se da a este método es la imposibilidad de someter sus resultados a un control metodológico, en tanto la evaluación no sigue un procedimiento demostrable ni siquiera explicitado en la mayoría de los casos[145]. b. *Método estadístico*: Este método llega al pronóstico a partir "de la generalización del análisis de las características concurrentes en particulares grupos de delincuentes". A partir de estos datos, se producen unas tablas de pronóstico[146]. No obstante, estas listas tampoco producen absoluta certeza, en tanto no existe un método de pronóstico estadístico universal que pueda ser utilizado para cualquier caso o en cualquier tiempo y lugar[147]. c. *Método clínico*: se ejecuta este método por medio de la observación del individuo y, eventualmente, por la aplicación de un test. Dicha prueba debe ser realizada por un especialista: por un psiquiatra o por un psicólogo, preferentemente con formación criminológica[148]. Se cuestiona este

[142] Cfr. ROMEO CASABONA, Carlos María, *Peligrosidad y Derecho penal preventivo*, p. 30.

[143] Sobre los factores personales y sociales que influyen en la decisión de volver a delinquir, REDONDO, Santiago; FUNES, Jaume y LUQUE, Eulàlia, *Justícia penal i reincidencia*, Catalunya, 1993, pp. 16 y ss: CERVELLÓ DONDERIS, Vicenta, "Suspensión de la pena y valoración de la peligrosidad criminal", p. 467; ELLA MISMA, *La prisión perpetua y de larga duración. Régimen jurídico de la prisión permanente revisable*, Valencia, 2015, pp. 83-84; ZARA, Giorgia y FARRINGTON, David, *Criminal recidivism. Explanation, prediction and prevention*, London, 2016, p. 337; HANNAH-MOFFAT, Kelly, "Punishment and risk", en SIMON, Jonathan y SPARKS, Richard (eds.), *The sage handbook of punishment and society*, London, 2013, pp. 129 y ss; MONAHAN, John, "A jurisprudence of risk assessment: forecasting harm among prisoners, predators, and patients", en http://www.virginialawreview.org/sites/virginialawreview.org/files/391.pdf (última visita: 18 de febrero de 2016); ÉL MISMO, "Risk assessment in criminal sentencing", en *Public law and legal theory research paper series*, Virginia, 2015, p. 41; FLANDERS, Chad, "The Supreme Court and the rehabilitative ideal", en *Legal studies research paper series* (3), 2014, pp. 3 y 37-38; entre otros autores.

[144] Cfr. ROMEO CASABONA, Carlos María, *Peligrosidad y Derecho penal preventivo*, p. 31.

[145] Cfr. ZIFFER, Patricia, *Medidas de seguridad. Pronósticos de peligrosidad en el Derecho penal*, pp. 157-158.

[146] Cfr. ROMEO CASABONA, Carlos María, *Peligrosidad y Derecho penal preventivo*, p. 38 y SANZ MORÁN, Ángel José, *Las medidas de corrección y de seguridad en el Derecho penal*, pp. 98-99.

[147] Cfr. ZIFFER, Patricia, *Medidas de seguridad. Pronósticos de peligrosidad en el Derecho penal*, p. 158 y SANZ MORÁN, Ángel José, *Las medidas de corrección y de seguridad en el Derecho penal*, p. 100.

[148] Cfr. ZIFFER, Patricia, *Medidas de seguridad. Pronósticos de peligrosidad en el Derecho penal*, p. 160.

> sistema pues entraña el peligro de captar como relevantes solo aquellos datos que se compatibilizan con las propias expectativas del examinador, fruto de las experiencias previas de este, de sus "propios prejuicios". Además, su utilidad solo se verifica frente a casos en los que existen problemas psíquicos o psicológicos en el examinado, pero ello no sucede en la generalidad de los casos[149].

Como se advierte, se han levantado serias críticas a todos los métodos propuestos para la realización de la prognosis de criminalidad[150]. No existe acuerdo sobre cuál es el método más adecuado. Por lo general, se recurre a la combinación de todos ellos, pues los defensores del método objetivo (el estadístico) reconocen que es importante tener en cuenta las características particulares del caso. Del mismo modo, los defensores del método clínico, consideran la importancia de respaldar y cotejar sus conclusiones objetivas con las del método estadístico[151]. El problema se presentará cuando surjan las divergencias en las conclusiones alcanzadas con la aplicación de los diferentes métodos. Situación en la cual le corresponderá al juez complementar dicho pronóstico, recurriendo a la razonabilidad, por lo que se requiere que este posea conocimientos criminológicos sólidos, para reducir en lo posible la apreciación subjetiva[152] (lo cual no es común en la mayoría de operadores jurídicos). A pesar de los esfuerzos realizados con los distintos métodos o con la combinación de estos, se debe tomar en consideración que su resultado no será de absoluta certeza: "La incertidumbre es inherente a las decisiones sobre la base de un pronóstico"[153].

Se puede llegar solo a un pronóstico "razonable", pero no certero. Esta es una deficiencia que debe ser asumida, la misma que no tiene que ver con los métodos o procedimientos utilizados para llevarlo a cabo, sino por el mismo objeto de estudio que es la conducta humana, que no se rige por leyes causales. Además, en la configuración de un delito no solo influyen los factores personales que pueda tener el agente, sino otras múltiples circunstancias, por lo que todo esfuerzo por advertir la peligrosidad, para algunos, está condenado al fracaso[154]. Este pronóstico, según lo

---

[149] Cfr. ZIFFER, Patricia, *Medidas de seguridad. Pronósticos de peligrosidad en el Derecho penal*, p. 160.
[150] Ante esto, "además de insistir en la necesidad de una siempre renovada investigación sobre el pronóstico, entiende la doctrina alemana que las carencias de esta técnica deben ser minimizadas por medio de una correcta aplicación del principio de proporcionalidad". SANZ MORÁN, Ángel José, *Las medidas de corrección y de seguridad en el Derecho penal*, pp. 105 y 107.
[151] Cfr. ZIFFER, Patricia, *Medidas de seguridad. Pronósticos de peligrosidad en el Derecho penal*, p. 160 y ARMAZA ARMAZA, José Emilio, *El tratamiento penal del delincuente imputable peligroso*, p. 154.
[152] Cfr. ROMEO CASABONA, Carlos María, *Peligrosidad y Derecho penal preventivo*, p. 39.
[153] SANZ MORÁN, Ángel José. *Las medidas de corrección y de seguridad en el Derecho penal*, pp. 105-106.
[154] Cfr. ZIFFER, Patricia, *Medidas de seguridad. Pronósticos de peligrosidad en el Derecho penal*, p. 162.

resalta ZIFFER, es más dificultoso en el caso de los sujetos imputables, pues al estar mentalmente sanos, en principio, el examinador no podrá ser un psiquiatra, y teniendo en cuenta que en la mayoría de los casos el examinador no tiene una formación criminológica, los resultados de la evaluación se acercarán más a las conclusiones intuitivas, cuyas deficiencias ya se han anotado[155].

Ahora bien, dado este escenario negativo para la obtención de un pronóstico cierto, a través de la utilización (aislada o combinada) de los métodos tradicionales, ZIFFER propone recurrir a un análisis normativo del pronóstico de peligrosidad. Según esta posición, el pronóstico de la peligrosidad advertida, ya no consistirá, "en la previsión de un desarrollo futuro, sino, antes bien, en la determinación de la existencia de ciertas situaciones de riesgo actuales" que serán producto de la evaluación del hecho cometido y del sujeto. Con este planteamiento se propone definir como apoyo para el análisis determinadas "situaciones de riesgo específicas", en las que se divise "una estructura de personalidad, de características tales que, frente a ciertas circunstancias, se manifiestan en conductas delictivas"[156]. Asimismo, si bien la norma material no puede ponerse en todos los supuestos en los que surge la posibilidad de una comisión delictiva, "sí puede establecer cuáles son las circunstancias [mínimas] frente a las cuales resultaría intolerable para la generalidad que el Estado omitiera toda prevención. Tal podría ser el caso, bajo ciertas condiciones, de ciertos supuestos de reincidencia grave"[157].

---

[155] Cfr. ZIFFER, Patricia, *Medidas de seguridad. Pronósticos de peligrosidad en el Derecho penal*, p.162.

[156] Cfr. ZIFFER, Patricia, *Medidas de seguridad. Pronósticos de peligrosidad en el Derecho penal*, pp. 160-170. Es pertinente resaltar que este planteamiento es propuesto en el análisis del pronóstico de la peligrosidad para la imposición de medidas de seguridad. En el caso de ser trasladable este planteamiento al caso de la pena, deberán afrontarse además las críticas que se derivan del conflicto con el principio de culpabilidad, que es el otro gran obstáculo que enfrenta la utilización de la peligrosidad en la imposición de las sanciones penales.

[157] Cfr. ZIFFER, Patricia, *Medidas de seguridad. Pronósticos de peligrosidad en Derecho penal*, pp. 170-171. La autora refiere que esta regulación se asemejaría a la regulación de los delitos de peligro, en los que también se adelanta la punibilidad a situaciones que no son lesivas de bienes jurídicos, pero se trata de supuestos en los que para el Estado ya es necesario intervenir, a efectos de evitar la lesión del bien jurídico objeto de protección. Esta previsión se extrae de la experiencia general que advierte el significado potencialmente lesivo de una situación en concreto, al igual de aquellas situaciones de peligrosidad en las que resultaría intolerable para el Estado no tomar ninguna medida que evite esta perturbación aunque esta no se llegue a concretar en la realidad. No obstante ello, tratándose de la naturaleza de aquellas medidas, es necesario que dicho juicio normativo abstracto, pueda ser refutado en el caso concreto, durante el proceso; de lo contrario, no se podría hablar de una prevención "especial".

Con todo, a pesar de la crítica a la que ha sido sometida, la peligrosidad es una expresión frecuentemente utilizada para la determinación del contenido de diferentes figuras penales (por ejemplo, los delitos de "peligro"[158]), procesales (por ejemplo, "peligro de fuga"[159]) y de ejecución penal (por ejemplo, "peligro de reincidencia" [160]). Al respecto, ZIFFER refiere que el proponer la eliminación de todas aquellas medidas penales y procesales que utilicen este concepto es una salida demasiado fácil y hasta irreal[161]. Además, si se considera que el Derecho penal tiene "carácter preventivo [entonces] está obligado a operar con decisiones adoptadas sobre la base de un pronóstico"[162].

---

[158] CORCOY BIDASOLO, Mirentxu, *Delitos de peligro y protección de bienes jurídico-penales supraindividuales*, Valencia, 1999, pp. 51-52. Quien desde una perspectiva normativa define al concepto de peligro como la probabilidad de lesión de un bien jurídico. Agrega que para calificar una conducta como peligrosa "habrá que verificar la probabilidad de lesión en el caso concreto". Entre las variables a tener cuenta en dicho cálculo se encuentran "los bienes jurídico-penales potencialmente puestos en peligro", así como el "ámbito de actividad donde se desarrolla la situación".

[159] ZIFFER, Patricia, *Medidas de seguridad. Pronósticos de peligrosidad en el Derecho penal*, p. 187. Según esta autora: "El ejemplo de la prisión preventiva también sirve para demostrar que aun cuando se erradicara todo juicio de peligrosidad, las decisiones de pronóstico (¡pronóstico de fuga o de entorpecimiento de la justicia!) no pueden ser completamente eliminadas del derecho, que en diferentes ocasiones le impone al juez el deber de resolver sobre circunstancias futuras, a pesar que no pueda prever con certeza su desarrollo ulterior".

[160] Para la obtención de un beneficio penitenciario, como la libertad condicional, se requiere en España y en el Perú, de un "informe favorable de reinserción social". Según TÉBAR, dicho "pronóstico favorable de reinserción social [consiste] en un juicio sobre el comportamiento futuro en libertad, dentro de la legalidad penal, de la persona condenada". TÉBAR VILCHES, Beatriz, *El modelo de libertad condicional español*, Tesis doctoral UAB, Barcelona, 2004, p. 159. En esa línea, MARTÍNEZ GARAY afirma que "la realización de pronósticos sobre el futuro comportamiento de un delincuente no es necesaria solo en este ámbito, sino que es un presupuesto para la adopción de otras muchas decisiones en la aplicación de consecuencias jurídico-penales, como la concesión o no de la suspensión de la ejecución de la pena, la concesión de la libertad condicional, la clasificación penitenciaria, etc.". MARTÍNEZ GARAY, Lucía, "La incertidumbre de los pronósticos de peligrosidad: consecuencias para la dogmática de las medidas de seguridad", en *InDret* (2), 2014, p. 7.

[161] Cfr. ZIFFER, Patricia, *Medidas de seguridad. Pronósticos de peligrosidad en el Derecho penal*, p. 140. Quien además señala que la dificultad del pronóstico es un problema que enfrentará toda medida (sea de orden penal, procesal y hasta civil) que evalúe el acaecimiento de un hecho futuro para su imposición. Y es que finalmente no debemos dejar de reconocer, como dice ANDRÉS-PUEYO, que la peligrosidad es uno de los aportes más exitosos de la Criminología y que forma parte de la mayoría de legislaciones modernas, en la aplicación de las medidas de seguridad, de la prevención de delitos violentos y su reincidencia, la gestión penitenciaria, entre otros. Cfr. ANDRÉS-PUEYO, Antonio, "Peligrosidad criminal: análisis crítico de un concepto polisémico", en DEMETRIO CRESPO, Eduardo (dir.), MAROTO CALATAYUD, Manuel (coord.), *Neurociencias y Derecho penal. Nuevas perspectivas en el ámbito de la culpabilidad y tratamiento jurídico-penal de la peligrosidad*, Madrid, 2013, p. 483.

[162] SANZ MORÁN, Ángel José, *Las medidas de corrección y de seguridad en el Derecho penal*, p. 92.

Se cuestiona la no existencia de un método fiable de determinación de la peligrosidad. No obstante, un sector de la doctrina considera que –en todo caso– la "falta" de peligrosidad del delincuente, debería conllevar una disminución de pena[163]. No estamos de acuerdo con esta posición. Más allá que esta alternativa sea más beneficiosa para el condenado, su resultado también parte de un método que es –según se dice– "inidóneo" para el cálculo de la peligrosidad, conforme lo resaltan "sorprendentemente" quienes defienden esta postura. En otras palabras, resulta ilógico criticar el método de diagnóstico de la peligrosidad cuando se refiere solamente a la posibilidad de agravación de la pena, pero no cuando tal situación conlleve a su disminución. Además, no debe dejarse de tener en cuenta que a través del Derecho penal no solo se le reconocen derechos al condenado. Dicho sistema normativo también cumple una función social (la necesidad de evitación de delitos), que debe ser ponderada, si bien limitada por los principios constitucionales, pero tomada en cuenta al fin y al cabo.

b. La peligrosidad como sustento de la mayor pena al reincidente

Se afirma que el mayor "reproche" de la reincidencia, como agravante de la pena, se sustenta en la mayor peligrosidad del sujeto infractor de la ley penal[164]. Con una

---

[163] Al respecto, BESIO anota que el juicio sobre la necesidad de resocialización opera fundamentalmente por medio de un juicio de peligrosidad del delincuente y, en esa medida, bajo esa lógica, si las circunstancias personales del delincuente revelan la existencia de peligrosidad y por ello de un futuro probable de reincidencia, deberá ser aumentada la pena en razón de la consecución de ese objetivo. Por el contrario, "constatada la nula o mínima peligrosidad del delincuente –una proyección asociada a la nula o mínima peligrosidad del delincuente– disminuirá la necesidad preventivo-especial y, con ella, la cuantía de pena asociada al factor de las circunstancias personales del autor". BESIO HERNÁNDEZ, Martín, *Los criterios legales y judiciales de individualización de la pena*, pp. 410 y 412.

[164] Cfr. SILVA SÁNCHEZ, Jesús-María; FELIP I SABORIT, David; ROBLES PLANAS, Ricardo y PASTOR MUÑOZ, Nuria, "La ideología de la seguridad en la legislación penal española presente y futura", en *La seguridad en la sociedad de riesgo. Un debate abierto*, Barcelona, 2003, p. 118. Mencionan que a las cosas hay que llamarlas "por su nombre". La reiteración delictiva no es una cuestión que afecte "la gravedad del hecho cometido", la agravante se justifica en función de la "peligrosidad futura del sujeto". En esa línea, las reacciones que se adopten contra ella (lo recomendable sería la imposición de medidas de seguridad o reglas de conducta), "no deberían tener naturaleza automática", en tanto su aplicación dependerá de la realización de un juicio de pronóstico. Además, MUÑOZ CONDE y GARCÍA ARÁN afirman que el fundamento de la agravante por reincidencia ha de buscarse "bien en lo recalcitrante de la actitud del sujeto que insiste en la desobediencia de las normas penales, bien en su mayor peligrosidad; sin embargo, ni la peligrosidad puede presumirse *iuris et de iure* como hace el Código en esta materia, ni es un concepto en el que pueda asentarse una mayor gravedad de la pena, que debe ir referida a la culpabilidad". MUÑOZ CONDE, Francisco y GARCÍA ARÁN, Mercedes, *Derecho penal. Parte General*, p. 495. Por su parte, BACIGALUPO sostiene –de modo crítico– que el fundamento de la reincidencia reside en la mayor tendencia delictiva del autor, es decir, su

mayor sanción, por lo tanto, con un mayor tiempo de privación de la libertad, se busca incrementar la seguridad de los ciudadanos ante sujetos que se han enfrentado nuevamente al ordenamiento penal, evidenciando que su peligrosidad criminal no ha sido erradicada con la inicial condena[165]. En esa línea, MARTÍNEZ GARAY sostiene que "desde el punto de vista del pronóstico de peligrosidad, la repetida comisión de delitos en el pasado es, sin duda, uno de los factores con mayor poder predictivo de reincidencia futura, como han puesto de manifiesto numerosísimos estudios"[166].

> El Tribunal Supremo español consideró en algunas resoluciones que el fundamento de la reincidencia es la mayor peligrosidad que se acredita en el sujeto por su inclinación a cometer la misma clase de delito (vid. SSTS nº 1250/2003, del 30 de septiembre de 2003; 971/2010, de 12 de noviembre de 2010; 724/2014, del 13 de noviembre de 2014; 460/2016, del 27 de mayo de 2016; 539/2016, del 17 de junio de 2016; entre otras resoluciones).

---

peligrosidad. Agrega que "por lo tanto, la agravación de la pena fundada en la reincidencia solo se puede fundamentar en la personalidad del reo". BACIGALUPO ZAPATER, Enrique, "Principio de culpabilidad e individualización judicial de la pena", en CEREZO MIR, José, SUÁREZ MONTES, Rodrigo; BERISTAIN IPIÑA, Rodrigo y ROMEO CASABONA, Carlos (eds.), *El nuevo Código Penal: presupuestos y fundamentos. Libro homenaje al Dr. Ángel Torío López*, Granada 1999, p. 39 y ÉL MISMO, *Principios constitucionales de Derecho penal*, Buenos Aires, 1999, p. 165. En esa línea, CHOCLÁN MONTALVO considera que "el contenido del injusto y la culpabilidad *stricto sensu* no resultan agravados por la existencia de la condena precedente, resultando solo razonable fundamentar la agravación de la pena por reincidencia en la mayor peligrosidad puesta de manifiesto por el autor". Agrega que la trayectoria delictiva del penado "puede ser indicio de un juicio desfavorable de peligrosidad criminal, que debe ser tenido en cuenta en la individualización de la pena". CHOCLÁN MONTALVO, José Antonio, *La individualización judicial de la pena. Función de la culpabilidad y la prevención en la determinación de la sanción penal*, pp. 196 y 200. En similar sentido, MAURACH y ZIPF, quienes sostienen que "el reincidente frecuente tiene una culpabilidad verdaderamente aumentada (…) y, al mismo tiempo, su reincidencia podrá ser de gran valor indiciario sobre su peligrosidad". MAURACH, Reinhart y ZIPF, Heinz, *Derecho penal. Parte General* (trad. Bofill Genzch y Aimone Gibson), vol. 1, Buenos Aires, 1994, p. 82.

[165] Esta también ha sido la meta buscada por el legislador español, así como el de su homólogo en otros países europeos, que los ha llevado a que elaboren drásticas medidas de seguridad para sujetos imputables. Con más detalle, GARCÍA RIVAS, Nicolás, "La libertad vigilada y el Derecho penal de la peligrosidad", en DEMETRIO CRESPO (dir.), MAROTO CALATAYUD, Manuel (coord.), *Neurociencias y Derecho penal. Nuevas perspectivas en el ámbito de la culpabilidad y tratamiento jurídico-penal de la peligrosidad*, Madrid, 2013, pp. 602-609 y 616-620. En concreto, con relación a la reincidencia, ALONSO ÁLAMO comenta: "Por muy criticable que parezca, de la regulación de la reincidencia, en general, puede extraerse la conclusión siguiente: si bien descansa, ante todo, en la mayor culpabilidad del sujeto, no se ha dejado de tener en cuenta la peligrosidad del autor manifestada en la repetición delictiva". ALONSO ÁLAMO, Mercedes, *El sistema de las circunstancias del delito*, p. 673.

[166] MARTÍNEZ GARAY, Lucía, "La incertidumbre de los pronósticos de peligrosidad: consecuencias para la dogmática de las medidas de seguridad", en *InDret* (2), 2014, p. 62.

De otro lado, se considera que dicho criterio (la peligrosidad) es ajeno a un modelo de Derecho penal basado en el hecho y no en la "maldad del autor"[167] (no se puede castigar a la persona en cuanto es, sino en cuanto se manifiesta[168]). Se dice que la noción original de peligrosidad se encuentra anclada en el positivismo, y que fue posteriormente utilizada en el terreno político para "eliminar individuos"[169]. En palabras de BERGALLI, "la eliminación de los individuos que por su comportamiento rebelde pusieron en tela de juicio el orden social establecido queda justificado mediante el concepto de peligrosidad"[170]. Lo cual, según esta posición, es criticable pues tal peligrosidad posdelictiva no es más que un mero pronóstico, por ende "relativo"[171], cuya definición carece de certeza[172]. Anota FRISCH que "las principales objeciones esgrimidas contra el concepto de medida en verdad no se refieren solo a él, sino también a toda pena adecuada a una finalidad preventivo-especial. Esto vale

[167] Incluso, se llegó a sostener que la agravante de reincidencia se justifica en tanto la nueva transgresión a la norma penal es manifestación de la perversidad del delincuente. Por ello, existe "la necesidad de un castigo riguroso y a veces especial". ARMENGOL y CORNET, Pedro, *La reincidencia*, Barcelona, 1873, p. 30.

[168] Se tiene la decisión de la CIDH, en la sentencia de 20 de junio de 2005 (caso Fermín Ramírez v. Guatemala). En ella se analiza el tipo de asesinato, regulado en el art. 125 del CP guatamalteco, que permite imponer la pena de muerte en lugar de la pena de prisión cuando se revelare "una mayor particular peligrosidad del agente". Según la Corte, la referencia a la peligrosidad "constituye claramente una expresión del ejercicio del *ius puniendi* estatal sobre la base de las características personales del agente y no del hecho cometido, es decir, sustituye el Derecho penal de acto o de hecho, propio del sistema penal de una sociedad democrática, por el Derecho penal de autor, que abre la puerta al autoritarismo precisamente en una materia en la que se hallan en juego los bienes jurídicos de mayor jerarquía. La valoración de la peligrosidad del agente implica la apreciación del juzgador acerca de las probabilidades de que el imputado cometa hechos delictuosos en el futuro, es decir, agrega a la imputación por los hechos realizados, la previsión de hechos futuros que probablemente ocurrirán. Con esta base se despliega la función penal del Estado. En fin de cuentas, se sancionaría al individuo -con pena de muerte inclusive- no con apoyo en lo que ha hecho, sino en lo que es. Sobra ponderar las implicaciones, que son evidentes, de este retorno al pasado, absolutamente inaceptable desde la perspectiva de los derechos humanos".

[169] MUÑOZ CONDE, Francisco, *Edmund Mezger y el Derecho penal de su tiempo. Estudios sobre el Derecho penal en el nacionalsocialismo*, Valencia, 2002, pp. 176-177. El autor sostiene además que en 1934 se introdujo al CP alemán una medida de internación indeterminada en centros de trabajo en contra de delincuentes habituales, los mismos que nunca más volvieron a salir con vida.

[170] BERGALLI, Roberto, *La recaída en el delito. Modos de reaccionar contra ella*, Barcelona, 1980, p. 57.

[171] LÓPEZ REY refiere que a menudo dos personas con igual tipo de personalidad reaccionan de forma diferente en una misma situación. LÓPEZ REY, Manuel, "Algunas reflexiones sobre el peligro de la noción de peligrosidad", en *CPC* (19), 1983, p. 20.

[172] Cfr. BENAVENTE CHORRES, Hesbert, *Reincidencia y habitualidad en el proceso penal peruano*, p. 49. El autor sostiene que "la peligrosidad no puede legitimar y aumentar la reacción penal, por ser ella misma un riesgo para las garantías individuales que el Estado de derecho protege y, precisamente, del texto legal que prevé la reincidencia no se revela cuál es la definición de peligrosidad que tuvo el legislador para legalizar[la]".

para la cuestión de si resulta sostenible, desde el punto de vista ético-jurídico, privar de la libertad a algunas personas en interés de otras, así como para los problemas de pronóstico o las dificultades para determinar, en el proceso, los datos necesarios para los diagnósticos y pronósticos"[173].

Además, se afirma que el presupuesto de toda pena es la culpabilidad del autor por el hecho cometido y no la peligrosidad. Si se considera que el fundamento de la agravación de la reincidencia es la peligrosidad del autor, el instrumento adecuado para castigar la conducta no es la pena, sino la medida de seguridad[174]. Sobre este tema, JIMÉNEZ DE ASÚA pretendía reservar la aplicación de las penas a los sujetos imputables y culpables, pero no restringía la aplicación de las medidas de seguridad a los sujetos inimputables. Para dicho autor el delincuente habitual es un verdadero incapaz para la pena, que se encuentra en "estado peligroso" y contra el cual es necesario defenderse a partir de la aplicación de "medidas de carácter especial"[175].

MONGE FERNÁNDEZ, por su parte, sostiene que la agravante de reincidencia constituye "un grave quebranto" de los principios fundantes del Derecho penal de la culpabilidad, resultando además poco adecuado como instrumento de la política criminal, si tenemos en cuenta que la reincidencia supone un estrepitoso fracaso de los efectos preventivos de la pena. Afirma dicha autora que "dada tal frustración, resulta poco operativo que el Derecho penal reaccione, a su vez 'reincidiendo' en la pretensión de lograr finalidades de aseguramiento y prevención, precisamente a través

---

[173] FRISCH, Wolfang, "Las medidas de corrección y seguridad en el sistema de consecuencias jurídicas del Derecho penal. Clasificación en las teorías de la pena, configuración material y exigencias en el Estado de Derecho" (trad. Ziffer), en *InDret* (3), 2007, p. 11.

[174] Existen dos modelos que se han desarrollado en el Derecho comparado para afrontar el problema del sujeto imputable peligroso. El primero, se caracteriza por intentar resolver el mencionado problema solamente en el ámbito de la pena, sea mediante la agravación de la misma o a través de condenas de duración indeterminada o perpetua. Por su parte, el segundo modelo enfrenta el problema a través de las medidas de seguridad (por ejemplo, mediante la terapia social, la castración química, los registros especiales, la libertad vigilada y la custodia de seguridad). Cfr. ARMAZA ARMAZA, Emilio José, *El tratamiento penal del delincuente imputable peligroso*, p. 4. También, ALONSO RIMO, Alberto, "Medidas de seguridad y proporcionalidad con el hecho cometido (a propósito de la peligrosa expansión del Derecho penal de la peligrosidad), en *EPC* (XXX), 2009, pp. 123 y ss.

[175] JIMÉNEZ DE ASÚA, Luis, *La Ley y el delito. Principios de Derecho penal*, Buenos Aires, 1954, p. 577. Quien además sostiene que "en los tiempos que alborean y, sobre todo, en el futuro inmediato, la habitualidad desplazará al vetusto concepto de reincidencia". Para dicho autor, "ya no interesa tanto la repetición del delito (...), vale más el indicio de peligrosidad, la tendencia arraigada al crimen".

de la misma sanción que fracasó anteriormente"[176]. Por consiguiente, dicha autora considera que lo más adecuado a tal fin no es aumentar el monto de la pena, "sino antes bien recurrir a una consecuencia jurídica de naturaleza distinta, a nuestro juicio, una medida de seguridad inocuizadora"[177].

De manera crítica, DEMETRIO CRESPO afirma que "la consideración de la peligrosidad del autor como un momento de la culpabilidad contradice el principio de la doble vía en el Derecho penal, ya que dejaría de tener sentido la diferenciación entre pena (que requiere siempre culpabilidad), y medida de seguridad (que requiere peligrosidad)"[178]. Al respecto, MIR PUIG sostiene que "en absoluto puede afirmarse que el reincidente exteriorice probabilidad de delinquir, es decir, verdadera peligrosidad"[179]. Agrega que "en primer lugar, se trata de fundar el agravamiento de la reincidencia en un pretendido deber objetivo de observancia de la advertencia que conlleva la anterior condena, sin aclarar la razón de castigar más severamente en los casos legales de reincidencia. En segundo lugar, también resulta criticable el desigual tratamiento de los autores ya condenados frente a los primarios, quienes han experimentado el significado ejemplar en otras circunstancias fuera de las propias condenas"[180]. GONZÁLES CUSSAC señala que la reincidencia es "una agravación fundada en la mayor peligrosidad criminal del reincidente, y ello supone, obviamente, una flagrante violación a un Derecho penal asentado en la culpabilidad jurídica"[181].

---

[176] MONGE FERNÁNDEZ, Antonia, *La circunstancia agravante de reincidencia desde los fundamentos y fines de la pena*, p. 109.

[177] MONGE FERNÁNDEZ, Antonia, *La circunstancia agravante de reincidencia desde los fundamentos y fines de la pena*, p. 138. En esa línea, BACIGALUPO afirma que un sistema de doble vía "no se caracteriza porque el ordenamiento prevé penas para capaces de culpabilidad y medidas de seguridad para incapaces de culpabilidad, sino porque el sistema de reacciones penales prevé penas para los culpables y medidas para los peligrosos (capaces o no de culpabilidad)". BACIGALUPO ZAPATER, Enrique, *Principios de Derecho penal. Parte General*, 4ª edición, Madrid, 1997, p. 23. Comparte esta opinión, respecto a la posibilidad de imponer medidas de seguridad a los reincidentes peligrosos, AGUDO FERNÁNDEZ, Enrique, "La nueva agravante de reincidencia cualificada en la Ley Orgánica 11/2003, de 29 de septiembre, de medidas concretas en materia de seguridad ciudadana, violencia doméstica e integración social de los extranjeros", en *CPC* (81), 2003, p. 457.

[178] DEMETRIO CRESPO, Eduardo, *Prevención general e individualización judicial de la pena*, pp. 293-294.

[179] MIR PUIG, Santiago, *La reincidencia*, p. 450.

[180] MIR PUIG, Santiago, *La reincidencia*, p. 523.

[181] GONZÁLES CUSSAC, José Luis, *Teoría general de las circunstancias modificativas de la responsabilidad criminal*, Valencia, 1988, p. 173. Por otro lado, CASTELLÓ sostiene que la peligrosidad criminal "podrá ser fundamento o explicación de la reincidencia, pero no fundamento para un incremento de pena". CASTELLÓ NICÁS, Nuria, *Arbitrio judicial y determinación de la pena en los delitos dolosos (art. 66.1 del Código Penal)*, Granada, 2007, p. 148.

Lo anterior es una muestra de la intensidad del debate. A nuestro juicio, la peligrosidad es expresión de un especial injusto culpable. En esa línea, sostemos que la mayor pena al reincidente no se determina, en estricto, en función de la sola "amenaza que representa el sujeto para la sociedad", sino –sobre todo– en función de la gravedad del nuevo hecho delictivo cometido. Por ello, no todo reincidente es peligroso, por lo que el juez debería tener la potestad de advertir y decidir sobre tal circunstancia, a fin de agravar o no la sanción penal (por ello consideramos que la aplicación de la agravante debe ser facultativa).

De modo general, CARNEVALI apunta con razón que: "existen dos posturas antagónicas: por un lado, la de quienes abogan por un Derecho penal de apego irrestricto a los principios fundamentales que limitan el *ius puniendi* 'Derecho penal mínimo de corte liberal' y, por tanto, todos aquellos modelos que van más allá de la culpabilidad son ilegítimos y, por otro lado, la de quienes consideran que existen ciertas realidades que deben ser enfrentadas, queramos o no, y que se comprenden dentro del Derecho de las medidas de seguridad"[182]. Se extrae de las primeras conclusiones del presente trabajo que nuestra posición es ecléctica[183]. Consideramos que a una persona imputable peligrosa se le puede imponer una pena que censure, precisamente, la realización del nuevo comportamiento criminal. Dicho de otra manera, la pena es aplicable a quienes han vuelto a delinquir y que exteriorizan, por la gravedad de su comportamiento, peligrosidad. A ellos se les puede reprochar más gravemente la conducta realizada (actuaron voluntariamente y en libertad). Los sujetos reincidentes peligrosos no son una mera "fuente de riesgo" a quienes se les debe "curar", sino ciudadanos a quienes se le atribuye y cuestiona la realización de un especial injusto culpable y cuya pena debe estar acorde con el daño provocado y a los fines preventivos a alcanzar, con los límites que subyacen a todo Derecho penal propio de un Estado social y democrático de Derecho.

---

182 CARNEVALI RODRÍGUEZ, Raúl, "Derecho penal como *ultima ratio*. Hacia una política criminal racional", en *Ius et Praxis* (14), 2008, p. 17.

183 Las medidas de seguridad se determinan en función de la sola peligrosidad criminal. En el caso de la reincidencia, la pena será proporcional a la gravedad del hecho cometido, a las necesidades de prevención y limitadas por el principio de culpabilidad. Sobre la actual discusión relativa a la crisis del sistema dualista, QUINTERO OLIVARES, Gonzalo y Fermín MORALES PRATS, *Parte General del Derecho penal*, 5ª edición, Navarra, 2015, pp. 625 y ss; ARMAZA ARMAZA, José Emilio, *El tratamiento penal del delincuente imputable peligroso*, p. 21; BACIGALUPO ZAPATER, Enrique, "El eterno retorno del delincuente peligroso (I)" (publicado el 25 de junio de 2014), en http://www.elimparcial.es/noticia/9490/opinion/El-eterno-retorno-del-delincuente-peligroso-I.html (última visita: 17 de febrero de 2015); entre otros autores.

Asimismo, la determinación de un sujeto como peligroso no sigue el criterio intuitivo, científico, estadístico ni médico individual[184] como método para establecer el pronóstico de reincidencia (sistemas que la doctrina ha cuestionado en su momento). El método a seguir para la determinación de dicho concepto, más aún cuando se trata de resolver un problema jurídico, se debe caracterizar por utilizar en su análisis conceptos normativos. En el caso concreto de la determinación de la peligrosidad del sujeto reincidente (no toda persona que reincide en la comisión de un delito es una persona peligrosa) estos criterios tienen un carácter objetivo (vinculación de injustos entre el delito previo y el actual, y un plazo razonable de prescripción de la reincidencia) y subjetivo (la identidad dolosa entre el delito anterior y el nuevo) vinculados con el hecho realizado. De esta manera, el intérprete podrá establecer un juicio racional[185], dentro del marco de la probabilidad, no de la certeza.

Finalmente, la peligrosidad es un concepto que, a pesar de los problemas de definición[186], se encuentra al centro de las medidas propias de un Derecho penal preventivo[187]. Toda pretensión de renuncia a dicha figura no es más que una alternativa alejada de la realidad[188].

---

[184] ROMEO CASABONA indica que "las aportaciones de las ciencias empíricas distan mucho todavía de ser suficientes" para la determinación de la peligrosidad. Cfr. ROMEO CASABONA, Carlos María, "Presupuestos biológicos y culpabilidad penal", en DEMETRIO CRESPO, Eduardo (dir.), MAROTO CALATAYUD, Manuel (coord.), *Neurociencias y Derecho penal. Nuevas perspectivas en el ámbito de la culpabilidad y tratamiento jurídico-penal de la peligrosidad*, Buenos Aires-Montevideo, 2013, p. 444.

[185] De lo contrario, el ejercicio del poder penal se fundará en meros criterios emocionales o puramente subjetivos, creando inestabilidad jurídica. En esa línea, la declaración de tal condición al delincuente, debe ser siempre potestativa, objeto del debate contradictorio propio de todo proceso penal.

[186] Cfr. ANDRÉS-PUEYO, Antonio, "Peligrosidad criminal: análisis crítico de un concepto polisémico", p. 501. Este autor afirma que: "La gravedad, la alta tasa de reiteración y el relativo fracaso de las medidas punitivas en cuanto a la finalidad resocializadora han sido algunos de los motivos por los que numerosos códigos penales europeos y americanos han endurecido y alargado las penas de prisión (...) a los delincuentes habitualmente peligrosos (agresores sexuales seriales, terroristas, miembros de bandas de delincuentes [...]). Esta dualidad se debe a que la peligrosidad tiene una consideración práctica, es el argumento básico de la predicción futura de reincidencia, pero adolece de una seguridad conceptual al desconocerse cuáles son sus fundamentos y cómo estos influyen en el riesgo de reincidencia".

[187] ZIFFER afirma: "Ciertamente, se puede evitar la palabra y utilizar expresiones que suenen más 'democráticas', como 'pronóstico de reinserción social' (...) o 'reglas adecuadas para prevenir la comisión de nuevos delitos' (...). Pero lo que no es recomendable es eludir la realidad ni esconder el complejo problema teórico implicado: el grado de probabilidad de que el condenado vuelva a cometer delitos es un factor ineludible a ser tomado en consideración, lo que no es otra cosa que 'peligrosidad'". ZIFFER, Patricia, *Medidas de seguridad. Pronósticos de peligrosidad en el Derecho penal*, p. 141. Asimismo, a pesar de los problemas de definición, ROBLES PLANAS considera que se admitiría imponer consecuencias penales en base a la peligrosidad del sujeto imputable solo de modo excepcional: cuando "la peligrosidad actual de una persona

La peligrosidad, como tal, pareciera enfrentarse a un concepto de Derecho penal basado en la responsabilidad por el hecho cometido. A pesar de los cuestionamientos[189], consideramos que su valoración no abandona el hecho. Precisamente, la evaluación realizada por el juez, en el momento de decidir una mayor pena al reincidente, tiene una clara base empírica (en el caso de la reincidencia: el hecho nuevamente realizado y que tiene carácter delictivo) y normativa (el mayor injusto culpable). Este acontecimiento es objeto de análisis a efectos de cuantificar la pena, no solo al determinar la responsabilidad penal. Dicho con otras palabras, la situación de peligrosidad es provocada por el sujeto[190]: la peligrosidad es consecuencia de un injusto culpable más grave. Al reincidente se le impone una mayor pena como consecuencia de su propio comportamiento[191].

---

supusiera una amenaza inminente, grave y suficientemente concreta y probable (no siendo bastante la mera posibilidad)". ROBLES PLANAS, Ricardo, "'*Sexual predators*'. Estrategias y límites del Derecho penal de la peligrosidad", en *InDret* (4), 2007, p. 15.

188 Como sostiene QUINTERO OLIVARES (aun de modo crítico a la figura, no deja de reconocer su existencia): "No se conoce (formalmente) el 'imputable peligroso', pero es una realidad legal, pues importantes y muy diferentes disposiciones penales entrañan esa aprobación o valoración del sujeto, al punto que puede afirmarse que nuestro derecho contempla dos clases de delincuentes peligrosos: los que unen esa condición a la ausencia o disminución de la imputabilidad y los que siendo imputables pueden ser calificados por los tribunales como peligrosos criminalmente". QUINTERO OLIVARES, Gonzalo, "Monismo y dualismo. Culpables y peligrosos", p. 658.

189 Cfr. HASSEMER, Winfried y MUÑOZ CONDE, Francisco, *Introducción a la criminología*, Valencia, 2001, p. 382. Indicaron que el pronóstico de peligrosidad "es también discutible y se basa muchas veces más en criterios que en un verdadero estudio de la personalidad del condenado. El experto (o expertos) puede(n) dejarse llevar por la presión social y tener miedo de que si su pronóstico es favorable, pero el sujeto una vez liberado vuelve a delinquir, se le exijan responsabilidades o, en todo caso, reciban críticas amargas". MARTÍNEZ GARAY, por su parte, menciona que "los estudios empíricos demostrarían que existe una tendencia a sobrevalorar la peligrosidad, es decir, a clasificar como peligrosos a sujetos que no lo son (falsos positivos), y que esta sobreestimación del peligro vendría además alentada por la presión que ejercen los medios de comunicación sobre los operadores jurídicos". MARTÍNEZ GARAY, Lucía, "La incertidumbre de los pronósticos de peligrosidad: consecuencias para la dogmática de las medidas de seguridad", p. 6.

190 El Tribunal Supremo español en la STS nº 460/2007, del 1 de junio de 2007, agravó aún más la pena en virtud de los antecedentes penales, fundado en la muestra de peligrosidad, aun cuando dichos antecedentes hayan sido cancelados o resulten cancelables: "Entendemos que entre las referidas circunstancias personales se encuentra la existencia de condenas anteriores por otros delitos, que es lo aducido por la sala de instancia para justificar esa pena de 5 años de prisión. [Ello] nos habla de la peligrosidad del sujeto sobre la base de sus antecedentes penales, peligrosidad derivada de una inclinación a esta clase de delitos aunque sus antecedentes penales debieran haber sido cancelados". Con mayor detalle, cfr. BESIO HERNÁNDEZ, Martín, *Los criterios legales y judiciales de individualización de la pena*, pp. 443-444. Desde otra perspectiva, en el Perú, la Corte Suprema señaló, en el R.N. nº 321-2013-Junín, del 30 de abril de 2014, que la no existencia de antecedentes hace presumir que el agente no volverá a incurrir en otras conductas delictivas.

191 Una muestra que respalda la postura presentada en este trabajo, se tiene en el tratamiento normativo que en España se da a la figura de la organización criminal. Según la Circular 2/2011 de la Fiscalía General del

En resumen, quien opta libremente por realizar nuevamente una conducta delictiva, crea un riesgo actual y altera los efectos de la cuantificación de la pena, agravándola. Para efectos penales se presenta una situación de peligro delictivo que debe ser sancionada de modo proporcional al injusto culpable cometido[192]. El cálculo de peligrosidad no deja de ser incierto. Sin embargo, la necesidad de mantenerlo como criterio para cuantificar la responsabilidad es latente[193] y forma parte de la realidad jurídica (al tenerse en cuenta expresa e implícitamente en otros espacios: como el de la suspensión de ejecución de la pena y en el acceso a la obtención de beneficios penitenciarios)[194]. Por tanto, la peligrosidad no se trata de un elemento "extraño" a la

---

Estado (emitido a propósito de la reforma del Código Penal por Ley Orgánica 5/2010, en relación con las organizaciones y grupos criminales) se afirma que "con el objeto de diferenciar las grandes organizaciones criminales de aquellas otras sustentadas en una estructura organizativa relativamente simple, los Sres. Fiscales cuidarán de valorar el alcance y/o intensidad de los elementos definidores del tipo del art. 570 bis y de cualesquiera otros que se detecten para graduar la pena a imponer en función de las circunstancias concurrentes, de manera que *la mayor peligrosidad* de una organización criminal evidenciada en una estructura considerablemente compleja, una mayor profesionalidad, una implantación geográfica extensa o su carácter transnacional, se corresponda con la aplicación de las sanciones penales más graves, pues el incremento punitivo viene justificado en tales casos por el mayor contenido del injusto" [la cursiva es nuestra]. De esta forma, ciertos elementos que agravan el injusto aunque no formen parte de él (por ejemplo, la estructura compleja de la organización o su profesionalidad) ocasionan que una determinada asociación criminal sea más peligrosa que otras. Esta idea, fundada en razones normativas (no subjetivas), permite justificar razonablemente el incremento de la pena.

192 SILVA SÁNCHEZ anota, como un modelo teórico de un Derecho penal de la seguridad, el siguiente: "El único derecho de la seguridad del Estado es el Derecho penal de la culpabilidad por el hecho. Pero es posible advertir, en el caso de los sujetos que, de otro modo, se caracterizarían como peligrosos, incrementos del injusto o de la culpabilidad, que conducen a incrementos de pena". SILVA SÁNCHEZ, Jesús-María, "El contexto del Anteproyecto de Reforma del Código Penal de 2008", en AA.VV., *El Anteproyecto de modificación del Código Penal de 2008. Algunos aspectos (Cuadernos penales José María Lidón, núm. 6)*, Bilbao, 2009, p. 32.

193 Cfr. ZIFFER, Patricia, *Medidas de seguridad. Pronósticos de peligrosidad en el Derecho penal*, p. 188.

194 Además, en el Proyecto de CP peruano, aprobado el 9 de diciembre de 2014 por la Comisión de Justicia y Derechos Humanos del Congreso de la República, se indica, en su art. 94, que las "custodia especial" se puede imponer conjuntamente con la pena privativa de libertad que corresponda, de forma excepcional y "siempre que resulte absolutamente necesario en atención al elevado grado de *peligrosidad delictual*". De esta forma, se indica que dicha medida es aplicable en los siguientes supuestos: "1. Cuando el agente tiene la condición de reincidente por la comisión [de delitos graves]. 2. Cuando exista un pronóstico grave y fundado de comportamiento que revele altísimas probabilidades de comisión futura de alguno de los delitos a que se refiere el numeral 1, a partir de la valoración conjunta de la personalidad y demás condiciones personales del condenado, del delito o los delitos cometidos por este y de las circunstancias de su comisión". La cursiva es nuestra. Nota del autor: si bien la figura propuesta por el legislador peruano se basa en la peligrosidad del sujeto imputable (lo cual da luces de la tendencia expansiva del concepto), lo cierto es que dicha iniciativa legislativa resulta desproporcionada (permite el internamiento de una persona hasta por diez años luego del cumplimiento de la pena privativa de libertad).

normativa penal actual[195], por lo que tomarla en consideración para la aplicación de consecuencias jurídico penales, en determinados casos, a los sujetos imputables reincidentes es plausible.

F. La reincidencia y los fines de la pena

a. Apunte previo

Dejando de lado razones puramente "jurídicas", ancladas en el "merecimiento" de pena para fundamentar la reincidencia, un sector de la doctrina, desde una perspectiva político criminal, ha señalado que "ningún país está en condiciones sociales de aceptar la irrelevancia de la reincidencia, aun a conciencia de que el recurso agravado a la cárcel no va a ser de especial utilidad para reducir la criminalidad. El valor simbólico social de la agravación de la pena pasa pues por encima de cualquier otra consideración"[196]. Desde el plano individual, se afirma que "con respecto al reincidente la pena está orientada a intimidarlo e, incluso, con tendencia a neutralizarlo"[197] o a "apartarlo" de la sociedad[198]. De esta forma, la agravante de

---

[195] Lo criticable es que el concepto de "peligrosidad" amplíe sus efectos a ámbitos ajenos a su "naturaleza". Por ejemplo, que se le tome en cuenta para determinar la aplicación de la prisión provisional. Consideramos que el juicio de peligrosidad criminal no es suficiente para legitimar este tipo de medidas. La prisión provisional tiene una naturaleza procesal, mediante ella no se pretende reprochar al autor el hecho supuestamente realizado ni se busca alcanzar fines preventivos. Sobre este tema, cfr. QUINTERO OLIVARES, Gonzalo, "Monismo y dualismo. Culpables y peligrosos", p. 660.

[196] QUINTERO OLIVARES, Gonzalo y MORALES PRATS, Fermín, *Parte General del Derecho penal*, 4ª edición, Navarra, 2010, p. 802. Quienes además afirman que si bien la reincidencia "no es un hecho indiferente"; sin embargo, su impacto "no puede ser reducido a la exasperación de la pena". Indica que podrían establecerse otros sistemas de respuesta al problema. Se postula que las consecuencias de la reincidencia "se han de concretar en la determinación y ejecución de la pena, ya sea perdiendo cualquier posibilidad de suspensión de la ejecución, ya perdiendo la de sustitución de la pena, amén de especialidades en la ejecución penitenciaria". QUINTERO OLIVARES, Gonzalo, "De las circunstancias que agravan la responsabilidad penal", en QUINTERO OLIVARES, Gonzalo (dir.) y MORALES PRATS, Fermín (coord.), *Comentarios al Código Penal español*, Navarra, 2011, p. 307.

[197] DOLCINI, Emilio, "La 'nueva' reincidencia. La cárcel en Italia se vuelve todavía más selectiva", en GARCÍA VALDÉS, Carlos; CUERDA RIEZU, Antonio Rafael; MARTÍNEZ ESCAMILLA, Margarita; ALCÁCER GUIRAO, Rafael Y VALLE MARISCAL DE GANTE, Margarita (coords.), *Libro homenaje a Enrique Gimbernat*, tomo I, Madrid, 2008, p. 831.

[198] De modo crítico, SERRANO GOMEZ aprecia que "a pesar que no existen argumentos que justifiquen la agravante de reincidencia, ha figurado en todos los Códigos penales". Considera el autor que la razón principal de la agravante ha sido el "fin expiatorio de la pena". Y es que "se ha pretendido apartar de la sociedad durante el mayor tiempo posible a los que recaen en su actividad delictiva, pues con ello se persigue

reincidencia "no encuentra razón" en la supuesta agravación del injusto ni de la culpabilidad, sino en su "utilidad" social o, en todo caso, en su mero efecto simbólico. Sin embargo, también se ha dicho que tal finalidad preventiva no es ilimitada.

Desarrollar de modo integral los diversos planteamientos sobre los fines de pena, mejor dicho, sobre los fines legitimadores de esta, desborda el propósito de este trabajo[199]. No obstante, resulta importante aproximarnos al contenido de las principales tesis a fin de vincularlas luego con la agravante de reincidencia.

b. Sobre los fines legitimadores de la pena

El Derecho penal se legitima, entre otras razones, por los fines que pretende alcanzar a través de la pena[200]. Como menciona BACIGALUPO, "toda teoría de la pena es una teoría de la función que debe cumplir el Derecho penal"[201]. A lo largo del tiempo, los fines de la pena cambiaron, en gran medida, por razones políticas y por el modelo adoptado por cada Estado. Este escenario también tuvo un correlato en el debate académico[202]. En efecto, este frecuente cambio de perspectiva se produjo además con una constante discusión, orientada, como anota SILVA SÁNCHEZ, "a la necesidad de

---

que la sociedad se considere menos amenazada por los delincuentes". SERRANO GÓMEZ, Alfonso, "La reincidencia", p. 690.

[199] Por todos, STRATENWERTH, Günther, *¿Qué aporta la teoría de los fines de la pena*? (trad. Sancinetti), Bogotá, 1996, pp. 9 y ss.

[200] Cfr. POLAINO NAVARRETE, Miguel, *Derecho penal. Parte General,* tomo I, Barcelona, 2008, pp. 103 y 113. Para dicho autor, las teorías de la pena son, en realidad, teorías sobre la legitimidad del Derecho penal, posición que compartimos. Menciona además que "ningún Estado, ninguna sociedad, puede prescindir de su poder coercitivo (...), pues este es, sin duda, un medio (...) lícito y necesario para la consecución de un fin general: la seguridad jurídica".

[201] BACIGALUPO ZAPATER, Enrique, *Derecho penal. Parte General*, 2ª edición, Buenos Aires, 1999, pp. 29 y ss.

[202] Así, por ejemplo, se dice que en el marco de la denominada "lucha de escuelas", los representantes de la Escuela Clásica afirmaron que la pena se legitima en tanto tutele el valor "justicia". Por otro lado, los representantes de la Escuela Positiva propugnaban que la pena sea "útil". No obstante, hoy en día no se puede afirmar que se trate de posiciones puras. SILVA SÁNCHEZ sostiene que "últimamente, sin embargo, ha ido ganando la idea de que tal contraposición es, más bien, una simplificación esquemática de posturas que, en la práctica, se mostraban mucho más complejas y menos unilaterales. Concretamente se ha señalado que todos los clásicos señalados como 'retribucionistas' atribuían también al Derecho penal la misión de conseguir fines preventivos, mientras que los catalogados como 'preventivistas' también se mostraban próximos a los retribucionistas". Cfr. SILVA SÁNCHEZ, Jesús-María, *Aproximación al Derecho penal contemporáneo*, p. 320.

proceder a legitimar de algún modo la 'causación de mal' en que consiste esencialmente la pena"[203].

De esta forma, la legitimidad de la intervención punitiva se configura como un punto clave en el entendimiento de la función que debe desempeñar el Derecho penal en un Estado constitucional de Derecho. Es obvia la importancia del estudio de la legitimidad de la pena estatal, el cual no se circunscribe a meros debates teóricos sino que, por el contrario, tiene importantes efectos prácticos (por ejemplo, para presentar las razones que sustentan la mayor pena al reincidente), alcanzando su influencia tanto en el ámbito legislativo (al permitir realizar un juicio crítico sobre la idoneidad de la pena prevista en un determinado tipo penal), como también en su determinación judicial (ya que la magnitud de la sanción estará de acuerdo con la concepción de la teoría de la pena que se adopte) y en la fase de ejecución de la pena (pues de acuerdo con la postura que se asuma se entenderá el contenido del denominado fin resocializador que se pretende alcanzar con ella[204]). En buena cuenta, esta visión amplia del alcance del tema, se corresponde con lo afirmado con razón por GARCÍA CAVERO: "la función de la pena debe informar todo el sistema penal"[205]. A continuación, se hará un repaso de los fines de la pena a partir del esquema tradicional: teorías absolutas y relativas de la pena. Más allá que la doctrina ha aclarado que estas posiciones han tenido, entre ellas, conexión. Por lo que no son estrictamente teorías unilaterales[206].

i. La teoría absoluta de la pena

- Aspectos generales

A partir de una concepción de la pena basada en su efecto retributivo, se considera que la legitimidad de la sanción no se encuentra fuera de ella misma. Se afirma que el fin de la pena "se agota en sí misma en cuanto mal que se impone por la comisión de un hecho delictivo"[207], llegándose a afirmar que una "pena útil pero no justa, carecerá de legitimidad"[208]. Con esta teoría se concibe a la pena como acto de retribución o

---

[203] SILVA SÁNCHEZ, Jesús-María, *Aproximación al Derecho penal contemporáneo*, p. 291.
[204] Cfr. GARCÍA CAVERO, Percy, "Acerca de la función de la pena", en *RPDJP* (6), 2005, p.122.
[205] GARCÍA CAVERO, Percy, "Acerca de la función de la pena", p. 122.
[206] Cfr. SILVA SÁNCHEZ, Jesús-María, *Aproximación al Derecho penal contemporáneo*, p. 320.
[207] VILLAVICENCIO TERREROS, Felipe, *Derecho penal. Parte General*, Lima, 2006, p. 47.
[208] Cfr. VILLAVICENCIO TERREROS, Felipe, *Derecho penal. Parte General*, p. 47

castigo por el mal delictivo que se ha producido[209], no encontrándose el sentido de la pena en la persecución de algún fin social ulterior[210]. Dicho con otras palabras, la pena –según esta posición– se entiende desvinculada de cualquier efecto que pueda provocar en la sociedad[211]: La pena retribuye el delito, es decir, la pena es únicamente castigo al delincuente por su delito: no pretende alcanzar un efecto preventivo[212].

En sus inicios, la idea de la *retribución* fue concebida como una pura reacción frente al delito, en donde la cantidad y la calidad de la sanción se fundamentaban en la entidad del daño objetivamente creado[213]. De manera que la pena debía ser matemáticamente proporcional a la mayor o menor gravedad material del evento, criterio propio de la Ley del Talión: "Ojo por ojo, diente por diente, sangre por sangre". Posteriormente, se desarrolló, gracias al aporte del cristianismo, el concepto de la *expiación*. Dicho criterio, erigido sobre una base religiosa, señalaba que la pena viene a ser la *expiación* del pecado, en donde "la expurgación del mal a través del dolor otorgó sentido a la pena que de esta manera redimía al hombre"[214]. De otro lado, para fundamentar esta teoría, se plantearon propuestas que la relacionaron con el valor "Justicia" (KANT) o, en sentido normativo, con la necesidad de restablecer la vigencia del ordenamiento jurídico (HEGEL)[215].

---

209 SILVA SÁNCHEZ afirma que: "las doctrinas retributivas no se han construido en torno a la víctima del delito, sino, más bien, a partir de la relación entre el hecho realizado por el autor y la norma". SILVA SÁNCHEZ, Jesús-María, "*¿Nullum crimen sine poena*? Sobre las doctrinas penales de la 'lucha contra la impunidad' y del 'derecho de la víctima al castigo del autor'", en GARCÍA-PABLOS DE MOLINA, Antonio (ed.), *Víctima, prevención del delito y tratamiento del delincuente*, Granada, 2009, p. 28.

210 Crf. VON HIRSCH, Andrew, *Censurar y castigar* (trad. Larrauri), pp. 41 y ss; HÖRNLE, Tatjana, "Desarrollo y cambios en la teoría alemana de la determinación de la pena", pp. 28 y ss.

211 Cfr. ROXIN, Claus, *Derecho penal. Parte General. Fundamentos. La estructura de la teoría del delito* (trad., de la 2ª edición alemana de 1991 y notas por Luzón Peña, García Conlledo y de Vicente Remesal), tomo I, Madrid, 1997, p. 82.

212 Cfr. POLAINO NAVARRETE, Miguel, *Derecho penal. Parte General*, p. 116.

213 Cfr. VILLAVICENCIO TERREROS, Felipe, *Derecho penal. Parte General*, p. 48.

214 VILLAVICENCIO TERREROS, Felipe. *Derecho penal. Parte General*, p. 49.

215 Cfr. ORÉ SOSA, Eduardo, *Temas de Derecho penal*, Lima, 2009, p. 71. Este autor resume la posición de ambos filósofos. Así, sostiene que KANT rechazó cualquier intento de justificar la pena en razones de utilidad social, ya que si el hombre es un "fin en sí mismo" no era lícito instrumentalizarlo en beneficio de la sociedad. De ahí que la pena debiera ser impuesta aun cuando no fuese útil o necesaria para la comunidad. La pena se imponía entonces solo por el hecho de haber delinquido y más allá de cualquier otra consideración. HEGEL, a su vez, desarrolla una fundamentación dialéctica conocida: Si el delito cometido es la negación del Derecho, la pena vendría a representar la negación del delito y, por tanto -como negación de la negación—, la afirmación del Derecho.

En contra de esta teoría se han esgrimido distintas objeciones[216]. Por ejemplo, señala BACIGALUPO que la necesidad de ejecución de la pena sin ninguna consideración de sus consecuencias sociales choca con el sentimiento jurídico moderno[217]. En esa línea, GARCÍA CAVERO explica que el rechazo a las teorías absolutas de la pena se basa "en la opinión general de que la existencia del Derecho penal depende de la existencia de la sociedad, de manera que resulta imposible imaginar un Derecho penal desligado de su utilidad social"[218]. Asimismo, se indica que las teorías retributivas confunden el medio con el fin, ya que la retribución no es un fin de la pena, aunque posiblemente sí un componente de ella[219]. Como sostiene ROXIN: "la idea misma de la retribución compensadora solo se puede hacer plausible mediante un acto de fe. Pues considerándolo racionalmente no se puede comprender cómo se puede borrar un mal cometido, añadiendo un segundo mal, sufrir la pena"[220].

> Incluso el TC peruano, en la STC n° 0019-2005-PI/TC, consideró que la sola concepción de la retribución como fin de la pena carece de sustento, pues conlleva "la negación absoluta del principio-derecho a la dignidad humana, reconocido en el artículo 1° de nuestra Constitución Política, conforme al cual 'La defensa de la persona humana y el respeto por su dignidad son el fin supremo de la sociedad y el Estado'". Tal criterio ha sido reafirmado por el máximo intérprete de la Constitución en la STC n° 0014-2006-PI/TC (en la que se evaluó, por razones distintas a los fines de la pena, la constitucionalidad de la reincidencia. Vid *infra* capítulo II), en la cual indica que "la teoría de la retribución absoluta, la pena no cumple ninguna función social, pues es una institución independiente de su esfera social; es decir, agota toda su virtualidad en la generación de un mal al delincuente; de modo tal que el Estado, en representación de la sociedad, toma venganza por la afectación de algún bien jurídico relevante, aplicando un mal de similar gravedad a la relevancia del bien en el ordenamiento jurídico. Se trata de la concreción punitiva del antiguo principio del Talión: Ojo por ojo, diente por diente. Esta teoría (...) carece de todo sustento".

No obstante lo anotado, un sector de la doctrina aprecia que la retribución, entendida como el "justo criterio de distribución y de aplicación de la sanción" (proporcionalidad[221]) no debe ser dejada de lado[222]. Al respecto, RIGHI sostiene que a

---

[216] Cfr. GIMBERNAT ORDEIG, Enrique, "¿Tiene un futuro la dogmática penal?", *en Estudios de Derecho penal*, 3ª edición, Madrid, 1990, pp. 143 y ss.

[217] Cfr. BACIGALUPO ZAPATER, Enrique, *Derecho penal. Parte General,* pp. 32 y ss.

[218] GARCÍA CAVERO, Percy, "Acerca de la función de la pena", p. 3.

[219] Cfr. POLAINO NAVARRETE, Miguel, *Derecho penal. Parte General,* p. 122.

[220] ROXIN, Claus, "Sentido y límites de la pena estatal" (trad. Luzón Peña), en *Problemas básicos del Derecho penal,* Madrid, 1976, p. 14.

[221] Anota MIR PUIG que "es correcto señalar la necesidad de que la pena guarde una cierta proporcionalidad con el delito, mas de ello no se deriva la validez de la teoría de la retribución. La proporcionalidad puede

pesar de las críticas, "no se puede negar que la teoría retributiva: i) puso de manifiesto que el autor de un delito no debe dejar de ser considerado una persona, impuso el deber de no tratarlo como objeto de derecho de cosas[223], ii) concibió a la pena como una reacción proporcional al delito cometido, estableció un límite a la pretensión punitiva estatal"[224].

Con todo, existe un sector de la doctrina que considera que la retribución tiene un papel (limitador) respecto a los fines preventivos que se busca alcanzar con la sanción[225]. Así, por ejemplo, FERRAJOLI menciona: "*Retribución* –escribe incisivamente ALF ROSS– es, por definición, 'prevención'. Pero no necesariamente lo contrario, dado que se puede prevenir sin retribuir algo: el fin de la prevención, si bien está implicado por el principio retributivo, no lo implica a su vez, pudiendo quedar satisfecho también por el castigo terrorista del inocente. La garantía del carácter retributivo de la pena –en virtud de la cual nadie puede ser castigado más que por lo que ha hecho (y no por lo que es)– sirve precisamente para excluir, al margen de cualquier posible finalidad preventiva o de cualquier otro modo utilitarista, el castigo del inocente"[226].

---

concebirse como un límite que debe respetar el ejercicio de la función punitiva". Concluye que "las teorías retribucionistas puras" admiten que la función estatal de la pena es la realización de la justicia. Cfr. MIR PUIG, Santiago, *Bases constitucionales del Derecho penal*, Madrid, 2011, pp. 38-39. Nota del autor: apreciamos que desde una visión moderna de la retribución como fin de la pena, esta tiene que ser proporcional al hecho cometido. Se trata de una de las condiciones necesarias para poder obtener la llamada pena justa. Por ello, la proporcionalidad no solo es un límite a los fines utilitaristas, sino también fundamentadora de un modelo político criminal acorde con los valores constitucionales.

222 Cfr. VON HIRSCH, Andrew, *Censurar y castigar*, pp. 41 y ss.

223 BERISTAIN sostiene que no es posible calificar a la retribución como "innoble e irracional", pues su vigencia es necesaria "para la vida comunitaria del hombre". Se considera al "hombre" como noble y racional. Lo que es "indigno y cruel" es la venganza. Cfr. BERISTAIN, Antonio, *La pena-retribución y las actuales concepciones criminológicas*, Buenos Aires, 1982, p. 55.

224 RIGHI, Esteban, *La culpabilidad en materia penal*, Buenos Aires, 2003, p. 41.

225 Señala BACIGALUPO que solo mediante la "vinculación de la pena con la existencia de un reproche y de la gravedad de la pena aplicable con la gravedad del reproche es posible evitar la instrumentalización de la persona que debe sufrir la pena". BACIGALUPO ZAPATER, Enrique, *Principios constitucionales de Derecho penal*, p. 159.

226 FERRAJOLI, Luigi, *Derecho y razón, teoría del garantismo penal*, Madrid, 2004, p. 369. Asimismo, BESIO HERNÁNDEZ, Martín, *Los criterios legales y judiciales de individualización de la penal*, p. 61: "hoy en día, la retribución (...) es entendida mayoritariamente por sus partidarios como una exigencia de equivalencia o proporcionalidad entre pena e injusto culpable y, por ello, como un límite político-criminal respecto de pretensiones preventivas".

- **El fin retributivo de la pena y la reincidencia**

El rechazo a una visión puramente retributiva de la pena, nos lleva a considerar que a partir de esa sola concepción tampoco se pueda justificar la agravación del castigo al reincidente. Es necesario que la sanción impuesta al condenado (primario o reincidente) también se oriente a la consecución de fines preventivos. En este escenario, el papel que cumple la visión retributiva de la pena será, en principio, de límite a dicho propósito.

Con detalle, en el caso de la reincidencia es frecuente la consideración de que con la pena impuesta a quien ha vuelto a cometer un delito se pretende producir un mayor efecto comunicativo (efecto social-psicológico) a la comunidad y al propio condenado. Por ello podría decirse que el fundamento del incremento de pena a quien vuelve a cometer un delito lo encontramos, según esta posición, solamente en los postulados "preventivistas". No obstante, es posible considerar que con la agravante de reincidencia el Estado desvalora globalmente el hecho e impone al autor una pena justa, es decir, proporcional a la mayor gravedad del hecho cometido[227]. De esta forma, el reincidente no se convierte, por decirlo de modo tradicional, en un mero "instrumento" para la consecución de fines utilitarios. A través de la pena el Estado le reconoce la condición de sujeto responsable. La sanción a imponerse (en lo cualitativo y cuantitativo) será una razonable consecuencia de lo que hizo[228].

ii. Teorías relativas

La mirada "hacia el pasado" no es suficiente para legitimar la injerencia estatal en la esfera de libertad de los ciudadanos a través de la pena. Por medio de dicha sanción se busca también la prevención de delitos. De tal manera que la perspectiva adecuada

---

[227] Cfr. Von HIRSCH, Andrew, "Retribución y prevención como elementos de justificación de la pena" (trad. Nieto Martín) en ARROYO ZAPATERO, Luis; NEUMANN, Ulfrid y NIETO MARTÍN, Adán (coords.), *Crítica y justificación del Derecho penal en el cambio de siglo*, Cuenca, 2003, pp. 144-145: quien sostiene que la sanción penal tiene elementos tanto preventivos como deontológicos. Reconoce que en el momento de la determinación judicial de la pena, el modelo de la prevención (el cual es falible) se encuentra limitado por el principio de proporcionalidad.

[228] De modo crítico, MONGE FERNÁNDEZ afirma que "en el caso de la reincidencia, parece que la imposición de una pena privativa de libertad está desprovista de finalidades preventivas y, más bien, parece imbuida de tintes retribucionistas (...), la agravante de reincidencia constituye, a nuestro juicio, un grave quebranto de los principios inspiradores del Derecho penal de la culpabilidad, resultando además poco adecuado como instrumento de la política criminal, si tenemos en cuenta que la reincidencia supone un estrepitoso fracaso de los fines preventivos de la pena". MONGE FERNÁNDEZ, Antonia, *La circunstancia agravante de reincidencia desde los fundamentos y fines de la pena*, pp. 137-138.

a los fines de la pena (y a la propia función del Derecho penal) debe ser también prospectiva[229]. En esa medida, para las teorías relativas (preventivo generales y especiales), el fin de la pena no se agota en la propia retribución del delito cometido, por el contrario, se proyecta socialmente con el propósito de evitar la comisión de nuevos comportamientos criminales[230].

Desde esta perspectiva, se afirma que el reincidente, en comparación con el delincuente ocasional o incidental, tiene "un poder de desestabilización normativa y social incomparablemente mayor"[231], haciéndose acreedor de un tratamiento penal más contundente. Este tratamiento más grave resultará necesario no solo para restablecer la vigencia de la norma, sino también para dar un mensaje real que permita confirmar la confianza en el sistema jurídico y neutralice, vía la intimidación, cualquier pretensión delictiva. Algunos sostienen, tomando una postura extrema, que

---

[229] CÓRDOBA RODA sostiene que el "efecto de prevención general no parece, por lo demás, depender de la gravedad de la pena establecida en la ley, sino del grado de realización de esta en la vida práctica, es decir, del porcentaje de condenas dictadas en relación a los hechos cometidos", como resultado de un eficaz trabajo del sistema de justicia y de la conciencia que la sociedad tenga sobre dicha realidad. Cfr. CÓRDOBA RODA, Juan, *Culpabilidad y pena*, Barcelona, 1977, p. 64.

[230] El "paradigma" de la prevención se ha impuesto en la sociedad contemporánea. Entre los diversos programas que tienen dicha finalidad, como explica GARCÍA-PABLOS a partir de una visión criminológica, se tiene el de "prevención de la reincidencia", el cual abarca "un heterogéneo conjunto de estrategias que actúan sobre el penado y pretenden que no vuelva a delinquir". Entre las estrategias o programas que cita el autor se encuentran las que articulan mecanismos alternativos a la intervención del sistema legal o mitigan esta (despenalización de delitos bagatela, libertad vigilada con régimen de prueba, libertad condicional o *parole*, sistemas de apoyo al infractor primario, asesoramiento, sustitutivos de las penas privativas de libertad por penas de otro tipo o por internamiento en centro de deshabituación, otros modelos de pena privativa de libertad menos criminógenos como el arresto de fin de semana o la prisión abierta, trabajo penitenciario formativo y o meramente ocupacional, derechos de la seguridad social, reparación del daño como sanción, mediación y conciliación). También menciona los programas de intervención científica bajo la dirección de expertos en el propio penado de orientación pedagógica o terapéutica (psicoterapia y socioterapia, terapia corporal, terapia de realidad, psicodrama y sociodrama, técnicas aversivas, control emocional, desarrollo de valores, pensamiento creativo). Cfr. GARCÍA-PABLOS DE MOLINA, Antonio, *Criminología. Una introducción a sus fundamentos teóricos*, 6ª edición, Valencia, 2007, pp. 592 y ss. También, ÉL MISMO, "Sobre los modelos teóricos de prevención del delito", en GARCÍA-PABLOS DE MOLINA, Antonio (ed.), *Víctima, prevención del delito y tratamiento del delincuente*, Granada, 2009, p. 212; BUENO ARÚS, Francisco, *Nociones de prevención del delito y tratamiento de la delincuencia*, Madrid, 2008, pp. 49-56; entre otros autores.

[231] POLAINO-ORTS, Miguel, *El concepto funcionalista de enemigo*, Lima, 2009, p. 233. Sobre este tema, cfr. YANKAH, Ekow N., "Republican Responsibility in Criminal Law", en *Crim. Law and Philos* (9), 2015, pp. 457–475. Afirma que un modelo tradicional retributivo no toma en cuenta que el Derecho penal se justifica porque permite resguardar las condiciones para el ejercicio de la igualdad civil (no se trata de mero conflicto entre individuos). En esa medida, el incremento de pena al reincidente tiene su explicación "en tanto el sujeto demostró con el nuevo crimen una mayor hostilidad, afectando dicho interés".

la reincidencia se fundamenta únicamente en criterios preventivos especiales, atendiendo a una supuesta tendencia del agente hacia el delito[232], por lo que el *plus* de pena tiene como finalidad su supresión[233]. Se indica que "la concepción preventivo especial postula que debe adecuarse la medida de la sanción al pronóstico de conducta futura y no al hecho cometido, asociando así la intensidad de la reacción de peligrosidad del autor, lo que supone –para algunos– la adopción de un sistema monista, es decir, común a la pena y a la medida de seguridad"[234].

- **Aspectos generales sobre el fin preventivo general de la pena**

Esta teoría presenta dos variantes: la negativa y la positiva. En su vertiente negativa, encabezada por FEUERBACH, se presentaba a la pena como una amenaza dirigida a todos los ciudadanos a fin de evitar la criminalidad. En otras palabras, la pena, según esta teoría, sirve para intimidar a todos los individuos con la finalidad de que no

---

[232] Cfr. BETTIOL, Giuseppe Y PETTOELLO MANTOVANI, Luciano, *Diritto penale. Parte Generale*, 12ª edición, Milan, 1986, p. 742. También, BETTIOL, Giuseppe, *El problema penal* (trad. Guzmán Dalbora), Buenos Aires, 1995, pp. 207-208. Al respecto, MONGE FERNÁNDEZ resume dicha posición de la siguiente forma: "Si se atiende a la naturaleza subjetiva de la reincidencia, la *ratio essendi* de la misma debe conectarse con la inclinación a delinquir como componente interno de la intención del reincidente. Y el mayor grado de pena con que se castiga la reincidencia reside en el componente psicológico-naturalista de la inclinación a delinquir, que el individuo permite albergar en su ánimo, cuando podía haberlo evitado. Tal inclinación al delito admite una 'valoración ética', basada en la capacidad de evitación del individuo, es decir, el haber podido evitar, con mayor esfuerzo personal, recaer en el delito y dejar que se formase en él la inclinación al delito". MONGE FERNÁNDEZ, *La circunstancia agravante de la reincidencia desde los fundamentos y fines de la pena*, p. 114.

[233] Cfr. PANTA CUEVA, David y ALDANA DOMÍNGUEZ, Roger, "La reincidencia y la habitualidad", en *Manual de actualización procesal penal*, Lima, 2010, p. 26. También, RIGHI, Esteban, *Derecho penal. Parte General*, Buenos Aires, 2010, p. 529: "Por la influencia de la teoría de la prevención especial, el principal efecto para los casos de reincidencia ha sido siempre agravar la escala penal del segundo delito".

[234] RIGHI, Esteban, *La culpabilidad en materia penal*, pp. 47-48. Quien además cuestiona dicha posición por las siguientes razones: no es recomendable adoptar un sistema de individualización que adopte esas pautas, pues permitiría la imposición de penas severas fundadas en la existencia de pronósticos desfavorables, incluso a sujetos que han cometido delitos de escasa significación. Asimismo, cuestiona que no se tome en cuenta que hoy en día es imposible predecir los efectos del tratamiento (decir lo contrario podría llevar a aceptar un plazo indeterminado de duración de la pena hasta que se llegue al éxito del tratamiento). Considera el autor que las dificultades se proyectan al ámbito del proceso penal, pues como no se trata de comprobar datos del pasado como el hecho cometido y la culpabilidad del autor, sino de algo notoriamente complejo como inferir el futuro, ello conduce a "sobredimensionar la prueba de indicios", lo que llevaría a "acentuar al máximo el perfil inquisitivo del procedimiento".

cometan delitos[235]. Se afirma que el fin preventivo general negativo intimidatorio, basado en la "coacción psicológica" y dirigido al delincuente como sujeto racional es criticable, pues supondría aceptar la teoría del Derecho penal asentada en la "utilidad subjetiva que cada delito reporta al que lo comete y no sobre la magnitud objetiva del daño que dicho delito causa"[236], abriendo el camino hacia el incremento desmedido de la pena[237], a fin de aminorar la expectativa del beneficio que pudiera tener el delincuente con la conducta criminal[238].

Por otro lado, desde una perspectiva de prevención general positiva, se busca, sobre la base de los parámetros de un Estado social y democrático de Derecho, dirigirse a la colectividad para producir en ella la fidelidad e interés hacia la fuerza y eficacia de la pena hallada en la sentencia[239]. Ello, con el fin de que la ciudadanía crea y confíe en sus instituciones. En este sentido, ROXIN identifica tres fines y efectos distintos: "El efecto de aprendizaje, motivado social pedagógicamente; el ejercicio en la confianza del Derecho que se origina en la población por la actividad de la justicia penal; el efecto de pacificación, que se produce cuando la conciencia jurídica general se tranquiliza, en virtud de la sanción"[240]. BACIGALUPO indica que en la actualidad se postula que "la función de la pena es la prevención general positiva, es decir, 'la reacción estatal a hechos punibles, que al mismo tiempo importa un apoyo y un auxilio para la conciencia normativa social' [es decir] la afirmación y aseguramiento de las normas fundamentales". Agrega que según esta posición la "tarea del Derecho penal es el mantenimiento de la norma, como "modelo orientador del contacto social"

[235] Sobre las bases de la teoría expuesta por FEUERBACH y los presupuestos para su aplicación, vid. GRECO, Luis, *Lo vivo y lo muerto en la teoría de la pena. Una contribución al debate actual sobre los fundamentos del Derecho penal*, Madrid, 2015, pp. 399 y ss.

[236] SILVA SÁNCHEZ, Jesús-María, *Aproximación al Derecho penal contemporáneo*, p. 495.

[237] Cfr. CASTRO MORENO, Abraham, *El por qué y el para qué de las penas (análisis crítico sobre los fines de la pena)*, Madrid, 2008, p. 55.

[238] VILLAVICENCIO TERREROS, Felipe, *Derecho penal. Parte General*, p. 51. Menciona que a esta postura se le critica el hecho de que utilice al hombre como un instrumento de la pena, en tanto no se le castiga por el ilícito cometido, sino para ser "ejemplo", a fin de que todos los demás no delincan. Asimismo, se señala que tal teoría puede llegar a extremos de producir un verdadero terror penal, pues mientras más fuerte sea la amenaza, más fuerte, en consecuencia, deberá ser la pena. CASTILLO ALVA, José Luis, "Fines de la pena y de la medida de seguridad", en *Código Penal comentado*, tomo I, Lima, 2004, p. 247. Indica que a la intimidación le falta la fuerza de la formación moral, de manera que si bien puede utilizarse durante un tiempo, "a la larga solamente amarga y endurece a la sociedad". Y es que un adecuado programa político criminal no puede basarse en un modelo de "lucha contra el delito", mediante penas graves o elevadas. El sistema penal tiene que ser justo y eficiente capaz de reaccionar con prontitud frente al delito.

[239] Cfr. VILLAVICENCIO TERREROS. Felipe, *Derecho penal. Parte General*, p. 59.

[240] ROXIN, Claus, *Derecho penal. Parte General*, pp. 91-92.

y que el contenido de la pena, por tanto, es el rechazo de la desautorización de la norma"[241]. Esta descripción se acerca a la original teoría normativista planteada por JAKOBS.

Al respecto, JAKOBS, en un inicial momento, indicó que el Derecho penal garantiza la vigencia de la norma (contradicha por el delincuente al cometer el delito) a través de la sanción. De esta manera, en líneas generales, la misión de la pena no es precisamente la intimidación de la generalidad de las personas, sino en estricto el "mantenimiento de la norma como modelo de orientación para los contactos sociales"[242]. La pena ya cumple su misión sin necesidad de que se haya alcanzado alguna consecuencia empírica con ella. Así, el mencionado jurista alemán indicó que "ciertamente, puede que se vinculen a la pena determinadas esperanzas de que se produzcan consecuencias de psicología social o individual de muy variadas características, como, por ejemplo, la esperanza de que se mantenga o solidifique la fidelidad al ordenamiento jurídico. Pero la pena ya significa algo con independencia de estas consecuencias: significa una autocomprobación"[243] de la sociedad (integración social). La crítica a esta postura se ciñó, entre otros temas, a cuestionar que con ella no sería necesaria la causación de un mal o dolor penal al autor (por ejemplo, la privación de la libertad) para reestablecer la vigencia de la norma[244].

Luego, dicho autor dió un "giro fáctico"[245] a su postura, e indicó que "solo podrá mantenerse la norma como esquema de orientación a través de la pena si aquellos que se orientan en el papel de autor, teniendo en cuenta la pena, se abstienen por miedo o convicción, de cometer el hecho, y si en los sujetos que se orientan en el papel de víctimas existe la representación de que la pena apartará a alguno de cometer el hecho, y esta representación ha de tener a la larga una fundamención plausible, ya que de lo contrario la vigencia acabaría erosionándose tarde o temprano, al quedar

---

241 BACIGALUPO, Enrique, *Derecho penal. Parte General*, p. 38.

242 JAKOBS, Günther, *Derecho penal. Parte General. Fundamentos y teoría de la imputación*, pp. 14 y ss.

243 JAKOBS, Günther, *Sociedad, norma y persona en una teoria del Derecho penal funcional* (trad. Cancio Meliá y Feijóo Sánchez), Madrid, 1996, p. 18.

244 Por todos, PEÑARANDA RAMOS, Enrique, "Sobre la influencia del funcionalismo y la teoría de sistemas en las actuales concepciones de la pena y del delito", en GÓMEZ JARA, Carlos (ed.), *Teoría de sistemas y Derecho penal. Fundamentos y posibilidades de aplicación*, Granada, 2005, p. 247.

245 SILVA SÁNCHEZ, Jesús-María, "Del Derecho abstracto al Derecho 'real'. Recensión a Günther JAKOBS, La pena estatal: significado y finalidad (traducción y estudio preliminar de M. Cancio Meliá y B. Feijóo Sánchez), Thomson-Civitas, Madrid, 2006, 182 págs.", en *InDret* (4), 2006, p. 4.

descubierto el engaño"[246]. Dicho de otra manera, para que la pena mantenga la confianza en la norma, debe producir temor y confianza[247].

SILVA SÁNCHEZ describe lo expuesto por JAKOBS indicando que en este contexto "la pena tiene un significado, que es la contradicción de la negación de la vigencia de la norma, representada por el delito, pero tiene también un fin (luego ya no es fin en sí misma), que es la salvaguarda cognitiva de la vigencia de la norma para producir una confianza real y no meramente contrafáctica"[248]. Luego, tomando posición, considera que "la imposición del 'dolor penal' tiene, por tanto, el fin de producir confianza real en que algunos se abstendrán de delinquir. Sin embargo, para producir confianza fáctica en las víctimas potenciales, es necesario que la pena produzca miedo o convicción en los autores potenciales (esto es, que cumpla un fin de prevención general disuasoria). Algo que, sin embargo, debe tener lugar en el marco de lo proporcionado al daño producido por el delito"[249]. De esta manera, correctamente se integra la dimensión comunicativa de la pena con la cognitiva, lo cual permite poner en el mismo nivel valorativo a la norma y a la realidad. Dichos criterios servirán de base para una correcta individualización judicial de la sanción.

- **El fin preventivo general de la pena y la reincidencia**

La pena tiene una dimensión comunicativa y cognitiva que debe ser valorada en el momento de describir sus funciones o fines (garantizar el efecto comunicativo de la

---

[246] JAKOBS, Günther, *La pena estatal: significado y finalidad* (trad. Cancio Meliá y Feijóo Sánchez), Madrid, 2006, pp. 147-148.

[247] De esta manera, "parece que la prevención general positiva al menos también implica la intimidación de autores potenciales, es decir, prevención general negativa, solo que no se habla de ella directamente, sino de su efecto de producir fidelidad a la norma, y de su reflejo en la confianza a la norma por parte de otros sujetos". JAKOBS, Günther, *La pena estatal: significado y finalidad*, p. 148. Para ROBLES la pena requiere de "un mal de intensidad suficiente para poder actuar como mecanismo de retribución del injusto culpable del autor y lograr así expresar adecuadamente el desvalor de su hecho. No es posible una verdadera compensación del daño sin un mal capaz de poner de manifiesto, ya frente al propio sujeto, lo que merece el hecho". De esta forma, la "seguridad cognitiva" se alcanzará "en el marco de la retribución justa". Cfr. ROBLES PLANAS, Ricardo, *Estudios de dogmática jurídico-penal. Fundamentos, teoría del delito y Derecho penal económico*, Buenos Aires-Montevideo, 2014, p. 61.

[248] SILVA SÁNCHEZ, Jesús-María, "Del Derecho abstracto al Derecho 'real'. Recensión a Günther JAKOBS, La pena estatal: significado y finalidad (traducción y estudio preliminar de M. Cancio Meliá y B. Feijóo Sánchez), Thomson-Civitas, Madrid, 2006, 182 págs.", pp. 4 y ss.

[249] SILVA SÁNCHEZ, Jesús-María, *Aproximación al Derecho penal contemporáneo*, p. 498. También, ÉL MISMO, "¿*Nullum crimen sine poena*? Sobre las doctrinas penales de la 'lucha contra la impunidad' y del 'derecho de la víctima al castigo del autor'", p. 33.

norma y generar una confianza real en el sistema) y al aplicarse en un caso concreto. Esta posición encaja perfectamente en la idea de un injusto culpable graduable (evaluado en el momento de determinarse la sanción), pues la cantidad de pena a imponerse (por ejemplo, al reincidente) será precisamente resultado de la gravedad empírica y normativa del hecho, la que ayudará a perfilar y limitar, a su vez, su necesidad.

De otro lado, es cierto que un sector de la doctrina considera que la agravante de la pena producto de la condición de reincidente del sujeto no puede fundarse en un criterio preventivo general, ya que la eficacia misma de la pena para alcanzar este objetivo no se ha podido demostrar con exactitud (decir lo contrario y afirmar la agravante sobre la base de este fin supondría utilizar al ser humano para que los demás no delincan)[250]. No compartimos esta posición, en primer lugar, porque la pena no se legitima solamente por buscar alcanzar un fin preventivo, sino también por orientar el trabajo legislativo y judicial a regular e imponer una pena justa (vid. *supra*). En segundo lugar, es cierto que la función comunicativa de la pena muchas veces no logra conducir eficazmente a la disuasión y al consenso[251]; sin embargo, tal carácter simbólico de la medida no es suficiente para renunciar a ella. Toda política criminal, respetuosa de los principios de un Estado social y democrático de Derecho, no debe abandonar el "norte" preventivo de la sanción, resaltar su utilidad en una sociedad que espera que el sistema penal se corresponda con la realidad y con la necesidad de seguridad[252]. Claro está, la consecución de dicho fin no puede llevarnos

---

[250] Cfr. MIR PUIG, Santiago, *Introducción a las bases del Derecho penal*, Barcelona, 1976, p. 67. También, PALERMO, Omar, "Reincidencia, injusto y culpabilidad", p. 171.

[251] HÖRNLE, Tatjana, "Desarrollo y cambios en la teoría alemana de la determinación de la pena", p. 36. Critica el fin disuasorio de la pena indica que "los jueces no deberían tener permitido aumentar las penas en base a creencias personales científicamente infundadas" sobre ella. ROBINSON, Paul H., *Principios distributivos del Derecho penal. A quién debe sancionarse y en qué medida* (trad. Cancio Meliá/Ortiz de Urbina Gimeno), Barcelona, 2012, pp. 54-79; quien afirma que el delincuente potencial no conoce de modo directo ni indirecto la ley que pretende influirle, pues "la gente asume que el Derecho es como ellos piensan que debe ser, de modo que asumen la existencia de normas de Derecho penal que se corresponden con sus propias intuiciones de justicia". Además, señala que aun conociendo las normas, el sujeto puede o no tomar una decisión delictiva en base al "contexto concreto en el que surge la necesidad de tomar una decisión". Sobre esta obra, RODRÍGUEZ HORCAJO, Daniel, "Para este viaje, ¿hacen falta estas (empíricas) alforjas? Recensión a ROBINSON, P. H., *Distributive principles of Criminal Law. Who should be punished how much? Nueva York (Oxford University Press), 2008, 267 pp.*", en *InDret* (4), 2012.

[252] Con relación a la reincidencia y la necesidad de valorar la necesidad de seguridad como un criterio preventivo general de la pena, cfr. GARZÓN REAL, Baltazar y MANJÓN-CABEZA OLMEDA, Araceli, "Reincidencia y Constitución", en *AJ* (1), 1991, p. 5: "Si se concede siquiera un mínimo valor a la prevención general (como propone ROXIN en su teoría de la pena, incoherente con su postura en materia de reincidencia)

a otorgar "carta blanca" al Estado para imponer medidas drásticas, deshumanizantes. En esa línea, la mayor pena al reincidente debe ser útil, pero no desproporcionada[253].

- **Aspectos generales sobre el fin preventivo especial de la pena**

Esta teoría considera que la finalidad de la pena está dirigida a influir de manera directa sobre el agente. De esta forma, el efecto comunicativo de la sanción no se dirige a la comunidad, sino al individuo mismo, centrándose en el momento de la imposición y de la ejecución de la pena[254]. Esta corriente, en su origen, fue una reacción contra los planteamientos retribucionistas que, según refiere GARCÍA PABLOS DE MOLINA[255], eran incapaces de frenar el auge de la criminalidad. Entre las principales posturas tenemos lo propuesto por VON LISZT, en su Programa de Marburgo de 1882, quien entendió, en base a las características del delincuente, que la función preventiva especial de la pena se expresa en la intimidación, corrección e inocuización[256]. De acuerdo con ello, según describe MIR PUIG, se presentó un programa político-criminal en el que la prevención especial cumple su finalidad de forma distinta, según las tres categorías de delincuentes que "muestra la criminología": frente al delincuente ocasional, la pena constituye un recordatorio que lo inhibe de ulteriores delitos; frente al delincuente no ocasional pero corregible, debe perseguirse la corrección y resocialización por medio de una adecuada ejecución de la pena; y frente al delincuente habitual incorregible, la pena debe conseguir su inocuización a través de un aislamiento que puede llegar a ser perpetuo[257].

En la actualidad, se afirma que el fin preventivo especial será positivo o no según la característica que se dé a la pena: si es resocializadora, el fin será positivo. De otro lado, si la sanción solo busca la intimidación del delincuente, la finalidad será

---

entonces no puede desconocerse que los actos de reiteración delictiva generan, también, una conmoción de bienes jurídicos que no puede desconocerse, sino antes bien, que han de valorarse exactamente a efectos de mensurar la responsabilidad penal".

253 MIR PUIG, Santiago, *Derecho penal. Parte General*, pp. 101-102: Indica que un modelo de Estado social y democrático de Derecho "aconseja decidir la alternativa básica de retribución o prevención en favor de una prevención limitada que permita combinar la necesidad de proteger a la sociedad no solo con las garantías que ofrecía la retribución, sino también con las que ofrecen otros principios limitadores".

254 Cfr. VILLAVICENCIO TERREROS, Felipe, *Derecho penal. Parte General*, pp. 61-62.

255 Cfr. GARCÍA-PABLOS DE MOLINA, Antonio, *Derecho penal. Parte General. Fundamentos*, Lima, 2009, p. 238.

256 Cfr. VILLAVICENCIO TERREROS, Felipe, *Derecho penal. Parte General*, p. 62.

257 Cfr. MIR PUIG, Santiago, *Derecho penal. Parte General*, pp. 91-92. También, GARCÍA-PABLOS DE MOLINA, Antonio, *Derecho penal. Parte General*, p. 240.

negativa. Con mayor detalle, se puede decir que si la pena a imponer a un sujeto por la comisión de un hecho delictivo pretende, mediante la presentación de alternativas de socialización[258], que el delincuente no vuelva a repetir su conducta criminal, la finalidad será positiva[259]. En cambio, si la pena solo aleja al delincuente de la sociedad, entonces, lo que en realidad se buscará con la sanción será su inocuización. Esta perspectiva puramente negativa del fin preventivo especial de la pena es –hay que decirlo– consecuente con la realidad penitenciaria de muchos países, en el que el fin resocializador de la sanción viene a ser una utopía[260].

Con relación al fin preventivo especial negativo de la pena, debe apreciarse que toda sanción penal es, por definición, inocuizadora (al delincuente se le priva de derechos mientras dure la condena). No obstante, como señala SILVA SÁNCHEZ, no es razonable que "por unas eventuales necesidades de aseguramiento de la colectividad frente al delincuente" se permita "desbordar los límites marcados por las necesidades de prevención general, en combinación con los debidos a la proporcionalidad, [por ese motivo, no cabe] una configuración puramente asegurativa/inocuizadora del contenido de las penas privativas de libertad ni de las medidas de seguridad, puesto que la Constitución establece una orientación de las mismas a la reeducación y

---

[258] LLOBET ANGLÍ, Mariona, *Terrorismo y "guerra" contra el terror: límites de su punición en un Estado democrático*, p. 193. Quien apunta que resocializar implica "que en un futuro un sujeto no vuelva a cometer delitos en la sociedad con independencia de que piense en su foro interno de una manera u otra".

[259] Al respecto, sostiene CAMARGO: "creemos que el fundamento o razón de ser de este instituto se encuentra en que, el que después de haber cumplido una condena, ha observado buena corrección, puede exigir que se le dé toda clase de facilidades para que persevere en la línea de conducta mantenida. Como consecuencia, es evidente que constituye una verdadera obligación por parte del Estado el hacer desaparecer toda clase de obstáculos que se opongan al normal desenvolvimiento, del que así ha demostrado su corrección". CAMARGO HERNÁNDEZ, César, *La rehabilitación*, Barcelona, 1960, p. 28. ACALE afirma que si bien las penas podrán tener otras finalidades, distintas a la resocialización; sin embargo, en ningún caso, estas otras finalidades podrán contraponerse a la reinserción social. Esta será el límite de la prevención general. Cfr. ACALE SÁNCHEZ, María, *Medición de la respuesta punitiva y Estado de Derecho. Especial referencia al tratamiento penológico del delincuente imputable peligroso*, Pamplona, 2010, p. 320.

[260] HÖRNLE considera que "en la práctica, de hecho, una aproximación preventiva especial conduce, sobre todo, a penas altas. Cuando se valora la biografía del delincuente, las cortes ponen duro énfasis en los antecedentes e incrementan las penas acorde a ello. Las penas más altas para reincidentes, probablemente son, en cierta medida, una expresión de desamparo, pero también parte de una estrategia de neutralización, esto es, de prevención especial: delincuentes reincidentes reciben sustancialmente tiempos más largos de encarcelamiento para 'mantenerlos encerrados por seguridad'. Esto es especialmente problemático cuando el crimen por el cual condenan al delincuente no es un delito serio, solamente la repetición de un delito de relativamente menor importancia que, en sí mismo, no justificaría un largo plazo de encarcelamiento". HÖRNLE, Tatjana, "Desarrollo y cambios en la teoría alemana de la determinación de la pena", p. 32.

reinserción social"[261]. De esta manera, el delincuente no será tratado como un objeto, sino como un sujeto de la sanción (sobre este tema volveremos más adelante).

La teoría del fin preventivo especial positivo de la pena también ha sido objeto de crítica. Se cuestiona que la realización de la resocialización del delincuente está limitada, en un Estado democrático, a la voluntad del condenado[262], por lo que su consecución es incierta[263] (como sucede en el caso de los delincuentes por convicción[264]). Consideramos que no existe duda de que la posibilidad de consecución de la finalidad resocializadora no es segura. Sin embargo, este argumento no es suficiente para suspender todo programa que pretenda alcanzarla ni para deslegitimar la pena[265]. Orientar la política penitenciaria a la resocialización del delincuente (brindando las condiciones necesarias para alcanzar dicho objetivo) es una tarea irrenunciable que dignifica al ser humano y expresa la existencia de un modelo de Estado garantista[266]. También resulta irrenunciable considerar que el

---

[261] SILVA SÁNCHEZ, Jesús-María, *Aproximación al Derecho penal contemporáneo*, pp. 488-489. También, QUINTERO OLIVARES, Gonzalo y Fermín MORALES PRATS, *Parte General del Derecho penal*, Navarra, 2015, p. 552: Sostienen que si el Derecho penal pretende proteger a la sociedad y al individuo, la aplicación de la pena "solo podrá aceptarse cuando sea imprescindible".

[262] Cfr. VILLAVICENCIO TERREROS, Felipe, *Derecho penal. Parte General*, p. 64.

[263] POLAINO NAVARRETE, Miguel, *Derecho penal. Parte General*, pp. 128-129. El citado autor critica severamente a la legislación punitiva peruana, pues con "ausencia de un claro programa dogmático y político-criminal, considera la resocialización como la función de la pena".

[264] En cuanto al delincuente por convicción, RADBRUCH sostuvo que dicha persona debe experimentar un tratamiento especial. No está en juego un criterio ético, sino, antes bien, un puro criterio político-criminal. Decisiva es la consideración de que ciertos fines de la pena tienen que ser descartados frente al delincuente por convicción. Tal vez sea pertinente convencerlo de algo mejor; pero pretender "mejorarle", eso "nunca jamás". RADBRUCH, Gustav, "El delincuente por convicción" (trad. Guzmán Dalbora), en *RECPC* (7), 2005, p.3. Al respecto, vid. BESIO HERNÁNDEZ, Martín, *Los criterios legales y judiciales de individualización de la pena*, p. 82. CARUSO, por su parte, sostiene que "la incapacitación del delincuente incorregible, que conceptualmente proviene de las propuestas de VON LISZT, es una técnica social de intervención contra los delincuentes propia de un Estado totalitario". CARUSO FONTÁN, María Viviana, *El delincuente imputable y peligroso. Cuestiones de política criminal*, p. 127.

[265] Cfr. SILVA SÁNCHEZ, Jesús-María, "El retorno de la inocuización. El caso de las reacciones jurídico penales frente a los delincuentes sexuales violentos", en *Libro homenaje al Dr. Marino Barbero Santos in memoriam*, Cuenca, 2001, p. 710. Quien cita a SCHALL-SCHREIBAUER: "Una sociedad que quiere mantenerse en un Derecho penal respetuoso con la individualidad y los derechos fundamentales de la persona, también del delincuente, una sociedad que, por tanto, quiere conceder a todo autor la posibilidad de la resocialización, debe también estar dispuesta necesariamente a soportar un riesgo para la seguridad de la colectividad".

[266] SILVA SÁNCHEZ, Jesús-María, *Aproximación al Derecho penal contemporáneo*, p. 34. Afirma que en tanto la pena privativa de libertad siga siendo necesaria, "no podrá renunciarse a la resocialización". Es más, "ni siquiera aunque las estadísticas, por otro lado todavía pendientes de interpretación definitiva, pongan de relieve la extrema dificultad de la consecución del objetivo resocializador. Se trata, pues, de decidir cómo

condenado (en tanto sujeto de derechos y deberes) tiene un compromiso en torno a su resocialización[267]: de adaptar su conducta al orden jurídico[268]. No obstante, las convicciones personales del sujeto deben ser respetadas[269]. Precisamente, todo programa resocializador debe ser voluntario y condicionado al consentimiento de quien cumple una condena[270]. Si dicha persona es renuente a cumplir con esta tarea, deberá asumir las consecuencias que el propio sistema jurídico establece para estas situaciones (por ejemplo, el no otorgamiento de beneficios penitenciarios o la agravación de la pena por la comisión de un segundo delito), dentro del marco de la razonabilidad y de la proporcionalidad.

- **El fin preventivo especial de la pena y la reincidencia**

Se ha pretendido sustentar la mayor pena al reincidente en base a la sola necesidad de poner en práctica un "tratamiento" que ayude al delincuente a evitar la recaída en el delito (se dice, un "tratamiento" que será una respuesta adecuada a la tendencia delictiva demostrada por el agente al volver a delinquir)[271]. En contra de este

---

habrá de configurarse esa propuesta resocializadora, ya no entendida como principio legitimador fundamental, pero sí como tarea irrenunciable, para no vulnerar los derechos individuales del sujeto delincuente".

267 En esa línea, ROXIN se muestra en contra de una visión pasiva del comportamiento del condenado, frente a la finalidad de resocialización que tiene la pena. Dice el jurista alemán que el condenado "no es ya mero objeto de castigo (...) sino que posee más y más chances de convertirse en sujeto y co-organizador de la realización de la sanción. El fenómeno del castigo ya no es, exclusivamente, una imposición de la autoridad; él contiene muchos llamados a la iniciativa propia del condenado y se convierte así en una ayuda para la auto-ayuda". ROXIN, Claus, "Transformaciones de la teoría de los fines de la pena", en LASCANO, Carlos Julio (dir.), *Libro homenaje a Claus Roxin*, Córdoba, 2001, p. 225.

268 En contra, PALERMO, Omar, "Reincidencia, injusto y culpabilidad", p. 172. Quien afirma que "si el autor tiene un 'deber de resocializarse', se lo deja de lado como persona libre y autónoma y se lo somete a un proceso de control estatal que lo sustrae de su propia responsabilidad". Asimismo, ORTS BERENGUER y GONZÁLEZ CUSSAC sostienen que el principio de resocialización "no tiene como contrapartida un deber; es decir, el penado no está obligado a resocializarse, la resocialización no puede ni debe imponerse por la fuerza, no solo porque las posibilidades de alcanzar dicha resocialización contra el deseo y sin la colaboración del condenado son menos que remotas, sino por suponer un atropello a la libertad y a la dignidad del ser humano". ORTS BERENGUER, Enrique y GONZÁLEZ CUSSAC, José Luis, *Compendio de Derecho penal. Parte General*, p. 193.

269 Resocializar no significa hacer prevalecer un pensamiento sobre otro. Cfr. ACALE SÁNCHEZ, María, *Medición de la respuesta punitiva y Estado de Derecho. Especial referencia al tratamiento penológico del delincuente imputable peligroso*, p. 324.

270 Cfr. PAWLIK, Michael, *La pena retributiva y el concepto de delito*, pp. 107-108.

271 Al respecto, MARÍN DE ESPINOSA considera que "las anteriores condenas deben tener alguna relevancia en la pena a imponer, ya que la reincidencia obedece básicamente a razones de prevención especial [de esta forma la pena requiere] tener en cuenta que el sujeto previamente cometió hechos delictivos, puesto que ese

argumento se ha dicho que una perspectiva puramente inocuizadora de la pena trastoca las bases de un correcto sistema político criminal que oriente la pena a la resocialización del delincuente a través de la puesta en práctica de alternativas *no curativas* (tampoco se debe admitir el fraude de etiquetas), sino realmente integradoras que respeten la dignidad del ser humano. No obstante, también se ha afirmado que la finalidad resocializadora de la pena tiene una casi nula plasmación en la realidad de muchos países, lo que ha llevado a ser pretexto para cuestionar la aplicación de la agravante por reincidencia. Así, se formula la siguiente pregunta: ¿por qué castigar aún más a la persona que fracasó en su tratamiento?[272], se dice que no debe dejarse de lado que con "la reincidencia [se] demuestra que el autor carece de la capacidad de elaborar esa experiencia previa y de trasladarla a una decisión reflexiva (…), la recaída en el delito es la demostración de la menor capacidad del autor para conducirse conforme a las exigencias que le formula el Derecho. Si el 'reproche' se hace a la persona que puede conducirse de otra manera, no se entiende por qué se agrava la pena a quien demuestra lo contrario con los hechos"[273].

En principio, consideramos que toda pena (aplicable al reincidente o no) debe estar orientada a los fines preventivos característicos de un Derecho penal propio de un Estado social y democrático de Derecho. Por ello, no cabe renunciar a que dicha tarea

dato permitirá al juez determinar con mayor rigor la pena a imponer y, especialmente, el tratamiento necesario para evitar una nueva caída en el delito". MARÍN DE ESPINOSA CEBALLOS, Elena B., *La reincidencia,* p. 369. Aunque de *lege ferenda* postula que debe suprimirse tal agravante y valorar las anteriores condenas como parte de las "circunstancias personales", que serán objeto de evaluación por parte del juez en el momento de decidir la cantidad de pena. De otro lado, GUISASOLA señala que "la más reciente jurisprudencia del Tribunal Supremo español viene cifrando el fundamento de la reincidencia en una mayor necesidad de pena por razones de prevención especial, al haberse puesto de manifiesto la inclinación del delincuente a cometer una determinada clase de delitos". En este sentido, "la SSTS [nº 1222/1999] del 23 de julio de 1999 y [2129/2001] del 16 de marzo de 2001 se refieren a la finalidad político criminal de la reincidencia, como agravante diciendo que responde a la necesidad de mayor represión penal por razones de prevención especial. En esta dirección, la STS [nº 1250/2003] del 30 de septiembre de 2003 afirma que el fundamento de la reincidencia es la mayor peligrosidad que se acredita en el sujeto por su inclinación a cometer la misma clase de delitos 'por lo que el plus de punición se justifica por una razón de prevención especial'". Lo contenido entre corchetes es nuestro. También, ASÚA BATARRITA, Adela, *La reincidencia. Su evolución legal, doctrinal y jurisprudencial en los códigos penales españoles del siglo* XIX, Bilbao, 1982, p. 457.

272 ZIFFER, plantea: "En tanto se declame que los órganos de ejecución penal deben tender en su actividad a lograr la resocialización del autor, agravar en forma automática la pena por reincidencia representará eludir el análisis de las causas de este fracaso, trasladando toda la responsabilidad al autor". ZIFFER, Patricia, *Lineamientos de la determinación de la pena*, p. 158.

273 ZIFFER, Patricia, "Reincidencia, *ne bis in idem* y prohibición de la doble valoración", en *CDJP* (III), Buenos Aires, 1997, p. 109.

se cumpla. Además, a nuestro juicio, el deber de resocialización debe ser visto no solo como una garantía individual del condenado y un deber del Estado. Dicha tarea también le compete al condenado. Y es que dicha persona no es objeto de una sanción, sino sujeto de derechos y deberes. Uno de sus compromisos es precisamente el coadyuvar en la realización de los fines de la pena: su propia readaptación a la sociedad (de ninguna manera ello supone la imposición de una forma de pensar, sino la orientación de adaptar su comportamiento al ordenamiento jurídico). Al reincidente se le debe apreciar como un sujeto que de modo libre ha vuelto a enfrentarse al ordenamiento jurídico. Por tanto, debe imponérsele una dosis de pena proporcional al hecho –normativamente– más grave cometido y, a su vez, necesaria para su reincorporación a la sociedad.

iii. Teorías mixtas

Estas teorías, dominantes en la legislación comparada, reúnen aquellas características de las posturas ya comentadas[274]. De esta forma, se identifica a la pena como justa y útil. Se considera que la pena debe reprimir tomando en cuenta la culpabilidad y la proporcionalidad con respecto al hecho delictivo y, a su vez, evitar la comisión de nuevos delitos[275]. Entre las principales posiciones se puede encontrar a la teoría unificadora dialéctica de ROXIN, la cual se desarrolla en tres fases: a) Conminación (en donde prima la función preventivo general de la pena, pues la función de ella es la protección de bienes jurídicos y realizar las prestaciones públicas imprescindibles para la sociedad). b) Aplicación judicial (en donde prima el fin retributivo de la pena (pena justa), sin dejar de lado al fin preventivo general y especial de la sanción penal). c) Ejecución de la pena (momento en el cual con la pena se tiende a la resocialización del delincuente). Así, a criterio del mencionado autor, la función de una teoría mixta o unificadora capaz de sostenerse en las condiciones de hoy en día "consiste en anular, renunciando al pensamiento retributivo, los posicionamientos absolutos de los respectivos y, por lo demás, divergentes planteamientos teóricos sobre la pena; de tal forma que sus aspectos acertados sean conservados en una

[274] BESIO HERNÁNDEZ, Martín, *Los criterios legales y judiciales de individualización de la pena*, p. 83: "Es común a estas teorías la adopción de un fundamento utilitarista de justificación de la existencia e intervención del Derecho penal, asociado a la protección de la sociedad por medio de la evitación de delitos, lo que ha llevado a la exclusión del fundamento retribucionista en su versión clásica, pero incorporándolo como límite-garantía de dicha intervención. Las tesis preventivas, consecuencialmente, son las que adquieren el mayor protagonismo, aunque en diferentes manifestaciones y versiones dependiendo de las disímiles concepciones adoptadas".

[275] Cfr. VILLAVICENCIO TERREROS, Felipe, *Derecho penal. Parte General,* p. 65.

concepción amplia y que sus deficiencias sean amortiguadas a través de un sistema de recíproca complementación y restricción"[276].

> Así también lo reconoce el TC peruano cuando señala, en la STC n° 0019-2005-PI/TC, que: "Este Colegiado ya ha descartado que se conciba a la retribución absoluta como el fin de la pena. Ello, desde luego, no significa que se desconozca que toda sanción punitiva lleva consigo un elemento retributivo. Lo que ocurre es que la pretensión de que esta agote toda su virtualidad en generar un mal en el penado, convierte a este en objeto de la política criminal del Estado, negando su condición de persona humana, y, consecuentemente, incurriendo en un acto tan o más execrable que la propia conducta del delincuente. Sin embargo, las teorías preventivas, tanto la especial como la general, gozan de protección constitucional directa, en tanto y en cuanto, según se verá, sus objetivos resultan acordes con el principio-derecho de dignidad, y con la doble dimensión de los derechos fundamentales; siendo, por consiguiente, el mejor medio de represión del delito, el cual ha sido reconocido por el Constituyente como un mal generado contra bienes que resultan particularmente trascendentes para garantizar las mínimas condiciones de una convivencia armónica en una sociedad democrática".

De este modo, creemos que el TC peruano ha aceptado que las teorías en su conjunto (retributiva, prevención especial, prevención general en sus dos vertientes) legitiman la intervención de la pena estatal en el interior de la esfera de libertades de la persona humana. Por ello, la teoría unificadora es la que verdaderamente legitima la pena estatal en el interior de un Estado democrático y constitucional de Derecho. A partir de ella desarrollamos nuestra posición sobre el tema (la que, en cierta medida, hemos venido adelantando en este subcapítulo).

iv. Toma de postura

La pena es vista como un recurso necesario para la satisfacción de la función social que tiene el Derecho penal. Así, el Derecho penal, a través de ella, busca la "prevención justa" de delitos[277]. De esta manera, la pena mira "hacia el pasado" (desvalorando el injusto culpable) y hacia "el futuro" (orientada a la evitación de comportamientos delictivos)[278]. La mirada "hacia el pasado" debe ser entendida como

---

[276] ROXIN, Claus, *Derecho penal. Parte General*, p. 95.

[277] Cfr. SILVA SÁNCHEZ, Jesús-María, *Aproximación al Derecho penal contemporáneo*, p. 492.

[278] Cfr. ZIFFER, Patricia, *Medidas de seguridad. Pronósticos de peligrosidad en el Derecho penal*, pp. 376-377. Esta autora considera que: "Un derecho penal de hecho puro, tal como se le concebía en el pensamiento liberal del siglo XIX, con penas estrictamente vinculadas solo a la gravedad del ilícito culpable reflejado en el hecho del autor constituye una ilusión. Aun en los códigos penales dictados bajo la influencia de este pensamiento liberal aparecen 'concesiones' a la práctica, por ejemplo, bajo la forma de agravaciones de la

aquella respuesta proporcional al hecho cometido (sin perjuicio de garantizar el respeto a otros principios, como el de humanidad de las penas). Con ello, la reacción del Estado y los fines preventivos que se quieran alcanzar a través de la pena, estarán limitadas por el grado de responsabilidad por el hecho (no de la personalidad ni de la tendencia interna del autor) realizado por el agente[279]. Con la pena justa también se pretende evitar comportamientos disvaliosos. En efecto, como señala VON HIRSCH: "el reproche mediante la pena desempeña aun otro cometido, pues también se dirige a terceros, es decir, a otros miembros de la comunidad estatal a los que suministra razones normativas para omitir este tipo de comportamientos. De modo distinto a lo que ocurre con el reproche en un contexto cotidiano, el Derecho penal les informa que determinados tipos de comportamiento son punibles (…). Esta información no es necesariamente una relativa a lo equivocado del comportamiento, algo que comparte la mayoría o, al menos, gran parte, de los destinatarios. El reproche que contiene la sanción se dirige sobre todo al intelecto del ciudadano con el fin de apelar a lo injusto del comportamiento y darle, de este modo, una razón para omitir este tipo de conductas"[280].

La orientación preventiva de la pena[281] se encuentra limitada por los principios inherentes a un Estado social y democrático de Derecho[282] (por ejemplo, el principio

---

pena por reincidencia (…). Una reacción punitiva que se desatienda de sus consecuencias constituye un instrumento de política criminal insuficiente, y junto a la reacción al hecho punible ya sucedido, necesariamente habrán de aparecer otras valoraciones, vinculadas a la prevención del delito. La consagración constitucional y legislativa de la necesidad de que las penas privativas de libertad se dirijan fundamentalmente a la prevención especial, por lo demás, marca un límite inexorable para un rechazo absoluto de la valoración jurídico-penal de elementos preventivos en la determinación y ejecución de las penas".

[279] Cfr. VON HIRSCH, Andrew, "Retribución y prevención como elementos de justificación de la pena", p. 140. Sostiene que "una desventaja esencial de las justificaciones puramente preventivas es su incapacidad para fundamentar adecuadamente la limitación de la responsabilidad penal y de la mediación de la pena mediante la culpabilidad. De ser útiles a los fines preventivos habría que admitir la responsabilidad sin culpabilidad y las sanciones desproporcionadas. Una ventaja decisiva del modelo orientado al reproche consiste en que (…) ofrece una fundamentación de estos límites".

[280] Cfr. VON HIRSCH, Andrew, "Retribución y prevención como elementos de justificación de la pena", p. 134.

[281] Cfr. SILVA SÁNCHEZ, Jesús-María, *Aproximación al Derecho penal contemporáneo*, pp. 496-497. Este autor considera que la pena tiene una triple dimensión comunicativa: anuncia al condenado que las consecuencias de su comportamiento desviado no es producto del azar o de la naturaleza, sino de una decisión libre, de la cual es responsable. A la víctima se le manifiesta que no tiene responsabilidad por lo ocurrido y a la sociedad se la "estabiliza" en términos simbólicos, al reforzarse –con la pena, producto de un proceso debido– la vigencia de la norma. Con la pena se busca también la disuasión frente a los delincuentes potenciales. De esta forma, resulta inseparable, cuando hablamos de los fines de la pena, la noción de "disuasión" y de "estabilización social".

de humanidad o el de proporcionalidad de las sanciones penales). Anota SILVA SÁNCHEZ que el Estado "renuncia a obtener la prevención a cualquier precio, comprometiéndose con el respeto a una serie de garantías individuales básicas. La tensión entre la vocación de prevención y la de garantía, entre la pretensión de proporcionar seguridad y la de garantizar libertad, me sigue pareciendo, por tanto, una adecuada descripción del ser (y del deber ser) del Derecho penal"[283]. Al respecto, RIGUI sostiene que "de acuerdo con la prevención especial habría que individualizar las penas según la intensidad de la motivación del autor, mientras que según la prevención general la pena debe medirse por la intensidad de la perturbación social"[284]. Ello ocasionaría que la dosis de pena se extralimite por el solo propósito de alcanzar el resultado preventivo previsto. Por ello, resulta fundamental que la pena "mire hacia el pasado", como respuesta proporcional al injusto culpable cometido.

Dicho esto, el análisis de la reincidencia como agravante de la pena no se aleja de esta tradicional dualidad "prevención y garantías". Asumiendo una concepción ecléctica de los fines de la sanción penal, consideramos que la legitimidad de esta agravante se centra, en primer lugar, en que con ella se pretende dar una respuesta ajustada precisamente al grado de ofensividad causado por el agente. La agravante de reincidencia no abandona el hecho, todo lo contrario, lo desvalora proporcionalmente. El hecho cometido por el reincidente es normativamente más grave, en comparación con lo realizado por el delincuente primario (conforme a los criterios expuestos en este trabajo[285]). La pena también se adecúa al grado de exigibilidad de un comportamiento conforme a derecho del reincidente. La sociedad espera más de él. En esa medida, la culpabilidad se gradúa según el nivel de merecimiento de una mayor sanción penal en virtud de la especial situación del sujeto frente al sistema jurídico[286].

En segundo lugar, desde el plano preventivo, la mayor sanción al sujeto reincidente busca dar un mensaje a la comunidad, a efectos de asegurar la confianza en el sistema

---

[282] MIR PUIG, Santiago, *Derecho penal. Parte General*, pp. 101-102.

[283] SILVA SÁNCHEZ, Jesús-María, *Aproximación al Derecho penal contemporáneo*, p. 491.

[284] RIGUI, Esteban, *Derecho penal. Parte General*, p. 43.

[285] Vid. *infra* capítulo I subcapítulo I.3 literal a.

[286] Cfr. VON HIRSCH, Andrew, "Retribución y prevención como elementos de justificación de la pena", p. 132. El autor plantea que "las justificaciones de la institución de la pena orientadas al reproche son aquellas que consideran como elemento central de esta institución la desaprobación, esto es, su cometido de formular un reproche referido a un determinado comportamiento. La sanción penal expresa públicamente esta censura".

jurídico y disuadir[287] a los ciudadanos respecto a las consecuencias penales por esta expresión de una mayor contrariedad al derecho[288]. En el plano individual, la pena lógicamente también va dirigida al condenado. El Estado no puede evitar orientar la ejecución de la sanción penal hacia la prevención especial[289]. Se trata de un objetivo legítimo, que no solo responde a un interés social de evitación de comportamientos delictivos respecto de dicha persona en concreto, sino del respeto al condenado precisamente como "persona", como sujeto de derechos y de deberes, y no como un "objeto" del sistema penal. En la práctica, los diversos problemas empíricos y normativos a los que se enfrenta esta posición ecléctica, no hacen sino de este modelo uno imperfecto. Y es así, pues, el objeto de regulación de la norma es la conducta humana. Esta conducta se realiza en sociedad. Por tanto, el hacer humano se encuentra influenciado por razones ajenas a aspectos biopsíquicos. Estas últimas no determinan, finalmente, nuestro modo de ver, la culpabilidad del sujeto. A pesar de la "imperfección" del modelo, consideramos que un Derecho penal propio de un Estado social y democrático de Derecho no puede abandonar su rol social. Y ello importa no solo en que se debe buscar a través de la pena la prevención de delitos, sino también orientar la sanción a la justicia. Con estas consideraciones es posible conciliar cada uno de los fines de la pena, tratados en doctrina con el fin de la agravante de reincidencia. La sanción, impuesta al reincidente o al delincuente primario, debe ser proporcional (justa) y orientada a la prevención (útil).

---

[287] Se sostiene que la teoría de la disuasión general implica un proceso psicológico por medio del cual "los individuos de la comisión de delitos solamente si perciben las sanciones legales como ciertas y severas". Cfr. MEDINA ARIZA, Juanjo, *Políticas y estrategias de prevención del delito y seguridad ciudadana*, p. 39. Es más, desde otro plano, se afirma que de cara a la prevención de delitos, lo decisivo es "la intensidad de la persecución por la policía y la administración de justicia". KAUFMANN, Armin "La misión del Derecho penal" (trad. Mir Puig), en *Estudios de Derecho penal*, Buenos Aires-Montevideo, 2013, p. 40.

[288] La mayor dosis de pena al reincidente debe estar orientada a la resocialización, pues una medida estatal puramente asegurativa (el simple alejamiento del condenado, sin perseguir su readaptación) es sinónimo de instrumentalización, por ello, cuestionable.

[289] Sin negar que la realización de un proceso debido coadyuva al fin de una prevención justa de delitos. El proceso es un medio, cierto que imperfecto, pero irrenunciable hacia la búsqueda de solución de conflictos y así alcanzar la justicia. Y, en esa medida, lo que ocurra durante su tramitación reforzará la confianza en el sistema penal y legitimará materialmente la propia sanción penal. Empíricamente, existe una mayor probabilidad de consecución del fin resocializador cuando la pena impuesta al condenado fue producto de una sanción justa a diferencia de aquella obtenida como parte del desarrollo de un proceso abusivo. Y es que finalmente el proceso penal también comunica, tal etapa también cumple una función social (ciertamente limitada a sus fines inmediatos –resolver el conflicto– y a su propia naturaleza. Por ejemplo, las medidas cautelares personales no se aplican ni se deben aplicar en virtud de alcanzar con ellas la prevención de delitos).

I.3 TOMA DE POSTURA

Nuestro juicio, las diversas posiciones sobre el fundamento de la reincidencia no solo expresan el profundo interés del que ha sido y es objeto esta figura por la dogmática penal, sino que también reflejan aquel "peso enorme, todavía hoy, de las consideraciones puramente nominalistas, ordenancistas; que esto está en lo injusto o en la culpabilidad"[290]. De allí que dejando de lado una visión formal del problema, consideramos que de modo gradual es posible sostener una visión sintética de la reincidencia y valorarla como una circunstancia que influye en la determinación de la pena, agravándola, en tanto es razonable que exista la *necesidad* de que el Estado responda de modo drástico ante un *injusto culpable más grave*, en comparación con el hecho criminal realizado por el delincuente primario, y que incrementa la inseguridad[291]. Dicho con otras palabras, la *necesidad* de una mayor pena al reincidente está delimitada, entre otros elementos (por ejemplo, la prevención), por el grado de su *merecimiento*[292].

a. Cuestiones de merecimiento de pena

Más allá de las críticas formuladas a esta agravante[293], consideramos que con ella, en ciertas ocasiones, se causa un injusto culpable más grave. Con mayor detalle, se ha

[290] SILVA SÁNCHEZ, Jesús-María, "La sistemática alemana de la teoría del delito. ¿Es o no adecuada a estos tiempos?", en *Estudios de Derecho penal*, Lima, 2005, p. 24.

[291] Se afirma que "la expansión del Derecho penal que se manifiesta no tanto en su extensión cuanto en su *intensificación* es, a nuestro juicio, la que da cuenta de modo especial de la concepción de aquél como mecanismo de abordaje del problema de la inseguridad en las sociedades contemporáneas". SILVA SÁNCHEZ, Jesús-María; FELIP I SABORIT, David; ROBLES PLANAS, Ricardo y PASTOR MUÑOZ, Nuria, "La ideología de la seguridad en la legislación penal española presente y futura", p. 114.

[292] Como bien anota SILVA SÁNCHEZ, el merecimiento y necesidad de pena forman parte de una unidad "difícilmente escindible". SILVA SÁNCHEZ, Jesús-María, *Aproximación al Derecho penal contemporáneo*, p. 495.

[293] Se resume la crítica al agravante objeto de estudio en las siguientes líneas: "Ninguna de las razones aducidas termina de resultar convincente para justificar el incremento de pena que supone la reincidencia. Frente a la idea de mayor culpabilidad, se argumenta que el reincidente puede tener una menor capacidad para autodeterminarse conforme a la norma y que la condena anterior puede haber actuado como factor de desocialización (…). Respecto a la idea de mayor desprecio y mayor rebeldía, sus propios partidarios sostienen que un rasgo de carácter o la personalidad del delincuente no pueden justificar un incremento de pena sin incurrir en un Derecho penal de autor, aconsejando el recurso a las medidas de seguridad. Y, respecto a la idea de peligrosidad como base de la circunstancia, sus defensores consideran que, si esto es así, el incremento de pena es inadecuada. Frente a la peligrosidad criminal la consecuencia jurídica idónea es la aplicación de medidas de seguridad". SANZ-DÍEZ DE ULZURRUN LLUCH, Marina, "Reincidencia, habitualidad y profesionalidad en las últimas reformas penales. Especial referencia a la delincuencia patrimonial", p. 111.

dicho que el daño que provoca el reincidente es mayor al ocasionado por el delito cometido por el delincuente primario. Y es que conforme se expone en este trabajo, apreciamos que el efecto provocado por el segundo hecho criminal (el que es presupuesto de la pena agravada en la reincidencia) tiene una doble dimensión: la empírica y la normativa. La dimensión empírica del daño tiene, a su vez, un doble carácter: individual y psicosocial. En el plano individual, la conducta del reincidente genera la afectación al objeto material que representa al bien jurídico protegido. Y, en el plano psicosocial, dicho comportamiento causa, en algunos casos, una mayor inseguridad[294]. Decimos "en algunos casos", pues la creación de esta última circunstancia no es consecuencia de todo delito cometido por el reincidente. Será necesario verificar *ex post* que se hayan cumplido, en el supuesto concreto, los siguientes criterios: un plazo de prescripción corto de reincidencia, la relación de injustos y el dolo. De cumplirse estos criterios, desde el plano empírico, se creará una expectativa cognitiva razonable de que el sujeto "va a volver a delinquir" y se justificará, con ello, una mayor intervención penal.

Por su parte, desde una visión normativa, el último hecho cometido por el reincidente resulta ser más grave para el Derecho. Dicho acontecimiento tiene un significado jurídico penal doblemente negativo, en tanto él es producto de una decidida afectación no solo del bien jurídico tutelado en el tipo acabado de cometer, sino también frente al ordenamiento jurídico en su conjunto, al "volver a delinquir". Dicho de otra manera, el reincidente, al cometer nuevamente un delito, también habrá infringido el deber de "no volver a cometer conductas criminales", agravándose el reproche de su conducta (de él se esperaba más).

Asimismo, debe resaltarse que la gravedad normativa y empírica del hecho realizado, limitada por los criterios expuestos en este trabajo, hacen que el delincuente reincidente sea considerado peligroso, merecedor de una mayor pena. Es verdad que la peligrosidad ha sido criticada por basarse en un pronóstico incierto[295]. Se trata,

---

[294] SILVA SÁNCHEZ, Jesús-María, *En busca del Derecho penal. Esbozos de una teoría realista del delito y de la pena*, pp. 158-159. El autor señala que: "En los casos en que produce un daño material e inmaterial a la víctima, o incluso solo inmaterial, puede advertirse además un daño social. Este tiene, por un lado, una dimensión más fáctica: la inseguridad, la desorientación en cuanto a cómo organizar la vida futura, el condicionamiento de los planes de vida de las víctimas potenciales o, en general, del conjunto de los ciudadanos. A este *daño psicológico-social* que causan incluso los delitos que no producen daños materiales en las concretas víctimas ciertos autores lo denominan *daño intelectual*".

[295] ZIFFER, Patricia, *Medidas de seguridad. Pronósticos de peligrosidad en el Derecho penal*, p. 143: "Si el fundar una medida en la peligrosidad violase una garantía básica de los derechos del hombre, cuando ella reforzara la pena impuesta a un imputable, también tendría que violarla al serle impuesta a un inimputable".

según algunos, de una mera presunción "emocional" o "intuitiva". Coincido con quienes rechazan esta forma de prognosis vacía de elementos objetivos que la respalden y con claros problemas de definición. No obstante, consideramos que esta crítica es insuficiente para descartar a la peligrosidad como criterio de cualificación para agravar la sanción[296]. A nuestro juicio, existen en el Derecho penal moderno ejemplos de categorías cuya característica en común es la necesidad de realizar un pronóstico para precisar sus alcances; sin embargo, su importancia dogmática y práctica es indudable[297] (delitos de peligro, peligro procesal, peligro de reincidencia, entre otros conceptos). Apreciamos que hoy en día no debemos preguntarnos si la peligrosidad es o no una condición legítima de agravación de la pena, sino lo más importante es establecer y desarrollar aquellos requisitos que le sirvan al juez para delimitar aquello que lo causa (el mayor injusto culpable)[298] y que a fin de cuentas constituye el presupuesto de la mayor pena al reincidente. En esa medida, el legislador debe establecer claros elementos objetivos y subjetivos en orden a un hecho que, por su gravedad, hace del delincuente un sujeto peligroso. Con ello, también se evitarán los casos de error en el ejercicio de la actividad decisoria.

---

[296] Existen estudios sobre la "carrera criminal" de un determinado número de personas y que han fundamentado la necesidad de que se aplique una serie de estrategias de control del delito, a fin de prevenir su comisión. Entre los principales trabajos sobre el tema, se encuentran el estudio de delincuencia juvenil de Harvard, Estados Unidos; y el Estudio de desarrollo de la conducta delictiva de Cambridge, Inglaterra. Entre los hallazgos expuestos en ambos estudios se encuentra que la edad cumple un papel determinante para la continuación de la trayectoria criminal (mientras más delitos se cometan a edad temprana, hay mayor probabilidad de que se cometan delitos en forma continua hasta la adultez). Lo relevante de estos estudios, entre otras razones, es que están orientados a la predicción de conductas delictivas, aspecto que constituye una de las principales críticas a la tesis de la peligrosidad como fundamento de una mayor pena al reincidente. Con mayor detalle, respecto a los estudios de predicción realizados. VILLAGRA, Carolina, "Aspectos criminológicos para la comprensión de la reincidencia delictiva", en *La medición de la reincidencia y sus implicancias en la política criminal*, Santiago de Chile, 2014, pp. 78-108. También, LANDÍN CARRASCO, Amancio, *Estudio criminológico sobre la multirreincidencia*, Madrid, 1975, pp. 380-381.

[297] ZIFFER, Patricia, *Medidas de seguridad. Pronósticos de peligrosidad en Derecho penal*, p. 145: "Una renuncia drástica a todo pronóstico de conducta futura no parece efectivamente realizable en el estado actual del derecho. En efecto, las predicciones, o más precisamente, los pronósticos de peligrosidad, no son patrimonio exclusivo del derecho de las medidas. En sistemas jurídico-penales instrumentales, orientados a la prevención, el pronóstico aparece como un problema central y con un alcance bien amplio, así como también, en todos los ámbitos del derecho en los que se prevean injerencias tuitivas coactivas. Del mismo modo, la ponderación de la posible conducta futura de un sujeto constituye un juicio ineludible para el derecho procesal, en el marco de los sistemas de medidas cautelares".

[298] ZIFFER, Patricia, *Medidas de seguridad. Pronósticos de peligrosidad en Derecho penal*, p. 145: "En la concepción general del ordenamiento jurídico actual una renuncia absoluta a los pronósticos de conducta –o bien, de la efectividad de la aplicación de ciertas injerencias– resultaría imposible. De este modo, la atención ha de concentrarse en el examen de cuáles son los problemas concretos que plantean las decisiones de pronóstico y cuáles son sus límites".

¿Cuáles son los elementos que coadyuvarían a la determinación del injusto culpable más grave? Más allá de la opción legislativa específica de los países que regulan a la reincidencia como agravante de la pena, postulo se tomen en cuenta estos elementos:

a.1 El tiempo

La legitimidad de la sanción más grave al reincidente debe fundamentarse en el mayor injusto culpable (causa de la peligrosidad del delincuente). Un elemento importante para advertir tal estado es el paso el tiempo (por ejemplo, en el caso peruano, el nuevo delito debe producirse dentro de los cinco años desde que cumplió la pena[299]). Se trata de un criterio, no el único, que permite a la autoridad afirmar y, con ello, desvalorar la realidad del riesgo.

El tiempo tiene efectos normativos. Por ejemplo, el tiempo es un elemento a valorar en el momento de determinar la legitimidad o no de un proceso[300]. Así, un proceso llevado a cabo en un plazo irrazonable resulta ajeno a un Estado social y democrático de Derecho[301]. De otro lado, el paso del tiempo también cumple un papel configurador de la necesidad de intervención del Estado a través de un proceso y de una pena. Y es que, en líneas generales, el Estado no tiene, de modo permanente, la potestad de perseguir y sancionar a una persona por un supuesto delito cometido. Existe un plazo que se presenta como una barrera para el *ius puniendi* (la prescripción de la acción penal[302])[303].

---

[299] Como se desarrollará en el capítulo III de este trabajo: en el Perú, una persona es reincidente solo cuando, dentro de los *cinco años* contabilizados desde que cumplió en todo o en parte una condena, vuelve a cometer un delito doloso. Al verificarse la situación de reincidencia, el juez le agrava la sanción en una mitad por encima de la pena máxima establecida por el legislador para el delito cometido (art. 46-B del CP).

[300] En algunos casos, el tiempo tiene un efecto reconfigurador del *quid* y del *quantum* de la responsabilidad penal. Cfr. DÍAZ-MAROTO Y VILLAREJO, Julio, "La circunstancia atenuante de la responsabilidad criminal por dilaciones indebidas en el proceso penal", en DÍAZ-MAROTO Y VILLAREJO, Julio (dir.), *Estudios sobre las reformas del Código Penal. Operadas por las LO 5/2010, de 22 de junio y 3/2011, de 28 de enero*, Pamplona, 2011, pp. 25-50.

[301] El TC peruano ha señalado que el Estado "no tiene derecho a juzgar a una persona de modo indefinido, pues ello supone contrariar la esencia misma del ser humano representada por su dignidad". Se afirma que la inexistencia del plazo no puede ser utilizado como un argumento para sostener un juzgamiento *sine die*, pues "ello supondría aceptar la tesis incivilizada de que el juez puede ser arbitrario, inhumano, en tanto la ley no establece un control temporal para el ejercicio de su fin constitucional". Resolución aclaratoria de la sentencia recaída en la STC n° 3509-2009-PHC/TC.

[302] Anota RAGUÉS que los sistemas de prescripción que tienen como ejes básicos, entre otro, el transcurso del tiempo, solo resultan explicables "atendiendo a la idea de que la función del Derecho penal es contribuir a la preservación de un determinado modelo de sociedad". Por ello, solo debe sancionarse un hecho cuando sea

Como señalara MIR PUIG: "tras el transcurso de cierto tiempo, no parece que la *nueva comisión delictiva* (no la antigua, claro está) tenga *la misma* significación que la producida con mayor proximidad respecto de la primera. Las más importantes fundamentaciones de la reincidencia conducen a este planeamiento. La adoptada por nosotros lo impone de forma ineludible (...). El transcurso del tiempo disminuye el *poder* del sujeto de aprovechar como advertencia la pena sufrida. Con ello disminuye el sentido del *desprecio*, cualificado como *rebeldía*, frente a los bienes jurídicos propios de la reiteración, porque pierde intensidad una de las bases esenciales del mismo"[304]. En esa línea, SILVA SÁNCHEZ considera que –en general– el transcurso de largos periodos de tiempo puede "disminuir hasta incluso desaparecer la necesidad preventivo-especial de la pena, dada la ausencia de peligrosidad futura del sujeto. Asimismo, que puede verse afectada la necesidad preventivo general (positiva) de la pena"[305].

Resultaría forzado dar la condición de peligroso a quien vuelve a cometer un delito doloso (por ejemplo, un hurto simple, cuya pena privativa de libertad máxima en el Perú es de tres años) pasados veinte años de impuesta la anterior condena. El tiempo, en este caso, se encargó de minimizar el riesgo a la seguridad. Asimismo, consideramos que en los supuestos de delitos graves (un criterio para darle tal calificativo es el *quantum* de la pena abstracta: lo será si la sanción es igual o supera

"imprescindible su castigo". Y es que es importante que se tenga en consideración que "la sanción de hechos que se perciben ya como una parte del pasado no es necesaria para el mantenimiento del orden social vigente". RAGUÉS I VALLÈS, Ramón, *La prescripción penal: Fundamento y aplicación. Texto adaptado a la LO 15/2003 de reforma del Código Penal*, Barcelona, 2004, p. 47. En esa línea, el Acuerdo Plenario nº 8-2009-CJ/116, en el que se sigue textualmente la postura expuesta por el citado jurista español.

303 Es más, en el Perú, la prescripción de la acción penal anula el merecimiento de la sanción penal. Según el TC, la prescripción, "desde un punto de vista general, es la institución jurídica mediante la cual, por el transcurso del tiempo, la persona adquiere derechos o se libera de obligaciones. Y, desde la óptica penal, es una causa de extinción de la responsabilidad criminal fundada en la acción del tiempo sobre los acontecimientos humanos o la renuncia del Estado al *ius puniendi*, en razón de que el tiempo transcurrido borra los efectos de la infracción, existiendo apenas memoria social de la misma" (STC n° 1805-2005-HC/TC). Es decir, mediante la prescripción "se limita la potestad punitiva del Estado (...) y, con él, la responsabilidad del supuesto autor o autores del mismo" (STC n° 2522-2005-PHC/TC).

304 MIR PUIG, Santiago, *La reincidencia*, p. 190.

305 SILVA SÁNCHEZ, Jesús-María, "Identidad en el tiempo y responsabilidad penal", en GARCÍA VALDÉS, Carlos; CUERDA RIEZU, Antonio Rafael; MARTÍNEZ ESCAMILLA, Margarita; ALCÁCER GUIRAO, Rafael y VALLE MARISCAL DE GANTE, Margarita (coords.), *Estudios penales en homenaje a Enrique Gimbernat*, tomo I, Madrid, 2008, p. 678.

los veinticinco años de pena privativa de libertad[306]) el plazo de prescripción de la reincidencia deberá ser mayor, no ilimitado (como lamentablemente establece la legislación peruana para estos casos). Consideramos que el plazo de prescripción de la reincidencia en delitos graves debe ser de veinticinco años, tomando como baremo lo dispuesto en el art. 110 del Estatuto de Roma, mediante el cual se permite la revisión de una condena de cadena perpetua trancurrido dicho periodo desde que se produjo el encarcelamiento.

En resumen, establecer un plazo razonable entre la resolución que declara la responsabilidad penal y el nuevo delito doloso cometido coadyuva a la determinación del mayor grado de injusto culpable y, con ello, de la peligrosidad del sujeto. Regular la agravante sin tener en cuenta este factor, hará que esta medida sea ilegítima. La determinación del plazo antes aludido deberá tener en consideración, además, la gravedad de los hechos criminales atribuidos al sujeto "reincidente".

a.2 Relación de injustos

Para delimitar la peligrosidad es importante establecer vínculos entre el delito objeto de la condena anterior y el nuevo delito. Se verá en el tercer capítulo de este trabajo, que algunas legislaciones ensayaron diversas expresiones, orientadas a relacionar los delitos. Así, se planteó que estos deben ser de la "misma naturaleza" o que pertenezcan "al mismo Título". También se dijo –sobre todo, a nivel de la doctrina– que los delitos deben afectar "el mismo bien jurídico" o manifestar "el mismo modo de ataque" al bien jurídico. Estas posiciones y propuestas fueron cuestionadas, algunas por su ambigüedad, otras por su insuficiencia, para explicar la peligrosidad.

Planteo como un criterio para relacionar los tipos, el concepto de injusto[307], el mismo que en la sistemática actual de la teoría del delito, constituye el punto de

---

[306] En este trabajo se propone una nueva regulación de la reincidencia. Precisamente, se postula un régimen especial en caso de reincidencia por la comisión de delitos graves. Los criterios para establecer la gravedad de los mismos están explicados en el apartado d., de este subcapítulo.

[307] Cfr. SILVA SÁNCHEZ, Jesús-María, *Aproximación al Derecho penal contemporáneo*. p. 535. Considera el autor que si bien la tipicidad y la antijuridicidad tienen un nivel valorativo propio, lo cierto es que "la motivación de la norma no se dirige a evitar hechos típicos, sino hechos antijurídicos o, en otras palabras, se dirige a evitar hechos típicos, salvo en los casos en que la realización de estos hechos tiene lugar en una situación de justificación". En esa línea, MIR PUIG sostiene que "la antijuridicidad penal se entenderá aquí solo como juicio de desvalor que parte de la nocividad jurídico-penal de un hecho, en cuanto el mismo supone una lesión o puesta en peligro de un bien jurídico penal no justificada por un interés jurídico superior". MIR

partida para determinación de una conducta como delictiva[308]. En él se describen las circunstancias o características del comportamiento antinormativo: los medios, el contexto y, de modo tácito, los deberes a los que está sujeto el destinatario de los mismos[309]. El injusto es producto de la valoración global del hecho y determinado por la vulneración de las normas de prohibición o mandato, alejado de los supuestos de permisión. La concreción de este análisis es también resultado del contexto en el que se realiza la conducta (análisis contextualizado del comportamiento). Un comportamiento humano se ejecuta en un tiempo y espacio determinados. Dicho marco delimita las características del injusto realizado por el sujeto.

Por ejemplo, si una persona cometió un delito de peculado al apropiarse de fondos públicos durante el tiempo que era funcionario público con la potestad de administrar dinero del Estado y luego vuelve a cometer un delito, esta vez de apropiación ilícita, incorporando a su patrimonio bienes de origen privado que administraba. En ambos casos, a pesar de que se tratan de tipos penales diferentes, existe una clara vinculación de injustos, pues el agente demostró ser infractor de un deber de custodia de los bienes sometidos a su cargo.

Si bien un injusto es distinto a otro, es posible que entre ellos se presenten vínculos. Sin mencionar los casos de identidad absoluta, en el que la relación de injustos resulta obvia, anoto otros ejemplos:

i) Se condenó anteriormente al sujeto por haber cometido una estafa y luego cometió un acto de falsificación de documentos. En este caso, lo vinculante es el "fraude".

PUIG, Santiago, *Derecho penal. Parte General*, p. 149. El mismo autor señala que "[la norma] no puede considerarse prohibida si tiene lugar al amparo de una causa de justificación". ÉL MISMO, "Valoraciones, normas y antijuridicidad penal", en *RECPC* (6), 2004, p. 8.

[308] Algunos consideran que la verificación de la imputabilidad es previa al injusto. MARTÍNEZ GARAY, Lucía, *La imputabilidad penal*, Valencia, 2005, pp. 96-97. Destaca a Adolf MERKEL y a Alexander HOLD VON FERNECK, quienes a inicios del siglo XX postularon que las normas, como expresión de voluntad, son imperativas pues "imponen deberes a sus destinatarios, y en la medida en que un deber solo puede ser exigido a quien tenía alguna posibilidad de cumplirlo, las normas penales se dirigen solo a aquellos que pueden ser sujetos de deberes (…), desde esta óptica la imputabilidad era requisito para considerar existente un hecho antijurídico".

[309] Cfr. SILVA SÁNCHEZ, Jesús-María, *Aproximación al Derecho penal contemporáneo*, p. 625. Menciona que el fundamento de lo injusto, desde perspectivas teleológicas, no es, pues, un elemento subjetivo (una intención o acto interior de desobediencia), sino "una conducta, en la medida en que esta puede afectar, en términos lesivos, a los bienes jurídicos merecedores de protección penal. Esto es, en otras palabras, una conducta que contiene un riesgo objetivo de lesión para bienes jurídico penales".

ii) Se condenó anteriormente al sujeto por el delito de lesiones graves dolosas y luego cometió el delito de violación sexual simple. El elemento vinculante en este caso es la "violencia".

iii) Se condenó anteriormente al sujeto por el delito de peculado y luego cometió el delito de apropiación ilícita. En este caso, lo vinculante es la "apropiación" del patrimonio infringiendo su deber de administración o custodia.

iv) Se condenó anteriormente al sujeto por el delito de tráfico ilícito de drogas y luego cometió el delito de lavado de activos proveniente de la venta de drogas. En este caso, lo vinculante es el "contexto" de tráfico ilícito de drogas que acompaña al agente.

Optar por establecer vínculos entre delitos a partir del concepto de injusto allana el camino para poder valorar la peligrosidad, en atención al grado de ejecución o consumación del delito. Se podrían dar las siguientes situaciones:

i) Se condenó anteriormente al sujeto por haber cometido un delito doloso consumado y luego volvió a cometer un delito doloso, también consumado.

ii) Se condenó anteriormente al sujeto por un delito doloso en grado de tentativa y luego volvió a cometer otro delito doloso, también en grado de tentativa.

iii) Se condenó anteriormente al sujeto por un delito doloso en grado de tentativa y luego cometió otro delito doloso, esta vez, consumado.

iv) Se condenó anteriormente al sujeto por un delito doloso consumado y luego cometió otro delito doloso, esta vez, en grado de tentativa.

Y es que, en el caso de la tentativa, el agente al empezar a ejecutar el plan criminal puso en riesgo concreto al bien jurídico. De esta manera, se realiza una conducta decididamente antinormativa que ocasiona un resultado (de peligro) desvalorado por el derecho.

También es posible aplicar esta circunstancia cualificada sin exigir que, necesariamente, haya identidad en el título de imputación atribuido al sujeto[310]:

i) Se condenó anteriormente al sujeto por un delito doloso en calidad de autor y luego volvió a cometer un delito doloso, también como autor.

ii) Se condenó anteriormente al sujeto por un delito doloso en calidad de partícipe (cómplice o instigador) y luego volvió a cometer un delito doloso, también con la condición de partícipe.

iii) Se condenó anteriormente al sujeto por un delito doloso en calidad de autor y luego volvió a cometer un delito doloso, esta vez, en calidad de partícipe.

iv) Se condenó anteriormente al sujeto por un delito doloso en calidad de partícipe y luego volvió a cometer un delito doloso, esta vez, en calidad de autor.

Con todo, este vínculo se adecúa al fin de la norma (agravar la pena al sujeto reincidente que manifieste peligrosidad) y se convierte, a su vez, en un límite racional al poder estatal, descartándose el uso innecesario de la agravante.

a.3 El dolo

Una conducta dolosa es la manifestación de un decidido interés del agente por afectar el bien jurídico. Por ello, consideramos importante que en las legislaciones se considere este factor para considerar a un sujeto como peligroso. Si bien es cierto que quien actúa con culpa causa también un efecto desestabilizador en el ordenamiento y podría incrementar la sensación de inseguridad, lo acorde con el principio de mínima intervención del Derecho penal es negar que, en este caso, el sujeto descuidado sea una fuente de riesgo que lo haga merecedor de una mayor

[310] Según el título de imputación que se le atribuya al sujeto, él puede ser: autor o partícipe. Existe un tipo de autor que se funda en la vulneración de la norma descrita en la parte especial del Código Penal y en leyes penales especiales ("no mates", "no contamines", "no defraudes al fisco", entre otros). Y un tipo de partícipe, cuyo "reproche" se sustenta en la vulneración de las normas ubicadas en la parte general del Código Penal peruano (en el art. 24, "no instigues a otro a cometer un delito"; y en el art. 25, "no auxilies a otro a que cometa un delito"). No obstante, la responsabilidad del partícipe por el injusto cometido es, en un segundo momento de valoración, accesoria al injusto cometido por el autor (accesoriedad limitada).

pena[311]. El hecho repetido que causa dicha persona negligente no deja de ser un nuevo error, carente del grado de lesividad y de exigibilidad suficiente, si lo comparamos con la conducta delictiva cometida dolosamente por un sujeto de modo reiterado.

De otro lado, desde el plano aplicativo, consideramos que para agravar la pena al reincidente es necesario que preexista una declaración firme que haya determinado la responsabilidad penal del sujeto. Además, apreciamos que la agravante de reincidencia debe ser consecuencia de un análisis valorativo que debe realizar el juez del nuevo hecho cometido y no de una obligación impuesta por la ley. Sobre estas dos ideas me referiré de inmediato.

- **¿Preexistencia de una declaración de responsabilidad mediante una resolución firme o la preexistencia de una condena firme?**

  La agravante de reincidencia supone que el agente conoce (se le atribuye el conocimiento) la existencia de una resolución en la que se declaró su responsabilidad por un delito y, a pesar de ello, volvió a delinquir[312]. No consideramos imprescindible que la declaración de responsabilidad penal, previa a la comisión del nuevo delito, haya conllevado la imposición de una sanción. En efecto, la fuente del deber de "no volver a delinquir" no solo proviene de una condena firme, sino también de una resolución que haya declarado la responsabilidad penal, incluso eximiendo de pena al responsable. Por ejemplo, que se haya aplicado a favor de él el principio de oportunidad. Esta medida procesal de corte premial conlleva la exención de sanción, previa asunción de responsabilidad penal por parte del sujeto (hay merecimiento, pero no necesidad de pena). Otro caso es el de la terminación anticipada, mecanismo por el cual al

---

[311] BAUMANN, Jürgen, *Derecho penal. Conceptos fundamentales y sistema. Introducción a la sistemática sobre la base de casos* (trad. Conrado), Buenos Aires, 1981, p. 216. Señala que "quien actúa conscientemente contra el orden jurídico, es más culpable que quien interviene en ámbitos jurídicos ajenos por ligereza o descuido".

[312] Sobre el conocimiento de las circunstancias agravantes, BORJA JIMÉNEZ, Emiliano, *La aplicación de las circunstancias del delito*, Valencia, 2015, pp. 89-94; PÉREZ ALONSO, Esteban, *El error sobre las circunstancias del delito*, Valencia, 2013, pp. 43 y ss; SALINERO ALONSO, *Teoría general de las circunstancias modificativas de la responsabilidad y artículo 66 del Código Penal*, Granada, 2000, p. 114; GONZÁLEZ CUSSAC, José Luis, *Teoría general de las circunstancias modificativas de la responsabilidad penal*, p. 193; entre otros autores.

agente se le puede llegar a eximir de sanción por la sola confesión oportuna durante el proceso, sin descartar la responsabilidad penal[313].

Siguiendo esta línea, tampoco es necesario que la pena haya sido ejecutada (casos de suspensión de su ejecución). La sola lectura de la responsabilidad penal es suficiente para comunicar al agente que realizó una conducta criminal. De esta manera, se puede decir que, a efectos de la agravante de reincidencia, la aplicación de algunas medidas dictadas durante el proceso o al final de él comunican de modo *definitivo* al delincuente el deber de evitar volver a delinquir. Las resoluciones que cumplen aquella función comunicativa, tienen que ser firmes. Es decir, no debe caber sobre ellas ningún medio de impugnación ordinario ni excepcional, caso contrario, se creará inseguridad jurídica.

- **La agravante facultativa**

Otro aspecto importante es brindar al juzgador la oportunidad de aplicar la agravante de reincidencia a su discreción razonada[314]. Obligar al juez a decretar la aplicación de la agravante por el mero cumplimiento de los requisitos es impulsar una cuestionable actitud mecánica de los órganos de justicia. No existe razón suficiente para limitar la posibilidad de discutir en el interior del proceso, entre otras cosas, si el agente reincidente es o no peligroso[315].

---

[313] La propuesta lógicamente requiere de la existencia de un registro de estas decisiones, por un tiempo limitado al plazo de "prescripción" de la reincidencia que cada legislación adopte.

[314] DÍEZ RIPOLLÉS aprecia que los cuestionamientos a la reincidencia podrían superarse si es que se la considera como una agravante facultativa que condicionara su aplicación y vigencia a un análisis en el caso concreto de la efectiva mayor culpabilidad del sujeto. DIEZ RIPOLLÉS, José Luis, "Las circunstancias genéricas modificativas de la responsabilidad criminal en el proyecto de Código Penal de 1992" (texto originalmente publicado en 1992), en *Política criminal y Derecho penal*, 2ª edición, Valencia, 2013, p. 462. Además, señala que la conversión de la circunstancia como una agravante facultativa permitiría que los razonamientos preventivos no tengan un indebido papel protagónico en la teoría de la infracción penal. DIEZ RIPOLLÉS, José Luis, *Derecho penal español. Parte General*, Valencia, 2016, p. 491. CEREZO MIR afirma que en la reincidencia específica no existe la plena seguridad de reiteración delictiva, por lo que su imposición debe ser facultativa. CEREZO MIR, José, *Obras completas*, pp. 1025-1026.

[315] Con mayor detalle, vid. Capítulo II subcapítulo II.2 literal D.

b. Cuestiones de necesidad de pena

La cuantificación de la responsabilidad penal no se funda solo en razones de merecimiento, sino también en la necesidad de intervención del Estado ante un hecho más grave, cometido por un sujeto peligroso[316]. Decantarme por una posición fundada, además del merecimiento, en la necesidad[317], nos lleva a resumir la importancia de la visión teleológica o política criminal de la reincidencia y del propio Derecho penal.

En líneas generales, el Derecho penal se caracteriza por ser funcional y normativo (necesario para brindar a la persona las condiciones para su participación en el sistema social) y exige como punto de partida tener como referencia el sentido político criminal imperante. La política criminal se incardina en un modelo de Estado social y democrático de Derecho. Esta visión hace que la prevención de delitos-faltas, como fin del Derecho penal, no deba ser vista como un modelo de "lucha" contra la criminalidad. Expresión que descontextualiza el espacio de aplicación de la Ley penal, confundiéndolo con uno de "guerra". El delito es un concepto producido por la valoración que damos al comportamiento y al resultado ya producido (hecho histórico). Dicho acontecimiento se presenta en situaciones de normalidad social. La adopción de criterios bélicos para delinear un programa político criminal ha provocado, a lo largo de la historia, la exacerbación de la violencia estatal, deslegitimando el ejercicio del poder penal (por ejemplo, "lucha contra la corrupción", "lucha contra el terrorismo", "lucha contra el pandillaje", "lucha contra la inseguridad ciudadana" o, por qué no, "lucha contra el delincuente peligroso"). Este tipo de políticas son las que promueven, por ejemplo, medidas extremas de puro aseguramiento, caracterizadas por la total vulneración de derechos

---

[316] Anota ROBLES PLANAS: "De ahí dedujo BINDING que el Estado solo puede reclamar la pena cuando realmente sea necesaria: cuando el Derecho a castigar ('*Strafrecht*') se traduce en un deber ('*Strafplicht*') para el Estado. ¿Pero cúando sucede ello? Ni más ni menos –señaló BINDING– que cuando el mal de no castigar sea superior para el propio Estado que el mal de castigar". ROBLES PLANAS, Ricardo, "Introducción a la edición española. Dogmática de los límites al Derecho penal", p. 36.

[317] Cfr. SILVA SÁNCHEZ, Jesús-María, "Una primera lección de Derecho penal", en LUZÓN PEÑA, Diego-Manuel (dir.), *Derecho penal del Estado social y democrático de Derecho. Libro homenaje a Santiago Mir Puig*, Madrid, 2010, p. 72. Indica con razón que "el castigo no merecido es injusto en términos individuales, por muy necesario que fuera en la perspectiva social. Lo que no excluye que esa necesidad permita la adopción de medidas no punitivas. Por su parte, el castigo innecesario, por individualmente merecido que fuera, es injusto en términos sociales. Por eso, ante el hecho mismo del castigo, y ante cualquiera de sus modalidades, es necesario valorar las dos circunstancias referidas".

al sujeto reincidente, renunciando a cualquier fin preventivo y al principio de proporcionalidad.

Está claro que la prevención de delitos-faltas no debe ser entendida como su eliminación o erradicación. El Derecho penal tiene propósitos concretos y reales, no utópicos. El delito "no es una enfermedad social" que puede ser "curada" (el delincuente no es un "enfermo social"). La prevención "supone buscar la disminución de la cifra negra [de criminalidad] y aspira a la persecución del delito de manera integral, sin discriminar según la condición social, raza, sexo o religión de la persona"[318]. En esa línea, la imposición de una mayor sanción al delincuente peligroso por un hecho más grave, aun cuando tenga como presupuesto tratar de modo distinto a quien lo merece, no debe abandonar la idea de la prevención, como un norte a seguir, respetando los derechos fundamentales del sujeto.

Es importante diseñar un Derecho penal orientado a sus consecuencias[319]: la protección de las personas y de la comunidad. Sin embargo, hay que tener en cuenta que la influencia de la política criminal no solo se restringe a definir los postulados propios del Derecho penal material. Y es que la política criminal es un sistema de decisiones estatales tomadas por todos los poderes[320], incluido el Constituyente, a través de los cuales se organizan respuestas públicas para prevenir, y sancionar los delitos, se establecen los órganos de la persecución y juzgamiento, los procedimientos[321] y los límites dentro de los cuales las decisiones serán válidas[322]; encausando a lo que se llama: "El monopolio legal de la coerción"[323].

---

[318] CASTILLO ALVA, José Luis, "Fines de la pena y de la medida de seguridad", p. 23.

[319] Sobre este tema, ALCOCER POVIS, Eduardo, *La inclusión del enemigo en el Derecho penal*, Lima, 2009, pp. 17-19.

[320] Podría sostenerse que su misión es captar la continua metamorfosis de la sociedad y ver cómo enfrenta el Derecho penal esos cambios, además de recoger los resultados de la aplicación del mismo, analizarlos con espíritu crítico y proponer soluciones o vías alternativas al Derecho penal vigente, conformando así un círculo que se retroalimenta en forma permanente en busca de un sistema penal dinámico, ágil, actual y eficiente. En ese sentido, BINDER, Alberto, *Política criminal: de la formulación a la praxis*, Buenos Aires, 1997, p. 33. Quien sostiene que la "política criminal es el conjunto de métodos por medio de los cuales el cuerpo social organiza las respuestas al fenómeno criminal".

[321] Cfr. RAGUÉS I VALLÈS, Ramón, "Derecho penal sustantivo y Derecho procesal penal: hacia una visión integrada", en HURTADO POZO, José (dir.), SAN MARTÍN CASTRO, César (coord.), *Anuario de Derecho penal. Reforma del proceso penal peruano*, Lima, 2010, p. 132. Sostiene que cualquier análisis político criminal con unas mínimas pretensiones científicas no puede ignorar el importantísimo papel que muchas instituciones procesales desempeñan en una lucha eficaz contra el delito. La certeza de que no puede llevarse a cabo una política criminal con sentido, pensando únicamente en el Código Penal e ignorando las instituciones procesales, ha obligado a muchos penalistas a volver su mirada hacia el proceso.

En sí, la política criminal no solo actúa en el ámbito de lo estrictamente penal, sino que incursiona en otras ramas del derecho como lo policial, procesal y penitenciario. Al respecto, BINDER agrega acertadamente que el conjunto de instituciones que habitualmente llamamos "penales" (penales, procesales, penitenciarias, entre otras disciplinas) no pueden, en modo alguno, ser analizadas de una forma independiente, porque en su funcionamiento real actúan estrechamente interrelacionados[324]. Cada uno de estos ámbitos forma parte del llamado "sistema penal"[325], integrados funcionalmente en virtud de una "necesaria coherencia político criminal". Subraya BINDER que "dicho en palabras más sencillas: no se puede tener un Código Penal que responda a una orientación, un Código Procesal Penal que responda a otra y una Ley Penitenciaria que responda a una tercera. La política criminal es la que va a plantear los grandes objetivos de todo el sistema y cada uno de los subsistemas debe ser coherente con la preservación de esos objetivos".

Por todo esto, se puede afirmar que la visión crítica político criminal (anclada en la protección de la persona y de la comunidad) no solo alcanza a las normas, sino a las instancias concretas en que actúan los operadores sociales[326]. De tal manera que una buena ley no es suficiente, se necesita también de operadores sociales que funcionen

---

322 STRASORIER, Daniel, "Política criminal de estados neoliberales. Latinoamérica: necesidad de una transformación", en *Libro de ponencias del XV Congreso Latinoamericano, VII Iberoamericano y XI Nacional de Derecho penal y Criminología*, Córdoba, 2004, p. 546.

323 Una política criminal eficiente "no debe cifrar su éxito exclusivamente en la eficacia policial y el encierro de los delincuentes". Se requieren de políticas sociales orientadas a la reducción de la exclusión social (por ejemplo, disminuir la precariedad laboral o fomentar el acceso a la vivienda e integración social de los desfavorecidos). Cfr. DÍEZ RIPOLLÉS, José Luis, *Delitos y penas en España*, Madrid, 2015, pp. 62-63.

324 Cfr. BINDER, Alberto, *Introducción al Derecho procesal penal*, 2ª edición, Buenos Aires,1999, p. 27.

325 ROXIN, Claus, *Derecho penal. Parte General*, p. 193. Nota 4. Se entiende por "sistema" dentro de este contexto jurídico y según la formulación *kantiana*, a "la unidad de los diversos conocimientos bajo una idea, un todo del conocimiento ordenado según principios". El "sistema penal" entendido como tal, comprende la suma de medidas de control social de carácter penal y que a la vez son parte del conjunto de medidas de carácter político-criminal, que un determinado Estado adopta para el logro de sus objetivos en materia criminal, por lo que el Derecho penal de un Estado es el parámetro caracterizador de dicho Estado.

326 Cfr. FREUND, Georg, "Sobre la función legitimadora de la idea de fin en el sistema integral del Derecho penal" (trad. Ragués i Vallès), en WOLTER, Jürgen, y FREUND, Georg (eds.), *El sistema integral del Derecho penal. Delito, determinación de la pena y proceso penal*, Madrid-Barcelona, 2004, p. 126. Considera por sistema integral del Derecho penal no solo el Derecho penal sustantivo y el Derecho de la determinación de la pena, sino también el Derecho procesal penal como auténtico campo de aplicación de los dos anteriores, pues el Derecho sustantivo solo puede acercarse a la realidad por medio de un proceso y las modificaciones que este comporta.

en coherencia con los principios político criminales que inspiran a un orden social y democrático de Derecho como declaran ser el español y el peruano[327].

En ese orden de ideas, la legitimidad de la pena impuesta al agente reincidente debe basarse en la necesidad de que con ella se alcancen los fines preventivos esenciales a su naturaleza. La pena debe ser justa, proporcional al hecho cometido. Al respecto, indica MUÑOZ CONDE: "La pena adecuada a la culpabilidad puede cumplir perfectamente la función preventiva general". Dicho autor también menciona que "a partir de ella se pueden cumplir también las funciones preventivas especiales de aseguramiento, de resocialización, de ayuda o, en todo caso, de no desocialización del delincuente". Siempre, claro está, que la pena sea considerada "socialmente justa"[328].

Dicho esto, planteo la siguiente pregunta: ¿quién debe "pagar" el costo del nuevo hecho criminal realizado por el reincidente: El individuo, la sociedad o el Estado? Es cierto que el condenado debe desempeñar un rol activo orientado a su resocialización, asumiendo su condición de sujeto de derecho y deberes ciudadanos. Y que al reincidir incumple la obligación de "no volver a delinquir". Sin embargo, no puede cargarse el costo que produce el acto reincidente solamente al individuo[329], pues el Estado también tiene una cuota de responsabilidad que no puede soslayar.

---

[327] Precisamente, los jueces deberían cumplir la función de "atenuar" los estragos de la expansión "tanto extensiva como intensiva". Cfr. SILVA SÁNCHEZ, Jesús María, *La expansión del Derecho penal. Aspectos de la Política criminal en las sociedades postindustriales*, p. 208. Respecto al papel de los jueces en torno a alcanzar un derecho justo y adecuado al texto constitucional, cfr. ROJAS VARGAS, Fidel, "Las funciones del Derecho penal y los principios de subsidiaridad y *última ratio*", en *Estudios de Derecho penal*, Lima, 2004, p. 32 y MEINI MÉNDEZ, Iván, *La responsabilidad penal de las personas jurídicas*, Lima, 1999, p. 225.

[328] MUÑOZ CONDE, Francisco, "Penas y medidas de seguridad: monismo versus dualismo", en *Derecho penal y control social*, Jerez, 1985, p. 66. En esa línea, DEMETRIO CRESPO, Eduardo, *Prevención general e individualización judicial de la pena*, p. 181.

[329] Cfr. SILVA SÁNCHEZ, Jesús-María, "El delito: ¿responsabilidad individual o responsabilidad social?", pp. 93-100. Al respecto, el autor afirma: "Junto al elemento central de la responsabilidad individual del agente, debe considerarse también el contexto social del delito". ÉL MISMO, "Presupuestos socio-políticos de la atribución de responsabilidad penal", en *Estudios penales en homenaje al Profesor Rodrigo Fabio Suárez Montes*, Oviedo, 2013, p. 72: "En una sociedad en la que crecen la marginalidad y la precariedad, la apelación a una exclusiva responsabilidad del agente por el hecho delictivo resulta hipócrita". Agrega que la criminalidad no es solo una obra con la que "haya de pechar la voluntad especial del agente sino que se convierte, desde esta vertiente, en un fenómeno que genera responsabilidad social", ÉL MISMO, *En busca del Derecho penal. Esbozos de una teoría realista del delito y de la pena*, pp. 133 y ss. En un sentido crítico al traslado de la responsabilidad penal solamente al individuo, ZÚÑIGA señala que "la construcción social del delincuente como enemigo le hace responsable de todos los males, no siendo responsable en nada la sociedad

Consideramos que el Estado debe brindar las condiciones necesarias (por ejemplo, no solo durante la ejecución de la pena, sino antes y durante el proceso[330]), para que se realice aquel efecto comunicativo que se espera de la sanción. Si bien se puede argüir que tales fines son simbólicos o utópicos; sin embargo, ello no justifica al Estado abandonar la carrera delineada para su consecución[331]. Más aún en sistemas políticos como el nuestro, donde el Derecho penal, en general, vive aquella "permanente crisis", que hoy en día es una expresión de lamento y de preocupación, pero no de impulso para afirmación de mejores políticas gubernativas que pretendan su superación.

Ante esto, ¿cabe renunciar a agravar la pena al sujeto reincidente por el mero hecho de que el Estado no cumple con sus "deberes"? Apreciamos que esta pregunta no debe contestarse de modo automático. En este caso, se trata de ponderar los costos y calcular beneficios de una determinada decisión política estatal. Un método de análisis que nos permite abordar este problema es el del Análisis Económico del Derecho (AED)[332].

---

que todos construimos. Si antes la criminalidad era concebida como problema social, hoy la criminalidad es una cuestión definida por las opciones de cada individuo". ZÚÑIGA RODRÍGUEZ, Laura, "Política criminal y prevención del delito; el denodado restablecimiento de la pena de prisión en España o la construcción social del delincuente enemigo", en GARCÍA-PABLOS DE MOLINA, Antonio (ed.), *Víctima, prevención del delito y tratamiento del delincuente*, Granada, 2009, p. 180.

330 Cfr. BOTTKE, Wilfried, "La actual discusión sobre las finalidades de la pena" (trad. Benlloch Petit), en *Política criminal y nuevo derecho penal. Libro Homenaje a Claus Roxin*, Barcelona, 1997, pp. 55-56: "A través del proceso penal, de un efectivo enjuiciamiento del hecho, del correcto 'reproche', y de la imposición de consecuencias que manifiesten ese 'reproche', se deja claro en todo caso, que él es tomado en serio como organizador accesible a la norma". Con ello se alcanza una cuota de resocialización. Sin embargo, dicha situación "no acaba con los problemas que el culpable del hecho tenía en su vida antes y con independencia del hecho punible. Sin un propio esfuerzo del culpable no logrará ser capaz de llevar en el futuro una vida sin delito".

331 Al respecto, TEROL sostiene que "las penas privativas de libertad resultarían más eficientes si la reinserción y rehabilitación se considerase como parte del programa formativo en prisión. El hecho de que estos programas no estén estrictamente implementados supone la falta de credibilidad de estos o, en su defecto, la falta de confianza en la rehabilitación de los agresores". Es más, explicando la realidad penitenciaria española, agrega que: "Actualmente contamos con medios efectivos para medir y predecir el riesgo de reincidencia y con equipos multidisciplinarios capaces de poner en marcha programas efectivos". TEROL LEVY, Odette, "Medidas de seguridad con agresores sexuales", en GARCÍA-PABLOS DE MOLINA, Antonio (ed.), *Víctima, prevención del delito y tratamiento del delincuente*, Granada, 2009, pp. 224-225.

332 Sobre la relación entre el Derecho penal y el AED, recojo en cierta parte lo expuesto en: ALCOCER POVIS, Eduardo, *La inclusión del enemigo en el Derecho penal*, pp. 71-75.

Con el AED se busca aplicar los métodos o herramientas de la economía a lo jurídico. Así, con este método, no solo aprendemos que el derecho constituye un incentivo para el cambio de comportamiento, sino que resulta un instrumento adecuado para el logro de los objetivos de las políticas de cada Estado: eficiencia y distribución. Con él nos damos cuenta de que no es posible entender las instituciones jurídicas únicamente con argumentos legales, sino que es esencial considerar los efectos (económicos) que tales instituciones tienen sobre la sociedad y los resultados que generan para los ciudadanos[333].

La economía ofrece una teoría científica del comportamiento que resulta útil para pronosticar cómo responderán los individuos ante el derecho y las políticas públicas. Con él se persigue predecir las conductas de los seres humanos a partir de un principio: que las personas actúan sobre la base de incentivos y que, en consecuencia, buscan lo que les favorece y evitan, lógicamente, lo que les perjudica. El AED basa su metodología en las premisas conductistas de la ciencia económica que supone que los hombres son seres racionales que pueden establecer sus propias prioridades y buscar alcanzarlas de manera libre y soberana, según sus preferencias[334].

A través del análisis económico se traslada al derecho, desde el mundo de los conceptos, a la realidad; simplificando las expectativas de las personas a un razonamiento costo-beneficio. En ese orden de ideas, redactar una ley o preparar una sentencia, son actos, respecto de los cuales, los ciudadanos necesitamos saber cómo influirán en la sociedad[335]. De esta manera, el AED traslada sus premisas conductistas del nivel individual al nivel social.

Aplicado al estudio del Derecho penal[336], para un sector de la doctrina la perspectiva del AED puede contribuir a identificar la naturaleza del problema de la

---

[333] Desde su formulación originaria, para el AED el bienestar social es la sumatoria de los diversos bienestares individuales. Finalmente, se trata de maximizar el bienestar individual para alcanzar la utilidad social.

[334] Cfr. BULLARD, Alfredo, *Derecho y Economía. Análisis económico de las instituciones legales*, Lima, 2003, p. 37; CARO CORIA, Dino Carlos. "Sistema penal y mínima intervención: de una función simbólica a una función real", en *Themis* (27-28), 1994, p. 192: "Uno de las ideas básicas del análisis económico del derecho consiste en calificar a los individuos como sujetos racionales, que intentan ampliar al máximo su bienestar dentro de las limitaciones en que se mueven: limitaciones de información, conflicto con otros valores, etc.".

[335] Cfr. BULLARD, Alfredo, *Derecho y Economía*, p. 37.

[336] Cfr. POSNER, Richard, *Análisis económico del Derecho*, Lima, 1999. POSNER ha apuntado que muchas áreas del Derecho tienen el sello del razonamiento económico; así, la teoría de la eficiencia del Derecho se

criminalidad, reconocer a los agentes y evaluar los incentivos de comportamiento lícito e ilícito ante una determinada normativa[337] o política judicial[338].

Es así que desde una visión económica y en pos de la eficiencia, algunos podrían considerar que solo a través de la sanción más dura o decisiones extremas, se va a poder disuadir a los ciudadanos de la comisión de crímenes graves[339]. Opinamos en sentido contrario; se ha probado en demasía que dar una función pedagógica al Derecho penal a través de instrumentos puramente simbólicos solo produce deslegitimarlo. Los estudios empíricos demuestran que no existe una correlación significativa entre la marcada severidad de las penas y la disminución de la criminalidad[340]. No podemos ni debemos dar al Derecho penal la función de ingeniería social[341] a través de normas duras o extremas[342] (lo que es expresión del llamado "populismo punitivo"[343]), sino buscar aplicar la sanción más justa como producto de un proceso también justo. Esta idea no pervive, como muchos creen,

---

explica mejor como un sistema para maximizar la riqueza de la sociedad y proclama a la teoría económica del Derecho como la teoría positiva del Derecho más prometedora que existe en la actualidad.

337 Cfr. RODRÍGUEZ LÓPEZ, Fernando, "¿Puede el derecho sancionador frenar la corrupción? Reflexiones desde el análisis económico del Derecho", en RODRIGUEZ GARCÍA, Nicolás y FABIÁN CAPARROS, Eduardo (coord.), *La corrupción en un mundo globalizado: análisis interdisciplinar*, Salamanca, 2004, p. 15.

338 Cfr. COOTER, Robert y ULEN, Thomas, *Derecho y economía*, México, 1997, p. 537.

339 Este postulado no es más que la afirmación de la tesis preventiva general negativa incluida dentro del estudio de la llamada teoría de la pena.

340 Cfr. ZÚÑIGA RODRÍGUEZ, Laura, *Política criminal*, Madrid, 2001, p. 40: "Paradigmático es el caso de la pena de muerte en los Estados Unidos, donde su mayor adopción en diversos Estados no ha significado un descenso de las tasas de criminalidad. Tal parece, que a la sociedad norteamericana tal pena le produce un efecto simbólico de mayor seguridad". GARCÍA-PABLOS DE MOLINA, Antonio, *Tratado de criminología*, 2ª edición, Valencia, 1999, p. 224: "La supuesta eficacia preventivo-general de la pena, tal y como se formula para los juristas y teóricos de la prevención, no deja de ser probablemente más que una pálida e ingenua imagen de la realidad, a la luz de los conocimientos empíricos actuales".

341 Cfr. DIEZ RIPOLLÉS, José, "El bien jurídico protegido en un Derecho penal garantista", en *JD*, 1998, p. 16.

342 Cfr. BUSTOS RAMÍREZ, Juan, *Política criminal y Estado*, en *RPCP* (5), 1997, pp. 137-138. El autor explica que: "Una política criminal destinada simplemente a intimidar a las personas, de partida implica rebajar su dignidad de tal, en cuanto estima que todas ellas configuran sus relaciones solo en base a la amenaza, a la violencia. Por otra parte, su punto de partida resulta tan falso que tampoco logra empíricamente comprobar que ello es cierto o por lo menos que la amenaza de la pena tiene la cualidad en relación a las personas. En otras palabras, las personas reivindican su carácter de tal y no de animales, con lo cual echan por tierra el presupuesto básico de esta política criminal, que además para ser coherente tiene necesariamente que llegar al terror estatal y aún a trastocar la jerarquía de los derechos fundamentales de la persona en cuanto solo tiene que guiarse por la frecuencia de los hechos delictivos (o por su pretendida gravedad puntual, la llamada alarma pública)".

343 SANTANA VEGA, Dulce María, "La pena de libertad vigilada en delitos de terrorismo", en *EPC* (XXIX), 2009, p. 475.

solo en quienes propugnan un derecho con fines utópicos, sino que tiene en la actualidad una importante utilidad práctica. Reglas claras, adecuadas y respetadas por los ciudadanos y por el órgano estatal facilitan la convivencia y generan confianza. Esta confianza genera bienestar. Por ejemplo, un Poder Judicial que no brinda certeza sobre el derecho que le asiste a cada quien genera desconfianza, desorden y, finalmente, desperdicio de recursos. Evitar el desperdicio en una sociedad como la nuestra es una forma de ser justo.

El Derecho penal debe cumplir una función activa en el mantenimiento y fortalecimiento del consenso y de la seguridad de la ciudadanía, no ir contra ella. Mediante el Derecho penal no se realiza la "lucha contra el delito", a la que hacíamos referencia anteriormente de modo crítico, sino se reafirma la juridicidad, la formalización del modo social de sancionar el delito[344] el que debe ir acorde con el respeto de los derechos fundamentales para ser legítimo.

El AED, como hemos visto, no analiza la norma o las decisiones judiciales en un sentido abstracto, sino sobre la base de su consecuencia social. Desde esta perspectiva, sostenemos que el Derecho penal tiene como fin genuino, aunque en *ultima ratio*, crear libertad y seguridad jurídica para que los ciudadanos tengan las mismas posibilidades democráticas de participación en los procesos de relación[345]. La seguridad jurídica implica una serie de factores que deben encontrarse presentes en el ordenamiento. Podemos mencionar, entre otros: el adecuado funcionamiento y cumplimiento de la Constitución y de las leyes por parte del Estado, la predictibilidad de los efectos jurídicos que tendrán las acciones de los sujetos la prohibición de alterar derechos adquiridos, la carencia del efecto retroactivo de las leyes, el respeto del principio de legalidad en materia penal, la aplicación del principio de preclusión y la seguridad que el órgano jurisdiccional pondrá fin al conflicto de manera definitiva"[346].

En resumen, este método nos conduce a la necesidad de que se garantice, con eficacia y eficiencia, el "juego justo" en las relaciones de intercambio. De esta

---

[344] Cfr. HASSEMER, Winfried, *Fundamentos del Derecho penal*, Barcelona, 1984, pp. 391 y ss.

[345] Cfr. MIR PUIG, Santiago, *Derecho penal. Parte General*, p. 128. Sostiene que el principio de mínima intervención resulta "una exigencia de economía social coherente con la lógica del Estado social, que busca el mayor bien social con el menor costo social". Por su parte, GARCÍA-PABLOS DE MOLINA opina que: "el principio de intervención mínima busca el mayor bien estar con el menor coste social". GARCÍA-PABLOS DE MOLINA, Antonio, *Derecho penal. Introducción*, Madrid, 2000, p. 379.

[346] PASQUEL, Enrique, "Amparo vs. Amparo. Entre el derecho al proceso y la seguridad jurídica", en *Themis* (43), 2001, p. 195.

manera consideramos importante plantearse la siguiente pregunta: "¿Beneficia a la sociedad agravar la pena al sujeto reincidente?". Una nula regulación de la reincidencia como agravante de la pena crea incentivos en el sujeto peligroso, de actuar delictivamente de modo reiterado, sin un "reproche" adicional producto de la conducta criminal nuevamente realizada[347]. Es cierto que la omisión legislativa no determina la reiteración delictiva, pero la promueve[348]. Así como la instauración de un sistema procesal ineficiente (por ejemplo, que sea incapaz de descubrir el hecho o que no pueda aprehenderlo) incrementa el riesgo de la realización de conductas antinormativas (cumple un efecto motivacional en sentido negativo), una nula regulación de un hecho que socialmente es desvalorado crea en términos fácticos inseguridad e insatisfacción general con el sistema penal, y desde una perspectiva normativa, desproporcionalidad, minimizando los costos que pudiera tener el delincuente producto de una reiterada conducta lesiva.

El Estado no debe renunciar a agravar la pena al reincidente, a pesar de no haberle brindado las condiciones necesarias para orientar su conducta hacia la socialización[349]. No cabe duda de que el Estado asume, con el nuevo delito cometido, los costos de su ineficiencia (desprestigio social, asignación de recursos al sistema judicial y penitenciario, entre otras consecuencias). Sin embargo, no se puede desconocer que el reo es un sujeto de derecho y a quien se le impone compromisos que cumplir, durante la ejecución de la sanción y luego de ella. El reincidente debe asumir los costos de su opción delictiva, con una mayor pena, distinta a la impuesta al delincuente primario.

---

[347] Esta postura parte de aceptar que el reincidente toma la decisión en condiciones de normalidad, de forma racional, teniendo la libertad de elegir entre actuar o no conforme con sus deberes.

[348] USET, Manuel, "Rational criminal addictions", en *Florida State University, Law, Business & Economics Research Paper* (16), 2014, p. 13: "desde que el nivel de la adicción a cometer crímenes de un delincuente aumenta con cada delito, el aumento de las sanciones previstas con cada delito puede, si se calibra correctamente, eliminar el incentivo de un delincuente a ser racionalmente adicto al crimen". En el mismo sentido, MUNGAN, Murat C., "The Certainty versus the severity of punishment, repeat Ofenders, and stigmatization", en http://ssrn.com/abstract=2818881 (última visita: 26 de agosto de 2016). Quien sostiene, entre otras cosas, que la certeza del castigo es más disuasiva que la severidad de la sanción solo en el caso de delincuentes primarios, por el riesgo de estigmatización que puede llevar la imposición de una pena. A diferencia de los reincidentes, a quienes un incremento de la severidad de la sanción cumple con el efecto preventivo que se pretende alcanzar con ella.

[349] La ineficiencia del Estado durante la ejecución de la pena no resulta, por sí sola, una idea suficiente para cuestionar la opción de agravar la pena al reincidente, pues –como se anotó antes– consideramos que el deber de no "volver a delinquir" dirigido al delincuente, no requiere que él haya sido privado de su libertad, sino basta que contra él exista una declaración de responsabilidad penal contenida en una resolución firme.

¿Se requiere o no de límites a la agravante de reincidencia para cumplir su fin motivacional? Una política criminal basada en un punitivismo exacerbado no solo es ineficaz, sino que crea más inseguridad y desconfianza. Es importante poner límites al *quantum* agravatorio de la sanción. Esta opción limitativa de la agravante tiene que tener en cuenta el potencial lesivo de los sujetos reincidentes y la necesidad de establecer una sanción distinta, pero acorde con un modelo penal que respete las garantías de la persona humana.

Además, no debemos olvidar que, en muchos países, el riesgo de reincidencia no solo es atribuible al condenado, sino también a la sociedad y, sobre todo, al Estado[350]. Como anota SILVA SÁNCHEZ: "Pues bien, sin negar lo que de positivo hay en la clara recuperación de la idea de responsabilidad individual, única compatible con la consideración del individuo como sujeto libre (persona) y no como un objeto, desde luego no cabe olvidar que, en muchos casos, la decisión (libre) de delinquir se halla condicionada, en diverso grado, por distintos factores naturales y sociales"[351].

Por tanto, consideramos que debe elegirse una alternativa de agravación menos aflictiva[352], dada la distribución de responsabilidades ante el nuevo delito cometido. Esta alternativa consiste en agravar la pena al reincidente, siempre que se cumplan los requisitos propuestos en este trabajo, teniendo como límite el máximo de la pena

[350] GENDREAU, Paul; LITTLE, Tracy y GOGGIN, Claire, "A Meta-Analysis of the predictors of adult offender recidivism: what works!", en *Criminology* (14), 1996, pp. 575-607. Quienes sostienen, desde el plano criminológico, que existe un alto riesgo de reincidencia en un sujeto que ha experimentado previamente el encarcelamiento. VILLAGRA, Carolina, "Aspectos criminológicos para la comprensión de la reincidencia delictiva", pp. 102-103. Quien afirma que diversos estudios han señalado que la cárcel estigmatiza y no cumple su papel rehabilitador. No obstante, también se ha mencionado que la puesta en marcha de un adecuado programa de resocialización al interior de las cárceles puede disminuir el riesgo de reincidencia.

[351] SILVA SÁNCHEZ, Jesús-María, *En busca del Derecho penal. Esbozos de una teoría realista del delito y de la pena*, p. 133.

[352] Anota FRISCH que el Estado "no tiene solo la función de proteger frente a futuros menoscabos a bienes jurídicos. A él también le corresponde el deber de respetar los derechos del individuo, también los del potencial autor. Ambos deberes, por principio, deben ser satisfechos por igual. La injerencia sobre los derechos del potencial autor, motivada en la prevención especial, en tanto significa dejar de lado parcialmente la pretensión de respeto, de antemano solo puede ser justificada en tanto ella resulte imprescindible. En tanto y en cuanto los deberes de protección también puedan ser satisfechos sin restricciones a la libertad motivadas en razones de prevención especial, ellas no pueden ser legitimadas; así, cuando ya es suficiente con determinadas ofertas estatales, cuando la prevención del delito puede ser lograda sin la pérdida adicional de la libertad en el marco de restricciones de derechos con otro fundamento o cuando, en todo caso, resultan suficientes restricciones menores". FRISCH, Wolfang, "Las medidas de corrección y seguridad en el sistema de consecuencias jurídicas del Derecho penal. Clasificación en las teorías de la pena, configuración material y exigencias en el Estado de Derecho", p. 22.

abstracta[353]. Dicho de otra manera, nos decantamos *por la inclusión de la reincidencia como agravante genérica*, impuesta de forma facultativa por el juez penal, previa dilucidación en el marco de un proceso penal, respetuoso de los principios que inspiran un Estado social y democrático de Derecho[354].

Con el presente trabajo se busca superar los formalismos y explicar el fundamento de la reincidencia desde el *merecimiento* y la *necesidad* de pena. Es decir, aceptando la agravación del injusto culpable en virtud del nuevo hecho criminal realizado por un sujeto que normativamente representa un peligro actual y futuro para la sociedad. Ante esto, al Estado, a pesar de su ineficiencia, se le exige desvalorar proporcionalmente tal situación, con el propósito de legitimar el sistema y desincentivar la producción de este tipo de comportamientos.

c. Criterios para la cuantificación de la pena al sujeto reincidente

El proceso de determinación de la pena constituye, como afirma SILVA SÁNCHEZ, la "continuación cuantitativa de la teoría del delito"[355]. La cuantificación de la pena dependerá de la entidad del injusto objetivo y subjetivo, así como del grado de culpabilidad del agente. En esta etapa, consideramos que el juez también ejerce política criminal[356], canalizada no solo a través del análisis de las categorías del

---

[353] Se sostiene que la agravante de reincidencia ha sido siempre vista "con recelo por una parte de la doctrina por su difícil encaje en un Derecho penal del hecho y de la culpabilidad". Se indica que incluso entre quienes no se oponían a su constitucionalidad, se había aceptado tácitamente que "solo es admisible con ciertas restricciones, entre otras, solo en la medida en que su efecto se mantuviera en el marco de pena abstracto previsto para el delito". MOLINA FERNÁNDEZ, Fernando y MENDOZA BUERGO, Blanca, "La determinación de la pena, las instituciones individualizadoras y los sustitutivos de las penas privativas de libertad", en LASCURAÍN SÁNCHEZ, Juan Antonio (coord.), *Introducción al Derecho penal*, 2ª edición, Navarra, 2015, p. 339.

[354] MEINI MÉNDEZ, Iván, *Lecciones de Derecho penal-Parte General. Teoría Jurídica del Delito*, Lima, 2014, p. 111. El autor afirma que una posición "compatible con la responsabilidad penal por el hecho es que la reincidencia se emplee como circunstancia agravante genérica que permite graduar la pena dentro de los límites legales".

[355] SILVA SÁNCHEZ, Jesús-María, *Aproximación al Derecho penal contemporáneo*, p. 290. Sostiene como uno de los "retos del sistema dogmático del delito [el] integrar en la dogmática de la teoría del delito su dimensión cuantitativa: esto es, la tradicionalmente denominada teoría de la individualización de la pena". Para el mencionado autor, es importante vincular los criterios de la individualización de la pena con "las categorías de la dogmática del delito".

[356] SILVA SÁNCHEZ, Jesús-María, "¿Política criminal del legislador, del juez, de la administración penitenciaria? Sobre el sistema de sanciones del Código Penal", en *RJL* (4), 1998, p. 1451. Propone que "es bastante evidente que el juez no ha realizado nunca ni realiza operaciones puramente lógicas o cognoscitivas (…). Por el contrario, el juez valora y, al hacerlo, lleva a cabo una auténtica 'política criminal'. Política

delito, sino de modo directo en el momento de evaluar la necesidad o no de pena, conforme con los fines que persigue el Derecho penal (acorde con este punto de vista, el juez optará, de ser el caso, por un tipo de sanción a imponer al sujeto, determinará su cantidad y podrá decidir la necesidad de su ejecución), más allá del merecimiento. La decisión del juez estará orientada y limitada por lo principios constitucionales que inspiran un modelo penal propio de un Estado social y democrático de Derecho. Evitándose el ejercicio abusivo del poder penal.

Ahora resulta importante establecer criterios para imponer una dosis de pena justa al hecho realizado por el reincidente, dependiendo de las circunstancias que acompañan al comportamiento y determinan su gravedad, sin dejar de lado la necesidad de una mayor sanción. Esta propuesta[357], por la naturaleza del asunto, será expuesta a modo de aproximación[358]. El juicio de determinación de la pena propuesto para el caso de reincidencia, basado en la valoración retrospectiva del injusto culpable[359] y en la necesidad de intervención del Estado[360], parte de los

---

criminal dentro del marco de la legalidad; política criminal conforme a las reglas de la argumentación jurídica; política criminal sometida a las reglas de tutela judicial efectiva y proscripción de la indefensión. Pero política criminal, al fin y al cabo".

357 Por su naturaleza, los criterios expuestos en esta parte del trabajo para determinar judicialmente la sanción no tienen necesariamente que ser parte de un texto legal. Se tratan de apreciaciones dogmáticas, que tienen el propósito de servir de orientación para la obtención de una pena justa.

358 No se tomarán en cuenta factores como la edad, educación, costumbres, entre otros elementos.

359 SILVA SÁNCHEZ plantea un "primer esbozo" de reglas para la individualización judicial de la pena, señalando, entre otros argumentos, que: "En primer lugar, el marco penal abstractamente previsto se configura como la respuesta preconstituida a un conjunto de hechos que coinciden en constituir un determinado tipo de injusto penal, culpable y punible, en el que se contienen los elementos que fundamentan el merecimiento y la necesidad de aquella pena-marco. En segundo lugar, que injusto y culpabilidad (así como punibilidad) constituyen magnitudes materiales graduables. Por ello, el marco penal abstracto puede verse como la unión de un conjunto de conminaciones penales más detalladas (submarcos) que asignarían medidas diversas de pena a las distintas subclases de realizaciones (subtipos), más o menos graves, del injusto culpable y punible expresado en el tipo. Y, en tercer lugar, que, desde esta perspectiva, el acto de determinación judicial de la pena se configura esencialmente como aquél en virtud del cual se constata el concreto contenido de injusto, culpabilidad y punibilidad de un determinado hecho, traduciéndolo en una determinada medida de pena". SILVA SÁNCHEZ, Jesús-María, "La teoría de la determinación de la pena como sistema (dogmático): un primer esbozo", p. 5.

360 Al respecto, BRAMONT ARIAS y BRAMONT-ARIAS TORRES afirmaron que "la pena se mide en cada caso particular tomando en cuenta la magnitud del injusto, la magnitud de la responsabilidad y admitiendo el correctivo de la necesidad de la pena". De esta forma "la pena deja de ser necesaria para proteger a la sociedad cuando esto puede conseguirse por otros medios, que serán preferibles en cuanto sean menos lesivos para los derechos individuales. Se trata de una exigencia de economía social coherente con la lógica del Estado social, que debe buscar el mayor bien social con el menor costo social". BRAMONT ARIAS, Luis y BRAMONT-ARIAS TORRES, Luis Alberto, *Código penal anotado,* Lima, 2002, pp. 248-249.

siguientes elementos[361]: en primer lugar, la gravedad de la ilicitud de la conducta y su relación con el bien jurídico protegido; y, en segundo lugar, la mayor exigibilidad (en ella se incluyen las razones de prevención, limitada por la responsabilidad por el hecho). Se va a tener por supuesto la imputabilidad del sujeto, su conducta libre y voluntaria, y la normalidad de las circunstancias concomitantes al comportamiento realizado. Por su parte, la valoración de la peligrosidad es implícita[362], pues es consecuencia, en muchos casos, del mayor injusto culpable.

Además, conforme con la postura defendida en este trabajo, la agravante de reincidencia solo podrá aumentar la pena por el segundo delito cometido dentro del marco sancionatorio establecido por el legislador (agravante genérica). Para la cuantificación de la pena, la escala numérica a utilizar será del 1 al 10 (la determinación de la gravedad de la sanción seguirá, como es lógico, un orden ascendente).

Paso 1

El juez tendrá la potestad de agravar o no la pena, a pesar de que el sujeto dolosamente volvió a cometer un injusto vinculado con el otro anteriormente cometido, en un tiempo no mayor de cinco años desde la declaración definitiva de la responsabilidad penal.

Otorgar al juez la facultad de agravar o no la sanción tiene como propósito que el castigo sea proporcional al acto cometido por el sujeto. Por ejemplo, si un sujeto vuelve a lesionar dolosamente, esta vez, en estado de "emoción violenta", el juez no

---

[361] De modo general. Resulta interesante la propuesta planeada por QUINTERO OLIVARES Y MORALES PRATS, en el que se establecen criterios ideales para la determinación de la pena. Considera que lo más aceptable es un modelo que reúna las siguientes características: "a) Fijación de un marco punitivo lo más amplio posible. b) Que tal marco penal incluya, junto a su límite mínimo y para posibles casos de desproporción o falta de sentido, la posibilidad de no imponer pena alguna si ello se entiende por el juez innecesario o, incluso, contraproducente para aquel caso y aquel autor. c) Que el juez pueda moverse libremente en ese marco, lo cual es compatible con que la ley señale los criterios orientadores en los que expresamente deberá basar y razonar su decisión. Entre tales criterios de aplicación de pena destacan las circunstancias modificativas de la responsabilidad criminal (atenuantes y agravantes)". QUINTERO OLIVARES, Gonzalo y MORALES PRATS, Fermín, *Parte General del Derecho penal*, p. 651.

[362] También se asumirá que se cumplen, en cada uno de los casos, los requisitos de la peligrosidad "normativa": tiempo, relación de injustos y dolo. Así, como los presupuestos aplicativos de la agravante: declaración de responsabilidad penal anterior, mediante resolución firme. La decisión de agravar la pena será facultativa.

debería agravar la sanción (una mayor pena no sería necesaria), pues con el segundo hecho realizado no se expresa peligrosidad.

Paso 2

En el caso en que el juez decida que el sujeto es peligroso por ser reincidente, la pena a imponerse será superior a la mitad del marco de la pena abstracta, limitada por su máximo. En el ejemplo, de 5 a 10.

Paso 3

Se calculará la pena dentro del nuevo sub-marco establecido en el paso 2. La dosis a imponer será mayor a la mitad de dicha escala (7,5) y menor que el máximo de pena (10) en los siguientes casos:

i) Cuando exista identidad absoluta de injustos; que se le haya atribuido al sujeto ser autor de ambos tipos penales. Dichos delitos deben haber sido sancionados como delitos consumados.

   Por ejemplo, se condenó anteriormente al agente por haber cometido una estafa y luego cometió otro delito de estafa. Se le atribuyó ser autor de ambos delitos, que afectaron el patrimonio de la víctima.

ii) Cuando se presente identidad absoluta de injustos. Además, que por el primer delito se le haya atribuido responsabilidad penal al sujeto en calidad de partícipe y, por el segundo delito, en calidad de autor. Dichos delitos deben haber sido sancionados como delitos consumados.

   Por ejemplo, se condenó anteriormente al agente por ser cómplice de un delito de estafa. Luego, se le responsabilizó penalmente por ser autor del delito de estafa en calidad de autor. Ambos delitos lograron afectar el patrimonio de la víctima.

iii) Cuando se presente identidad absoluta de injustos. Además que por ambos tipos penales cometidos se le haya atribuido al sujeto la autoría de los mismos. Ambos tipos penales son sancionados en grado de tentativa.

Por ejemplo, se condenó anteriormente al agente por ser autor del delito de estafa. Luego se le responsabilizó por ser autor de otro delito de estafa. Ambos tipos penales no afectaron el patrimonio, lo pusieron en peligro (tentativa). Como en todo caso de tentativa punible, no se logró ocasionar el resultado por una causa ajena a la voluntad del agente.

iv) Cuando exista identidad absoluta de injustos. Además, que por ambos tipos penales cometidos se haya atribuido al sujeto la autoría de los mismos. Sin embargo, por el primer delito fue sancionado como delito tentado y, por el segundo, como delito consumado.

Por ejemplo, se condenó anteriormente al agente por ser autor del delito de estafa. Luego se le responsabilizó por ser autor de otro delito de estafa. Sin embargo, el primer delito realizado se sancionó en grado de tentativa y el segundo en grado consumado.

v) Cuando se presente identidad relativa de injustos. El primer delito cometido debe ser menos grave que el segundo. Asimismo, que se haya condenado al sujeto como autor de los mismos. Ambos delitos deben haber sido consumados.

Por ejemplo, se condenó anteriormente al agente por ser autor del delito de falsedad genérica y luego por ser autor del delito de estafa. Ambos tipos penales fueron consumados.

vi) Ante la identidad relativa de injustos. El primer delito cometido debe ser menos grave que el segundo. Asimismo, que se haya condenado al sujeto por el primer delito como partícipe y, por el segundo, como autor. Ambos delitos deben haber sido consumados.

Por ejemplo, se condenó anteriormente al agente por ser cómplice del delito de falsedad genérica y luego por ser autor del delito de estafa. Ambos tipos penales fueron consumados.

vii) En presencia de la identidad relativa de injustos. El primer delito cometido debe ser menos grave que el segundo. Por ambos delitos el sujeto fue condenado en calidad de autor. Por el primer delito fue sancionado en grado de tentativa y, por el segundo, en grado consumado.

Por ejemplo, se condenó anteriormente al agente por ser autor del delito de falsedad genérica y luego por ser autor del delito de estafa. Sin embargo, por el primer delito fue sancionado en grado de tentativa y, por el segundo, en grado consumado. En este caso, la inidentidad en el grado de ejecución es irrelevante, pues no se provocó el resultado por una causa ajena a la voluntad del sujeto.

Hemos considerado que existe un plus de peligrosidad no solo en los supuestos de identidad absoluta de injustos, identidad de grado de consumación y de título de imputación; sino también en los casos en que la responsabilidad penal se incremente (partícipe-autor y delito menos grave-delito más grave). Asimismo, anotamos que en el caso de delitos muy graves (secuestro, violación sexual contra menores de edad, homicidio calificado) la pena siempre se impondrá dentro del sub-marco mencionado, dejándose de lado los criterios de "identidad" y de "incremento" de responsabilidad antes aludidos.

De otro lado, se calculará la pena dentro del sub-marco ya establecido que tiene como mínimo la mitad de la escala original (5) y como máximo el 50 % adicional a ella (7,5). Los casos son los siguientes:

i) En la identidad absoluta de injustos, que se le haya atribuido al sujeto ser partícipe de ambos tipos penales. Dichos delitos deben haber sido sancionados como delitos consumados.

   Por ejemplo, se condenó anteriormente al agente por haber cometido una estafa y luego cometió otro delito de estafa. Se le atribuyó ser cómplice en ambos delitos, que afectaron el patrimonio de la víctima.

ii) En la identidad absoluta de injustos, que por el primer delito se le haya atribuido responsabilidad penal al sujeto en calidad de autor y, por el segundo delito, en calidad de partícipe. Dichos delitos deben haber sido sancionados como delitos consumados.

   Por ejemplo, se condenó anteriormente al agente por ser autor de un delito de estafa. Luego, se le responsabilizó penalmente por ser cómplice del mencionado delito. Ambos delitos lograron afectar el patrimonio de la víctima.

iii) En la identidad relativa de injustos. El primer delito cometido debe ser más grave que el segundo. Asimismo, que se haya condenado al sujeto como autor de los mismos. Ambos delitos deben haber sido consumados.

Por ejemplo, se condenó anteriormente al agente por ser autor del delito de estafa y luego por ser autor del delito de falsedad genérica. Ambos tipos penales fueron consumados.

iv) Si hay identidad relativa de injustos. El primer delito cometido debe ser más grave que el segundo. Por ambos delitos el sujeto fue condenado en calidad de autor. Por el primer delito fue sancionado en grado de consumado y, por el segundo, en grado de tentativa.

Por ejemplo, se condenó anteriormente al agente por ser autor del delito de estafa y luego por ser autor del delito de falsedad genérica. Sin embargo, por el primer delito fue sancionado en grado consumado y, por el segundo, en grado de tentativa. En este caso, la inidentidad en el grado de ejecución es irrelevante, pues que no se haya logrado provocar el resultado fue por una causa ajena a la voluntad del sujeto.

v) Cuando hay identidad relativa de injustos. El primer delito cometido debe ser más grave que el segundo. Asimismo, que se haya condenado al sujeto por el primer delito como autor y, por el segundo, como partícipe. Ambos delitos deben haber sido consumados.

Por ejemplo, se condenó anteriormente al agente por ser autor del delito de estafa y luego por ser cómplice del delito de falsedad genérica. Ambos tipos penales fueron consumados.

Se observa en algunos casos el déficit de identidad (identidad relativa), en otros, la disminución del grado de reprochabilidad al agente reincidente basado en el menor grado de intervención criminal en el segundo delito cometido en comparación con el primero.

d. Propuesta normativa

Se ha podido observar en este capítulo que existen razones fundadas para agravar la pena a quien decide libremente volver a cometer un delito. Esta decisión está limitada por criterios normativos que deberían ser sustento de una regulación orientada a cumplir dicho propósito, dentro del marco de la sanción dispuesto en la ley. A continuación, de *lege ferenda* presentamos la siguiente propuesta:

i. Reincidencia básica

> "Tendrá la condición de reincidente quien después de habérsele declarado responsable por la comisión de un delito doloso, mediante una disposición fiscal o resolución judicial firme, dictada en el país o en el extranjero, incurra en un nuevo hecho criminal doloso, en un lapso que no exceda de cinco años. Tiene igual condición quien después de haberse dictado una disposición fiscal o una resolución judicial firme, en el país o en el extranjero, en la que se le declara responsable por la comisión de una falta dolosa, incurra en una nueva falta o delito doloso en un lapso no mayor de tres años. En estos casos el juez podrá aumentar la pena dentro del marco establecido en la Ley en atención a las circunstancias que relacionen los injustos de las infracciones cometidas".

ii. Reincidencia agravada

> "Será considerado reincidente quien incurra en un nuevo delito doloso grave, en un lapso que no exceda de veinticinco años, luego de haberse dictado una resolución judicial firme, en el país o en el extranjero, en la que se le declara responsable por la comisión de un delito doloso grave. En este caso, el juez podrá aumentar la pena dentro del marco establecido en la ley en atención a las circunstancias que relacionen los injustos de las infracciones cometidas".

De modo general, tanto en la modalidad simple como en la agravada de reincidencia se incluyen aquellos elementos normativos que delimitan la aplicación razonable de la agravante (tiempo, relación de injustos –hemos utilizado la expresión aceptada en la jurisprudencia y en la doctrina: "circunstancias", a fin de delimitar el requisito– y dolo). Asimismo, se establece la posibilidad de valorar, a efectos de aplicar la agravante, los antecedentes penales generados en el extranjero. Se trata de una medida necesaria para el cumplimiento del fin de la norma. Por su naturaleza, se requiere de un trabajo legislativo que desarrolle un proceso de cooperación penal internacional en materia de comunicación de antecedentes penales para asegurar la eficacia de la propuesta. Desde nuestro punto de vista, es suficiente que la información a presentar por la autoridad extranjera contenga una declaración de responsabilidad penal en contra de una persona, sin necesidad de que se comunique la existencia de una condena. Por otro lado, a nivel interno, se requerirá la puesta en marcha de un registro de antecedentes penales en el que se archiven, por un tiempo limitado (según las características del delito cometido), los datos de la declaración de responsabilidad penal previa impuesta a una persona. Dicha información solo debería estar disponible, en caso de que la solicite, para la autoridad (juez o fiscal) o a quien se encuentre registrado (o su representante legal), a fin de evitar que su difusión cause un efecto nocivo en el sujeto en torno a sus posibilidades de una normal participación en la sociedad.

Además, en la modalidad simple de reincidencia se indica de manera expresa que la declaración de responsabilidad por el delito doloso previo puede provenir de una decisión judicial o fiscal. En este último caso, se toma en consideración que en algunas legislaciones se otorga la facultad al Ministerio Público o Fiscal de evitar la continuación de un proceso, previa declaración de responsabilidad penal del sujeto, con el compromiso de pago de un determinado monto por la reparación civil (por ejemplo, en el Perú esta situación se presenta cuando se aplica el principio de oportunidad o el acuerdo reparatorio). Por otro lado, en la propuesta se admite la reincidencia en caso de faltas (o delitos leves, según la regulación que se tenga de este tipo de infracciones penales). En virtud de que se trata de una infracción penal cuya lesividad y grado de reprochabilidad es menor, el plazo de prescripción de la reincidencia se acorta (tres años).

Por último, la modalidad agravada de reincidencia se aplica en el caso de una nueva comisión de un delito doloso grave. Lógicamente, a través de otra norma deberá aclararse los alcances de dicho elemento normativo: "grave". A nuestro parecer, se estará ante un delito de tal característica cuando se cumplan ciertos requisitos de orden cualitativo y cuantitativo. En lo cualitativo, se estará ante un delito grave cuando se haya cometido alguno de estos tipos penales: genocidio, tortura, desaparición forzada, delitos de lesa humanidad, traición a la patria, trata de personas y violación sexual en contra de menor de edad (conforme a la edad válida para consentir sexualmente, según la legislación de cada país). Asimismo, se estará ante un delito grave cuando se hayan cometido las modalidades agravadas de los siguientes delitos: homicidio doloso, lesiones dolosas, secuestro, violación sexual, robo, extorsión, tráfico de drogas y terrorismo. Por otro lado, en lo cuantitativo, sin perjuicio de lo expresado anteriormente, se estará ante un delito grave cuando la pena abstracta sea igual o mayor de veinticinco años de pena privativa de libertad. Para establecer dicha cantidad se tuvo en consideración que, según la propuesta, el plazo de prescripción de la reincidencia, en el caso de la comisión reiterada de delitos dolosos graves, es de veinticinco años. Esta decisión, a su vez, se basa en lo dispuesto en el art. 110 del Estatuto de Roma que, como se sabe, señala que la revisión de la pena de cadena perpetua se realizará al cumplirse aquel plazo contabilizado desde el momento del encarcelamiento.

CAPÍTULO II

ASPECTOS CONSTITUCIONALES DE LA AGRAVANTE DE REINCIDENCIA

II.1 APUNTE PREVIO

La discrepancia que algunos puedan tener acerca de los fundamentos doctrinales de la agravante de reincidencia no es suficiente para que, de plano, se la catalogue como "inconstitucional". Como señaló el TC español, en la STC n° 150/1991, la inconstitucionalidad de la reincidencia derivará "de que el precepto en cuestión se oponga a mandatos o principios contenidos en el texto constitucional explícita o implícitamente". Como menciona MIR PUIG, es correcto que "la constitucionalidad o inconstitucionalidad de una determinada regulación no se juzgue desde el exclusivo prisma de una particular concepción doctrinal que concurre con otras que conducirían a la solución contraria" [363].

La validez constitucional de la agravante de reincidencia no es un tema pacífico[364]. Se la ha cuestionado por haber supuestamente inobservado los alcances del principio de *ne bis in idem* (se indica que para agravar la pena se toma en consideración un hecho que

---

[363] Al respecto, anota MIR PUIG lo siguiente: "como el Tribunal Constitucional, no consideraría bastante mi actitud crítica frente a la regulación jurídica-positiva de la reincidencia para deducir su inconstitucionalidad (...). Creo que lo dicho vale aunque la opinión crítica pueda alegar en su favor determinados principios constitucionales y hasta una determinada concepción global de la Constitución. (...) Personalmente defiendo una concepción de la función y los límites que corresponden al Derecho penal en un Estado social y democrático de Derecho, como el acogido por la Constitución española, así como una construcción de la teoría del delito que estimo coherente con tal concepción; pero soy consciente de que ni el conjunto ni los detalles de tal planteamiento son los únicos razonablemente compatibles con la Constitución. Del mismo modo, aunque entiendo que la agravante de reincidencia es poco coherente con el espíritu de la Constitución, admito que esta no se opone a la posibilidad de otra interpretación defendible". MIR PUIG, Santiago, "Sobre la constitucionalidad de la reincidencia en la Jurisprudencia del Tribunal Supremo y del Tribunal Constitucional", pp. 1143-1144.

[364] Conviene recordar la última parte de la Exposición de Motivos del CP peruano de 1991 (que resume los principales argumentos esgrimidos en la doctrina para cuestionar la legitimidad de la reincidencia): "Estas formas aberrantes de castigar [la reincidencia y habitualidad] sustentan su severidad en el modo de vida de un individuo (...); carece de lógica, humanidad y sentido jurídico, el incremento sustantivo de la pena (...) conlleva una violación del principio *ne bis in idem* (nadie puede ser juzgado dos veces por el mismo delito) (...); este rezago de los viejos tiempos del derecho de castigar y que el positivismo peligrosista auspició con el fin de recomendar la aplicación de medidas eliminatorias y de segregación social".

anteriormente fue juzgado), así como del principio de resocialización (se afirma que con la agravante se trastoca la idea de que la resocialización es un deber del Estado para convertirse, de forma cuestionable, en un deber del condenado). Además, según un sector de la doctrina, con la figura de la reincidencia se vulnera la presunción de inocencia, en tanto la anterior comisión del delito por parte del agente presupone sin más su peligrosidad. Esta presunción de peligrosidad agravaría la pena con ausencia de actividad probatoria alguna más allá de la verificación de la antigua condena. Asimismo, se dice que esta agravante es ilegítima porque la sanción de un hecho supera el marco que le es propio en función de consideraciones sobre la personalidad del sujeto. De esta forma, se menciona que al agravar la pena al reincidente se deja de lado que el Derecho penal se estructura "sobre la base de comportamientos previstos como delito por el legislador. Se juzga, pues, conductas humanas, no formas de ser, por más desviadas que estas sean"[365]. A continuación, abordaremos cada una de estas posiciones[366], a partir de los criterios asumidos por la doctrina y jurisprudencia peruana y española sobre el tema.

II.2 LA AGRAVANTE DE LA REINCIDENCIA Y SU VALIDACIÓN CONSTITUCIONAL

A. EL PRINCIPIO DE *NE BIS IN IDEM*

a. Planteamiento del problema

Se afirma que el primer delito cometido se toma en consideración para agravar la pena correspondiente al nuevo acto delictivo cometido por el reincidente. De esta manera, un "hecho anterior" es evaluado dos veces, vulnerándose el principio de *ne bis in idem*. En otras palabras, según esta posición, la aplicación de la agravante de reincidencia tiene como presupuesto una cuestionable "doble valoración" del hecho delictivo cometido y sancionado anteriormente.

[365] Cfr. ORÉ SOSA, Eduardo, "El pasado criminal como factor de agravación de la pena. La reincidencia y habitualidad en la sentencia del Tribunal Constitucional Exp. n° 0014-2006-PI/TC" en *JC* (febrero), 2008, pp. 77-90.

[366] No obstante, por mencionar un ejemplo respecto al tratamiento jurisprudencial de la agravante, el Tribunal Supremo español, en la STS nº 4553/1996, del 24 de octubre de 2000, siguiendo lo expuesto por el TC en las SSTC nº 150/1991 y 152/1992, señaló que el tratamiento agravado de la reincidencia no se opone al principio de *ne bis in idem*, seguridad jurídica, culpabilidad, reinserción social ni al de presunción de inocencia, entre otras garantías constitucionales.

b. Aborde conceptual

La prohibición de incurrir en *bis in idem* o *ne bis in idem*[367] atiende al derecho que posee toda persona a no ser procesada ni sancionada dos o más veces por los mismos hechos. Aun cuando el ámbito tradicional en el que suele discutirse la aplicación de este principio es el penal (como criterio limitador del proceso y de la condena); sin embargo, en la actualidad, el mismo es reconocido (a nivel legislativo, jurisprudencial y doctrinal) como uno de los principios informadores del Derecho sancionador en general[368].

El principio de *ne bis in idem* no tiene consagración expresa en la Constitución española[369] ni en la peruana[370]; a pesar de ello, es posible deducir su contenido de otras disposiciones constitucionales (legalidad, proporcionalidad, cosa juzgada, entre otros principios)[371]. También de lo expuesto en los Pactos Internacionales de

---

[367] La utilización del adverbio negativo *ne* en lugar del también conocido *non* resulta correcta contra el parecer de un sector de la doctrina, en tanto aquel cumple una función imperativa, propia del contenido del principio objeto de análisis en el presente trabajo. Vid. MAIER, Julio, "Inadmisibilidad de la persecución penal múltiple *(ne bis in idem)*", en *Doctrina penal*, Buenos Aires, 1986, p. 415.

[368] Por todos, cfr. MUÑOZ LORENTE, José, *La nueva configuración del principio non bis in idem*, Madrid, 2001, pp. 17 y ss.

[369] El art. 45.3 de la Constitución española recoge el principio de *ne bis in idem*, desarrollándolo en el marco de la protección ambiental, pues señala que "se establecerán sanciones penales o, en su caso, administrativas". No obstante, en dicha Carta Fundamental no se establece expresamente un alcance general a dicho principio. A nivel jurisprudencial, en la STC n° 2/1981, del 30 de enero de ese año, el TC español señaló que la razón por la que no se incluyó el principio en la Constitución se funda en su relación "con los principios de legalidad y tipicidad de las infracciones recogidos principalmente en el art. 25 de la Constitución". Se afirma que esta relación normativa resulta suficiente para garantizar el respeto a dicho principio.

[370] Vale conocer la forma en que otros países de Latinoamérica regulan el principio de *ne bis in idem*. Así, el Código de Procedimientos Penales de Bolivia desarrolla este principio en el art. 4 del Libro Primero, cuando se indica que: "Nadie será procesado ni condenado más de una vez por el mismo hecho, aunque se modifique su calificación o se aleguen nuevas circunstancias. La sentencia ejecutoriada dictada en el extranjero sobre hechos que puedan ser conocidos por tribunales nacionales, producirá efecto de cosa juzgada". El Código Procesal Penal de Honduras consagra el principio antes mencionado en el art. 11 de la siguiente manera: "Ninguna persona podrá ser nuevamente juzgada por los mismos hechos punibles que motivaron anteriores enjuiciamientos, aunque se modifique su calificación o se aleguen nuevas circunstancias". El Código Procesal Penal de Costa Rica, en su art. 11, de manera escueta señala: "Nadie podrá ser juzgado penalmente más de una vez por el mismo hecho". El Código Procesal Penal de la República de El Salvador, en su art. 7, expone que: "Nadie será perseguido penalmente más de una vez por el mismo hecho. La sentencia absolutoria firme, dictada en el extranjero sobre los hechos que puedan ser conocidos por los tribunales nacionales, producirá el efecto de la cosa juzgada".

[371] Cfr. DE LEÓN VILLALBA, Francisco Javier, *Acumulación de sanciones penales y administrativas. Sentido y alcance del principio "ne bis in idem"*, Barcelona, 1998, p. 446. Quien en síntesis considera que el

Derechos Humanos. Así, en la Convención Interamericana de Derechos Humanos se señala en el art. 8.4, que "el inculpado absuelto por una sentencia firme no podrá ser sometido nuevamente a juicio por los mismos hechos". También, en el art. 4 del Protocolo nº 7 al Convenio europeo para la protección de los Derechos Humanos y las Libertades Fundamentales, se indica que "nadie podrá ser inculpado o sancionado penalmente por un órgano jurisdiccional del mismo Estado, por una infracción de la que ya hubiere sido anteriormente absuelto o condenado en virtud de sentencia definitiva conforme a la ley y al procedimiento penal de ese Estado". Además, en el Pacto Internacional sobre Derechos Civiles y Políticos, en el art. 14.7, se menciona que "nadie podrá ser juzgado ni sancionado por un delito por el cual haya sido ya condenado o absuelto en virtud de una sentencia firme y respetuosa de la ley de procedimiento penal de cada país".

Mediante el principio de *ne bis in idem* se pretende evitar que una persona sea perseguida o sancionada dos o más veces en razón de una misma imputación[372]. MAIER, refiriéndose a este principio, ha señalado que "no obstante las diversas palabras utilizadas para definirlo, lo que pretende es proteger a cualquier imputado (concebido como aquel indicado, con o sin fundamento, como autor de un delito o partícipe de él, ante cualquier autoridad de la persecución penal, con abstracción del grado alcanzado por el procedimiento) del riesgo de una nueva persecución penal, simultánea o sucesiva, por la misma realidad histórica atribuida"[373]. Lo inadmisible es la repetición del proceso y, con ello, el riesgo de afrontar una doble condena[374].

> La justicia supranacional (CIDH) ha abordado, principalmente, este tema en el caso "Loayza Tamayo", mediante sentencia contenciosa de fecha 17 de septiembre de 1997, en la que se sostuvo que "este principio busca proteger los derechos de los individuos

---

fundamento del principio objeto de comentario resulta de la proyección de la seguridad jurídica a través de los diversos principios del orden normativo. De esta forma, "la vertiente material debe entenderse desde la conjunción de los principios de legalidad, proporcionalidad, mientras que la procesal queda vinculada a la propia idea de seguridad en las relaciones procedimentales en estado puro, garantizando que el sujeto no se va a ver sometido a la carga de sufrir varios procesos por la misma conducta".

[372] El TC español, en la STC nº 2/2003, concluyó que el principio de *ne bis in idem* "en su vertiente sancionadora no prohíbe el 'doble reproche aflictivo', sino la reiteración sancionadora de los mismos hechos con el mismo fundamento padecida por el mismo sujeto".

[373] MAIER, Julio B., *Derecho procesal penal. Fundamentos*, tomo I, 2ª edición, Buenos Aires, 1996, pp. 368 y ss.

[374] Cfr. BINDER, Alberto, *Derecho procesal penal*, 1ª edición, Buenos Aires, 1993, pp. 25 y ss. Agrega, que el riesgo de afrontar una doble condena, lo que implica una prohibición de doble riesgo de aflicción (*double jeopardy*), se yergue como un límite material frente a los mayores poderes de persecución que tiene el Estado, que al ejercer su *ius puniendi* debe tener una sola oportunidad de persecución.

que han sido procesados por determinados hechos para que no vuelvan a ser enjuiciados por los mismos hechos"[375].

Tal como lo ha establecido el TC peruano y español en diversas resoluciones[376], el principio *ne bis in idem* tiene una doble configuración: por un lado, una versión material y, por otro, una connotación procesal. Así, en líneas generales, la prohibición de la doble persecución comprende no solo la aplicación de la nueva sanción por un hecho anteriormente penado, sino también la exposición al riesgo de que ello ocurra mediante un nuevo sometimiento a juicio de quien ya lo ha sufrido por sí mismo[377].

En su formulación material, el enunciado según el cual "nadie puede ser castigado dos veces por un mismo hecho" expresa la imposibilidad de que recaigan dos sanciones sobre el mismo sujeto por una misma infracción. Caso contrario, habría un exceso del poder sancionador, contrario a las garantías propias del Estado de Derecho. El principio del *ne bis in idem* material tiene conexión con los principios de legalidad y proporcionalidad, ya que la exigencia de *lex praevia* y *lex certa* que imponen los arts. 2.24.d y 25.1 de las constituciones peruana y española, respectivamente, obedece, entre otros motivos, a la necesidad de garantizar a los ciudadanos un conocimiento anticipado del contenido de la reacción punitiva o sancionadora del Estado ante la eventual comisión de un hecho antijurídico. Tal cometido garantista devendría inútil si ese mismo hecho, y por igual fundamento, pudiese ser objeto de una nueva sanción, lo que conllevaría una punición desproporcionada de la conducta antijurídica[378]. Por otro lado, mediante el principio de *ne bis in idem procesal* se proscribe el doble juzgamiento (sucesivo o paralelo)

[375] Asimismo, con relación al tratamiento que el TEDH ha dado al principio de *ne bis in idem* (casos Oliveira v. Suiza, del 30 de julio de 1998; Hauser-Sporn v. Austria, sentencia del 7 de diciembre de 2006; Garreta v. Francia, sentencia del 4 de marzo de 2008; Zolotukhin v. Rusia, sentencia del 10 de febrero de 2009; entre otras resoluciones), cfr. VERVAELE, John, "*Ne bis in idem*: ¿un principio transnacional de rango constitucional en la Unión Europea? (trad. Blanco Cordero), en *InDret* (1), 2014, pp. 9 y ss.

[376] Vid. SSTC peruano nº 2050-2002-AA/TC, 0729-2003-HC/TC, 0052-2003-HC/TC, 0713-2003-AA/TC, 1176-2003-AA/TC y 2837-2004-AA/TC. En España, las SSTC nº 2/1981, 77/1983, 177/1999, 2/2003, entre otras resoluciones. Asimismo, es importante lo expuesto en las SSTS nº 601/2015, del 23 de octubre de 2015 y 18/2016, del 26 de enero de 2016, en las que se resumen los alcances de dicho principio (en su versión material y en la procesal).

[377] Cfr. CARRIO, Alejandro, *Garantías Constitucionales en el proceso penal*, Buenos Aires, 2000, p. 445. También, SAN MARTÍN CASTRO, César; Dino Carlos CARO CORIA y José Leandro REAÑO PESCHIERA, *Delitos de tráfico de influencias, enriquecimiento ilícito y asociación para delinquir*, Lima, 2002, p. 377.

[378] Entre otros autores, SERRANO-PIEDECASAS considera que el sentido material del *ne bis in idem* implica la interdicción de la sanción múltiple frente al mismo injusto. SERRANO-PIEDECASAS FERNÁNDEZ, José Ramón, *Conocimiento científico y fundamento del Derecho penal*, Lima, 1999, p. 98 y nota al pie nº 351.

cuando por el mismo hecho se dictó anteriormente una resolución definitiva[379]. Por todo esto, el Estado solo tiene una oportunidad para hacer valer una pretensión sancionadora, si la pierde, ya no puede ejercerla, así se invoquen defectos técnicos o diferentes perspectivas jurídicas para resolver el caso[380]. El error del Estado no puede pagarlo el imputado[381].

Con todo, mediante el principio de *ne bis in idem* se busca evitar la doble sanción a la misma persona por los mismos hechos. Caso contrario, ello entrañaría una abierta contradicción con el mismo derecho a la presunción de inocencia, porque la existencia de dos procedimientos sancionadores para un determinado ilícito deja abierta la posibilidad, contraria a aquel derecho, de que unos mismos hechos, sucesiva o simultáneamente, "existan y dejen de existir para los órganos del Estado" (STC español n° 77/1983)[382].

Ahora bien, para verificar la existencia o no de una persecución múltiple (paralelas o sucesivas) se requiere la conjunción de tres identidades distintas: identidad de la persona perseguida (*eadem persona*), identidad del objeto de persecución (*eadem res*) e identidad de la causa de persecución (*eadem causa petendi*). La doctrina considera necesario verificar esta triple identidad preceptiva para que opere el principio materia de comentario[383].

---

[379] Cfr. CARO CORIA, Dino Carlos, "El principio de *ne bis in idem* en la jurisprudencia del Tribunal Constitucional", en http://www.ccfirma.com/publicaciones/pdf/caro/El%20principio_de_ne_bis_in_idem.pdf, p. 4 (última visita: 20 de julio de 2016).

[380] VELA GUERRERO, Anderson, "El *ne bis in idem* y el Derecho sancionador peruano", en *RJP* (39), 2002, pp. 44 y ss. Este autor sostiene que el principio de *ne bis in idem* no es subsidiario de las demás garantías que protegen la libertad individual, pues no es un principio accesorio, ya que no nace del proceso sino que existe antes de él; es un "regulador" del proceso judicial o del procedimiento administrativo. De ahí su importancia en el *ius puniendi* del Estado.

[381] Sobre la evolución de este principio en la jurisprudencia española, PÉREZ MANZANO, Mercedes, *La prohibición constitucional de incurrir en bis in idem*, Valencia, 2002, pp. 27 y ss. También, MUÑOZ CLARES, José, *Ne bis in idem y Derecho penal. Definición, patología y contrarios*, Murcia, 2006, pp. 99 y ss.

[382] Respecto al derecho a la presunción de inocencia y el principio de *ne bis in idem*, cfr. HORVITZ, María Inés y LÓPEZ, Julián, *Derecho procesal penal chileno. Principios, sujetos procesales, medidas cautelares y etapa de investigación*, tomo I, Santiago de Chile, 2002, p. 78.

[383] Por todos, DE LEÓN VILLALBA, Francisco Javier, *Acumulación de sanciones penales y administrativas. Sentido y alcance del principio "ne bis in idem"*, pp. 458 y ss.

c. La prohibición del *bis in idem* y la reincidencia

Se afirma que "la identidad de hecho" no se agota en que sea el mismo acto el objeto de una nueva sanción, sino que sea objeto de una nueva valoración o doble valoración. En ese sentido, se ha señalado que evaluar nuevamente el primer hecho para agravar la pena al reincidente resulta inconstitucional[384]. Además, se indica que al juzgarse (condenarse) teniendo en cuenta nuevamente el primer acto delictivo doloso (frente al cual se entiende que el Estado, en un primer momento, agotó su pretensión punitiva), lo que realiza el Estado es sancionar nuevamente ese mismo acto, extendiendo su pretensión punitiva al segundo hecho cometido. Desde esta perspectiva, se sostiene que se está ante un supuesto de ultraactividad de las consecuencias jurídicas del delito, contraviniendo la prohibición del *bis in idem,* esto es, la imposibilidad de sancionar dos veces (o más) un mismo comportamiento[385].

Consideramos que la posición anterior es errada, ya que al agravar la pena al reincidente no se sanciona nuevamente un mismo hecho ni este es materia de una doble valoración[386]. Algunos niegan la vulneración del principio de *ne bis idem* sobre

---

[384] ZAFFARONI indica, asimismo, que aquel plus de poder punitivo que habilita la reincidencia se funda en razón de un delito que ya fue juzgado o penado, por lo que aquello importaría una violación constitucional del *ne bis in idem.* Concluye que, de este modo, la idea tradicional de reincidencia como inevitable causa de habilitación de mayor pena deviene en inconstitucional. ZAFFARONI, Eugenio Raúl y otros, *Manual de Derecho penal. Parte General,* 1ª edición, Lima, 1990, p. 769. En esa línea, REÁTEGUI SANCHEZ, James, *La garantía del "ne bis in idem" en el ordenamiento jurídico-penal,* Lima, 2006, p. 28. En similar sentido, VILLAVICENCIO TERREROS, Felipe, "Insistiendo sobre la inconstitucionalidad de la Reincidencia. Comentario a la sentencia del Pleno Jurisdiccional del Tribunal Constitucional nº 0014-2006-PI/TC", en *JC* (febrero), 2008, pp. 70 y ss.

[385] VITALE señala que "la prohibición de la múltiple (y no solo doble) valoración de las circunstancias a considerar para fijar la pena en el caso concreto abarca, siempre, la orden de no fundar la medida de la pena actual en circunstancias ya consideradas en cualquier juicio anterior (y es obvio que cualquier aumento de pena por 'reincidencia' se apoya en la circunstancia de haber cometido antes algún delito, que es, precisamente, lo que ya motivó el dictado de una sentencia judicial –la anterior– y que no puede volver a ser considerado en un juicio posterior por otro hecho distinto). Es decir, la agravación punitiva por el último delito, aunque sea única, es siempre una nueva valoración (…). Por ello, dicha ponderación, por ser nueva, violenta siempre la prohibición de la múltiple valoración". VITALE, Gustavo, "La inconstitucionalidad de la reincidencia: dos fallos ejemplares", en http://www.pensamientopenal.com.ar/system/files/2005/05/doctrina30140.pdf, p. 28 (última visita: 6 de septiembre de 2016).

[386] En el mismo sentido, lo expuesto por la Corte Suprema, en el R.N. nº 674-2010-Cusco, del 28 de abril de 2011. En dicha resolución se concluye que la reincidencia atribuida al agente no vulnera el principio de *ne bis in idem*, pues "no se le está sancionando dos veces por el mismo hecho".

la base de que "el hecho posterior se valora de manera diferente"[387] y que este segundo acontecimiento es, como se apuntó antes, normativamente más grave, por lo que recae sobre él –no sobre el primero– un mayor grado de "reprochabilidad". En lo personal, apreciamos que el primer hecho no vuelve a ser valorado (en el sentido de "cuestionado"), ni siquiera de modo distinto. La cuantificación de la pena (no su cualificación) va a depender de diversos factores (por ejemplo, de la edad, carencias o educación del sujeto, grado del riesgo, entre otros criterios), entre ellos, de la existencia de antecedentes delictivos.

En el caso de la reincidencia, lo que se toma en cuenta es el dato administrativo del pasado criminal. El sustrato fáctico de la anterior declaración de responsabilidad penal se mantiene inalterable y no es doblemente "reprochable". En esa línea, el TC peruano, en la STC nº 0014-2006-PI/TC, señaló que con la agravante de reincidencia: "El primer delito cometido –aquel que es objeto de consideración– no recibe una pena adicional ni una agravación de esta; simplemente se toma en consideración para efectos de graduar la pena que se atribuirá a un acto delictivo distinto. Por su parte, el acto delictivo reincidente –es decir, el acto delictivo perpetrado en un segundo momento– no es tampoco objeto de una doble imposición de pena, sino de una sola, aquella prevista por el dispositivo que consagra su tipo penal, aunque agravada como consecuencia de la existencia de antecedentes respecto al mismo tipo penal. Atendiendo al razonamiento expuesto, este Tribunal considera que la consagración de la reincidencia como causal genérica agravante de la pena no constituye un supuesto de afectación al principio *ne bis in idem*"[388].

También en la STC nº 150/1991 del TC español se indicó lo siguiente: "Pero del propio significado del *non bis in idem* se desprende que la agravante de reincidencia del art. 10.15 CP no conculca dicho principio constitucional. En efecto, la apreciación de la agravante de reincidencia supone, como al principio se expuso, la obligatoriedad de tomarla en consideración, como cualquier otra agravante, para aumentar la pena en los casos y conforme a las reglas que se prescriben en el propio Código (art. 58 CP), y, más concretamente, para determinar el grado de aplicación de la pena prevista para cada delito y, dentro de los límites de cada grado, fijar –discrecionalmente– la extensión de la pena. Es claro, en consecuencia, que con la apreciación de la agravante de la pena, no se vuelve a castigar el hecho anterior o los hechos anteriores,

---

[387] POLAINO-ORTS, Miguel, *Derecho penal del enemigo. Desmitificación de un concepto*, Lima, 2006, p. 232.

[388] En el mismo sentido, lo expuesto por el TC peruano en la STC nº 003-2005-PI/TC (con relación a la agravante de reincidencia por la comisión reiterada del delito de terrorismo, sancionado mediante el D. Leg. 921).

por lo demás ya ejecutoriamente juzgados (...) y con efecto de cosa juzgada (efectos que no se ven, pues, alterados), sino única y exclusivamente el hecho posterior. En este sentido, es una opción legítima y no arbitraria del legislador el ordenar que, en supuestos de reincidencia, la pena a imponer por el delito cometido lo sea en una extensión diferente que para los supuestos de no reincidencia. Y si bien es indudable que la repetición de delitos propia de la reincidencia presupone, por necesidad lógica, una referencia al delito o delitos repetidos, ello no significa, desde luego, que los hechos anteriores vuelvan a castigarse, sino tan solo que [han] sido tenidos en cuenta por el legislador penal para el segundo o posteriores delitos".

Desde el plano normativo, al sujeto no se le cuantifica la sanción por la vulneración de la norma que emerge del tipo cometido en la primera ocasión. A él se le impone una determinada cantidad de pena, entre otros motivos, por el mayor grado de injusto culpable que supone la vulneración de la norma que emerge del tipo acabado de cometer (el nuevo delito) y por la vulneración de la norma de "no volver a delinquir"[389]. Por ello, consideramos que no resulta atendible la posición crítica de la institución fundada en una "doble valoración" del comportamiento: el hecho anterior resulta inalterable para el derecho[390].

En resumen, el principio de *ne bis in idem* prohíbe la imposición de una nueva pena por el mismo hecho. Sin embargo, en el caso de la reincidencia, el delito anteriormente cometido no vuelve a ser juzgado ni sancionado. Solo se valora, junto a otros elementos, la existencia de una anterior condena –dato objetivo y formal–, a efecto de imponer una pena proporcional al hecho cometido. El segundo hecho criminal cometido por el reincidente normativamente es más "reprochable" que el realizado por un delincuente primario. La existencia de antecedentes penales constituye un criterio –personal– que coadyuva a una justa determinación de la pena.

---

[389] Con la vulneración de la norma de "no volver a delinquir", el agente expresa un decidido enfrentamiento al ordenamiento jurídico, provocando un mayor efecto desestabilizador al derecho. Y, en el plano empírico, la comisión del segundo delito conlleva un menoscabo al legítimo interés colectivo por la seguridad. Al respecto, vid. *supra* capítulo I subcapítulo I.2 literal B.

[390] Señala GARCÍA ALBERO que la pena indicada "no lo es para toda clase de acción valorativamente neutra susceptible de integrar el tenor del tipo correspondiente, sino que se anuda a la cualidad de la acción como tal". Agrega, que el dato que acompaña al hecho se tomará en consideración, en la fase de concreción judicial de la pena, "siempre y cuando aquél se aparte –por constituir un incremento o una disminución– de la contemplación genérica que preside la descripción de la conducta típica". Concluye que en estos casos, no se está ante una vulneración a la prohibición del *bis in idem*. Cfr. GARCÍA ALBERO, Ramón, *"Non bis in idem" material y concurso de leyes penales*, Barcelona, 1995, p. 258.

Esta conclusión se extiende a los alcances de la regulación española y peruana sobre la materia.

Ante esto, un sector de la doctrina considera que en realidad la discusión de la constitucionalidad de la reincidencia no debe centrarse en su –infundada– vulneración al principio de *ne bis in idem*, sino en que con esta figura se determina una clase especial de autores sobre la base de la sola existencia de antecedentes criminales; de ello nos ocuparemos en el siguiente apartado.

B. EL PRINCIPIO DE CULPABILIDAD

a. Planteamiento del problema

Se menciona que la pena impuesta al reincidente no se basa, en estricto, en el hecho cometido, sino en un hecho anteriormente juzgado y condenado. De esta manera, para algunos, se viola el principio de culpabilidad al tener en cuenta los antecedentes del sujeto como elemento para establecer la sanción, dejándose de lado el comportamiento realizado. En otras palabras, "se le sanciona por lo que es y no por lo que hizo".

b. Aborde conceptual

El principio de culpabilidad[391], como garantía individual, se halla dentro del conjunto de postulados esenciales a todo Estado constitucional de derecho[392], que operan como límites de la potestad punitiva[393] y se traducen en condiciones

---

[391] Sobre el uso de la expresión culpabilidad, MIR PUIG dice lo siguiente: "El término 'culpabilidad' tiene ciertas resonancias moralizantes, por lo que un sector doctrinal postula su supresión. Sería preferible un término más neutro como 'responsabilidad'". MIR PUIG, Santiago, *Derecho penal. Parte General*, p. 135.

[392] Por otra parte, el TC español ha declarado expresamente que en la Constitución se reconoce sin duda el principio de culpabilidad como principio estructural básico del Derecho penal, de manera que "no sería constitucionalmente legítimo un derecho penal 'de autor' que determinara las penas en atención a la personalidad del reo y no según la culpabilidad de este en la comisión de los hechos" (SSTC n° 65/1986, 185/2014, entre otras resoluciones).

[393] En el art. VII del Título Preliminar del CP peruano se regula el denominado principio de culpabilidad de la siguiente manera: "La pena requiere de la responsabilidad penal del autor. Queda proscrita toda forma de responsabilidad objetiva". En el Anteproyecto de CP peruano de 2009, en su art. VII, se indica que: "La pena requiere de la culpabilidad del autor o partícipe. Queda proscrita toda forma de responsabilidad objetiva". Aquí, la Comisión amplió correctamente el margen de protección del principio de culpabilidad al "partícipe": instigadores (art. 24 CP) y cómplices (art. 25 CP).

necesarias tanto para la atribución penal, como para la cuantificación de la pena[394]. Solo mediante la vinculación de la pena, con la existencia de un "reproche" y de la gravedad de la pena aplicable con la entidad del "reproche", es posible evitar una instrumentalización de la persona que debe sufrirla[395]. En la medida de que la pena no se utilice para perseguir solo fines preventivos, se deberá ajustar su gravedad a la culpabilidad[396].

El principio de culpabilidad constituye un límite de la potestad punitiva del Estado. Es un principio fundamental del Derecho penal tan importante como amplio. Se afirma que de este principio se deriva: a) La culpabilidad por el hecho y no por la forma de ser del autor. b) La exigencia de dolo o imprudencia, en virtud de la proscripción de la responsabilidad solamente objetiva. c) La exigencia de capacidad de culpabilidad y de comportarse de acuerdo con dicha comprensión. d) La proporcionalidad. De todos ellos, nos referiremos de inmediato solo al de culpabilidad por el hecho y, luego, a su relación con la reincidencia como agravante de la pena.

Al respecto, el principio de culpabilidad supone la determinación de la imputación sobre la base de que el hecho es atribuible al agente, que no hay imputación a una persona "por lo que es"[397] ni tampoco por meros resultados[398]. Se sanciona al sujeto por la realización de comportamientos antijurídicos. Es decir, aquellos que vulneran las normas que determinan la práctica de conductas (nomas de prohibición o de mandato) y que no cumplen con los requisitos establecidos por las normas de

---

[394] MIR PUIG considera que bajo la expresión "principio de culpabilidad", se pueden incluir diferentes límites del *ius puniendi*, que tienen en común exigir como presupuesto de la pena que pueda culparse a quien la sufre del hecho que la motiva. MIR PUIG, Santiago, *Derecho penal. Parte General*, p. 134.

[395] Cfr. HÖRNLE, Tatjana, "La concepción anticuada de la culpabilidad en la Jurisprudencia y doctrina tradicionales de la medición de la pena", p. 49: "la pena adecuada a la culpabilidad tiene que orientarse a la gravedad del hecho y al grado de culpabilidad personal del autor".

[396] Anota SILVA SÁNCHEZ que la culpabilidad, en realidad, expresa "una síntesis de fines preventivos, otros fines utilitarios opuestos a la intervención y fines garantísticos". SILVA SÁNCHEZ, Jesús-María, *Aproximación al Derecho penal contemporáneo*, pp. 466-467.

[397] ROXIN sostiene que los alcances del principio de legalidad favorece el desarrollo de un Derecho penal del hecho. Dicho autor considera que la clase y la cuantía de la sanción se determina en virtud del comportamiento y la pena precisada en la Ley. Cfr. ROXIN, Claus, *Derecho penal. Parte General*, p. 177.

[398] En la STS nº 2123/1989, del 5 de julio de 1991, se indicó que en la determinación de la gravedad de la culpabilidad por el hecho "el Tribunal deberá considerar, en general: 1) la gravedad de la ilicitud cometida, 2) las circunstancias que permitan juzgar sobre una mayor o menor exigibilidad del cumplimiento de la norma y 3) el mayor o menor disvalor ético-social de los motivos que impulsaron al autor. Sobre la base de estos elementos el Tribunal podrá obtener una valoración de la gravedad de la culpabilidad por el hecho concreto".

permisión (causas de justificación). En otras palabras, se pune por la realización de un injusto penal (no sus pensamientos). La culpabilidad por el hecho se distingue de la llamada culpabilidad de azar o por caso fortuito.

De esta forma, el principio de culpabilidad se orienta a la protección de bienes jurídicos. Y los bienes jurídicos se protegen a través de las normas. El sujeto es culpable cuando, precisamente, realiza una conducta antinormativa y exigible penalmente. No obstante, se afirma que el principio de responsabilidad penal por el hecho no impide que las características personales del autor puedan ser tomadas en cuenta (por evidentes y obligadas razones de prevención especial) en el momento de la individualización judicial de la pena[399].

c. El principio de culpabilidad por el hecho y la reincidencia

Es usual leer y escuchar que con la evaluación del "sujeto", a fin de determinar y cuantificar la responsabilidad penal (agravar la pena al reincidente), se vulnera el principio de la responsabilidad por el hecho en favor de un –"ilegítimo"– derecho penal del "autor"[400]: "Se le sanciona por lo que es, no por lo que hizo"[401].

El Tribunal Supremo español, en la STS nº 2493/1991, del 5 de julio de 1991, estableció criterios para valorar la reincidencia sin que se oponga al principio de culpabilidad: "En la medida que se ha reconocido sin excepciones que la gravedad de la culpabilidad y las necesidades de prevención especial o general no tienen por qué coincidir (la llamada 'antinomia de los fines de la pena'), es preciso, que cuando el Tribunal de los hechos compruebe la posible aplicación del art. 10.15.ª CP-73,

---

399 Cfr. ZUGALDÍA, José Miguel, *Fundamentos de Derecho penal*, 4ª edición, Valencia, 1993, p. 279.

400 Sobre las manifestaciones de un Derecho penal de autor en el Derecho penal moderno, cfr. GÓMEZ MARTÍN, Víctor, *El Derecho penal de autor*, Valencia, 2007, pp. 26 y ss. De otro lado, sin adherirnos, en líneas generales, a su posición, debe tenerse en cuenta lo afirmado por HÖRNLE, quien considera que los factores personales pueden ser relevantes para la medida de culpabilidad en la medición de la pena. Dicha autora menciona que la ausencia de defensores de las teorías de la culpabilidad por el carácter o por la conducción de la vida no puede llevar a entender que "el Derecho de medición de pena se haya apartado de una concepción anticuada de la culpabilidad. Es más, esos vestigios se siguen pudiendo identificar". HÖRNLE, Tatjana, "La concepción anticuada de la culpabilidad en la Jurisprudencia y doctrina tradicionales de la medición de la pena", p. 64.

401 Señala ROXIN (refiriéndose a la anterior regulación alemana de la reincidencia), que la agravación de la pena por reincidencia del §48, "pese a todos los esfuerzos para darle una fundamentación distinta solo se podía explicar partiendo de la admisión de una culpabilidad por la conducción de la vida y, por tanto, era inconciliable con el principio de culpabilidad por el hecho". ROXIN, Claus, *Derecho penal. Parte General*, p. 186.

establezca anticipadamente hasta dónde llega la gravedad de la culpabilidad, pues las necesidades de prevención derivadas de la tendencia [reincidencia] solo podrán ser contempladas hasta un límite, que –como se dijo– no tiene por qué agotar la máxima pena prevista en abstracto en la ley. Más aún, la gravedad de la culpabilidad determina hasta dónde es posible ascender dentro del marco penal general, previsto para el delito"[402].

El TC español, en la STC nº 150/1991, indicó que "en efecto, la C.E consagra, sin duda, el principio de culpabilidad como estructural básico del Derecho penal, de manera que no sería constitucionalmente legítimo un derecho penal de autor que determinara las penas en atención a la personalidad del reo y no según la culpabilidad de este en la comisión de los hechos". El TC resalta la necesidad de vincular la responsabilidad penal al hecho, la cual compartimos. Sin embargo, no analiza en mayor extensión el porqué la agravante de reincidencia no afecta al principio de culpabilidad[403]. Además, discrepamos del reducido tratamiento que el Tribunal otorga a los alcances del Derecho penal de "autor" [404].

---

[402] Al respecto, MIR PUIG sostiene que en la medida que el límite de la culpabilidad por el hecho está determinado por la pena legalmente impuesta en cada precepto de la Parte Especial, la agravación por reincidencia no puede, en ningún caso, superar el límite de la culpabilidad por el hecho, razón por la cual, la doctrina de esta sentencia no tendría viabilidad práctica y resultaría inoperante. MIR PUIG, Santiago, "Sobre la constitucionalidad de la reincidencia en la Jurisprudencia del Tribunal Supremo y del Tribunal Constitucional", p. 1141. Según MARÍN DE ESPINOSA, la doctrina expuesta por el Tribunal Supremo puede ser "traslada y aplicada al Código Penal de 1995". De esta manera, en tanto el Código español vigente se consagra el principio de culpabilidad al igual que el texto anterior, la aplicación de la agravante de reincidencia está sujeta a los siguientes criterios: "a) Que la agravante de reincidencia no opera de manera formal, por lo que no debe agravar la pena conforme a la regla del art. 66.3ª CP, si con ello se supera el límite de la culpabilidad por el hecho. b) Que la apreciación de la agravante de reincidencia debe ser motivada". MARÍN DE ESPINOSA CEBALLOS, Elena B., *La reincidencia*, pp. 138-139.

[403] En contra de lo resuelto por el TC español, CARUSO afirma que en la citada Sentencia no se aclara "cómo puede ser compatible con el principio de culpabilidad la imposición de una pena agravada en virtud de circunstancias que nada tienen que ver con el hecho que se juzga (…), la sentencia resulta ser contradictoria, ya que excluye la legitimidad de fundamentar la pena y su medida en la personalidad del autor y, por otro lado, admite la reincidencia, sin tener en cuenta que los conocimientos sobre ella indican que solo puede fundamentarse en la personalidad del autor y no en una mayor culpabilidad". CARUSO FONTÁN, María Viviana, *El delincuente imputable y peligroso. Cuestiones de política criminal*, p. 135.

[404] El Tribunal Supremo español, en la STS nº 1263/1990, del 6 de abril de 1990, sostuvo que los Tribunales solo deberán agravar la pena por razón de reincidencia "siempre que de esa manera no supere la gravedad de la culpabilidad por el hecho (…)". El Tribunal sostiene que los jueces podrán no aplicar la agravante si es que existe desproporcionalidad entre la pena resultante y la culpabilidad por el hecho del autor. En Alemania, el TC, en la Sentencia del 16 de enero de 1979, consideró que la agravante de reincidencia no vulnera el principio de culpabilidad por el hecho, siempre que la agravación de la pena se haga depender de la mayor culpabilidad del reincidente. Esto quiere decir que el reincidente no implica ser más culpable, sino que este

Desde nuestro punto de vista, el Derecho penal propio de un Estado social y democrático de Derecho es –o debe ser– no solo de "hecho" sino también del "autor"[405]. La actual regulación y la doctrina así lo sigue (diría de forma tácita), en especial cuando se analiza, por ejemplo, la culpabilidad en sentido estricto (como categoría jurídica), pues en ella se evalúa –entre otros elementos– la capacidad del sujeto individualmente considerado de acceder a la norma y de comportarse conforme con ese conocimiento. Otro ejemplo que demuestra que el Derecho penal que defendemos es también de "autor" es que para determinar judicial y cuantitativamente la pena no solo se evalúa la afección al bien jurídico, sino también se toman en cuenta las características de la persona (por ejemplo, su cultura o costumbres, en el caso peruano, conforme con el art. 45 del CP).

En todo caso, lo reprobable es que se sancione a un sujeto en virtud de la llamada culpabilidad por el "ánimo"[406]. Y es que de esta manera se sanciona al agente sin necesidad de que haya manifestado su conducta exteriormente, sino por considerarlo peligroso a partir de un juicio anticipado y "emocional" de peligrosidad, o por pertenencia a una determinada raza, género o ideología política[407]. Por ello, en tanto la reincidencia, como agravante de la pena, supone el aumento de la dosis de pena en virtud de un "hecho" más grave, y que ello expresa que el sujeto es objetivamente

extremo se deberá de comprobar en cada caso concreto. Cfr. MARÍN DE ESPINOSA CEBALLOS, *La reincidencia*, pp. 114-115. Al respecto, según CÓRDOBA RODA, "el mantenimiento del principio de culpabilidad no conduce a estimar en términos absolutos que la regulación de la agravante de reincidencia, sea inconstitucional. Ahora bien, si la estimación de la circunstancia agravante de reincidencia conduce a la determinación de una pena, que rebasa el límite de la gravedad propia de la culpabilidad de la conducta, dicha determinación devendrá inconstitucional". CÓRDOBA RODA, Juan, "De la infracción penal", en CÓRDOBA RODA, Juan y GARCÍA ARÁN, Mercedes (dirs.), *Comentarios al Código Penal*, Madrid, 2011, pp. 305-306. Quienes critican la STS nº 1263/1990 sostienen que esta aumenta el arbitrio judicial y compromete al principio de legalidad. Sobre este tema, BACIGALUPO afirma que tales argumentos son erróneos, pues el juez impondrá una pena conforme a la "gravedad de la culpabilidad", por ello "no se explica en qué consiste el aumento del arbitrio judicial". En cuanto la supuesta vulneración del principio de legalidad, señala que este "no puede operar nunca *contra* el ciudadano y, por lo tanto, no se le puede invocar para limitar el principio de culpabilidad". BACIGALUPO ZAPATER, Enrique, *Principios constitucionales de Derecho penal*, p. 169.

[405] BAUMANN sostiene con razón que el grado de culpabilidad "no se determina tan solo por la medida de la lesión al bien jurídico y el tipo lesionado, sino también teniendo en cuenta la persona del autor". BAUMANN, Jürgen, *Derecho penal*, p. 216.

[406] MONGE FERNÁNDEZ afirma que "desde un punto de vista constitucional, sostener la legitimidad de la reincidencia sobre fundamentos basados en la exclusiva personalidad del autor supone vulnerar los principios que deben informar el ordenamiento jurídico de un Estado social y democrático de Derecho, por suponer asumir la culpabilidad por la conducta de vida". MONGE FERNÁNDEZ, Antonia, *La circunstancia agravante de la reincidencia desde los fundamentos y fines de la pena*, p. 119.

[407] Cfr. POLAINO-ORTS, Miguel. *Derecho penal del enemigo*, p. 214.

más peligroso, consideramos que no se vulnera el principio de culpabilidad. Dicho con otras palabras, esta agravante no abandona el "hecho", todo lo contrario, lo considera más aflictivo.

De otro lado, se afirma que la agravante de reincidencia es inconstitucional, pues se basa en el acto de rebeldía al ordenamiento jurídico, que no es otra cosa que una expresión de su "fuero interno", elemento incomprobable y ajeno a un Derecho penal del hecho. Al respecto, MIR PUIG indica: "Es rechazable que agrave la pena, en un Derecho penal respetuoso del fuero interno y que quiera limitarse a proteger bienes jurídicos (social-externos), una mera actitud interna del sujeto que no afecta al grado ni a la forma de la lesión producida"[408]. Coincidimos en parte con lo expresado por MIR PUIG, pues no es posible sostener un concepto de culpabilidad que se fundamente en la desaprobación de la actitud interna del sujeto. Sin embargo, en el caso de la agravante de reincidencia, la mayor sanción se basa, entre otras razones, en su mayor grado de culpabilidad entendida como exigibilidad de una conducta conforme a las normas de conducta y no por su "desprecio" al ordenamiento jurídico. Al reincidente le es exigible cumplir con el deber de "no volver a delinquir"[409]. Se le reprocha de forma más grave, precisamente, por el incumplimiento de dicha norma[410].

El TC peruano, en la STC nº 0014-2006-PI/TC, señaló lo siguiente: "una interpretación constitucional derivada de los artículos 2°, inciso 24, literal f, 37°, 140° y 173° de la Constitución conduce a concluir que el principio de culpabilidad no puede ser evaluado aisladamente, sino en conjunto con otras conductas que forman parte de los antecedentes del inculpado, a fin de que se pondere de modo proporcional el nivel de reprobabilidad que merece el procesado. Por tal argumento, la Ley N.° 28726 que consagra la reincidencia como agravante genérica, es constitucional"[411]. Efectivamente, concordamos con el TC al afirmar que la determinación (entendemos,

[408] MIR PUIG, Santiago, *Derecho penal. Parte General*, p. 658.

[409] La infracción del deber de "no volver a delinquir" por parte del agente ocasiona un mayor efecto desestabilizador tanto en el plano normativo (el reincidente se enfrenta nuevamente al ordenamiento jurídico) como en el plano empírico (creación de una mayor inseguridad social). Con mayor detalle, vid. *supra* capítulo I subcapítulo I.2. literal B.

[410] El Tribunal Supremo español afirmó que la reincidencia eleva la culpabilidad porque el agente "a sabiendas comete por segunda o más veces un hecho criminoso" (STS s/n, del 18 de enero de 1991).

[411] En el mismo sentido, lo expuesto en la STC nº 003-2005-PI/TC, respecto a la solicitud de inconstitucionalidad de la legislación antiterrorista. Además, el TC resalta que la culpabilidad supone un juicio de reproche por la segunda conducta delictiva cometida. Precisamente, dice el Tribunal, dicho incremento de reprobabilidad por el segundo hecho criminal lleva al aumento de la sanción penal.

cuantitativa[412]) de la culpabilidad debe de ser una decisión formada a partir de una valoración conjunta de diversos criterios (entre ellos, los antecedentes penales del sujeto). De esta forma, la peligrosidad es normativa (confirmada con otros elementos vinculados con el hecho) y no puramente subjetiva o intuitiva (basada en la sola creencia que el sujeto por haber delinquido anteriormente ya es *per se* un "foco de peligro" para la sociedad) ni tampoco empírica basada en un juicio psicológico-forense, pues en tal caso habría que recurrir a una medida de seguridad. La agravante de reincidencia, correctamente aplicada, en el que se comprende la posibilidad de que sea impuesta de modo facultativo, se adscribe a un Derecho penal de "acto" y de "autor", y no a un ilegítimo Derecho penal del "ánimo".

La exigencia del cumplimiento de dicho deber –con consecuencias negativas más graves en caso de infracción– está delimitada por criterios que van a ayudar al juzgador a configurar el mayor injusto culpable y, con ello, la peligrosidad del sujeto (tiempo, relación de injustos y dolo). Tal condición no se determina en virtud de la "personalidad" del agente, sino de lo que hizo. Lamentablemente, en la regulación española y peruana sobre la materia no se brindan las condiciones necesarias para un correcto juicio del hecho. En ambas legislaciones la mayor pena al reincidente se justifica por la realización de un nuevo comportamiento criminal. Sin embargo, los criterios que se exigen para su aplicación son insuficientes (por ejemplo, en el Perú no se exige que entre los delitos exista relación objetiva alguna) o imprecisos (por ejemplo, en España se utiliza la expresión "misma naturaleza" para enlazar el delito previamente sancionado con el nuevo). A ello se agrega que en ambos Códigos, la agravante es de aplicación obligatoria[413], lo cual incrementa la posibilidad de que un

---

[412] Sobre los alcances de la mencionada STC peruano, PRADO SALDARRIAGA, Víctor Pablo, "Reincidencia, habitualidad y concurso real de delitos: nuevos problemas en la determinación judicial de la pena", en *Cuestiones Actuales del Sistema Penal. XX Congreso Latinoamericano, XII Iberoamericano y V Nacional de Derecho penal y Criminología*, Lima, 2008, p. 551.

[413] No obstante, un sector de la judicatura realizó el correctivo necesario. Así, el Tribunal Supremo español indicó que no cabe una agravación automática de la pena a pesar de haberse cumplido los requisitos expuestos en el art. 22.8 del CP. Se menciona que es necesario que la pena a imponerse no supere la gravedad de la culpabilidad por el hecho (SSTS nº 1263/1990, del 6 de abril de 1990 y 9780/1990, del 26 de diciembre de 1990. Así como en el ATS nº 1729/1991, del 6 de mayo de 1991, entre otras resoluciones). De esta forma, más allá de un tema formal (cumplimiento de los requisitos legales), para aplicar la agravante al reincidente se debe realizar una correcta valoración del hecho y de la culpabilidad del autor. Al respecto, dice BACIGALUPO, "si el autor formalmente reincidente ha obrado en el nuevo delito con una motivación muy poco reprochable y en circunstancias que disminuyen la exigibilidad del comportamiento adecuado a derecho, la culpabilidad será menor y puede excluir el efecto agravante de la reincidencia". BACIGALUPO ZAPATER, Enrique, *Principios constitucionales de Derecho penal*, p. 168.

juez presuma, basado solo en el pasado criminal, que un sujeto realizó una conducta penalmente más grave que amerita, a su vez, la imposición de una mayor pena.

C. EL PRINCIPIO DE PROPORCIONALIDAD

a. Planteamiento del problema

Según un sector de la doctrina, con la agravante de reincidencia no se respeta el principio de proporcionalidad. Se indica que al reincidente se le cuantifica la pena sobre la base de la existencia de antecedentes penales y no en la nocividad del comportamiento realizado, ni en la importancia del bien jurídico afectado.

b. Aborde conceptual

El principio de proporcionalidad es un límite al poder coercitivo del Estado[414], pues obliga al legislador y al juzgador a determinar una pena que se corresponda con la gravedad globalmente considerada del hecho[415]. En efecto, con dicho principio se pretende garantizar que el legislador realice un adecuado equilibrio entre la reacción penal y sus presupuestos en el momento de individualizar positivamente la pena[416]

[414]Como anota MIR PUIG: "Se trata de una exigencia que no nació, sin embargo, para las penas, sino para las medidas de seguridad. Al no encontrar estas el límite del principio de culpabilidad, se hizo evidente la necesidad de acudir a la idea de proporcionalidad, para evitar que las medidas pudiesen resultar un medio desproporcionalmente grave, en comparación con su utilidad preventiva –así, cuando para evitar que el pequeño ratero siguiera delinquiendo fuese necesario encerrarle durante toda su vida–. La doctrina suele emplear el principio de proporcionalidad en este sentido de límite de las medidas de seguridad y como contrapartida del principio de culpabilidad que limita las penas. Sin embargo, la idea de proporcionalidad no solo es necesaria para limitar las medidas, sino también para graduar las penas, por lo que ha de erigirse en principio general de todo el Derecho penal". MIR PUIG, Santiago, *Derecho penal. Parte General*, p. 138.

[415] Cfr. GARCÍA-PABLOS DE MOLINA, Antonio, *Derecho penal. Parte General*, p. 528. Este autor indica que el principio de proporcionalidad "rechaza el establecimiento de conminaciones legales (proporcionalidad en abstracto) y la imposición de penas (proporcionalidad en concreto) que carezcan de relación valorativa con el hecho cometido, contemplado este en su significado global".

[416] Cfr. ZAFFARONI, Eugenio Raúl, *Derecho penal. Parte General*, 2ª edición, Buenos Aires, 2002, p. 130. quien afirma que el Derecho penal "debe escoger entre irracionalidades, para impedir el paso de las de mayor calibre, no puede admitir que a esa naturaleza no racional del ejercicio del poder punitivo se agregue una nota de máxima irracionalidad, por la que se afecten bienes de una persona en desproporción grosera con el mal que ha provocado". El profesor argentino concluye que la tesis expuesta lleva a establecer un grado de mínima coherencia entre las magnitudes de penas asociadas a cada conflicto criminalizado, de manera que no se puede tolerar que, a manera de ejemplo, lesiones a la propiedad tengan mayor pena que las lesiones a la vida.

(proporcionalidad abstracta[417]). También –en virtud del reconocimiento de dicho principio– se espera que el juez, al declarar culpable a una persona, determine una sanción que resulte cuantitativamente proporcional al injusto culpable cometido (proporcionalidad concreta[418])[419].

De otro lado, un sector de la doctrina ha planteado que el principio de proporcionalidad no debe entenderse de modo tradicional como la equiparación entre pena y gravedad total del hecho, sino de modo "amplio" a partir de un balance entre los costes y los beneficios de una norma penal o de una decisión judicial. Desde este punto de vista, la determinación cuantitativa de la sanción, orientada a su proporcionalidad, requerirá de un específico proceso de ponderación: "El logro de los objetivos político-criminales se pondera con las consecuencias negativas de la punición"[420]. Se trata de una visión económica del mencionado principio, en el que se refleja –finalmente– la "clásica" lucha entre los postulados utilitaristas y los argumentos garantistas.

Con todo, a partir del desarrollo doctrinal y jurisprudencial del principio de proporcionalidad (como se verá más adelante), el criterio costo-beneficio utilizado para el cálculo de la proporcionalidad de la medida estatal ha sido tomado en cuenta en el examen de idoneidad, necesidad y proporcionalidad en sentido estricto,

---

[417] Cfr. GARCÍA CAVERO, Percy, "[Comentarios] al Art. VIII ", en *Código Penal Comentado*, Lima, 2004, pp. 218-219. Señala que el cálculo de la proporcionalidad abstracta de la pena tiene lugar en el momento de la creación de la ley penal, "tenemos que si se admite la necesidad de castigar alguna conducta, tendrá que precisarse el tipo de pena y la cantidad de la misma que sean proporcionales al hecho". En esa medida "la lesión de un bien jurídico debe castigarse más gravemente que su sola puesta en peligro, la lesión cumulativa de bienes jurídicos más que la lesión de uno solo de ellos, la comisión dolosa más que la culposa", entre otros criterios.

[418] Cfr. BERDUGO GÓMEZ DE LA TORRE, Ignacio; ARROYO ZAPATERO, Luis; GARCÍA RIVAS, Nicolás; FERRÉ OLIVÉ, Juan Carlos y SERRANO PIEDECASAS, Ramón, *Lecciones de Derecho penal. Parte General*, 2ª edición, Barcelona, 1999, p. 61. Indica que en lo pertinente a la proporcionalidad concreta, el juez podrá aplicar la pena que estime conveniente dentro del marco dado por la ley penal. GARCÍA CAVERO, Percy, "[Comentarios] al Art. VIII", p. 220. Afirma que los criterios de determinación de la pena podrán elevar la sanción al máximo establecido o dirigirla hacia el límite mínimo. Debe tenerse en cuenta que dicha operación aritmética [penal] debe realizarse de acuerdo con los parámetros de un Estado social y democrático de Derecho, esto es, de acuerdo con un sistema garantista en donde la pena sea la derivada de un juicio sobre la globalidad del hecho.

[419] Se trata de un principio transversal al Derecho penal, visto de modo sistémico. Por ejemplo, a nivel procesal el principio de proporcionalidad obliga al juez a restringir la libertad personal durante la investigación solo en los casos en que fuera absolutamente indispensable, en la medida y por el tiempo necesario para asegurar la averiguación de la verdad, el desarrollo del procedimiento y la aplicación de la ley.

[420] HÖRNLE, Tatjana, "La concepción anticuada de la culpabilidad en la Jurisprudencia y doctrina tradicionales de la medición de la pena", p. 47.

considerados sub-principios que ayudan a determinar la legítima proporción de la sanción. En esta parte del trabajo, se describirán los elementos que consideramos más importantes sobre el principio de proporcionalidad, en función del análisis de la constitucionalidad de la reincidencia como agravante de la pena.

En el plano constitucional, el principio de proporcionalidad no tiene un reconocimiento expreso en la Constitución Política peruana, siendo deducido, en un primer momento, de la idea del debido proceso material establecido en el art. 139 de la Constitución (STC n° 061-2002-AA/TC). Posteriormente, el TC señaló que: "El principio de proporcionalidad es un principio general del derecho expresamente positivizado, cuya satisfacción ha de analizarse en cualquier ámbito del derecho. En efecto, en nuestro ordenamiento jurídico, este se halla constitucionalizado en el último párrafo del artículo 200 de la Constitución. En su condición de principio, su ámbito de proyección no se circunscribe solo al análisis del acto restrictivo de un derecho bajo un estado de excepción, pues como lo dispone dicha disposición constitucional, ella sirve para analizar cualquier acto restrictivo de un atributo subjetivo de la persona, independientemente de que aquel se haya declarado o no. Y las penas, desde luego, constituyen actos que limitan y restringen esos derechos de la persona" (STC n° 0010-2002-AI/TC). La necesidad de que en el ejercicio del poder penal se realice una adecuada ponderación, ha sido reconocida por el TC peruano en diversas resoluciones (SSTC n° 2192-2004-AA/TC, 2235-2004-AA/TC, 0045-2004-PI/TC, entre otras sentencias).

En España, dicho principio tampoco se reconoce constitucionalmente de modo expreso, no obstante se afirma que deriva de la idea de Estado de derecho y justicia reconocida en el art. 1 de la Constitución, de la dignidad y derechos que le son inherentes, conforme con el art. 10 de la Carta Fundamental, tal como lo indicó el TC de dicho país en la STC nº 160/1987. De otro lado, en cuanto a su aplicabilidad, se requiere se realice un razonable ejercicio de ponderación entre los valores puestos en juego. Así, en la STC nº 104/1986 se indica que: "nos encontramos ante un conflicto de derechos, ambos de rango fundamental, lo que significa que no necesariamente y en todo caso tal afectación del derecho al honor haya de prevalecer respecto del ejercicio que se haya hecho de aquellas libertades (las del art. 20), ni tampoco hayan de ser estas consideradas como prevalentes, sino que se impone una necesaria y casuística ponderación entre uno y otras". En la STC nº 320/1994 se menciona que: "no se trata de establecer jerarquías de derechos ni prevalencias *a priori,* sino de conjugar, desde la situación jurídica creada, ambos derechos o libertades, ponderando, pesando cada uno de ellos, en su eficacia recíproca".

Lo desarrollado jurisprudencialmente en el ámbito peruano y español guarda coherencia con lo previsto en el contexto internacional. Por ejemplo, el art. 12 de la Declaración de los Derechos del Hombre y el Ciudadano refiere que: "La ley no puede señalar sino las penas estrictamente necesarias y proporcionales al delito", prescripción que se configura, según una autorizada corriente de opinión[421], como un precedente normativo del principio de proporcionalidad[422].

A continuación, desarrollaremos los principales aspectos del principio de proporcionalidad en el ordenamiento jurídico peruano y español. También se precisará la importancia del mismo para el correcto ejercicio del *ius puniendi* del Estado.

c. El principio de proporcionalidad como límite al *ius puniendi* del Estado

La doctrina, de manera general, afirma que, de conformidad con este principio, los delitos en un Estado democrático de Derecho no pueden ser sancionados con penas exageradas (desorbitadas) que no guarden una efectiva relación de proporcionalidad entre la gravedad total del comportamiento delictivo (algunos lo consideran un principio equivalente al de "prohibición de exceso"[423]). Así, por ejemplo, resulta actualmente desproporcionado imponer una pena de prisión de treinta años a quien comete un hurto simple[424] o, peor aún, conminar a pena de muerte a todo aquel que lo realiza por tercera vez[425]. En palabras de BECCARIA, podríamos decir que: "Para que la pena no sea violencia de uno o de muchos contra un particular ciudadano, debe ser

[421] Cfr. BERDUGO GÓMEZ DE LA TORRE, Ignacio y otros, *Lecciones de Derecho penal,* p. 55: "Ya desde la Ilustración y la Revolución francesa se ha reclamado que 'la ley no debe establecer otras penas que la estricta y manifiestamente necesaria' (art. 8 de la Declaración de Derechos del Hombre y del Ciudadano 1789). Estas ideas tempranas del pensamiento moderno se han elaborado técnicamente, de modo especial, tras la II Guerra Mundial, a partir de la doctrina del Tribunal Constitucional Alemán y del Tribunal Europeo de Derechos Humanos –artículos 10.2 y 18, Convenio Europeo de Derechos Humanos– y el Tribunal Supremo de EE.UU".

[422] Cfr. CASTILLO ALVA, José Luis, *Principios de Derecho penal. Parte General*, Lima, 2004, p. 293: "Los antecedentes del principio [de proporcionalidad] se remontan a la antigüedad, apareciendo en las Leyes de Platón. Sin embargo, no fue hasta la Ilustración que el principio adquirió carta de ciudadanía junto al principio de legalidad, certeza e igualdad".

[423] Cfr. PEÑA CABRERA, Raúl, *Tratado de Derecho penal. Estudio programático de la Parte General*, 3ª edición, Lima, 1997, p. 84. También, VILLAVICENCIO TERREROS, Felipe, *Derecho penal. Parte General,* p. 115; GARCÍA CAVERO, Percy, *Lecciones de Derecho penal*, p. 132; y CASTILLO ALVA, José Luis, *Principios de Derecho penal,* pp. 294-296.

[424] Cfr. POLAINO NAVARRETE, Miguel, *Derecho penal. Modernas bases dogmáticas*, Lima, 2004, p. 338.

[425] Cfr. MIR PUIG, Santiago, *Derecho penal. Parte General*, p. 139.

la pena pública, pronta, necesaria, la menor de las posibles en las circunstancias actuales, proporcionada a los delitos y dictada por las leyes"[426]. En otras palabras, la discrecionalidad del legislador no es absoluta[427].

Para MIR PUIG, la vigencia del citado principio se debe a que "un Derecho penal democrático debe ajustar la gravedad de las penas a la trascendencia que para la sociedad tienen los hechos que asignan, según el grado de 'nocividad social' del ataque al bien jurídico"[428]. En este sentido, siguiendo con el anterior ejemplo, conminar con pena de muerte el tercer hurto contradiría abiertamente la actual significación que dicho delito tiene para la sociedad, de manera que tal pena no concitaría el consenso social que exige una prevención general positiva, siendo, en consecuencia, inadmisible en un Derecho democrático[429].

Por su parte, un sector de la doctrina peruana ha señalado que la proporcionalidad implica "un equilibrio ideal o valorativo entre el delito y la pena, o de manera más amplia entre ilícito y sanción, la cual se asienta (...) en una ponderación o medida fijada por el legislador en una ley [proporcionalidad abstracta] y en la valoración que el juez realiza en el caso concreto [proporcionalidad concreta]"[430]. De este modo, para el Derecho penal, la proporcionalidad supondría una correspondencia valorativa entre el injusto culpable y la sanción correspondiente. Dicho de otra manera, el principio de proporcionalidad exige que el establecimiento de las conminaciones penales y la imposición de las penas tengan una relación valorativa[431] con el hecho delictivo contemplado en la globalidad de todos sus aspectos[432].

¿Cómo determinar el grado de desproporción?, ¿el objeto de referencia de la medida "adecuada" es solamente el injusto?, ¿el principio de proporcionalidad también

---

[426] BECCARIA, Cesare, *Tratado de los delitos y de las penas* (trad. De las Casas, con correcciones de Francioni), Madrid, 2015, p. 87.

[427] El TC, en la STC n° 00012-2006-AI/TC, señala que la discrecionalidad del legislador en un Estado democrático y social de Derecho no es absoluta, sino relativa, ya que "para establecer las conductas que pueden resultar punibles o los límites máximos o mínimos de la pena, (...) debe respetar las garantías materiales y procesales ya mencionadas, dentro de la que debe destacar el *principio de proporcionalidad*, entre otros bienes constitucionales, los mismos que se constituyen en el fundamento y límite del poder punitivo del Estado".

[428] MIR PUIG, Santiago, *Derecho penal. Parte General*, p.139.

[429] Cfr. MIR PUIG, Santiago, *Derecho penal. Parte General*, p. 139.

[430] CASTILLO ALVA, José Luis, *Principios de Derecho penal*, p. 280.

[431] Como todo juicio valorativo, existe un margen de imprecisión en las conclusiones.

[432] Cfr. GARCÍA CAVERO, Percy, *Lecciones de Derecho penal*, p. 130.

atiende las necesidades de prevención delictiva? Son preguntas cuyas respuestas en este trabajo serán presentadas a modo de aproximación. Con relación a la primera pregunta, la tendencia actual, a nivel jurisprudencial, es hallar la "proporción" de la pena sobre la base del método de la ponderación (que pasa por el análisis de la medida penal según su idoneidad, necesidad y proporcionalidad en sentido estricto), el cual va a ser comentado luego.

De otro lado, es innegable que para determinar la proporción "justa" de la medida penal es importante tener claro si la reacción penal debe ser comparada solamente al grado de injusto o también respecto a la culpabilidad del agente. Un sector de la doctrina considera que la sanción penal debe corresponder a la gravedad del injusto y no a la culpabilidad, pues esta se refiere a la atribución del hecho a su autor[433]. Por ello, según esta postura, la gravedad de la pena solo depende del análisis de la antijuridicidad de la conducta.

No obstante, consideramos que el principio de proporcionalidad abarca todos los aspectos del hecho delictivo, de modo que se debe atender tanto a la proporcionalidad en relación con la gravedad del injusto, como también a la proporcionalidad en sede de culpabilidad, sobre la base del juicio de exigibilidad realizado al agente. Como señala ROXIN "no debe penarse sin culpabilidad y no se debe penar más allá de la medida de la culpabilidad"[434].

En esa línea, SILVA SÁNCHEZ señala que el principio de proporcionalidad no se limita a ejercer influencia en el injusto, sino también en la idea "compleja" de la culpabilidad[435]. En la doctrina peruana, GARCÍA CAVERO[436] afirma que el sentido de lo expuesto en el art. VIII del TP del CP peruano (que regula el principio de proporcionalidad o "prohibición de exceso"[437]), es que tal principio tendría que ser

---

433 Cfr. MIR PUIG, Santiago, "Principio de proporcionalidad y fines del Derecho penal", en ECHANO BASALDÚA, Juan Ignacio (coord.), *Estudios jurídicos en memoria de José María Lidón*, Bilbao, 2002, pp. 349 y ss. También, AGUADO CORREA, Teresa, *El principio de proporcionalidad en materia penal*, Madrid, 1999, p. 493.

434 ROXIN, Claus, *Dogmática penal y política criminal* (trad. Abanto Vásquez), 1ª edición, Lima, 1998, p. 172.

435 Cfr. SILVA SÁNCHEZ, Jesús-María, *Aproximación al Derecho penal contemporáneo*, p. 415.

436 GARCÍA CAVERO, Percy, "[Comentarios] al Art. VIII", pp. 211-215.

437 En el art. VIII del TP del CP peruano se indica que "la pena no puede sobrepasar la responsabilidad por el hecho (...)". De esta forma, como anota GARCÍA CAVERO, se ha consagrado en el CP peruano el principio de prohibición de exceso. Ello pues, como puede advertirse, el legislador penal solo ha indicado un límite hacia el extremo superior de la pena, el mismo que no puede superar la responsabilidad por el hecho, olvidando

abordado desde una perspectiva que comprenda la culpabilidad y el injusto como una unidad funcional, cuya exposición diferenciada en la teoría del delito tenga únicamente fines didácticos. Así, se comprenderá al límite de la responsabilidad por el hecho como un límite derivado de un juicio sobre la globalidad del hecho, pues, coincidiendo con el citado autor, un injusto solamente puede ser tal si se trata de un injusto culpable[438]. Por el contrario, de seguirse una tradicional posición bipartita del delito que diferencia entre injusto y culpabilidad, la responsabilidad por el hecho solo se aplicaría respecto de la culpabilidad[439].

Una medida es proporcional cuando es merecida. Por ello, una pena será legítima, entre otras razones, cuando su cantidad se ajusta al grado de injusto culpable. Más aún cuando, en la práctica, no siempre la realización del injusto coincide con la culpabilidad de su autor (por ejemplo, cuando una persona inimputable lesiona a otra en una gresca). Una pena proporcional es también una pena razonable[440].

Asimismo, el cálculo de la proporcionalidad de la medida penal no puede ir desligado de los fines que persigue el Derecho penal. Al respecto, SILVA SÁNCHEZ sostiene que por el principio de proporcionalidad se rechaza "el establecimiento de conminaciones penales (proporcionalidad abstracta) o la imposición de penas (proporcionalidad concreta) que carezcan de toda relevancia valorativa con tal hecho, contemplado en la globalidad de sus aspectos"[441]. Y es que la determinación de la pena (en cualquiera de sus etapas) no debe dejar de lado que con ella también se persiguen fines utilitarios (cálculo basado en el equilibrio de los fines e intereses que se persiguen con la sanción[442]), limitado por las garantías que protegen al individuo. Afirma, con razón,

---

establecer un límite inferior (prohibición por defecto). La precisión anotada es indudablemente importante, pues "si se establecen penas mínimas a delitos graves sin ninguna razón jurídico-penal atendible, se estará igualmente vulnerando el principio de responsabilidad de las penas, aun cuando la pena no haya sobrepasado el límite de la responsabilidad por el hecho". GARCÍA CAVERO, Percy, *Lecciones de Derecho penal*, p. 132.

[438] Cfr. GARCÍA CAVERO, Percy, *Lecciones de Derecho penal*, p. 131.

[439] En efecto, la redacción del art. VIII ("la pena no puede sobrepasar la responsabilidad por el hecho") vincula la imposición de una pena, en virtud del principio de culpabilidad, con la responsabilidad por el comportamiento realizado.

[440] En la STC n° 0045-2004-AI/TC, el TC peruano interpreta el principio de razonabilidad en el análisis del principio de proporcionalidad: "uno de los presupuestos de este es la exigencia de determinar la finalidad de la intervención en el derecho de igualdad. Por esta razón, lo específico del principio de razonabilidad está ya comprendido como un presupuesto del principio de proporcionalidad".

[441] SILVA SÁNCHEZ, Jesús-María, *Aproximación al Derecho penal contemporáneo*, pp. 413-414.

[442] Con mayor detalle, NAVARRO FRÍAS, Irene, "El principio de proporcionalidad en sentido estricto: ¿principio de proporcionalidad entre el delito y la pena o balance global de costes y beneficios?", en *InDret* (2), 2010, p. 11.

SILVA SÁNCHEZ que "la determinación de la pena se explica como un ámbito en el que no inciden solo argumentos relativos al hecho delictivo realizado, vinculados a las reglas dogmáticas de la imputación, sino también (y sobre todo) una argumentación asentada directamente en la teoría de los fines de la pena (esto es, en principios político criminales)"[443].

d. El principio de proporcionalidad y la reincidencia

El TC peruano ha señalado la vigencia de ciertos sub principios que rigen en la aplicación del principio de proporcionalidad: idoneidad, necesidad y proporcionalidad en sentido estricto (STC nº 012-2006-AI/TC). Se sigue la línea marcada por el TC español en la STC nº 66/1995 (vid. SSTC nº 207/1996, 37/1998, 154/2002, entre otras resoluciones). El Tribunal mencionó que "para comprobar si una medida restrictiva de un derecho fundamental supera el juicio de proporcionalidad, es necesario constatar si cumple los tres siguientes requisitos: si tal medida es susceptible de conseguir el objetivo propuesto (juicio de idoneidad); si, además, es necesaria, en el sentido de que no exista otra medida más moderada para la consecución de tal propósito con igual eficacia (juicio de necesidad); y, finalmente, si la misma es ponderada o equilibrada, por derivarse de ella más beneficios o ventajas para el interés general que perjuicios sobre otros bienes o valores en conflicto (juicio de proporcionalidad en sentido estricto)"[444].

Teniendo en cuenta dichos criterios de ponderación, el TC peruano, en la STC n° 0014-2006-PHC/TC, indicó que en el caso de la reincidencia[445] la restricción que se

[443] SILVA SÁNCHEZ, Jesús-María, "La teoría de la determinación de la pena como sistema (dogmático): un primer esbozo", pp. 1-15.

[444] En el mismo sentido, lo expuesto por la Corte Suprema del Perú en la Sentencia Casatoria nº 335-2015, del 1 de junio de 2016.

[445] Se analizó la constitucionalidad de las agravantes de la reincidencia y de la habitualidad, reguladas por la Ley n° 28726 del 9 de mayo de 2006. En dicho texto legal, se les dio un doble efecto normativo: se les consideró agravantes genéricas (arts. 46, 12 y 13), pues se otorgó la potestad al juez de agravar la pena sin exceder el marco de la pena conminada. Por otro lado, se las reguló como agravantes cualificadas (arts. 46-B y 46-C), dándole al juez la posibilidad de agravar la pena por encima del marco legal (en caso de reincidencia, en una mitad superior a la pena máxima establecida en la ley; y, en caso de habitualidad, en un tercio por encima del máximo de la pena conminada). De otro lado, en la STC nº 003-2005-PI/TC, con relación a la petición de inconstitucionalidad de la legislación antiterrorista, se indicó que la reincidencia no afecta el principio de proporcionalidad, entre otras razones, por "la inexistencia de otras alternativas menos gravosas, si se considera que se está ante la figura penal de la reincidencia del delito de terrorismo, que pone en cuestión tanto los fines constitucionales de las penas –reeducación, rehabilitación y reincorporación del penado a la

hace a los derechos fundamentales resulta idónea (el objetivo es legítimo), necesaria (no se dan otros medios alternativos) y es proporcional en sentido estricto (el grado de realización del fin legítimo es equivalente al grado de afectación a la libertad personal), por lo que no se restringiría ilegítimamente el derecho a la libertad[446].

En España, en la STC n° 150/1991 se declaró que la agravante de reincidencia no es inconstitucional. El Tribunal mencionó que "el juicio sobre la proporcionalidad de la pena, tanto en lo que se refiere a la previsión general en relación con los hechos punibles como a su determinación en concreto en atención a los criterios y reglas que se estimen pertinentes, es competencia del legislador en el ámbito de su política criminal, siempre y cuando no exista una desproporción de tal entidad que vulnere el principio del Estado de Derecho, el valor de la justicia, la dignidad de la persona humana y el principio de culpabilidad penal". Por ello, la agravante de reincidencia no es inconstitucional ya que al juez solo le compete imponer una pena "dentro de los límites de cada grado" fijado por el legislador[447].

Con relación a la actual regulación peruana[448] y española[449] de la reincidencia se pasará, a continuación, a realizar un breve diagnóstico (ponderación), a fin de concluir si se trata o no de una sanción proporcional.

---

sociedad– como la protección de otros bienes constitucionales como la seguridad y la paz, que el Estado democrático está en el deber de proteger".

[446] El TC español, en la STC nº 136/1999, si bien no analizó la constitucionalidad de la reincidencia; sin embargo, sí dio parámetros en torno a la proporcionalidad como principio. En dicha Sentencia, el TC manifestó que el primer paso para evaluar la legitimidad constitucional de una medida es comprobar si los fines inmediatos y mediatos que persigue la norma que se cuestiona son "suficientemente relevantes" desde el punto de vista social. El segundo paso es averiguar si la medida adoptada por el legislador es "idónea y necesaria" para alcanzar los fines previstos con la inclusión del precepto en el ordenamiento jurídico nacional. Y, en tercer lugar, se debe realizar un juicio "estricto" de proporcionalidad, es decir, comprobar la gravedad o entidad de la medida con la sanción.

[447] En la STS nº 5794/1991, del 28 de octubre de 1991, se mencionó que "también los tribunales están limitados en la interpretación de las leyes por los principios del Derecho penal de culpabilidad (además de la justicia y el Estado de derecho), dado que lo que se impone en la Constitución al legislador, debe regir también en la aplicación de las leyes".

[448] En el Perú, actualmente se regula a la reincidencia como agravante cualificada de aplicación obligatoria (art. 46-B del CP), que permite la agravación de la pena en una mitad por encima del máximo establecido en la Ley. En el caso de la habitualidad (art. 46-C), también es tratada como una agravante cualificada de aplicación obligatoria, en este caso, que agrava la pena del último delito en un tercio por encima del máximo legal. Ver capítulo I, subcapítulo I.3 de este trabajo.

[449] En España, la reincidencia (art. 22.8 del CP) es entendida como una agravante genérica de aplicación obligatoria y la multirreincidencia (art. 66.5 del CP) como una agravante específica de aplicación facultativa. Vid. *infra* capítulo III, subcapítulo III.2.

Consideramos, en general, que la agravante de reincidencia es una medida idónea para alcanzar el fin propuesto por el legislador (desvalorar el menoscabo producido por las amenazas a la seguridad pública). El interés por la seguridad pública es no solo socialmente reconocido, sino también previsto normativamente (en el art. 44 de la Constitución peruana y en el art. 149.1.27 de la Constitución española)[450]. Y el medio (la mayor pena comunica la existencia de reproche más grave) contribuye con su tutela. No obstante, apreciamos que la actual regulación peruana y española de la reincidencia no cumple con el sub principio de necesidad. De acuerdo con los principios *pro homine* y *pro libertate*, la imposición de una norma debe procurar siempre una mejor protección de los derechos fundamentales, descartando así los [factores] que restrinjan o limiten su ejercicio (STC nº 0075-2004-AA/TC). El TC peruano señaló que, en virtud de este sub principio, se debe analizar si existen medios alternativos al optado que no sean gravosos o, al menos, que lo sean en menor medida respecto del medio utilizado. En buena cuenta, se trata del "análisis de una relación medio-fin" (STC n° 045-2004-PI/TC).

La actual regulación peruana de la reincidencia (agravante cualificada y de aplicación obligatoria) resulta desproporcionada, pues obliga al juez a imponer una pena que rebasa la gravedad del injusto realizado, haciendo del reincidente un sujeto *plus*-culpable. No se cuestiona que se evalúen los antecedentes penales del condenado a efectos de determinar cuantitativamente la sanción[451]. Lo que se critica es el haber establecido en la Ley una consecuencia punitiva más aflictiva, en comparación con otra alternativa menos restrictiva de derechos e igual de idónea para alcanzar los fines preventivos de la pena: su eventual tratamiento como agravante genérica y de aplicación facultativa.

Por su parte, el CP español regula la reincidencia, en su art. 22.8, como agravante genérica. No obstante, la describe como una agravante de aplicación obligatoria, lo cual es criticable, ya que supone un grado mayor de intervención estatal en la esfera de la libertad de los ciudadanos, a quienes se les considerará *per se* peligrosos, sin

---

[450] Se trata de un fin legítimo. Coincidimos con lo señalado por el TC peruano en la STC nº 0014-2006-AI/TC, cuando expresa que es así como: "el Estado constitucional de Derecho tiene el deber de tutelar el derecho fundamental a la libertad personal, del mismo modo tiene que asumir activamente un rol tutelar de otros bienes constitucionales, como la seguridad o la paz de los ciudadanos".

[451] La Corte Suprema del Perú toma una posición contraria en el R.N. nº 691-2000, del 26 de mayo de 2000. En dicha resolución se indica lo siguiente: "Por el principio proporcionalidad, [...] la pena no puede sobrepasar la responsabilidad por el hecho y, por tanto, no es atinado tomar en cuenta los antecedentes penales que registra el encausado, para efectos de determinar el *quantum* de graduación judicial de la pena, en un sistema penal del acto al que pertenece nuestro Código Penal".

posibilidad de un diagnóstico material de dicho estado por parte del juez, como parte del ejercicio prudencial de su función. Se trata de una disposición innecesaria en relación al objetivo de asegurar la confianza social en el sistema jurídico o velar por la seguridad pública.

En resumen, la pena debe ser proporcional al mayor injusto culpable cometido por quien reincide en el delito. Por ello, esta persona merece una respuesta penal diferente, aunque con límites: con una sanción cercana al máximo de pena privativa de libertad previsto legislativamente. Además, si se considera a la reincidencia como una agravante de aplicación obligatoria (tal como se verifica en la regulación peruana y en la normativa española), se aumentarán las posibilidades de incremento de la pena, con el riesgo de que esta se imponga sin que necesariamente el destinatario de la sanción sea un sujeto que la merezca.

D. LA TUTELA JUDICIAL EFECTIVA

a. Planteamiento del problema

Se afirma que se viola el derecho a tener una tutela judicial efectiva por parte del Estado con la imposición automática de una mayor sanción penal basada solamente en el pasado criminal, sin dar al sujeto la oportunidad de acceder a la justicia, a fin de demostrar su no peligrosidad antes de emitirse la condena.

b. Análisis conceptual

El derecho a la tutela judicial efectiva[452] tiene un contenido amplio (consagrado en el art. 139.3 de la Constitución Política del Perú y en el art. 24.1 de la Constitución

[452] El CoPC peruano, en su art. 4, optó por introducir el concepto de "tutela procesal efectiva", a fin de que los ámbitos de tutela de las acciones de garantía no solo se apliquen en escenarios jurisdiccionales, sino también en otros terrenos, como ocurre en cualquier tipo de proceso no jurisdiccional: arbitral, militar, eclesiástico, etc. Todo ello se desprende del sentido amplio que damos al concepto de proceso, así MONTERO AROCA lo entiende –sin hacer distinción alguna– como "una secuencia de actuaciones previamente determinadas orientadas a encontrarle una solución a los problemas, con un marcado énfasis en la protección de los derechos fundamentales". MONTERO AROCA, Juan, "El Derecho procesal en el siglo XX", en PRIORI POSADA, Giovanni (comp.), *Temas de Derecho procesal. Selección de textos*, Lima, 2002, s/n. Sobre este tema, GONZALES PÉREZ, Jesús, *El derecho a la tutela jurisdiccional*, Madrid, 1984, p. 22 y DE LA OLIVA SANTOS, Andrés y PEITEADO MARISCAL, Pilar, *Sistema de tutela judicial efectiva*, Madrid, 2014, pp. 237 y ss.

Política española), pues comprende no solo el derecho a acceder a la jurisdicción[453], sino también al derecho a un proceso debido. Como sostiene BANDRÉS SÁNCHEZ-CRUZAT: "El derecho a la tutela judicial efectiva debe ser definido (...) como el derecho que garantiza al ciudadano el acceso a los tribunales de justicia y la respuesta fundada en derecho a sus pretensiones sustantivas a través de un proceso equitativo"[454] (lo cual ha sido reconocido por el TC español[455]). DE ESTEBAN y GONZÁLEZ-TREVIJANO afirman que tal derecho tiene una doble vertiente que, sin romper su unidad, conviene distinguir a la hora de su análisis, y que da lugar a dos hechos diferenciados: "por una parte, el derecho a la jurisdicción y, por otra [parte], el derecho a un proceso penal con garantías"[456].

De esta manera, el derecho a la "tutela judicial efectiva" y los derechos al acceso a la justicia y al debido proceso se encuentran emparentados para servir a una misma finalidad, pero están dogmáticamente separados. Mediante el derecho al acceso a la justicia, se prohíben medidas impeditivas o disuasorias que afecten a su ejercicio. En palabras de DIEZ-PICAZO, "el derecho de acceso a la jurisdicción consiste en poder acudir a los Tribunales de Justicia solicitando la tutela de cualquier derecho o interés legítimo (...). Este mandato significa que no pueden existir sectores del ordenamiento jurídico de los que deriven derechos subjetivos o intereses legítimos cuya vulneración no pueda ser residenciada ante los Tribunales"[457]. Por tanto, acceder al proceso a fin de satisfacer los derechos o intereses de toda persona (tutela judicial efectiva) en el

---

453 El TC peruano, en la STC nº 2375-2005-PA/TC indica que la tutela judicial efectiva es aquella situación jurídica de una persona "en la que se respetan, de modo enunciativo, sus derechos de libre acceso al órgano jurisdiccional, a probar, de defensa, al contradictorio e igualdad sustancial en el proceso, a no ser desviado de la jurisdicción predeterminada ni sometido a procedimientos distintos de los previstos por la ley, a la obtención de una resolución fundada en derecho, a acceder a los medios impugnatorios regulados, a la imposibilidad de revivir procesos fenecidos, a la actuación adecuada y temporalmente oportuna de las resoluciones judiciales y a la observancia del principio de legalidad procesal penal". El TC español, por su parte, define a la *acción* como el derecho a la tutela de jueces y tribunales en el ejercicio de los derechos e intereses legítimos, derecho cuya titularidad se predica en favor de todos los sujetos de Derecho, vid. SSTC nº 11/2008 y 26/2008.

454 BANDRÉS SÁNCHEZ-CRUZAT, José Manuel, *Derecho fundamental al proceso debido*, Madrid, 1992, p. 683.

455 La tutela judicial efectiva obliga a los jueces a resolver las pretensiones de las partes de manera congruente con los términos en que vengan planteadas, de suerte que la infracción de dicho deber lesiona aquel derecho fundamental. Vid. SSTC nº 69/1992 y 88/1992.

456 DE ESTEBAN, Jorge y GONZÁLEZ-TREVIJANO, Pedro, *Curso de Derecho constitucional español*, tomo II, Madrid, 1993, p. 80.

457 DÍEZ-PICAZO, Ignacio, "Reflexiones sobre algunas facetas del derecho fundamental a la tutela judicial efectiva", en *CDP* (10), 2000, p. 23.

marco del respeto a las normas que la dirigen (debido proceso)[458], constituye una aspiración legítima de toda persona dentro de un Estado de Derecho[459]. Una de las expresiones de la tutela procesal efectiva y de un proceso debido es, precisamente, el derecho que tiene toda persona a que la resolución que dirima la controversia sea razonada, producto del contradictorio[460]. Como anota RUÍZ-RICO y CARAZO: "el derecho a la tutela judicial implica la garantía de un proceso contradictorio en el que todas las partes están en iguales condiciones de alegar y defender sus respectivas pretensiones"[461]. Y es que el "'proceso' es un fenómeno que halla *su génesis* en un conflicto de posiciones jurídicas, que determina una situación de incertidumbre y que el juez está llamado a resolver aplicando normas predeterminadas"[462]. En esa medida, la autoridad no podrá omitir dar valor ni pronunciarse respecto a las alegaciones presentadas por las partes[463].

c. La tutela judicial efectiva y la reincidencia

Se afirma que, con la agravante de la reincidencia, al sujetar al juez a su aplicación obligatoria, se niega la posibilidad a dicha autoridad la posibilidad de considerar de modo completo –más allá de una verificación formal de los requisitos– las características individuales del sujeto y las circunstancias del hecho que hagan

[458] En buena cuenta, como sostiene GARBERÍ, toda persona tiene derecho "a acceder a los tribunales para plantearles la pretensión procesal y obtener de estos, sin padecer estado alguno de indefensión a lo largo del proceso, una resolución, de ser posible de fondo, motivada en el derecho objetivo y en las pruebas practicadas". GARBERÍ LLOBREGAT, José, *El derecho a la tutela judicial efectiva en la jurisprudencia del Tribunal Constitucional*, Barcelona, 2008, p. 20.

[459] Tomando una posición amplia sobre el tema, BUSTAMANTE ALARCÓN, Reynaldo, "Derecho fundamental a un proceso justo", en *Proceso y justicia*, Lima, 2003, p. 70. Quien considera que la tutela jurisdiccional efectiva como el debido proceso tienen ámbitos de aplicación diferentes, así "mientras la tutela jurisdiccional efectiva está circunscrita a los procesos jurisdiccionales –valga la redundancia–, el proceso justo o debido proceso rige además los procedimientos administrativos, arbitrales, militares, políticos y particulares".

[460]El TC español en la STC nº 88/1999 ha señalado que "el presupuesto necesario para obtener la tutela judicial con la efectividad que la Constitución demanda es el libre acceso a los Jueces en todos los grados o niveles procesales, según el sistema de recursos que las respectivas leyes de enjuiciamiento configuren para cada sector jurisdiccional, en atención a sus características. El sustrato se encuentra en el principio de que nadie puede ser condenado en juicio sin ser oído, proposición donde se cobijan una serie de exigencias y, entre ellas, la garantía de un proceso contradictorio, con igualdad de armas para las partes". También, vid. SSTC nº 114/2000, 19/2002, 248/2004, 199/2006, entre otras resoluciones.

[461] RUIZ-RICO RUIZ, Gerardo y CARAZO LIÉBANA, María José, *El Derecho a la tutela judicial efectiva*, Valencia, 2013, pp. 46-47.

[462] MILIONE, Ciro, *El Derecho a la tutela judicial efectiva en la jurisprudencia del Tribunal Europeo de Derechos Humanos*, Valencia, 2015, p. 101.

[463] Vid. STEDH, del 9 de diciembre de 1994 (caso López Ostra v. España).

posible imponer una sanción más grave en virtud de un injusto culpable más grave. Con ello, también se limita al reincidente toda posibilidad de acceder a la justicia a fin de demostrar su no peligrosidad objetiva (aun cuando el cumplir dicha tarea es deber del Ministerio Público o Fiscal[464])[465].

Es cierto que el procesado formalmente podrá presentar su pretensión al juez, con el fin de descartar que haya realizado un hecho más grave y se le considere, por ello, peligroso. Sin embargo, materialmente dicho acto carecerá de importancia para el proceso, pues el juez emitirá su decisión habiendo verificado solamente si en el caso concreto se han presentado los –insuficientes– requisitos que exige la ley para determinar la mayor sanción[466]. En esa línea, no debe dejarse de considerar que la condición de reincidente del sujeto no lo convierte *per se* en una persona peligrosa. La determinación de dicha situación debe ser producto del debate contradictorio durante el proceso y, finalmente, resuelta de modo prudencial por la autoridad, lo cual no sucede cuando se ata al juez a una mera comprobación del pasado criminal para agravar la pena.

En resumen, el derecho de tutela judicial efectiva, en su vertiente de acceso a solicitar una decisión justa, abarca precisamente la legítima posibilidad que al justiciable reincidente no se le aumente la pena de modo "automático", sin la posibilidad de que

---

464 En España, en la STS nº 981/2013, del 23 de diciembre de 2013, se indica que "desde la vigencia del principio acusatorio es relevante que la defensa conozca, y pueda defenderse, de la pretensión de condena de la acusación, en este caso, de la aplicación al hecho de la agravación de reincidencia".

465 Sin duda, puede también considerarse que con la limitación legal, impuesta al imputado, de demostrar su no peligrosidad en el proceso se afecta también el derecho de defensa. Y es que, como señala el TC español en la STC nº 205/2007, el derecho de contradicción es "una de las reglas esenciales del desarrollo del proceso, y debe garantizarse en cada grado jurisdiccional, ya que nadie debe ser afectado en sus derechos e intereses legítimos por una Sentencia sin que haya podido defenderse". También, en las SSTC nº 13/2006 y 65/2007 se mencionan que todo órgano jurisdiccional debe realizar un "indudable esfuerzo a fin de preservar los derechos de defensa en un proceso con todas las garantías, ofreciendo a las partes contendientes el derecho de defensa contradictoria, mediante la oportunidad de alegar y probar procesalmente, sus derechos e intereses". Respecto al derecho de defensa como contenido esencial del derecho a la tutela juridicial efectiva, GARBERÍ LLOBREGAT, José, *El derecho a la tutela judicial efectiva en la jurisprudencia del Tribuncal Constitucional*, pp. 19 y 250.

466 Es cierto que en España el legislador otorga a la autoridad cierta flexibilidad al dar un margen de "interpretación" (al disponer que el delito anterior y el nuevo sean de la misma "naturaleza"); sin embargo, esta norma (imprecisa) puede dar lugar a decisiones arbitrarias, por ende, injustas. En el caso peruano, al sujeto no se le garantiza el acceso a un proceso justo, pues la deliberación de su "peligrosidad" será automática, al cumplirse los requisitos que establece la ley para el caso de reincidencia. Estos requisitos, entre otras cosas, no incorporan la necesidad de que haya una relación "objetiva" entre el delito anterior y el nuevo, lo cual es criticable.

dicha resolución sea producto del ejercicio discrecional y razonado del juez[467], producto del contradictorio y no una decisión obligatoria basada en el cumplimiento de las formalidades que exige la ley. Por ello, consideramos constitucional la reincidencia como agravante de la pena solo en los casos en que su imposición sea facultativa, lo que no sucede en el caso peruano (art. 46-B del CP), ni tampoco en el caso de la reincidencia en España (art. 22.8 del CP).

Lo afirmado anteriormente solo se extiende a los supuestos de reincidencia delictiva, no así a los casos de infracciones administrativas. Si bien resulta justificable que el derecho de acceder a la justicia no se restrinja a la jurisdiccional, sino que también se amplíe a otros ámbitos en los que se resuelvan controversias, lo cierto es que en el campo administrativo el principio de culpabilidad se relaja, siendo suficiente para dar un trato más grave al administrado, la sola verificación de la infracción previa. Dicha decisión (el aumento de la sanción por la reiteración de la infracción), en dicho campo, es y debería seguir siendo de aplicación automática.

E. EL PRINCIPIO DE LESIVIDAD

a. Planteamiento del problema

Se menciona que con la agravante de reincidencia se vulnera el principio de lesividad al privilegiar cierta condición personal (haber cometido anteriormente un delito) para agravar el ejercicio del poder punitivo, más allá de la lesión efectivamente producida a un determinado bien jurídico.

---

[467] La discrecionalidad que tiene el juez al imponer una determinada cantidad de pena no es absoluta, tiene que ser razonada. Así, conforme a la STS nº 892/2008, del 26 de diciembre del 2008, la individualización judicial de la pena únicamente será discutida en casación cuando se haya recurrido a fines de la pena inadmisibles, se hayan tenido en consideración factores de individualización incorrectos o se haya establecido una cantidad de pena manifiestamente arbitraria. El uso del arbitrio tiene que ser "prudente y racional". De esta manera, existe un cambio de valoración con relación a lo expuesto en la STS nº 415/1986, del 2 de marzo de 1986, en la que se indicó [interpretando el art. 61.4 del CP de aquella época] que si bien el poder discrecional del juez teóricamente no es absoluto, en la práctica sí lo es, pues durante la labor individualizadora, el Tribunal goza del conocimiento (material y personal) de las circunstancias coexistentes en el hecho, por lo que su decisión no es revisable en casación en tanto no se rebase el techo legal del grado medio. Sobre la evolución de las consideraciones respecto al arbitrio judicial en España, cfr. GALLEGO DÍAZ, Manuel, "Arbitrio y revisión de la individualización judicial de la pena: evolución jurisprudencial", en *RDP* (35), 2012, pp. 9 y ss; BELESTÁ SEGURA, Luis, "El artículo 66 del nuevo Código Penal y el arbitrio judicial", en *RDPP* (11), 2004, pp. 135 y ss; entre otros autores.

b. Aborde conceptual

El principio de lesividad sirve de límite al poder punitivo estatal, en atención a que el Estado, en uso del *ius puniendi,* no puede establecer hechos punibles (delitos y faltas), así como las penas y medidas de seguridad de modo circunstancial, sino en virtud de leyes penales preventivas y previas que presupongan la existencia de un bien jurídico protegido lesionado o puesto en peligro[468]. Ahora bien, como se explicó antes, la función del Derecho penal de proteger bienes jurídicos la realiza a través de las normas. Por ello, "la función del Derecho penal como protector de bienes jurídicos se complementa con la protección de la vigencia y validez de las normas"[469]. Pues, como bien se afirma, de la historia del pensamiento penal hay que concluir que "la pena protege normas que protegen bienes jurídicos"[470]. Por todo esto, la infracción de la norma debe conllevar, en virtud de un análisis *ex post,* la provocación de un resultado. En cuanto al resultado, este no debe ser entendido en sentido estrictamente naturalístico[471], pues lo que interesa es el "daño social" provocado por el delito, sea que este se produzca a través de un "perjuicio" verificable "individualmente" o no[472]. Y lo socialmente desvalorado es la insatisfacción de un interés reconocido en las normas. En tanto instrumento de protección de los bienes jurídicos.

---

[468] Así, el injusto manifiesta un doble desvalor; primero, el referente a la realización de comportamientos *ex ante* peligrosos (desvalor de acción). Segundo, basado en la evaluación *ex post* de una puesta en riesgo o lesión de algún interés penalmente tutelado (desvalor de resultado). Vid. *supra* capítulo I, subcapítulo I.2. literal B.

[469] ALCÁCER GUIRAO, Rafael, *¿Lesión de bien jurídico o lesión de deber? Apuntes sobre el concepto material de delito*, Barcelona, 2003, pp. 17 y ss.

[470] BAJO FERNÁNDEZ, Miguel, "Nuevas tendencias en la concepción sustancial del injusto penal. Recensión a Bernardo Feijóo, Normativización del Derecho penal y realidad social, Bogotá, (Universidad Externado de Colombia) 2007", en *Indret* (3), 2008, p. 4. Este autor, explicando la obra de FEIJÓO, sostiene que: "La protección de bienes jurídicos es una consecuencia derivada de la función de protección de las normas".

[471] En una perspectiva político criminal, SILVA SÁNCHEZ anota: "El bien jurídico penalmente protegible ha de ser, en primer lugar, un bien jurídico 'merecedor' de protección penal. El merecimiento de protección penal hace alusión a consideraciones de justicia: se trata de determinar a favor de qué realidades (de qué bienes jurídicos) es justo hacer uso de la protección penal. Tales realidades han de ser realidades especialmente valoradas, fundamentales, que determinen que los hechos dirigidos contra ellas experimenten una mayor desvalorización, la desvalorización que haga de ellos no meros hechos injustos, sino 'injustos punibles' merecedores de pena". SILVA SÁNCHEZ, Jesús, *Aproximación al Derecho penal contemporáneo*, p. 457.

[472] Vid. ABANTO VÁSQUEZ, Manuel, "Acerca de la teoría de los bienes jurídicos", en http://www.uhu.es/revistapenal/index.php/penal/article/viewFile/283/273 (última visita: 23 de marzo de 2015).

De esta forma, consideramos acertado lo que señala AMELUNG, pues resalta la importancia de la norma, en tanto protectora del bien jurídico. La definición de su utilidad es tarea del legislador: "El postulado de que las normas de conducta penalmente protegidas siempre deben proteger un objeto 'detrás de ellas', postulado que se apoya en la idea de protección de bienes jurídicos, exige que tales normas tengan una utilidad que vaya más allá del mantenimiento de su vigencia fáctica. En qué ha de consistir tal utilidad es una cuestión que, dentro de los límites constitucionales, se deja al juicio de valor del legislador. En esta caracterización, la teoría de la protección de bienes jurídicos es un dogma que, por un lado, niega la legitimación a las normas penales inútiles pero, por el otro, es tan flexible que toma en consideración la facultad del legislador de decidir qué ha de considerarse útil y digno de protección. Junto a esta teoría cabe una teoría sociológica sobre la lesividad social que no concibe el daño social como el deterioro de objetos, sino que retoma la vieja idea de que el delito ataca las condiciones de organización de la convivencia humana"[473].

Con todo, consideramos que en virtud que el Derecho penal busca la protección de bienes jurídicos desvalorando la conducta antinormativa, el injusto tiene "una dimensión comunicativa e intersubjetiva o social"[474] y también empírica[475]. Por ello, la lesividad del hecho es, sobre todo, lesividad comunicativa con efectos materiales. Por tanto, la lesividad supone la realización de un daño a un interés social. Si una conducta no causa tal resultado, el Derecho penal no debería intervenir.

c. El principio de lesividad y la reincidencia

Tal como ha sido propuesto en este trabajo, la agravante de reincidencia no vulnera el principio de lesividad. En efecto, esta agravante no solo se fundamenta en el fin de evitar la frecuencia delictiva (como todo fin preventivo que cumple la pena), sino también mira "hacia el pasado", hacia el hecho cometido. Con el nuevo delito

---

473 AMELUNG, Knut, "El concepto de 'bien jurídico' en la teoría de la protección penal de bienes jurídicos" (trad. Ortiz de Urbina), en HEFENDEHL, Roland (ed.), *La teoría del bien jurídico. ¿Fundamento de legitimación del Derecho penal o juego de abalorios dogmático?*, Madrid-Barcelona, 2007, p. 263. Sobre este tema, FEIJÓO SÁNCHEZ, Bernardo, "Sobre la crisis de la teoría del bien jurídico". Recensión a Roland Hefendehl (ed.): "La teoría del bien jurídico. ¿Fundamento de legitimación del Derecho penal o juego de abalorios dogmático?, editorial Marcial Pons, Madrid y Barcelona, 2007, 478 páginas", en *InDret* (2), 2008, pp. 9 y ss.

474 FEIJÓO SÁNCHEZ, Bernardo, *Derecho penal de la empresa e imputación objetiva*, Madrid, 2007, p. 22.

475 SILVA SÁNCHEZ, Jesús-María, "La teoría de la determinación de la pena como sistema (dogmático): un primer esbozo", p. 11.

realizado se menoscaba el bien jurídico tutelado con la norma penal vulnerada y con él también se afectan las condiciones normales de convivencia social (seguridad pública). Por tanto, con la nueva conducta delictiva, el reincidente crea una situación de riesgo que legitima una respuesta penal más grave, en comparación con el injusto cometido por el delincuente primario. De esta forma, no se vulnera el principio de lesividad al sancionar más gravemente a quien vuelve a delinquir. La conducta del reincidente es normativamente más grave, merecedora de una mayor sanción: existe un daño que se ve expresado en la afectación a la confianza social en la vigencia de las normas que tutelan la seguridad. No obstante lo anotado, apreciamos que la actual regulación española y peruana sobre reincidencia sí afecta el principio de lesividad, pues la mayor pena no se ajusta necesariamente al mayor daño social causado con la nueva conducta criminal.

Se ha dicho que este mayor efecto negativo es causa de la conducta delictiva realizada nuevamente por el reincidente. Él crea una situación de riesgo que el Derecho debe desvalorar de modo más grave. De allí la importancia de establecer en la ley las condiciones necesarias que fundamenten la lesividad. Sin embargo, en España ello no sucede, ya que el legislador al describir la agravante utiliza un término difuso como "naturaleza" o una expresión estrictamente formal como "Título" para establecer el "vínculo" entre el delito previo y el nuevo hecho criminal. Estos conceptos no son suficientes para poder concluir que el agente, en un caso concreto, creó un mayor daño social con su conducta (por ejemplo, el segundo delito puede haber sido cometido en un estado de emoción violenta que no elimine la exigibilidad, lo que no necesariamente supone que el agente sea un sujeto peligroso).

La regulación peruana de la reincidencia también es cuestionable, pues el legislador no incluyó en el art. 46-B del CP ningún dato objetivo que vincule al anterior delito cometido con el nuevo hecho criminal. De tal forma que todo sujeto que dolosamente haya vuelto a delinquir (en un lapso de cinco años desde la condena previa) es *per se* un sujeto peligroso (que merece y necesita más pena) y "causaría" una mayor inseguridad. Lo real es que no en todos los casos tal situación se presenta. Por ejemplo, se evalúa a una persona a quien inicialmente se le declaró responsable del delito de conducción en estado de ebriedad y, luego, comete el delito de omisión de asistencia familiar. Apreciamos que este segundo hecho no hace del agente una persona peligrosa, el resultado no es más grave. No obstante, según la ley peruana, en este caso el juez está obligado a aumentar la pena. Por ello, consideramos que la norma peruana que regula la agravante objeto de estudio, afecta el principio objeto de comentario.

F. EL PRINCIPIO DE RESOCIALIZACIÓN

a. Planteamiento del problema

Se afirma que la sanción al reincidente es ilegítima, pues se castiga más severamente al individuo por un hecho que es consecuencia, principalmente, de una falta del Estado, que no brindó las condiciones necesarias para que el delincuente logre su resocialización durante su estadía en la cárcel.

b. Aborde conceptual

Esencialmente, es deber del Estado resocializar mediante la ejecución de la pena[476]. Ello se encuentra amparado en la Constitución Política peruana en el art. 139.22: "El régimen penitenciario tiene por objeto la reeducación, rehabilitación y reincorporación del penado a la sociedad"[477]; y en la española, en el art. 25.2: "Las penas privativas de libertad y las medidas de seguridad estarán orientadas hacia la reeducación y reinserción social"[478]. Este principio tiene respaldo doctrinal[479]. Se

[476] El Tribunal Supremo español sostuvo, en la STS nº 1919/2001, del 26 de octubre de ese año, que si bien con la pena se puede perseguir la finalidad resocializadora del delincuente; sin embargo, también se pueden perseguir otras metas. Entre ellas, las preventivo generales. Ahora bien, estas últimas no podrán soprepasar a aquella. Cfr. ACALE SÁNCHEZ, María. *Medición de la respuesta punitiva y Estado de Derecho. Especial referencia al tratamiento penológico del delincuente imputable peligroso*, p. 320.

[477] En la STC nº 0033-2007-AI/TC, el TC peruano mencionó lo siguiente: "Así, la prevención especial hace referencia al procedimiento que tiene como objetivo la 'resocialización' de los internos sometidos a un régimen penitenciario. El concepto de resocialización, si bien es cierto no se encuentra expresamente en la Constitución, se puede deducir de ella (…) Este concepto (resocialización) comprende tanto el proceso reeducativo como el resultado, la reincorporación social, sin que se descuide tampoco la comprensión jurídica de este resultado y que es determinada por la rehabilitación". También se afirmó: "la reincorporación social de un condenado nos remite al resultado fáctico de recuperación social de un condenado, originalmente considerado antisocial. Recuperación que implica la introducción en la sociedad de un condenado en las mismas condiciones que el resto de los ciudadanos (…). La rehabilitación expresa más un resultado jurídico, esto es, un cambio en el estatus jurídico del ciudadano que obtiene su libertad. En ese sentido, por rehabilitación se entiende la recuperación, por parte del ciudadano que ha cumplido su condena, de todos sus derechos en igualdad de condiciones que los demás ciudadanos". Asimismo, se indicó que "la justificación de la pena privativa de libertad es, a la vez, la protección de la sociedad contra el delito, para lo cual se pretende que mediante la resocialización el delincuente, una vez liberado, no solamente quiera respetar la ley y proveer sus necesidades, sino también que sea capaz de hacerlo".

[478] El TC español indica que la organización de la vida en prisión también tiene como fin la "retención y custodia de detenidos, presos y penados" (vid. SSTC nº 57/1994, 129/1995 y 35/1996). Sin perjuicio de lo anterior, en la STC nº 120/2000, el TC señaló que el mandato del art. 25.2 de la Constitución española "opera como parámetro de ponderación del completo sistema de ejecución de las penas y de las instituciones que lo

afirma que la resocialización debe orientarse a hacer menos gravosa la situación del penado[480]. El proceso de resocialización debe entender al condenado no como un objeto que pasivamente recibe instrucciones y adiestramientos, sino como un sujeto activo de derechos[481]. En esa perspectiva, el tratamiento penitenciario debe ser concebido como un servicio que se pone a disposición del condenado y no como una imposición[482], si bien la pena es de cumplimiento obligatorio, el tratamiento debe respetar los ámbitos de la libertad y la dignidad de la persona. Anota, con razón, SILVA SÁNCHEZ que la resocialización "no es entendida como imposición de un determinado esquema de valores, sino como creación de las bases de un

---

integran, no de la valoración aislada de una concreta pena privativa de libertad". Si bien los alcances de este principio suelen estar limitados a la ejecución de la pena privativa de libertad; sin embargo, como anota CERVELLÓ, existe la tendencia actual de ampliar sus efectos a cualquier clase de penas y "a sus distintos momentos". CERVELLÓ DONDERIS, Vicenta, *Derecho penitenciario*, 2ª edición, Valencia, 2006, p. 33.

[479] Así también lo señala BARJA DE QUIROGA: "en el momento de la ejecución de la pena, el criterio es la prevención especial y se rige por la idea de la resocialización". BARJA DE QUIROGA, Jacobo, *Derecho penal. Parte General*, Lima, 2004, p. 131. En la misma línea, MIR PUIG señala que en el marco de un Estado social y democrático de Derecho es preferible, en la medida de lo posible, las penas y medidas que no entrañen separación de la sociedad. Sin embargo, si la privación de libertad es inevitable, "habrá que configurar su ejecución de forma tal que evite en lo posible sus efectos desocializadores, fomente cierta comunicación con el exterior y facilite una adecuada reincorporación del recluso a la vida en libertad. Así, debe entenderse el principio de resocialización en un Estado democrático, no como sustitución coactiva de los valores del sujeto, ni como manipulación de su personalidad, sino como un intento de ampliar las posibilidades de la participación en la vida social, una oferta de alternativas al comportamiento criminal. Ello ha de suponer la libre aceptación por parte del recluso, que no ha de ser tratado como el mero objeto de la acción resocializadora de un Estado intervencionista, sino como un sujeto no privado de su dignidad con el cual se dialoga". MIR PUIG, Santiago, *Derecho penal. Parte General*, pp. 139-140.

[480] Cfr. SILVA SÁNCHEZ, Jesús-María, *Aproximación al Derecho penal contemporáneo*, pp. 421-422: "Las manifestaciones de esta finalidad resocializadora no afectan, como es común observar, únicamente a la ejecución de las penas privativas de libertad (...). Ciertamente, es lo más probable que la referencia del art. 25, II CE (luego reproducida en la Ley Orgánica General Penitenciaria) deba interpretarse en dicho sentido restrictivo. Sin embargo, que la Constitución no extienda su mandato explícito más allá no quiere decir que impida entender que el Derecho penal ha de tener presente ya antes el referido fin resocializador, en orden a no adoptar regulaciones que resulten *per se* impeditivas de una eventual opción resocializadora del condenado, o sean inevitablemente desocializadoras. Ello, desde luego, en la imposición de la pena en concreto, pero también, y de modo muy especial, en el momento de la conminación penal. En lo relativo a la determinación de la pena concreta, la mayoría de los ordenamientos jurídicos establecen que uno de los criterios que han de tenerse presentes –aunque ciertamente no sea el único– es el constituido por la personalidad del delincuente, en términos más claros, por las consecuencias de la pena 'para la vida futura del sujeto'".

[481] Sobre la consideración del recluso como sujeto de derecho y no mero objeto "en manos de la Administración", MIR PUIG, Carles, *Derecho penitenciario. El cumplimiento de la pena privativa de libertad*, 3ª edición, Barcelona, 2015, p. 36.

[482] Cfr. BENAVENTE CHORRES, Hesbert, *La reincidencia y habitualidad en el proceso penal peruano*, p. 190.

autodesarrollo libre (…). Tal finalidad debe entenderse en el sentido a una garantía individual, y no a un derecho de la sociedad ni del Estado. La idea de la resocialización se opone, ante todo, a penas de esencia, duración o configuración desocializadora". En definitiva, "no hay, pues, un mandato constitucional de resocializar, sino solo de orientar la ejecución de las sanciones"[483].

c. El principio de resocialización y la reincidencia

Se considera que la agravante de la reincidencia es ilegítima pues en el Perú (lo cual es en cierta medida replicable a España[484]) la situación carcelaria es preocupante[485], en donde el penado tiene muy pocas posibilidades de resocialización[486]. Se menciona, además, que: "(...) el sistema carcelario en el Perú está dado por tres factores concomitantes: una población excesiva, falta de infraestructura adecuada y el exiguo presupuesto destinado para esta área. En cuanto se refiere a la población penitenciaria, esta rebasa ampliamente la capacidad física de la infraestructura existente y en este punto se debe indicar que el establecimiento penitenciario, como la unidad física que alberga al interno tanto procesado como sentenciado, debe reunir condiciones mínimas de habitabilidad que permita el desarrollo de actividades de tratamiento tendiente a la rehabilitación del penado, haciendo que en la misma se desarrolle la normal convivencia que haga posible el trabajo y la educación como formas de rehabilitación, en áreas y zonas que cuenten con espacios suficientes para

---

[483] SILVA SÁNCHEZ, Jesús-María, *Aproximación al Derecho penal contemporáneo*, p. 421.

[484] En España, la tasa de población penitenciaria es la tercera tasa más alta de Europa, con 133 personas encarceladas por cada 100,000 habitantes (la media europea es un 32 % más baja), vid. Estudio de la realidad penitenciaria en España realizado por ROSEP en el año 2015. De otro lado, el Consejo de Europa publicó un informe el 1 de enero de 2016, en el que se indica que España se sitúa por debajo de la media europea de ocupación carcelaria (98 presos por cada 100 plazas disponibles), con 89 presos por cada 100 plazas disponibles, vid. Informe Estadístico Anual del Consejo de Europa (SPACE), año 2016.

[485] En el Perú la situación penitenciaria es grave. Según el INPE, existen 77,298 reclusos cuando la capacidad carcelaria es de 32,986. En esa medida, la sobrepoblación en los penales es de 134%. Vid. Informe Estadístico Anual-Enero, 2016.

[486] Al respecto, ZÚÑIGA menciona que "no es que la resocialización como meta de la ejecución penal no sea posible por falta de medios materiales y personales, sino que no existe la voluntad política de llevarlo a cabo, puesto que más fácil (menos costoso material y personalmente) es segregar a un sujeto que delinque en la cárcel, que invertir en políticas sociales preventivas de las causas de la criminalidad. Mientras esto último supone apuestas a largo plazo, la utilización de la pena de prisión para acallar el clamor popular por mayor penalidad tiene más dividendos políticos a corto plazo, que es lo que realmente importa a los políticos en el poder. Al fin y al cabo, los gobernantes se deben a esas mayorías sedientas de represión". ZÚÑIGA RODRÍGUEZ, Laura, "Política criminal y prevención del delito; el denodado restablecimiento de la pena de prisión en España o la construcción social del delincuente enemigo", p. 161.

este propósito; sin embargo, nuestra realidad en este aspecto es muy difícil (...), la prisionización, entendida, como el fenómeno por el cual el interno sufre un proceso de adaptación al submundo carcelario, se agrava en relación directamente proporcional al tiempo de la duración del encierro. Se considera que una carcelería larga ocasiona mayor grado de prisionización"[487]. Por otro lado, comentando la situación carcelaria en España, BERGALLI sostuvo que "es comprensible que las instituciones penitenciarias se hayan convertido en simples contenedores donde las autoridades pretenden que se mantenga el orden y la disciplina sobre la base de unas condiciones y unos regímenes de vida imposibles de soportar por cualquier ser humano"[488].

No obstante lo anotado, consideramos que en el proceso de resocialización (en países como España y el Perú), el condenado no es un objeto a quien se le impone medidas, sino un sujeto de derechos, a quien se le presenta una alternativa orientada a su reincorporación a la sociedad. El condenado es libre de optar por continuar, fuera de la cárcel, con una vida delictiva o por encausar su comportamiento conforme a derecho[489]. Ahora bien, las consecuencias negativas del delito no son solo atribuibles al individuo, sino también a la sociedad y al Estado. Sin embargo, tal cual se dijo antes, el reincidente debe ser sujeto de una mayor cantidad de pena en virtud del mayor injusto culpable cometido. No resulta razonable, aplicando la teoría de los actos propios[490], que quien ha vuelto a delinquir exija un trato similar al aplicado al

---

[487] SMALL ARANA, Germán, *Situación carcelaria en el Perú y beneficios penitenciarios*, Lima, 2006, pp. 3 y 10.

[488] BERGALLI, Roberto, "La falacia penitenciaria", en *JD* (13), 1991, p. 25. Sobre la situación de los condenados a penas privativas de libertad efectivas en España y la necesidad de concientizar el problema carcelario, GALLIZO, Mercedes, *Penas y personas: 2810 días en las prisiones españolas*, Barcelona, 2013, pp. 16 y ss.

[489] Anota VON HIRSCH que a través de la pena se comunica al autor "un mensaje normativo crítico en relación a uno de sus comportamientos, esto es, que ha dañado a alguien de modo culpable y que es reprendido por esa conducta (...). Cuando se reprende de este modo a una persona se espera de ella una reacción moral adecuada: la expresión de su consternación, el reconocimiento del injusto que ha realizado o su esfuerzo por un mayor autocontrol. Si el reproche está justificado, una reacción de indiferencia no sería una respuesta adecuada. / Sin embargo, el reproche penal solo concierne al autor externamente. La desaprobación que se expresa a través de la sanción ofrece al autor la oportunidad de reflexionar acerca de sus comportamientos. Ahora bien, adoptar esta reacción es algo que queda en sus manos, en cuanto que aquí no se mantiene ninguna teoría del arrepentimiento en el que justamente la reacción estaría encaminada a provocar en el autor determinados sentimientos, ya sean de vergüenza, de arrepentimiento o de cualquier otro tipo". VON HIRSCH, Andrew, "Retribución y prevención como elementos de justificación de la pena", pp. 133 y ss.

[490] Cfr. MAIRAL, Héctor, *La doctrina de los propios actos y la administración pública*, Buenos Aires, 1988, p. 170.

delincuente primario, soslayando el injusto más grave que él causó libremente. Esta idea se extiende tanto al sujeto reincidente al que se le ha impuesto previamente una pena privativa de libertad efectiva o a quien se le declaró solamente su responsabilidad penal, eximiéndolo de pena, de la lectura de la sanción o de su aplicación.

G. LA PRESUNCIÓN DE INOCENCIA

a. Planteamiento del problema

Se afirma que con la agravante de reincidencia se vulnera el derecho a la presunción de inocencia, pues la sanción más dura se basa en una declaración de una mayor responsabilidad penal por un hecho que no es objeto de contradicción (la pena más grave se basa en el mero pasado criminal) y, aun así, es resuelta en el marco del proceso penal al cuantificar la pena. En otras palabras, se considera que se afecta dicho derecho al establecer una suerte de presunción de mayor culpabilidad en el hecho, sin admitir la posibilidad de demostrar lo contrario.

b. Análisis conceptual

La tutela del derecho a la presunción de inocencia tiene una sólida base histórica[491] y actual[492]. Dicho derecho se encuentra regulado a nivel constitucional, en el Perú en el

---

[491] Atendiendo a los antecedentes legislativos más remotos, tenemos que la Carta Magna de Juan Sin Tierra recogía en su art. 39 que aquel que se encuentre inmerso en el proceso no podrá verse reducido en el ejercicio de sus derechos. Luego, producto de la Revolución francesa, en 1789, surge la Declaración de los Derechos del Hombre y del Ciudadano que, en su art. 9, describe el principio en desarrollo del siguiente modo: "Puesto que todo hombre se presume inocente mientras no sea declarado culpable, si se juzga indispensable detenerlo, todo rigor que no sea necesario para apoderarse de su persona debe ser severamente reprimido por la ley".

[492] Este derecho se encuentra plasmado en la Declaración Universal de Derechos Humanos, de 10-XII-1948, en su art. 11.1, que establece lo siguiente: "Toda persona acusada de delito tiene derecho a que se presuma su inocencia mientras no se pruebe su culpabilidad, conforme a la ley y en juicio público en el que se le hayan asegurado todas las garantías necesarias para su defensa". De manera simultánea, en atención al año de creación, en Colombia se celebra la Declaración Americana de Derechos y Deberes del Hombre, en la que expone, en su art. XXVI, que: "Se presume que todo acusado es inocente, hasta que se pruebe que es culpable". Posteriormente, en 1950, se firma el Convenio Europeo para la protección de Derechos Humanos y Libertades, consagrando lo siguiente: "Toda persona acusada de una infracción se presume inocente hasta que su culpabilidad haya sido legalmente declarada" (art. 6.2). En 1966, el Pacto Internacional de Derechos Civiles y Políticos, en su art. 14.2 recoge lo siguiente: "Toda persona acusada de un delito tiene derecho a que se presuma su inocencia mientras no se pruebe su culpabilidad conforme a la ley"; tres años después, en 1969, la Convención Americana sobre Derechos Humanos (Pacto de San José), recoge en su art. 8.2 que: "Toda

art. 2.24.e, de la Carta Fundamental, y en España, en el art. 24.2 del Texto Constitucional. En ellos se enfatiza la imposibilidad que una persona sea tratada o presentada como el responsable de un ilícito penal sin una sentencia judicial que así lo declare[493].

Este derecho obliga a que la responsabilidad se construya a partir de lo aportado al proceso por el acusador (Ministerio Público o querellante). La imputación debe tener como base no solo "pruebas" en cuanto tales sino que estas hayan debido ser conseguidas dentro de los parámetros establecidos por ley. Las pruebas deben de haber sido producidas y actuadas respetando las garantías del imputado y que sean valoradas razonablemente[494]. La declaración de responsabilidad penal debe ser producto de la certeza a la que haya llegado el juez luego de analizar el caso. Bajo esta premisa, el juez no puede basarse en una ilegítima "presunción de culpabilidad" para condenar.

Dicho con otras palabras, es el Estado quien debe demostrar la responsabilidad penal del imputado, él no tiene la obligación de demostrar su inocencia[495]. No se puede fundar sentencia alguna sobre la base a una inferencia arbitraria[496]. La duda

persona inculpada de delito tiene derecho a que se presuma su inocencia mientras no se establezca legalmente su culpabilidad". Finalmente, dentro del marco internacional, en 1998, se suscribe el Estatuto de Roma de la Corte Penal Internacional que establece, en su art 66.1, que "se presumirá que toda persona es inocente mientras no se pruebe su culpabilidad ante la Corte, de conformidad con el derecho aplicable".

[493] FERRAJOLI, Luigi, *Derecho y razón*, Madrid, 1995, p. 549. Este autor, al referirse a la presunción de inocencia, la concibe como la garantía más elemental, pues es una "garantía de seguridad o, si se quiere, de *defensa social*: de esa seguridad específica ofrecida por el estado de derecho y que se expresa en la confianza de los ciudadanos en la justicia; y de esa específica "defensa" que se ofrece a estos frente al arbitrio punitivo".

[494] Cfr. SÁNCHEZ-VERA GÓMEZ-TRELLES, Javier, *Variaciones sobre la presunción de inocencia. Análisis funcional desde el Derecho penal*, Madrid, 2012, pp. 32 y ss.

[495] El TC peruano, en la STC n° 2192-2004-AA/TC, indicó que "frente a una sanción carente de motivación, tanto respecto de los hechos como también de las disposiciones legales que habrían sido infringidas por los recurrentes, no puede trasladarse toda la carga de la prueba a quien precisamente soporta la imputación, pues eso significaría que lo que se sanciona no es lo que está probado en el procedimiento, sino lo que el imputado, en este caso, no ha podido probar como descargo en defensa de su inocencia". De otro lado, TC español señaló, en la STC n° 31/1981, que: "la presunción de inocencia (...) exige para ser desvirtuada (...) una mínima actividad probatoria, producida con las debidas garantías procesales que de alguna manera puede entenderse de cargo y de la que pueda deducirse la culpabilidad del procesado". El TC español también indicó que "la carga de la actividad probatoria pesa sobre los acusadores y que no existe nunca carga del acusado sobre la prueba de su inocencia", STC n° 109/1986.

[496] El TC peruano, en la STC n° 1172-2003-HC/TC, indicó que "el principio de presunción de inocencia se despliega transversalmente sobre todas las garantías que conforman el derecho a la tutela jurisdiccional

favorecerá al reo si es que las pruebas presentadas por la defensa y el acusador resultan ser equivalentes[497]. Al respecto, sostiene MIRANDA ESTRAMPES: "Mientras la presunción de inocencia despliega toda su eficacia cuando existe un auténtico vacío probatorio o cuando las pruebas practicadas han sido obtenidas sin las necesarias garantías constitucionales y legales; el principio *in dubio pro reo* entrará en juego cuando a pesar de existir pruebas de cargo, esta genera en el ánimo del juzgador una situación de duda que le impide obtener el convencimiento pleno en orden a la culpabilidad del acusado"[498].

Otro derecho que emerge del de presunción de inocencia es que el imputado no puede ser tratado o presentado como un culpable[499] (o como peligroso). Lo que significa

efectiva. Y, mediante él, se garantiza que ningún justiciable pueda ser condenado o declarado responsable de un acto antijurídico fundado en apreciaciones arbitrarias o subjetivas".

[497] El TC peruano, en la STC n° 0506-2005-PA/TC, señaló: "Que, sin embargo, la eficacia de este derecho no autoriza al Tribunal y, en general, al juez de los derechos fundamentales, a superponerse o sustituirse en las labores que son propias del juez penal. Por ello, tratándose del cuestionamiento de una resolución judicial por violación del principio de presunción de inocencia, al Juez Constitucional le está vedado realizar una valoración sobre la responsabilidad penal que pudiera tener el procesado. Su ámbito de actuación se circunscribe a determinar si en el desarrollo de dicho proceso, la sanción impuesta no se fundamenta en ningún medio de prueba, o las que le sirvieron de sustento son manifiestamente insuficientes para servir de justificación a una condena". También en la STC n° 00728-2008-PHC/TC se menciona que el texto constitucional establece expresamente en su art. 2. 24. e., que "toda persona es considerada inocente mientas no se haya declarado judicialmente su responsabilidad". Este dispositivo constitucional supone, "en primer lugar, que por el derecho a la presunción o estado de inocencia toda persona es considerada inocente antes y durante el proceso penal; es precisamente mediante la sentencia firme que se determinará si mantiene ese estado de inocencia o si, por el contrario, se le declara culpable; mientras ello no ocurra es inocente; y, en segundo lugar, que el juez ordinario, para dictar esa sentencia condenatoria debe alcanzar la certeza de culpabilidad del acusado, y esa certeza debe ser el resultado de la valoración razonable de los medios de prueba practicados en el proceso penal. El principio *in dubio pro reo*, por otro lado, significa que en caso de duda sobre la responsabilidad del procesado, debe estarse a lo que sea más favorable a este (la absolución por contraposición a la condena). Si bien es cierto que el principio *in dubio pro reo* no está expresamente reconocido en el texto de la Constitución, también lo es que su existencia se desprende tanto del derecho a la presunción de inocencia, que sí goza del reconocimiento constitucional, como de la defensa de la persona humana y el respeto de su dignidad, fin supremo de la sociedad y del Estado (artículo 1° de la Carta Fundamental)".

[498] MIRANDA ESTRAMPES, Manuel, *La mínima actividad probatoria en el proceso penal*, Barcelona, 1997, p. 609.

[499] Cfr. ORÉ GUARDIA, Arsenio, *Manual de Derecho procesal penal*, Lima, 1999, p. 87. Este autor menciona con claridad: "En nuestra realidad, sin embargo, esas consecuencias no rigen, y se diría, más bien, que en muchos casos prevalece la presunción de culpabilidad. Más aún, pues aquí como en no pocos países latinoamericanos se dan procesos sin condena, se utiliza el proceso como medio de control político y social, se ponen restricciones al derecho de defensa, se traslada la carga de la prueba al imputado, etc. A lo cual se agrega, en otro plano, la forma en que los imputados son presentados en las salas y pasillos de los tribunales".

que, a pesar de que el proceso mismo suponga una carga negativa para él (por el efecto simbólico que tiene de por sí el que se haya iniciado contra una persona una investigación o se le esté enjuiciando), sus derechos se seguirán respetando[500]. Es decir, su estado frente al proceso es el de inocencia[501].

En virtud del derecho a la presunción de inocencia, no se puede obligar a alguien a que se autoincrimine[502]. Como se dijo anteriormente, corresponde al acusador el deber de construir la imputación. Otro punto a resaltar como parte de este derecho, es la necesidad de que quien juzga no tenga una idea preconcebida del justiciable. La neutralidad del juez es una garantía que permite el resguardo del derecho objeto de comentario.

c. La presunción de inocencia y la reincidencia

La reincidencia es una circunstancia que aumenta la pena del segundo hecho criminal realizado. A este hecho se considera normativamente más grave en comparación con el cometido por el delincuente primario. Se aumentará la pena siempre que con el hecho reiterado (con las características postuladas en el primer capítulo de este trabajo), el reincidente manifieste ser peligroso. No se trata de una presunción de

[500] El TC peruano, en la STC n° 2915-2004-HC/TC menciona que "la presunción de inocencia se mantiene 'viva' en el proceso penal, siempre que no exista una sentencia judicial que, como corolario del cauce investigatorio llevado cabo con las garantías inherentes al debido proceso, logre desvirtuarla. Mientras ello no ocurra, dicho principio debe informar a todos y cada uno de los actos de la judicatura".

[501] No cabe duda de que en la realidad el procesado (en España y en el Perú) es un sujeto estigmatizado. No solo socialmente (a través de los llamados "juicios paralelos" cometidos por la prensa, en muchos casos), sino también por el grado de injerencia que tiene el Estado sobre los derechos de dichas personas. Por ejemplo, se le puede afectar la libertad de locomoción a través de una medida de coerción personal y se les encarcela junto con los que cumplen condenas, muchas veces sometidos a peores condiciones. Al respecto, CANCINO, Antonio José, *Principales Problemas de la Justicia*, Bogotá, 1996, p. 72: "Al sujeto que se le imputa un hecho punible y se vincula mediante versión o indagatoria a un proceso, no puede desligarse de él sino después de muchos años de lucha contra la parafernalia procesal, formalismos, dilaciones, solemnidades innecesarias y desidias de todo orden. Queda esclavo de un proceso y arranca una providencia definitiva, así existan razones de sobra para predicar inocencia, se convierte en acto de indecibles dificultades. El simplemente imputado comienza a sentir la estigmatización desde que es colocado en las listas de reparto y de asignaciones, desde donde se le vincula con crímenes que ni siquiera formalmente corresponden a lo ocurrido. Es *caratulizado*, es decir, su nombre y apellidos aparecen enmarcados por la carátula de polvorientos expedientes, en aras del facilismo del reparto".

[502] El TC peruano ha indicado que si bien el derecho a la no autoincriminación "no se encuentra reconocido expresamente en la Constitución. Sin embargo, se trata de un derecho fundamental de orden procesal que forma parte de los derechos implícitos que conforman el derecho al debido proceso penal". STC n° 003-2005-PI/TC.

peligrosidad sin base jurídica, sino con elementos objetivos y subjetivos que determinan su aplicabilidad. Esta agravante, vista de modo general, no viola el derecho a la presunción de inocencia.

En efecto, si bien el derecho a la presunción de inocencia ha sido trabajado desde el prisma de la responsabilidad, no de la cuantificación de la pena, es importante indicar que tampoco se puede presumir emocional o "intuitivamente" que un sujeto es peligroso. Tal consideración debe ser producto del análisis del injusto, de los antecedentes penales y de la discusión que se dé durante el proceso. Además, cuestionamos tajantemente que la reincidencia, como agravante de la pena, sea de aplicación obligatoria ni bien se verifiquen formalmente el cumplimiento de los requisitos que establece la ley. La declaración de reincidencia, fundada en la peligrosidad "normativa" del sujeto, debe ser producto de una construcción procesal, que tienda a verificar que se han cumplido los requisitos formales que la delimitan y por el análisis material de posibilidades de reiteración que pueda mostrar el sujeto. Por lo que la actual regulación española y peruana sobre la reincidencia trastoca las bases de este principio, al no regular de modo suficiente los elementos objetivos y subjetivos que permitan realizar un análisis normativo del riesgo de reincidencia, como se ha visto antes.

De otro lado, la posibilidad de que una persona sea considerada reincidente, si así lo solicita el órgano persecutor, debe ser comunicada al imputado desde el momento en que se le atribuye la comisión de un delito. En otras palabras, desde un inicio, el Ministerio Público, de ser el caso, debe informar al imputado no solo respecto a la probable responsabilidad penal, sino también en torno a su "peligrosidad". Además, al procesado no se le puede tratar como una "fuente de riesgo" durante el proceso. Él goza de todos los derechos procesales que tiene todo ciudadano en un Estado social y democrático de Derecho. Entre ellos, a que no se le trate como culpable (ni como peligroso) antes de una sentencia condenatoria que así lo establezca de modo definitivo.

II.3. EXCURSO: EL REINCIDENTE COMO ENEMIGO

A. APUNTE PREVIO

El "Derecho penal del enemigo" es uno de los temas más abordados en los últimos años, cuyo planteamiento inicial en el campo del Derecho penal lo hizo Günther

JAKOBS. Es cierto que la descripción[503] (para muchos "justificación") que él hace del concepto "Derecho penal del enemigo" ha sido objeto de crítica por un amplio sector de la doctrina[504] y por el propio TC peruano[505], lo indiscutible es que explica una realidad normativa innegable[506]: aquella que se caracteriza por excluir (mediante la imposición de medidas duras de corte penal material, procesal y penitenciario) a quien por propia decisión se aleja del sistema[507], convirtiendo al "enemigo" en una mera fuente de peligro que amenaza la normal convivencia social[508].

JAKOBS, principal ponente de esta tendencia, realiza una elaboración que dota de contenido al "Derecho penal del enemigo", distinguiéndolo del Derecho penal del ciudadano[509]. Para el mencionado jurista alemán, aquel que por principio, o de

---

[503] Cfr. JAKOBS, Günther, "¿Derecho penal del enemigo? Un estudio acerca de los presupuestos de la juridicidad" (trad. Cancio Meliá), en *RPDJP* (7), 2006, p. 279. El autor sostiene que "no es mi propósito convertir a alguien artificialmente en enemigo, sino el de describir a quien el sistema jurídico trata como enemigo, y pronosticar a quién atribuirá en el futuro ese papel. No se trata de crear normas, mucho menos de postulados políticos, sino de llevar a cabo constataciones, y de sus prolongaciones hacia el futuro".

[504] Respecto a los argumentos que lo sustentan y cuestionan, vid. ALCÓCER POVIS, Eduardo, *La inclusión del enemigo al Derecho penal*, pp. 62-69.

[505] SSTC n° 003-2005-PI/TC y n° 0014-2006-PI/TC. En estas sentencias el TC peruano cuestionó la legitimidad de esta forma de reacción penal ante un determinado tipo de criminalidad.

[506] Como bien menciona POLAINO-ORTS: "(...) supuestos reales de Derecho penal del enemigo, en el sentido en que JAKOBS emplea el término (...), no solo existen en la actualidad, sino que han existido siempre, aunque no se les llamara de ese modo". POLAINO-ORTS, Miguel, *Derecho penal del enemigo*, pp. 188-190.

[507] JAKOBS, Günther, "Diez años después: el Derecho penal del enemigo", en *CPC* (105), 2011, p. 17.

[508] FEIJÓO SÁNCHEZ, Bernardo, "El Derecho penal del enemigo y el Estado democrático de derecho", en *RDPC* (16), 2006, pp. 156-157. Afirma que el debate ganaría bastante si este se reconduce desde el nuevo y "difuso" concepto de enemigo, que tanta discrepancia genera "en no pocos casos fundados solo en prejuicios ideológicos", hacia un tema más viejo y conocido por todos, como es: qué hacer con aquellos ciudadanos culpables, que son "peligrosos".

[509] En 1985, en la revista *Zeitschrift für die gesamte Strafrechtsgutwissenschaft*, apareció el trabajo de *Jakobs* titulado *Kriminalisierung im Vorfeld einer Rechstgutverselung*, en el cual formula por vez primera su diagnóstico de "Derecho penal del enemigo", para criticar el modo en el cual el poder punitivo trata con reglas impropias del Derecho penal "normal", a quienes comprobadamente insisten en su hostilidad contra el orden jurídico por medio de crímenes que no son de bagatela. Con motivo de la Jornada Berlinesa de 1999 dedicada a "la ciencia jurídico penal alemana frente al cambio del milenio", su visión del "Derecho penal del enemigo" empieza a ser planteada como un fenómeno más generalizado y al que hay que resignarse si es que no se quiere sufrir males mayores. En la publicación de dicha ponencia (el artículo fue titulado como: "La autocomprensión de la ciencia del Derecho penal ante los desafíos del presente" (trad. Manso Porto), se incluye la siguiente afirmación que merece tenerse en consideración: "Esto no significa entonces que esté todo permitido". En el año 2003 publica JAKOBS un trabajo específico sobre el tema: "Derecho penal del enemigo", en el que refuerza la idea de la exclusión. En la segunda edición de esta obra, publicada en el 2006, JAKOBS plantea como legítima, en el marco de un Estado de derecho, esta forma de respuesta estatal frente a un determinado tipo de criminalidad y de criminal.

manera permanente o sostenida, se comporta de modo desviado, en contra del ordenamiento jurídico, no ofrece garantía de conducirse como persona. Por ello, no puede ser tratado como ciudadano, sino que debe ser combatido como "enemigo"[510].

Dicho con otras palabras, según esta posición, el Estado moderno ve al autor de un delito no como un "enemigo" a destruir, sino como ciudadano que ha lesionado o puesto en peligro el bien jurídico (o dañado la vigencia de la norma en la concepción de JAKOBS)[511]. Hasta aquí no existe discusión alguna respecto a la legitimidad de la reacción estatal, siempre y cuando el autor ofrezca, a pesar de su hecho disvalioso, garantías de que se comportará como ciudadano que actúa fielmente en relación con el ordenamiento jurídico. El punto de inflexión radica en aquellos individuos que no ofrecen las garantías mencionadas por su abierto y quizás permanente enfrentamiento contra el orden existente. A ellos, se les va a denominar "enemigos" o "no personas" (en términos funcionales). En este caso, la sociedad espera que el Estado responda de manera más grave[512].

B. DELIMITACIÓN DEL CONCEPTO DE PERSONA-ENEMIGO

La privación y la negación de la condición de "personas" a determinados individuos, a los declarados como "enemigos", constituye el paradigma y el centro de gravedad en torno al cual JAKOBS construye la idea de un "Derecho penal del enemigo", como un ordenamiento punitivo diferente, excepcional y autónomo con respecto al Derecho penal ordinario[513].

---

510 Con mayor profundidad, respecto a los alcances del concepto "enemigo" y a los problemas de legitimidad de esta especial concepción de Derecho penal, por ser expresión, según se afirma, de un "punitivismo exarcebado", cfr. CANCIO MELIÁ, Manuel, "De nuevo: ¿Derecho penal del enemigo?", en CANCIO MELIÁ, Manuel y GÓMEZ-JARA DÍEZ, Carlos (coords.), *Derecho Penal del enemigo. El discurso penal de la exclusión*, tomo I, Buenos Aires-Montevideo, 2006, pp. 341-382.

511 MARÍN FRAGA, Facundo, "Derecho penal de enemigo", en *La Ley* (3), Buenos Aires, 2005, pp. 1 y ss.

512 POLAINO-ORTS, Miguel, "La legitimación constitucional de un Derecho penal *sui generis* del enemigo frente a la agresión a la mujer", en *Indret* (3), 2008, p. 19: "Ese tratamiento del sujeto peligroso como enemigo no es propio de Estados autoritarios, sino que constituye el único medio para proteger democráticamente, con un mínimo de eficacia y siguiendo un principio de proporcionalidad, a los ciudadanos".

513 Al respecto, de modo crítico, vid. GRACIA MARTÍN, Luis, *El horizonte del finalismo y el "Derecho penal del enemigo"*, Valencia, 2005, pp. 177 y ss. También, ZAFFARONI, Eugenio Raúl, *El enemigo en el Derecho penal*, Madrid, 2006, p. 18. Quien sostiene que "la esencia del trato diferencial que se depara al enemigo consiste en que el Derecho le niega su condición de persona y solo lo considera bajo el aspecto de ente peligroso o dañino. Por mucho que se matice la idea, cuando se propone distinguir entre ciudadanos (personas) y enemigos (no personas), se hace referencia a humanos que son privados de ciertos derechos

Para estudiar el concepto de persona (también su negación: "enemigo") desde la propuesta de JAKOBS[514], resulta necesario acudir a la noción de "estructura" trabajada, en especial, por los sociólogos Talcott PARSONS y Niklas LUHMANN[515]. PARSONS asignó a la noción de "estructura" un papel relevante en el sistema social (eje del sistema)[516]. Para dicho autor, estructura es un sistema de relaciones pautadas sobre la base de roles, sistema que permanece en el tiempo de manera estable[517]. Los roles constituyen una pauta de relación que orienta a los "actores" o "personas" en la situación concreta[518]. LUHMANN, por su parte, concibe la idea de "estructura" de modo particular (aunque no completamente distinta a la posición antes formulada). Así, para el mencionado autor "ninguna definición de estructura que se haga sobre la base de elementos y relaciones puede llegar a buen puerto. Según un entendimiento clásico como ese, las relaciones desaparecerían junto con el cambio o desaparición de

individuales, en razón de que se dejó de considerarlos personas, y esta es la primera incompatibilidad que presenta la aceptación del *hostis* en el derecho con el principio de Estado de derecho".

[514] PÉREZ DEL VALLE, Carlos, "La persona del Derecho penal en la filosofía del Derecho", en LÓPEZ BARJA DE QUIROGA, Jacobo (coord.), *Dogmática y Ley penal. Libro homenaje a Enrique Bacigalupo*, Barcelona, 2004, p. 626. Opina lo siguiente: "Cuando JAKOBS desarrolla su concepto de persona en el Derecho, no lo hace de modo independiente del Derecho penal. En otras palabras: el concepto de persona no es un mero concepto básico de la filosofía del Derecho, sino que se trata de un concepto sobre el que desarrolla su propia concepción del Derecho penal".

[515] Y es que el punto de partida de todo análisis sistémico-teórico parte de distinguir entre sistema y entorno, entre persona e individuo. Es necesario resaltar que esta es solo una perspectiva de estudio del concepto "persona": como concepto construido por el sistema comunitario. La otra posición funda el concepto de persona desde la realidad u ontología propia del ser, que es previa –preexistente– a la conformación política. Cfr. YACOBUCCI, Guillermo Jorge, "El dilema de la legalidad en el Derecho penal de los Derechos Humanos", en CANCIO MELIÁ, Manuel y GÓMEZ-JARA DÍEZ, Carlos (coords.), *Derecho penal del enemigo. El discurso penal de la exclusión*, tomo II, Buenos Aires-Montevideo, 2006, p. 1085.

[516] Cfr. PARSONS, Talcott, *El sistema social* (trad. Jiménez Blanco y Cazorla Pérez), Madrid, 1966, p. 30.

[517] PIÑA ROCHEFORT, Juan Ignacio, "La construcción del 'enemigo' y la reconfiguración de la 'persona'. Aspectos del proceso de formación de una estructura social", en CANCIO MELIÁ, Manuel y GÓMEZ-JARA DÍEZ, Carlos (coords.), *Derecho penal del enemigo. El discurso penal de la exclusión*, tomo II, Buenos Aires-Montevideo, 2006, p. 573. Sostiene, resumiendo la postura de PARSONS, que "históricamente se ha asociado el concepto de estructura con algo permanente e inmutable. En clave de 'elementos' y 'relaciones', pareciera que las relaciones entre los elementos de una estructura son constantes en el tiempo y, por eso, parecen tener una permanencia que sustrae la fugacidad. Ello indudablemente invita a ver las estructuras como aquello que permanece en el tiempo; como algo con lo que se "puede contar a pesar de los cambios coyunturales".

[518] En estricto, un ser humano puede desempeñar una gran cantidad de roles, los cuales emanan de los sistemas sociales en los que participa. Aún así, existe un rol social que enlaza a todos los demás roles, que les sirve de sustento y que los informa: el rol de persona. Al respecto, PIÑA ROCHEFORT, Juan Ignacio, "Rol social y sistema jurídico penal. Acerca de la incorporación de estructuras sociales en una teoría funcionalista del Derecho penal", en MONTEALEGRE, Eduardo (coord.), en *Libro homenaje al profesor Günther JAKOBS. El Funcionalismo en Derecho penal*, Bogotá, 2005, p. 51.

elementos interrelacionados dentro de la estructura"[519]. Agrega, que la estructura "es la repetición de una selección y ella ha de entenderse constante cuando es capaz de reproducirse con elementos nuevos e, incluso, cuando los elementos cambien"[520]. Por lo tanto, existe una "estructura" cuando se puede notar que se hace una selección constante a pesar de haber otras posibilidades (por ejemplo, el hacer la fila para comprar es una estructura, en tanto se produce de modo automático, los compradores no se cuestionan si existen otras posibilidades). En otras palabras, una "estructura social" existe cuando se "usa" (cuando su práctica sea constante). Ahora bien, el concepto de "estructura social" se encuentra relacionado con la noción de expectativa. Dicha expectativa se produce porque las posibilidades se limitan: al haber una estructura no cualquier cosa puede pasar[521].

Dicho esto, se afirma que el concepto de persona constituye una "estructura social". Mediante la idea de persona ("cual máscara")[522], el individuo (realidad psico-física) se "recubre" para actuar en la sociedad. Solo frente a la persona existe una expectativa social de comportamiento, limitado al rol que ella cumple en la sociedad[523].

Con mayor detalle, conforme al pensamiento *jakobsiano*, "en el acto comunicativo lo relevante es la expresión fenoménica de la subjetividad en la realidad, ya que todo lo interno y lo externo sin sentido solo es psíquico o naturaleza, de ahí que cuando el agente delinque, la pregunta no es cuál fue la finalidad o intención el agente (ontológico) o cuál es el resultado producido (naturalístico), sino qué roles debió cumplir en el contexto de las circunstancias y, más estrictamente, si es competente para cuestionar la vigencia de la norma, porque solo en esa medida estaremos en

---

519 PIÑA ROCHEFORT, Juan Ignacio, "La construcción del 'enemigo' y la reconfiguración de la 'persona'. Aspectos del proceso de formación de una estructura social", p. 575.

520 PIÑA ROCHEFORT, Juan Ignacio, "La construcción del 'enemigo' y la reconfiguración de la 'persona'. Aspectos del proceso de formación de una estructura social", p. 575.

521 Cfr. APONTE, Alejandro, "Derecho penal del enemigo vs. Derecho penal del ciudadano", en *RPDJP* (6), 2005, p. 97.

522 Según la etimología tradicional de persona, la palabra viene de *personare* ('resonar') y alude a la máscara que los actores usaban en el teatro, esta máscara tenía un orificio a la altura de la boca y daba a la voz un sonido penetrante y vibrante. Así, pues, *persona* significaría primero 'máscara', 'papel de actor' y 'carácter'.

523 JAKOBS, Günther, *Sobre la normativización de la dogmática jurídico penal* (trad. Cancio Meliá y Feijóo Sánchez), Madrid, 2003, p. 20.

presencia de comportamientos relevantes desde el prisma de las expectativas normativas"[524].

JAKOBS concibe a la persona en términos funcionales, como la representación de una competencia socialmente comprensible, no como un ente capaz de ocasionar o impedir un suceso, sino como aquella que puede ser responsable de este. A decir del profesor de la Universidad de Bönn: "ser persona significa tener que representar un papel. Persona es la máscara, es decir, precisamente no es la expresión de la subjetividad de su portador, sino que es representación de una competencia socialmente comprensible"[525].

Y es que la persona participa en la comunicación social, el individuo no. La persona solo es capaz de defraudar una expectativa al poner en entredicho la vigencia de la norma, el individuo se mueve en un ámbito extrasocial, siendo sus acciones comunicativamente irrelevantes: no son personas para el Derecho, por lo que no pueden alterar la vigencia de la norma[526] (solo a las personas se les puede imputar dicho resultado). Así, según JAKOBS, las expectativas normativas no están dirigidas a

---

[524] CANCHO ESPINAL, Ciro, "Algunas consideraciones sobre el concepto de persona en el Derecho penal", en *RPDJP* (6), 2005, p. 113.

[525] JAKOBS, Günther, *Sociedad, norma y persona en una teoría funcional del Derecho penal*, p. 50. También, GARCÍA AMADO, Juan Antonio, "¿Dogmática penal sistémica? La influencia de Luhmann en la teoría penal", en *Doxa* (23), 2000, p. 234. Quien sostiene que "Esta visión funcionalista supone un cambio de paradigma en relación al racionalismo individualista, que concebía al individuo de manera constitutivamente anterior a lo social. El funcionalismo considera que es la propia sociedad la que crea la persona, asignándole un rol, el cumplimiento de ciertas expectativas". En contra, entre otros autores, GARCÍA CAVERO, Percy, "Sobre la función de la pena", pp. 134-135, quien afirma: "el sentido comunicativo del delito y la pena no pueden determinarse solo desde la normatividad convencional de las eventuales estructuras sociales, sino que existen ciertos datos socialmente indisponibles que necesariamente deben ser contemplados en el proceso de normativización del delito y que tienen su base en un concepto realista de persona. La función de reestabilización de la pena requiere estar informada de un concepto de persona que no se mueve en el plano solo sociológico, sino que hunde sus raíces en una base ontológica. En consecuencia, pensamos que la legitimidad externa de las normas sociales no puede tenerse como una tarea ajena al dogmático, pues de lo que se trata no es de precisar los rasgos característicos de un Derecho penal de cualquier Estado o sociedad, sino de un Derecho penal de personas, es decir, de seres humanos".

[526] CARO JOHN, José Antonio, "Recensión al libro Derecho penal económico, Parte general", en *RPDJP* (5), 2004, pp. 445 y ss. Este autor comenta: "el Derecho penal funcional jakobsiano concibe a la persona en lo fundamental a partir del idealismo de la Filosofía del Derecho de Hegel como un concepto eminentemente normativo. Nadie es persona en sí misma, sino se es persona porque el sistema social así lo atribuye. Esto es, la persona es un producto de la socialización".

individuos, sino a "destinos construidos comunicacionalmente que se denominan personas"[527].

Se puede observar la importancia que tiene el significado de concepto de persona para el concepto del "Derecho penal del enemigo". Aquí debe, ante todo, agregarse que las personas, en cuanto asumen un rol al participar en sociedad, no vienen definidas por sus derechos, sino por el cumplimiento de sus obligaciones. Se afirma que "la persona no se define por el hecho que se dirijan a ella expectativas normativas, esto es, por el hecho que tenga un rol en este sentido, sino por el hecho que cumpla con este rol (...), el estatus de persona tiene que ganarse mediante el buen comportamiento"[528]. Solo así, aquella condición podrá entenderse como una "construcción social".

Además, JAKOBS afirma que la persona conduce su libertad a partir de normas y no por las amenazas[529] o reclamos[530]. En esa medida, la falta de garantía suficiente con relación al comportamiento de alguien se traduce en su descalificación como persona. De allí que se "legitima" la aplicación frente a él de criterios excepcionales a la legalidad "normal". De esta manera, JAKOBS sigue, en gran medida, los postulados de PARSONS y LUHMANN cuyas ideas, como se ha podido observar, se caracterizan por poner como referente central a la sociedad en detrimento del individuo[531].

---

[527] JAKOBS, Günther, *Sobre la normativización de la dogmática jurídico-penal*, p. 17.

[528] Vid. NEUMANN, Ulfried, "Derecho penal del enemigo", en CANCIO MELIÁ, Manuel y GÓMEZ-JARA DÍEZ, Carlos (coords.), *Derecho penal del enemigo. El discurso penal de la exclusión*, tomo II, Buenos Aires-Montevideo, 2006, p. 405.

[529] JAKOBS, Günther, "Sobre la génesis de la obligación jurídica" (trad. Cancio Meliá), en *Conferencias sobre temas penales,* Buenos Aires, s/f, p. 44.

[530] GRACIA MARTÍN, Luis, "Sobre la negación de la condición de persona como paradigma del 'Derecho penal del enemigo'", en CANCIO MELIÁ, Manuel y GÓMEZ-JARA DÍEZ, Carlos (coords.), *Derecho penal del enemigo. El discurso penal de la exclusión*, tomo I, Buenos Aires-Montevideo, 2006, p. 1065. Quien afirma que "únicamente cabe conceder el carácter de Derecho a una regulación si esta parte del reconocimiento del hombre como persona responsable".

[531] PORTILLA CONTRERAS, Guillermo, "Relación entre algunas tendencias actuales de la filosofía y sociología y el Derecho penal: La influencia de las teorías funcionalistas y el discurso ético de Habermas en la selección de los valores penales", en DÍEZ RIPOLLÉS, José Luis (coord.), *La ciencia del Derecho penal ante el nuevo siglo. Libro homenaje al profesor doctor don José Cerezo Mir*, Madrid, 2003, p. 135. Considera que las tesis sociológicas (PARSONS y LUHMANN) se distinguen en la subordinación de lo individual a lo social, al contrario de las tesis liberales que se basaban en la subordinación de lo social a lo individual. En esa línea, ALCÁCER GUIRAO, Rafael, "Prevención y Garantías", en *RPDJP* (6), 2005, pp. 58 y ss. En contra, MIR PUIG, Santiago, "Sociedad, norma y persona en Jakobs", en *Revista Derecho penal Contemporáneo-Revista Internacional* (2), 2003, s/p.

En resumen, para JAKOBS el derecho es el vínculo entre personas que son, a su vez, titulares de derechos y deberes[532]. Esta idea tiene una excepción cuando se trata de seres humanos que no admiten ser incorporados a un sistema social donde no se les aplican las reglas del Derecho penal ordinario (dirigido a "personas"). La relación con el "enemigo" está determinada por la coacción, pues este se encuentra al margen del Derecho.

Así, y sin perjuicio de las críticas de la que es objeto, lo cierto es que la tesis de JAKOBS constituye no solo un interesante planteamiento jurídico penal de corte normativo, que refleja un cambio de perspectiva explicable en el plano político-económico-social por la mutación sufrida en las últimas décadas del Estado de bienestar hacia un Estado intervencionista. De la mano de este cambio, los derechos individuales dejan de constituir una prioridad para el Estado, superados en importancia por la defensa del modelo globalmente considerado. Sin embargo, queda en el tintero establecer los límites de dicha concepción.

C. POSTURA PERSONAL

El art. 1 de la Constitución peruana, el art. 10 de la Constitución española y las declaraciones internacionales sobre derechos humanos, reconocen la primacía de la persona humana como fin de la sociedad y del Estado. Declaración que constituye la base misma de nuestro sistema normativo y le da sentido humanista a todo ejercicio de poder estatal. En esa medida, la política criminal de un Estado social y democrático de Derecho, en tanto rumbo y plan de acción del Estado para dar respuesta a la criminalidad, no debe soslayar al ser humano y sus derechos, lo cual excluye toda posibilidad de su instrumentalización o manipulación[533]. De lo contrario, cualquier sistema punitivo (penal, procesal y de ejecución) será ilegítimo.

Un modelo político criminal anclado en la exclusión absoluta de derechos y no en la prevención justa es ajeno a un Derecho penal propio de un Estado social y

[532] MALLQUI HERRERA, Edwin, "Estabilización de la vigencia de la norma y seguridad cognitiva", en *RPDJP* (6), 2005, pp. 178-179. Afirma que: "Recuérdese que en una concepción funcional del Derecho penal, la orientación con base en expectativas normativas es el presupuesto del concepto de persona. Este concepto es definido desde una perspectiva normativa ideal, en tanto alude no a un individuo aislado que orienta su comportamiento con base en el código de satisfacción/insatisfacción, cuya socialidad es ininteligible, producto de una casualidad inexplicable, en una tal comprensión, sino un ser vinculado normativamente".

[533] Cfr. BUSTOS RAMÍREZ, Juan, *Introducción al Derecho penal*, 2ª edición, Bogotá, 1994, p. 124: "Los ciudadanos, dentro de un Estado de derecho, no pueden vivir bajo la amenaza constante de violencia; tampoco de la que ejerce el Estado, pues ello significaría la negación de ese propio Estado de derecho".

democrático de Derecho. Todo lo contrario, es propio de un Derecho penal autoritario. Su aplicación denotaría que el Estado no solo habría abandonado su función social (ya no busca la justa prevención), también la democrática (al considerar que a algunos seres humanos se les puede privar del goce de derechos fundamentales)[534]. Solo la instauración de un nuevo orden[535] –distinto al del Estado social y democrático de Derecho– puede legitimar la adopción de un Derecho penal abusivo.

¿El Derecho penal del enemigo se adecua a un modelo de derecho protector de la persona humana? Si consideramos que la exclusión del "enemigo" es absoluta, entonces será ilegítimo, diríamos que deja de ser derecho, al no haber límites que lo contenga, pues despersonaliza o cosifica al ser humano. Sin embargo, si asumimos que se trata de un concepto caracterizado por la imposición de medidas duras, pero limitadas, entonces nos encontraremos ante un "Derecho penal del enemigo" legítimo[536].

La condición de "enemigo" al reincidente resulta poco discutible. Lo polémico es establecer los alcances de las consecuencias de dicha categorización. La consideración de una exclusión absoluta de derechos (sanciones puramente inocuizadoras, ilimitadas, abusivas) a los enemigos "no personas" parece ser el punto de partida de un sector de la doctrina que analiza este instituto. Por ejemplo, menciona ZAFFARONI que la reincidencia es "el primer antecedente de las tristes construcciones del Derecho penal de enemigos"[537]. Si las medidas son ilimitadas e innecesarias en orden a la consecución de los fines sociales, entonces vamos a coincidir con el profesor argentino. Diremos que dicha expresión del poder penal resultaría jurídicamente cuestionable.

---

[534] Cfr. MIR PUIG, Santiago, *Derecho penal. Parte General*, p. 114. Este autor afirma que: "La idea de Estado social sirve para legitimar la función de prevención en la medida en que sea necesaria para proteger a la sociedad. Ello implica ya varios límites que giran en torno a la exigencia de la necesidad social de la intervención penal. Por último, la concepción de Estado democrático obliga, en lo posible, a poner el Derecho penal al servicio del ciudadano, lo que puede verse como fuente de ciertos límites que hoy se asocian al respeto de principios como los de dignidad humana, igualdad y participación del ciudadano".

[535]Como señala Walter BENJAMÍN: "Toda violencia es, como medio, poder que funda o conserva el derecho. Si no aspira a ninguno de estos dos atributos, renuncia por sí misma a toda validez". BENJAMÍN, Walter, *Para una crítica de la violencia* (trad. Murena), Buenos Aires, 1995, p. 9.

[536] Dependerá del trabajo académico alcanzar que el Derecho penal de la seguridad sea de *última ratio* y que respete los derechos y libertades del afectado. Cfr. SILVA SÁNCHEZ, Jesús-María, *En busca del Derecho penal. Esbozos de una teoría realista del delito y de la pena*, pp. 247-249.

[537] ZAFFARONI, Eugenio Raúl y otros, *Derecho penal. Parte General*, p. 1009.

Sin embargo, si concebimos que el "Derecho penal del enemigo" es un Derecho distinto, más aflictivo de lo normal, pero limitado, no abusivo, entonces vamos a discrepar con el sector de la doctrina que cuestiona la teorización de esta forma de plantear el Derecho penal, orientado a responder frente al peligro que expresan determinados delincuentes. El caso de la reincidencia es paradigmático. Quien vuelve a cometer un delito es un sujeto merecedor (como enemigo que es) de un "reproche" penal mayor, por el riesgo especial que representa "desde ahora (conmoción actual de la seguridad colectiva) y para el futuro (riesgo de ulteriores lesiones de bienes jurídicos)"[538]. El reincidente crea "un poder desestabilizador de mayor potencial que quien actúa por primera vez"[539].

Coincidimos con POLAINO-ORTS cuando afirma que la reincidencia es una forma fenomenológica de "Derecho penal del enemigo", es decir, un "indicio de enemistad jurídica"[540], quien reincide (siempre que se pueda considerar que se creó un injusto penal más grave[541]) genera intranquilidad e inseguridad, lo que hace que merezca una sanción más drástica. Pero esta respuesta debe ser limitada. Al reincidente no se le debe excluir absolutamente de sus derechos, no debe tratársele como una "no persona" en términos totales[542] (al reincidente no se le "combate" a través del Derecho penal, se le atribuye responsabilidad penal y se le aplica una pena justa –más grave– adecuada al grado de merecimiento y a la necesidad de prevención). Por ejemplo, a efectos de aplicarle la agravante, es preciso que se pruebe aquella condición de peligrosidad causada por el acto criminal reiterativo[543]. Además, al imponerse como efecto agravante una sanción proporcional al hecho cometido, se descarta toda pretensión de aplicar penas ilimitadas e inhumanas. Por último, una

[538] POLAINO-ORTS, Miguel, *El concepto funcionalista del enemigo*, p. 230.

[539] POLAINO-ORTS, Miguel, *El concepto funcionalista del enemigo*, p. 243.

[540] POLAINO-ORTS, Miguel, *El concepto funcionalista del enemigo*, p. 235.

[541] El segundo delito será especialmente grave si está vinculado con el anteriormente cometido (relación de injustos), cuando medie un plazo razonable entre la declaratoria de responsabilidad previa y el nuevo hecho criminal, y cuando se advierta el dolo en ambos delitos. Al respecto, vid., *supra* capítulo I subcapítulo I.3 literal a.

[542] Sobre los alcances de una exclusión relativa y absoluta de los derechos a los "enemigos", cfr. SILVA SÁNCHEZ, Jesús-María, "Los indeseados como enemigos: la exclusión de seres humanos del *status personae*", en CANCIO MELIÁ, Manuel y GÓMEZ-JARA DÍEZ, Carlos (coords.), *Derecho penal del enemigo. El discurso penal de la exclusión*, tomo II, Buenos Aires-Montevideo, 2006, pp. 986 y ss.

[543] Cfr. POLAINO-ORTS, Miguel, *Lo verdadero y lo falso en el Derecho penal del enemigo*, p. 227. Sostiene que "el sujeto que comete un hecho aislado genera externamente un riesgo de desestabilización de la norma jurídica (y, por tanto, de lesión de la personalidad de los demás) mucho menor que el sujeto que reitera su conducta criminal".

muestra de los límites normativos en relación con la respuesta estatal contra "enemigos", es el establecer el carácter facultativo de la decisión judicial.

Con todo, en el caso de la reincidencia se aplica un "Derecho penal de enemigo" cuyo destinatario es un sujeto a quien no se le excluye absolutamente de su condición de persona. Toda forma de política criminal, incluso el aplicable a sujetos peligrosos, se encuentra limitada por los principios que emergen de un Estado social y democrático de Derecho.

II.4. BALANCE

La reincidencia, como ha sido delineada en este trabajo, no afecta los principios constitucionales que han sido materia de comentario. No obstante, al analizar la "constitucionalidad" de la agravante, conforme ha sido regulada en España y en el Perú, el resultado fue otro. Solo dos de los principios evaluados no se han visto afectados por el legislador en ambos países. En primer lugar, apreciamos que el principio de *ne bis in idem* no se ve afectado en la ley española ni en la peruana sobre la reincidencia. En ambos sistemas normativos, para agravar la pena a quien volvió a delinquir, no se exige que se vuelva a valorar el hecho anterior, sino se toma en cuenta, junto a otros elementos, el dato administrativo que acredita el "pasado criminal" (el hecho anterior resulta inalterable, no es doblemente reprochado). En segundo lugar, consideramos que con la agravante de reincidencia (incluida en los Códigos de España y Perú, respectivamente) tampoco se afecta el principio de resocialización. A nuestro juicio, para la consecución de este fin se requiere de un compromiso que no solo corresponde al Estado, sino también al propio condenado. Este último debe orientar su conducta hacia su socialización. Si el agente volviera a delinquir, deberá asumir proporcionalmente los costos de su decisión.

De otro lado, apreciamos que la ley española y peruana sobre la agravante de reincidencia es inconstitucional por las razones que se han expuesto y que resumimos a continuación. En primer lugar, en ambas regulaciones se vulnera el principio de culpabilidad, ya que el legislador no ha brindado las condiciones necesarias para un correcto juicio del hecho que permita afirmar el mayor grado de responsabilidad del reincidente. Así, es lamentable que en el Perú no se exija alguna relación objetiva entre el delito anteriormente sancionado y el nuevo hecho delictivo. Asimismo, es cuestionable que en España el legislador haya utilizado la expresión "misma naturaleza" para enlazar el delito previamente sancionado con el que se acaba de cometer. A ello se agrega que en ambos países la agravante es de aplicación obligatoria, lo cual podría llevar a que un juez presuma que se está ante un hecho más grave (o a la peligrosidad) por la mera comprobación formal del pasado criminal.

También consideramos que en ambas regulaciones (española y peruana) se afecta el principio de proporcionalidad al regular la reincidencia. En la normativa peruana al describirla como una agravante cualificada (la pena a imponer puede sobrepasar el máximo legal establecido en el tipo), habiendo una salida normativa menos aflictiva (tratarla como agravante genérica). De otro lado, la regulación española y la peruana son desproporcionadas pues incrementan el grado de injerencia estatal en la libertad de los ciudadanos al prescribir dicha figura como una agravante de aplicación obligatoria, negando al juez la posibilidad de decidir imponerla según considere o no conveniente en virtud de la relevancia del comportamiento y del resultado.

Con la agravante de reincidencia (según la regulación actual de la figura en España y en el Perú) también se vulnera al sujeto el derecho a una tutela judicial efectiva. Formalmente el sujeto puede "acceder" al órgano jurisdiccional para "demostrar" su "no peligrosidad". Sin embargo, la decisión de agravar la pena será tomada solamente con la verificación de los requisitos que establece la Ley. De esta forma, se "ata" al juez, en desmedro del condenado, a lo que señale el texto legal. Al sentenciado se le impondrá una pena más grave sin que haya tenido realmente la oportunidad de discutir si la cantidad de sanción era o no necesaria.

En ese mismo sentido, consideramos que, tanto en España como en el Perú, la agravante de reincidencia vulnera el principio de lesividad. La razón es que en ambos países no se regulan de modo suficiente las condiciones necesarias para determinar la situación de peligrosidad causada por el acto del reincidente. Por tanto, puede llegarse al extremo de agravar la pena al agente sin haberse puesto en riesgo alguna expectativa social de un mejor comportamiento por parte del sujeto.

Por último, tanto en España como en el Perú, lamentablemente, el legislador ha optado por describir a la reincidencia como una circunstancia de aplicación obligatoria y sin mencionar los presupuestos suficientes para afirmar que se está ante un hecho más grave o ante un sujeto peligroso (en los términos expuestos en este trabajo) lo cual afecta al derecho a la presunción de inocencia. En efecto, en el art. 22.8 del CP se opta por términos difusos como "misma naturaleza" o demasiado formales ("mismo título") para "delimitar" el vínculo entre el anterior delito y el nuevo hecho criminal. Lo cual abre el camino a que se "presuma" como peligrosa a una persona sin base suficiente. El caso peruano es aun más grave pues, como se ha dicho, no se indica en el art. 46-B del CP dato objetivo alguno que permita razonablemente hacer un análisis serio de la situación de riesgo y de la necesidad de una mayor pena.

CAPÍTULO III

LA REGULACIÓN NORMATIVA DE LA REINCIDENCIA EN ESPAÑA Y EN EL PERÚ

III.1 APUNTE PREVIO

El análisis de esta circunstancia agravante requiere del repaso de su evolución normativa. De ello nos ocuparemos en este capítulo, tomando como referencia a la legislación española y peruana.

III.2. BREVE REFERENCIA A LA REGULACIÓN ESPAÑOLA SOBRE LA REINCIDENCIA

En España se reguló la reincidencia, por vez primera, en el CP de 1822. En dicho Código se previeron dos modalidades de la figura. En primer lugar, la reincidencia propiamente dicha (art. 116 del CP) y, en segundo lugar, la reiteración de delitos (art. 121 del CP). En cuanto a la reincidencia, se mencionó que para considerar reincidente al sujeto, debió habérsele impuesto una sentencia judicial firme[544] con anterioridad a la comisión del nuevo delito. Además, para su configuración se exigió la "comisión de un nuevo delito o culpa del mismo título"[545], a diferencia de la reiteración delictiva cuya aplicación no dependió de que haya existido relación entre los ilícitos. También se reguló la prescripción de la reincidencia, indicándose el plazo [legal] de dos años que

---

[544] La reincidencia tuvo como requisito la existencia de una sentencia judicial ejecutoriada (sin posibilidad de presentar recurso de impugnación alguno). Si bien hubo discusión acerca de esta disposición, pues no estaba expresamente indicada en el art. 116 del CP de 1822; sin embargo, en dicha norma se mencionó que se incurrirá en reincidencia no solo por haber delinquido dentro de los dos años siguientes al día en que hubiere cumplido su condena, sino también, desde que haya "obtenido indulto particular por aquella culpa o delito". Y, para obtener indulto particular, era necesario que el sujeto haya sido condenado con una sentencia judicial firme, así en el art. 158 del mencionado texto legal se indicó lo siguiente: "Ningún reo puede obtener indulto particular sino después de haber sido condenado por sentencia legal que cause ejecutoria". Además, se indica que lo lógico es que para la aplicación de la agravante se exigiese que la sentencia anterior sea firme, "pues mientras una sentencia sea revocable la apreciación de una reincidencia podría quedar desvirtuada al obtenerse un posible fallo definitivo absolutorio por el primer hecho enjuiciado". ASÚA BATARRITA, Adela, *La reincidencia*, pp. 30-31.

[545] GUISASOLA LERMA, Cristina, *Reincidencia y delincuencia habitual*, p. 21. Quien además indica que "si bien se adujeron razones de seguridad jurídica para justificar tal requisito, este fue criticado desde la consideración de que los Títulos de los Códigos no siempre obedecen a criterios de afinidad entre los delitos".

debía transcurrir entre la condena por el primer delito cometido y la ejecución del segundo delito para que una persona sea considerada reincidente[546].

El efecto principal de la reincidencia fue el endurecimiento de las penas, impidiéndose su compensación con las atenuantes[547]. Se podía llegar a imponer al sujeto el "doble" de la pena, en el caso de la primera reincidencia o una pena "cuádruple", en el caso que ocurriese una segunda reincidencia[548]. Por otro lado, en el supuesto de reiteración delictiva, esta era considerada una circunstancia agravante genérica, limitada por la pena abstracta y posible de ser compensada con las otras agravantes y atenuantes[549]. De esta manera, el sujeto era considerado reincidente si cometía un delito "análogo" y mediando un plazo corto (dos años) entre el hecho criminal inicial y la ejecución del segundo. El delincuente, al volver a delinquir, expresaba una mayor "tendencia" o "inclinación" hacia el delito, siendo acreedor de una pena más grave[550]. Ello no ocurría con la reiteración delictiva, pues para la aplicación de esta agravante –como se anotó– no se exigió que los delitos estén ubicados en el "mismo Título" del CP.

El CP de 1848 dio un giro en el tratamiento de la reincidencia (art. 10.18 del CP). En cuanto a su definición, para determinar la reincidencia ya no se exigió que los delitos cometidos por el delincuente se encuentren comprendidos "en el mismo Título", sino bastaba que hayan sido "de la misma especie"[551]. Además, en comparación con lo

---

546 En el art. 116 del CP de 1822 se estableció que: "(...) incurrirán en reincidencia cuando dentro de los dos años siguientes al día en que hubieren cumplido su condena, u obtenido indulto particular por aquella culpa o delito, cometan otra u otro que esté comprendido en el mismo Título".

547 Cfr. MARÍN DE ESPINOSA CEBALLOS, Elena B., *La reincidencia*, p. 14: "La reincidencia tiene su propia escala de penas conforme al art. 119 CP. Por consiguiente, la reincidencia no se puede compensar con el resto de las circunstancias atenuantes o agravantes, pues se debe determinar la pena según sus propias reglas especiales, que se establecen en el art. 119 CP. Y una vez determinada la pena, podrían incidir las circunstancias agravantes y atenuantes, pero solo para decidir el grado".

548 En el art. 119 del CP de 1822 se estableció lo siguiente: "La reincidencia por primera vez será castigada con doble pena de la que esté señalada por la Ley para el delito, siempre que sea pecuniaria, o de reclusión, presidio, prisión, arresto, destierro temporal u obras públicas que no pasen de doce años. La reincidencia por segunda vez será castigada con pena cuádruple en iguales casos (...)". Con mayor detalle, GUISASOLA LERMA, Cristina, *Reincidencia y delincuencia habitual*, p. 21.

549 MARÍN DE ESPINOSA CEBALLOS, Elena B, *La reincidencia*, p. 14. La autora plantea que: "(...) la reiteración, al contemplarse como una circunstancia agravante, puede ser compensada con el resto de las circunstancias atenuantes". A diferencia de la reincidencia propiamente dicha, pues en esta "no se trata de graduar la pena señalada por la Ley para el delito o culpa, sino de imponer penas distintas y superiores en gravedad". Cfr. ASÚA BATARRITA, Adela, *La reincidencia*, p. 43.

550 ASÚA BATARRITA, Adela, *La reincidencia*, p. 55.

551 MIR PUIG, Santiago, *La reincidencia*, p. 362. Este autor plantea que: "En el Código de 1848-1850 se exigía que el reo fuese 'reincidente del delito de la misma especie' (art. 10.18), era claro entonces que el

establecido en el CP de 1822, se aminoraron sus efectos. De esta manera, se dejó de regular la "doble reincidencia". Asimismo, se consideró a la reincidencia y a la reiteración delictiva como circunstancias agravantes genéricas, que podían ser compensadas con las atenuantes descritas en el catálogo general, no pudiendo exceder la sanción del marco de pena establecido en la ley (art. 54 del CP), salvo los casos de simple reincidencia en delitos patrimoniales como el hurto y la estafa (art. 10.18 del CP). Con relación a la reiteración (art. 10.17 del CP), se requirió que el sujeto haya sido castigado anteriormente por un delito al que la ley señalara igual o mayor pena[552]. A diferencia del Código anterior, no se establecieron plazos que condicionen la aplicación de la reincidencia ni de la reiteración[553]. En esa medida, estas agravantes se apreciaban sin importar el tiempo que haya transcurrido entre la condena por el primer delito cometido y la ejecución del segundo hecho criminal.

El CP de 1870 estableció una regulación de la reincidencia (art. 10.18 del CP[554]) y de la reiteración (art. 10.17 del CP[555]) similar a la del texto penal anterior, considerándolas como circunstancias agravantes genéricas. La reincidencia era considerada una agravante de aplicación obligatoria. Tuvo como requisito que el nuevo delito cometido debía estar comprendido en el "mismo Título" que el primero, lo cual fue criticado por ser una expresión demasiado rígida (crítica que puede extenderse a la regulación actual, vid. *infra*). Además, se cuestionó que el legislador haya optado por considerar reincidente a una persona por estar "enjuiciada" por un delito luego de haber sido condenado por otro. En otras palabras, con esta norma se rompe el esquema que llevaba a considerar reincidente a una persona por el hecho de haber "cometido un nuevo delito"

---

elemento diferencial de la reincidencia frente a la reiteración debía buscarse en la analogía entre las distintas infracciones requeridas para la primera. En la reincidencia el elemento relacional tenía una inequívoca significación cualitativa". No obstante, como sostiene MIR PUIG, "la fórmula originó dificultades en la interpretación". Se criticó que se haya dado al juez un amplio margen de libertad para determinar cuándo un delito es "de la misma especie", afectándose la seguridad jurídica.

552 Para algunos, ello resultó cuestionable pues implícitamente se reconoce la menor gravedad o importancia del hecho delictivo reiterado. ASÚA BATARRITA, Adela, *La reincidencia*, p. 169.

553 En el CP de 1848, en el art. 10.17, se utilizó el adverbio "anteriormente": "Haber sido castigado el culpable *anteriormente* por delito a que la ley señale igual o mayor pena".

554 En el art. 10.18 del CP de 1870 se indicó como que: "Hay reincidencia cuando al ser juzgado el culpable por un delito, estuviere ejecutoriamente condenado por otro comprendido en el mismo Título de este Código".

555 En el art. 10.17 del CP de 1870 se indicó como circunstancia agravante: "Haber sido castigado el culpable por delito a que la Ley señale igual o mayor pena o por dos o más delitos a que la ley señale pena menor. Esta circunstancia la tomarán en consideración los Tribunales según las circunstancias del delincuente y la naturaleza y efectos del delito".

(no por ser "enjuiciada") luego de haber sido condenada[556]. Conforme con lo estipulado en dicho Código, podía darse el caso de que una persona sea considerada reincidente cuando el delito materia del juicio llevado a cabo luego de haber sido condenado por otro, haya sido realizado antes que se emita este último fallo. De esta forma, la razón de la reincidencia (la desvaloración del segundo hecho cometido) pierde sentido.

Otro aspecto cuestionable es que el legislador no exigió que transcurriera un plazo concreto entre la condena por el primer delito y la ejecución del nuevo hecho criminal o, mejor dicho, la realización del nuevo enjuiciamiento. Dicho plazo recién se introdujo de manera expresa con el Real Decreto de 1925, aunque no de modo claro[557].

En cuanto a la reiteración, esta agravante, de aplicación facultativa, se tomaba en consideración según las "circunstancias del delincuente, la naturaleza y los efectos del delito"[558]. Con la expresión "naturaleza del delito" se quiso decir, según GROIZARD: "lo que le es propio, esencial, lo que constituye su especie, su género, su clase, lo que le determina y le clasifica en este o aquel grupo de hechos sancionados por la ley"[559]. En

---

[556] Cfr. AGUDO FERNÁNDEZ, Enrique, *El principio de culpabilidad y la reincidencia en el Derecho español*, p. 38.

[557] Se modifica el art. 10.18 del CP de 1870 de la siguiente forma: "Los efectos de la reincidencia como circunstancia agravante cesarán cuando haya pasado el tiempo *necesario* para la prescripción del delito que sirva para apreciarla (...)". Nos preguntamos, ¿cuándo dicho plazo era "necesario"? Esta indeterminación provocó inseguridad jurídica.

[558] GUISASOLA LERMA, Cristina, *Reincidencia y delincuencia habitual*, p. 21. Esta autora sostiene además que: "En definitiva, en la práctica el juez puede introducir criterios correctivos en la estimación de la reiteración, frente a la rigidez y automatismo de la fórmula prevista para la reincidencia, cuya apreciación es siempre preceptiva, una vez se comprueban los requisitos previstos legalmente, entre los que se encuentra nuevamente la fórmula del "mismo Título". Por su parte, MARÍN DE ESPINOSA afirma: "Parece que el legislador hace eco de las continuas críticas efectuadas a la agravante de la reiteración (...) se criticó que se agravara la pena ante la comisión de delitos de distinta naturaleza porque este dato no revelaba una tendencia o especialidad en el delito". MARÍN DE ESPINOSA CEBALLOS, Elena B., *La reincidencia*, p. 20.

[559] Cit. MARÍN DE ESPINOSA CEBALLOS, Elena B., *La reincidencia*, pp. 21-22. Quien describe sentencias del Tribunal Supremo español de la época, en las que no se aprecia la agravante de la reiteración al considerar que no se trata de delitos de la misma naturaleza. Anotamos algunas de estas sentencias: "Sentencia del 22 de junio de 1872: No siempre se debe tomar en cuenta esta circunstancia agravante, pues el mismo artículo permite el arbitrio judicial, y debe hacerse uso de él cuando aplicando la referida circunstancia se eleva demasiado la pena, o cuando los anteriores delitos fueron de otra naturaleza", "Sentencia del 21 de abril de 1894: En causa por lesiones graves no es de apreciar circunstancia agravante de reiteración por el hecho de haber sido castigado el reo por delito de hurto señalado con mayor pena, porque la índole y naturaleza del delito por el que antes fue castigado son completamente diversas del que cometió después", "Sentencia del 10 de marzo de 1902: No existe analogía entre el delito de homicidio penado anteriormente y el de injurias a la autoridad, puesto que son muy distintas la naturaleza de uno y otro hecho", entre otras resoluciones.

cuanto a la expresión "efectos del delito", esta pareció hacer referencia a los resultados que produjo, las consecuencias a que dio lugar. Saber a qué orden de ideas y de intereses se lastima, y qué significación e importancia alcanzan las consecuencias de un delito"[560]. De otro lado, tampoco se indicó expresamente un plazo de prescripción de la reincidencia. Sin embargo, al admitirse la posibilidad de la aplicación facultativa de la agravante, uno de los criterios que se tuvo en cuenta para determinar su imposición fue precisamente el *paso del tiempo*[561].

En el CP de 1870 se describió también la multirreincidencia en caso de delitos patrimoniales: hurto y estafa. La pena a imponerse para este supuesto era superior en grado a la señalada por la ley al delito de que se trate[562]. De esta manera, se consolida la postura de un sector importante de la doctrina de la época (con relación a los Códigos del siglo XIX), que apreciaba que el fundamento de la reincidencia radicó en la presunción de una "inclinación delictiva"[563].

El CP de 1928, en la línea de los textos anteriores, consideró a la reincidencia[564] (art. 67.3 del CP) y a la reiteración (art. 67.2 del CP) como agravantes genéricas de la pena. En este caso, se las trató como agravantes facultativas, según se califiquen las circunstancias personales del infractor, la naturaleza de las infracciones y "el tiempo que el delincuente perseveró en el delito, si fuere continuo". Respecto a esto último, si bien el texto de 1928 no reguló un plazo de prescripción de la reincidencia. Sin embargo, en virtud de dicha expresión es posible considerar que este plazo fue admitido de modo tácito (aunque impreciso).

---

560 MARÍN DE ESPINOSA CEBALLOS, Elena B., *La reincidencia*, p. 21.

561 MARÍN DE ESPINOSA cita la siguiente sentencia del TS español: "Sentencia del 28 de abril de 1896: Que entre uno y otro delito medie tan largo tiempo que corta o interrumpe aquella relación, con lo cual se comprende que por estas razones y por la naturaleza y efectos distintos de tales delitos o hechos no ha debido estimarse dicha circunstancia". MARÍN DE ESPINOSA CEBALLOS, Elena B., *La reincidencia*, p. 23.

562 MARÍN DE ESPINOSA CEBALLOS, Elena B., *La reincidencia*, pp. 23-24: "La multirreincidencia se consideraba un estado previo a la declaración de habitualidad. La declaración de esta última era una potestad facultativa del juez, siempre que llegara a la conclusión de la peligrosidad del sujeto, y suponía la imposición de una medida de seguridad".

563 ASÚA BATARRITA, Adela, *La reincidencia*, p. 229. Quien menciona que la doctrina señaló que dicha tendencia o hábito delictivo solo se podía deducir "cuando las infracciones fuesen de la misma clase".

564 En el art. 67.3 del CP de 1928 se reguló como una condición personal de agravación de la pena a la "reincidencia, cuando al ejecutar el delito el culpable estuviere castigado, con anterioridad y ejecutoriamente, por otro comprendido en el mismo Título [de] este Código./ (...) esta circunstancia y las dos anteriores las tomarán en consideración o no los Tribunales según (...) la naturaleza de las infracciones y el tiempo transcurrido entre su ejecución o bien el tiempo que el delincuente perseveró en el delito, si este fuere continuo".

Por otro lado, en el CP de 1928 se reguló a la multirreincidencia (cuando concurran dos o más reincidencias, conforme con el art. 70 del CP) con carácter general, pudiéndose aumentar la pena por encima del máximo establecido por la ley para el delito, con el límite del doble de la pena base en los casos de penas privativas o restrictivas de libertad. En el caso de delincuentes peligrosos graves, el texto permitió la retención a estos sujetos "en un establecimiento especial" (medida de seguridad)[565]. La influencia de las ideas criminológicas del positivismo italiano de la época era manifiesta[566].

El CP de 1932 volvió a establecer el carácter obligatorio de la reincidencia[567]. El legislador otorgó excepcionalmente al juez la potestad de elevar la pena en el grado que la autoridad estimara conveniente (art. 67.6 del mencionado texto legal[568]). En la Exposición de Motivos de dicha norma se estipuló lo siguiente: "damos a los jueces arbitrio para que, en caso de reincidencia, puedan aplicar la pena inmediatamente superior". Se trató de una medida más aflictiva, en comparación a las anteriores regulaciones.

En cuanto a la reiteración, esta se reguló dentro del catálogo de agravantes genéricas del art. 10 del mencionado CP[569], cuya aplicación era facultativa. Por otro lado, dicho Código derogó el anterior sistema dualista (pena-medida de seguridad) impuesto en el CP de 1928. A fin de cubrir dicho vacío normativo, en 1933 se puso en vigencia la Ley de vagos y maleantes, que describió un sistema de medidas predelictuales basadas en el estado de "peligrosidad" del sujeto. Entre otras cosas, esta ley se caracterizó sobre todo

---

[565] Cfr. GUISASOLA LERMA, Cristina, *Reincidencia y delincuencia habitual*, p. 24.

[566] El Código Penal de 1928 fue el primero en desarrollar un sistema de medidas de seguridad debidamente estructurado que tenía como presupuesto la existencia de un "peligro social común". En el art. 71 del mencionado texto legal se define dicho término de la siguiente forma: como "el estado especial de predisposición de una persona, del cual resulte la probabilidad de delinquir (...) podrán los Tribunales hacer declaración del peligro social criminal cuando resulte de la especial predisposición del delincuente la probabilidad de volver a delinquir, dictando en tal caso las medidas de seguridad procedentes". CARUSO FONTÁN, María Viviana, *El delincuente imputable y peligroso. Cuestiones de política criminal*, p. 66.

[567] Su descripción era igual a la del texto de 1870: "Art. 10: Hay reincidencia cuando al ser juzgado el culpable por un delito, estuviere ejecutoriamente condenado por otro comprendido en el mismo Título de este Código".

[568] En el art. 67.6 del CP se indicó: "Cualquiera sea el número y entidad de las circunstancias agravantes, los Tribunales no podrán imponer una pena mayor que la designada por la ley en su grado máximo, salvo en el caso que concurra la agravante decimocuarta del artículo 10 en que será posible aplicar la pena inmediatamente superior, en el grado que estimen conveniente".

[569] En el art. 10.13 del texto de 1932 se reguló, de modo innominado, a la reiteración de la siguiente forma: "Haber sido castigado anteriormente el culpable por delito a que la Ley señale igual o mayor pena, o por dos o más delitos que aquélla señale pena menor".

por la indefinición en la descripción de los sujetos sancionables: "los que observen conducta reveladora de inclinación al delito, manifestada por el trato asiduo con delincuentes y maleantes; por la frecuentación [sic] de los lugares donde estos se reúnen habitualmente, los reincidentes (eran reincidentes aquellos que en un año hubieran sido sancionados dos o más veces) y aquellos delincuentes que por decisión judicial fuesen tildados de 'peligrosos'" [570].

El CP de 1944 (texto que fue refundido en 1973) continuó con la regulación anterior de la reincidencia (art. 10.15 del CP). En el caso de la reiteración (art. 10.15 del CP), se suprimió la posibilidad de su aplicación discrecional. De esta manera, la reincidencia y la reiteración eran de obligatoria aplicación.

El texto de 1973 fue objeto de diferentes reformas. Así, la LO 81/1978 modificó el art. 61.6 del CP indicando que no podrá imponerse pena mayor que la señalada por la ley para el delito en su grado máximo, con la única excepción de la agravante de reincidencia. Se obligó al juez, en los casos de segunda y posteriores reincidencias (multirreincidencia), a imponer la pena superior en grado, en la extensión que los Tribunales estimen oportuno[571]. No obstante, en 1983, mediante la LO 8/1983, se

---

[570] Cfr. HEREDIA URZÁIZ, Iván,"Control y exclusión social: la ley de vagos y maleantes en el primer franquismo", en http://ifc.dpz.es/recursos/publicaciones/28/93/08heredia.pdf (última visita: 19 de octubre de 2013): Esta Ley "[p]romulgada el 4 de agosto de 1933, la Ley de Vagos y Maleantes nació con la pretensión de localizar y clasificar a los agentes 'peligrosos' de la sociedad, así como para establecer diversas medidas de control, seguridad y prevención dirigidas contra aquellos sectores sociales marginales que practicaban actividades ilegales o moralmente reprobables y las cuales, en un principio, no estaban tipificadas como delitos. Según explicaban los autores de la ley (Luis JIMÉNEZ DE ASÚA y Mariano RUIZ FUNES) en la parte expositiva, la ley pretendía perseguir y castigar la 'vagancia, la mendicidad, el hampa y la mala vida'. Ahí, afirman los autores, estaba el problema que por su trascendencia ha preocupado y merecido la atención del legislador, siquiera no haya tenido hasta esta ley el desenvolvimiento que tan grave cuestión demandaba, y cuyas prescripciones vienen a llenar necesidades evidentes". También, ROIG TORRES, Margarita, "Medidas de seguridad privativas de libertad: la regulación alemana y su reflejo en el proyecto de reforma del Código Penal español", en *InDret* (4), 2014, p. 8: "La idea que subyacía en la ley era la de la 'defensa social', articulando medidas para quienes tuvieran un comportamiento contrario a la convivencia ordenada que revelara su 'peligrosidad social', estimándose altamente probable la realización de actos antisociales o delictivos. Esas medidas se concebían como una forma de tratamiento de carácter resocializador, lo que hacía que se regularan de forma autónoma y se permitiera acumularlas a las penas. Esto, unido a la dificultad de constatar los supuestos legales (vago habitual, ebrio, etc.) y a los consiguientes recelos en términos de seguridad jurídica, amén de la inexistencia de centros adecuados para ejecutar las medidas, hizo que los Tribunales de Peligrosidad y Rehabilitación Social fueran reacios a aplicarlas, salvo en algunos casos en que el sujeto había realizado hechos tipificados penalmente como delito".

[571] En el art. 10 del texto de 1978 se menciona: "Hay reincidencia cuando al delinquir hubiere sido ejecutoriamente condenado por otro u otros delitos comprendidos en el mismo Título de este Código. Hay

eliminó la multirreincidencia del CP. En su Exposición de Motivos se indicó que resulta intolerable "mantener una regla que permita elevar la pena más allá del límite legal del castigo previsto para la concreta figura del delito, posibilidad que pugna con el cabal entendimiento del significado del principio de legalidad de un Estado de Derecho"[572].

Además, la reforma de 1983 unificó a la agravante de reincidencia y la de reiteración[573] (art. 10.15[574]), tal como lo propuso el Proyecto de CP de 1980 (en él se postuló la unificación de ambas circunstancias bajo la expresión "reincidencia"). La reforma al CP operada en 1983 reguló un sistema vicarial de medidas. De esta forma, para el caso de inimputables y semimputables, según su peligrosidad, se admitió la posibilidad de sustituir penas por medidas de seguridad.

En el art. 22.8 del CP español de 1995 se incluye a la reincidencia dentro del catálogo de agravantes genéricas de la pena. Esta se configura cuando, antes de la realización de la [nueva] conducta delictiva, el culpable fue condenado ejecutoriamente por un delito comprendido en el "mismo Título" de este Código, siempre que sea de la "misma naturaleza". El legislador señala que no se computarán los antecedentes penales cancelados o que debieran serlo. Asimismo, conforme a la LO 1/2015, se prescinde de los antecedentes penales por delitos leves (con dicha ley se derogan las faltas y algunas de ellas pasan a ser consideradas delitos leves). Además, se indica que "las condenas firmes de jueces o tribunales impuestos en otros Estados de la Unión Europea producirán los efectos de reincidencia salvo que el antecedente penal haya sido cancelado o pudiera serlo con arreglo al Derecho español".

En resumen, en cuanto a los requisitos normativos de esta agravante, cuya aplicación es obligatoria[575], el legislador señala los siguientes: a) Que el sujeto haya vuelto a

multirreincidencia cuando al delinquir el culpable hubiere sido ejecutoriamente condenado por dos o más delitos mencionados en el párrafo anterior en varias sentencias, siempre que en algunas de ellas se hubiere apreciado ya la circunstancia de la reincidencia". Además, se estableció que la prescripción de la reincidencia se presenta siempre que hubiese transcurrido un plazo de tiempo doble del previsto para la cancelación de los antecedentes, con un máximo de diez años.

[572] Cfr. GUISASOLA LERMA, Cristina, *Reincidencia y delincuencia habitual*, p. 26.

[573] Cfr. COBO DEL ROSAL, Manuel y VIVES ANTON, Tomás, *Derecho penal. Parte General*, p. 762: "el deseo de configurar una institución penal unitaria, que hiciese desaparecer la consideración de una forma más grave (reincidencia), de otra menos grave (reiteración)".

[574] En el art. 10.15 de dicho texto legal se indica: "Hay reincidencia cuando al delinquir hubiere sido ejecutoriamente condenado por un delito de los comprendidos en el mismo capítulo de este Código, por otro al que la ley señale igual o mayor pena, o por dos que aquella señale pena menor".

[575] Cfr. GUISASOLA LERMA, Cristina, *Reincidencia y delincuencia habitual*, p. 85. Al respecto, esta autora menciona: "con excepción del CP de 1928, donde se establece su apreciación facultativa, la reincidencia ha

delinquir. b) Que antes se haya emitido sentencia condenatoria ejecutoriada por la comisión de un delito. c) Que el delito anteriormente cometido y el nuevo hecho criminal estén incluidos en el mismo Título, siempre que sean de la misma naturaleza. d) No se computarán los antecedentes penales ya cancelados o que debieran serlo. Para este análisis se prescinde de los antecedentes penales por delitos leves. e) Para la configuración de esta agravante se tomarán en cuenta las condenas firmes impuestas en un Estado de la comunidad europea.

En cuanto al primer requisito, el nuevo hecho debe tener la característica de un "delito" (el cual tiene un alcance restringido, descartándose a las faltas, hoy convertidas algunas de ellas en delitos leves por la LO 1/2015). Se discute si se incorpora dentro de la expresión "delito" no solo al hecho criminal consumado, sino también al que se encuentra en grado de tentativa o si resulta relevante el título de imputación atribuible al sujeto (autor o partícipe)[576]. El legislador considera que la expresión "delito" incluye tanto al doloso como al culposo[577].

---

sido considerada en los códigos penales españoles como circunstancia de obligatoria aplicación./ No obstante, a raíz de la citada STS [nº 1263/1990], del 6 de abril de 1990, se suscitó un debate doctrinal e incluso jurisprudencial acerca de si los Tribunales debían sujetarse, en todo caso, a la citada regla o, si, por el contrario, frente al automatismo de la aplicación del art. 10.15 del CP-73, se descartaba que dicha agravante operara de forma mecánica (...) si con ello se superara el límite de gravedad de la culpabilidad". En la resolución citada, se señaló lo siguiente: "los tribunales solo deberán agravar la pena por razón de la reincidencia hasta un límite que no supere la gravedad de la culpabilidad y sin atender al art. 61.2, cuando la pena determinada por la reincidencia supere dicho límite". La situación no fue pacífica, así se puede observar en la STS [nº 2483/1993], del 2 de noviembre de 1994 lo siguiente: "(...) a esta norma (art. 10.15) es a la que hay que atenerse so pena de que queramos conculcar el principio intangible de la legalidad y convertir a los Tribunales de justicia, no en intérpretes de la ley, sino en verdaderos legisladores". Lo contenido entre corchetes es mío.

[576] MIR PUIG, Santiago, *La reincidencia,* p. 367. Sostiene este autor que la interpretación del requisito formal impediría apreciar la reincidencia. En concreto, en los casos en los que concurra la tentativa con otras formas de participación, o de ambas con un delito consumado, al no estar regulados en el mismo Título del Código. Afirma dicho autor que esta conclusión no resulta plausible, pero es inevitable el carácter formalista del requisito de comprensión en un mismo Título. Por otro lado, CEREZO MIR sostiene que "cabría, sin embargo, a nuestro juicio, una interpretación diferente, al aparecer los grados de ejecución del delito y las formas de participación como causas de extensión de pena de delitos consumados por los autores. Con ello se evitaría una exacerbación del formalismo de la regulación penal". CEREZO MIR, José, *Obras completas*, p. 1027.

[577] En España es posible apreciar la reincidencia por la comisión reiterada de delitos culposos (art. 22.8 del CP). No obstante, se afirma que esta disposición colisiona con lo expuesto en el art. 14.2 del CP que regula los efectos del error en las circunstancias agravantes. De dicha norma se infiere que para aplicar cualquier tipo de agravante (genérica o específica) es necesario que esta esté abarcada por el dolo del agente (por lo que la reincidencia solo puede ser dolosa). En contra, MARÍN DE ESPINOSA CEBALLOS, Elena B., *La reincidencia,* pp. 293 y 298-299. Quien sostiene que la reincidencia es la única circunstancia agravante "que se puede apreciar

Como segundo requisito, es necesario que en contra del sujeto se haya emitido anteriormente una sentencia condenatoria ejecutoriada por la comisión de un delito. Sobre la expresión "sentencia ejecutoriada" se ha dicho: "esta se cumple cuando no hay recursos pendientes por no otorgarlos la ley o por haber pasado el término para interponerlos, cualquiera que sea la sentencia"[578]. Dicho con otras palabras, la anterior sentencia condenatoria debe tener el carácter de firme. Y una sentencia es firme cuando no cabe contra ella recurso judicial alguno (art. 141.5 de la LECrim).

Como tercer requisito, entre el nuevo delito cometido y el anteriormente sancionado debe existir un vínculo, pues deben formar parte del "mismo Título" y ser de la "misma naturaleza". De esta forma, el legislador prescinde de la llamada reincidencia genérica y opta por regularla de forma específica. Se sustituye la referencia a que los delitos sean del mismo "Capítulo" y se opta porque sean del mismo "Título" y de la misma "naturaleza"[579], características que han sido objeto de debate.

En efecto, un sector de la doctrina se indicó que la expresión "misma naturaleza" se debe interpretar como "identidad del bien jurídico vulnerado"[580]. Sin embargo, esta

---

en un delito imprudente, por tanto, se trata de una excepción al sistema general". Concluye dicha autora que "lo determinante es que el agente sea reincidente, aunque no lo sepa".

578 DEVIS ECHANDÍA, Hernando, *Teoría general del proceso. Aplicable a toda clase de procesos*, 3ª edición, Buenos Aires, 2002, pp. 426 y 456.

579 GANZENMÜLLER ROIG, Carlos; ESCUDERO MORATALLA, José Francisco y FRIGOLA VALLINA, Joaquín, "Circunstancias que agravan la responsabilidad criminal", en *Eximentes, atenuantes y agravantes en el Código Penal de 1995, Personas criminalmente responsables*, Barcelona, 2000, p. 247. Afirman que la inclusión de la expresión "misma naturaleza" al texto del art. 22.8 del CP permite tener unos "mínimos límites fijos para no dar excesiva cabida al arbitrio judicial en materia de agravantes". De otro lado, SANZ-DÍEZ sostiene que "la 'identidad de naturaleza', que exige el legislador para la aplicación de la reincidencia, significa, a juicio de la doctrina y jurisprudencia mayoritaria, 'identidad de bien jurídico protegido en los dos delitos' y, además, 'identidad en la forma de ataque al mismo, en cuanto ello revela una misma tendencia criminológica'" SANZ-DÍEZ DE ULZURRUN LLUCH, Marina, "Reincidencia, habitualidad y profesionalidad en las últimas reformas penales. Especial referencia a la delincuencia patrimonial", p. 113. Al respecto, vid. SSTS nº 1078/1998 del 17 de octubre de 1998; 1222/1999, del 23 de julio de 1999; 853/2000, del 12 de mayo de 2000; 5/2003, del 14 de enero de 2003; 1250/2003, del 30 de septiembre de 2003; 270/2001, del 12 de noviembre de 2001; 1020/2006, del 5 de octubre de 2006; 971/2010, del 12 de noviembre de 2010; 539/2016, de 17 de junio de 2016; entre otras resoluciones.

580 RODRÍGUEZ MOURULLO, Gonzalo y BARREIRO, Jorge, *Comentarios al Código Penal*, Madrid, 1997, p. 152. Afirman que ha de tratarse de delitos que protejan idéntico bien jurídico y castiguen semejante forma de ataque al mismo, como sería el caso de delitos dolosos contra el patrimonio o delitos imprudentes contra la vida, mientras que no se podrían computar, en cambio, delitos dolosos e imprudentes aunque atacasen un mismo bien jurídico. Por su parte, CUERDA, quien considera la "idéntica naturaleza" como lesión del mismo

posición no está libre de crítica, así MONGE FERNÁNDEZ sostiene que "no basta solo la concurrencia de la identidad de los bienes jurídicos lesionados o puestos en peligro, sino que añade otro requisito, cual es que los delitos estén comprendidos en el mismo Título (...) por lo que la regulación legal de 1995 se torna más restrictiva que la de los textos anteriores"[581]. No solo ello, interpretar la expresión "misma naturaleza" como "mismo bien jurídico" podría traer serios inconvenientes en orden a la seguridad jurídica, pues la aplicación de la agravante de reincidencia dependerá de la opción interpretativa que tenga el juez sobre el respectivo bien jurídico tutelado en cada uno de los diversos delitos descritos en el CP, aun cuando en algunos de ellos no exista unanimidad respecto al objeto jurídico protegible. Por ejemplo, si un sujeto fue condenado con anterioridad por el delito de receptación y luego comete un delito de robo, se apreciará la agravante de reincidencia, si es que se asume que en ambos tipos penales se protege "el patrimonio". La solución varía si el juez considera que en la receptación se protege el correcto funcionamiento de la administración de justicia[582].

PRATS CANUT señala que junto al criterio de "identidad de bien jurídico" debe añadirse el de "identidad de gravedad de las conductas"[583]. Se afirma que este último elemento

---

bien jurídico y que los delitos estén contemplados en el mismo Capítulo. Cfr. CUERDA ARNAU, María Luisa, *Comentarios al Código Penal de 1995*, Valencia, 1996, p. 265.

[581] MONGE FERNÁNDEZ, Antonia, *La circunstancia agravante de la reincidencia desde los fundamentos y fines de la pena,* p. 84. Quien además anota el siguiente ejemplo: "el homicidio y el homicidio de un jefe de Estado extranjero, regulados en los Títulos I y XXIV, del Libro II, del Código Penal, respectivamente. Conforme con el doble criterio exigido en el artículo 22.8 CP, de haber cometido uno de estos delitos y recaer en la comisión de otro no cabe aplicar la agravante de reincidencia, pues por más que se atente el mismo bien jurídico –la vida humana independiente–, los tipos penales están regulados en Títulos diferentes, esto es, concurre el requisito de la identidad de bien jurídico, más no el criterio formal de la regulación bajo un mismo Título". En el mismo sentido, SÁNCHEZ LÁZARO advierte el carácter restrictivo de la regulación española sobre la reincidencia. Afirma, de manera crítica, que dicha agravante no se podría aplicar en el caso que un sujeto haya cometido reiteradamente delitos como el homicidio, lesiones o violación sexual (por poner tres ejemplos), pues dichos delitos se encuentran ubicados en Títulos diversos en el CP. Cfr. SÁNCHEZ LÁZARO, Fernando, "Las circunstancias atenuantes y agravantes del delito", en ROMEO CASABONA, Carlos María; SOLA RECHE, Esteban y BOLDOVA PASAMAR, Miguel Ángel (coords.), *Derecho Penal. Parte General. Introducción. Teoría jurídica del delito*, Granada, 2013, p. 311.

[582] Cfr. DE VICENTE MARTÍNEZ, Rosario, "La reincidencia en el Código Penal de 1995", en *ADPCP* (1), 1997, p. 181.

[583] PRATS CANUT, Josep Miquel, "Comentario al art. 22 CP", en *Comentarios al nuevo Código Penal*, Pamplona, 1996, pp. 257-258. Quien además propone que las condenas anteriores por delitos imprudentes o faltas no deben operar como referencia para aplicar la agravante de reincidencia, ya que no es posible establecer la equiparación de naturalezas. Opinión contraria la tiene CEREZO MIR, quien afirma que no son "convincentes las razones de justicia material y sistemáticas que invocan. Las de justicia material, pues la agravación de la pena no tiene lugar por el anterior delito, sino (...) por ser más grave la culpabilidad en el

"atiende a razones de justicia material y de coherencia sistemática. Por una parte, de justicia material, porque no parece razonable establecer criterios de agravación de comportamientos anteriores que, si bien han ofendido el mismo bien jurídico, eran de escasa relevancia. Por otro lado, de coherencia sistemática, porque hay que interpretar esta agravante en relación al resto de los preceptos del Código Penal"[584].

De otro lado, CEREZO MIR considera que "la identidad de naturaleza supone no solo identidad del bien jurídico lesionado o puesto en peligro, sino que hay que atender también al desvalor de la acción. No cabrá, por tanto, apreciar reincidencia cuando un delito sea doloso y otro imprudente, pero sí entre dos delitos dolosos o imprudentes. No hay base en la ley para exigir que las penas sean de la misma naturaleza o gravedad, pues se exige únicamente que los dos delitos sean de la misma naturaleza"[585].

El Tribunal Supremo español estima que "para determinar la identidad de naturaleza de los delitos cometidos debe partirse del fundamento de la circunstancia agravante de reincidencia, esto es, de las necesidades de prevención especial o individual que requiere el autor que recae en el delito", por lo que su aplicación depende de "la tendencia o inclinación criminológica del autor del delito respecto a determinados bienes jurídicos"[586]. En otras palabras, según este criterio, no es suficiente para agravar la pena el apreciar la identidad de bien jurídico, sino fundamentalmente el grado de

---

nuevo; y las sistemáticas, pues el art. 81.1 se limita a excluir las anteriores condenas por delitos imprudentes al efecto de conceder o no la suspensión de ejecución de la pena". CEREZO MIR, José. *Obras completas*, p. 1027.

[584] MARÍN DE ESPINOSA CEBALLOS, Elena B., *La reincidencia*, p. 230.

[585] CEREZO MIR, José, *Obras completas*, p. 1026. Quien cita la STS nº 892/1999, del 2 de junio de 1999, en la que el Tribunal Supremo declaró que el robo con violencia o intimidación en las personas es de naturaleza distinta al de estafa, caracterizado por el empleo de medio engañoso. Considera, en cambio, de la misma naturaleza, los delitos de robo y hurto, y los de robo y hurto de uso de vehículos, vid, la STS nº 119/1999, del 5 de febrero de 1999.

[586] Vid. SSTS nº 920/1998; del 8 de julio de 1998; 1078/1998, 17 de octubre de 1998; 5/2003, del 14 de enero de 2003 y 1250/2003, del 30 de septiembre de 2003. GUISASOLA LERMA, Cristina, *Reincidencia y delincuencia habitual,* pp. 79-80. Quien, además, señala que "la locución 'tendencia criminológica' del autor nos parece una vuelta a la presunción de tendencia delictiva, a la presunción de inclinación al delito, lo que justificaba el tratamiento agravatorio de la reincidencia en el CP de 1822. Dicho criterio interpretativo recuerda la figura expresamente regulada en el Código Penal italiano de la 'tendencia a delinquir', expresión que (...) se recoge en su art. 108 ('especial inclinación al delito que trae causa en la índole particularmente malvada de su culpable'). Según este precepto, se declara delincuente por tendencia a quien, aunque no sea reincidente o delincuente habitual o profesional comete un delito contra la vida o la integridad física. Se trata de una forma de peligrosidad social tipificada". Para la autora: "estos supuestos, fundamentados en el dato naturalístico de la manera de ser o en la personalidad del autor, suponen una peligrosa incursión en el derecho penal de autor".

"especialización" en la comisión de hechos criminales. Lo criticable de esta posición es que no se exige que el juez evalúe ningún dato objetivo razonable que informe del riesgo o "proximidad" del delincuente al delito. Con todo, el debate sigue abierto[587].

Como cuarto requisito, "no se computarán los antecedentes penales ya cancelados o que debieran serlo"[588]. Además, conforme a la LO 1/2015, para la configuración de la reincidencia se prescinde de los antecedentes penales por delitos leves. Sin embargo, estos antecedentes sí podrán ser tomados en consideración para evitar la aplicación de la libertad condicional o para la configuración de las modalidades agravadas de algunos delitos menos graves o graves. Por ejemplo, en el caso del delito de hurto (art. 235.7 del CP) o de robo con fuerza en las cosas (art. 240.2 del CP), se impondrá una mayor pena en caso de multirreincidencia: "Cuando al delinquir el culpable hubiera sido condenado ejecutoriamente al menos por tres delitos comprendidos en este Título, siempre que sean de la misma naturaleza. No se tendrán en cuenta antecedentes cancelados o que debieran serlo". Se puede observar que para el aumento de la sanción se exige que se haya condenado al agente por la comisión de tres delitos ubicados en dicho Título y de la

[587] Cfr. MONGE FERNÁNDEZ, Antonia, *La circunstancia agravante de la reincidencia desde los fundamentos y fines de la pena*, p. 91. Por su parte, esta autora, explica que: "conforme a la regulación legal de la reincidencia en el Código Penal de 1995, a fin de proceder la aplicación de la misma en los casos de recaída en el delito, el juez habrá de observar un triple criterio, atendiendo a la identidad del bien jurídico protegido, la identidad de la gravedad de las conductas y, finalmente, la identidad en el modo de ataque al bien jurídico". La autora opta por exigir este último requisito basada en lo dispuesto en la Disposición Transitoria Séptima del CP: "A efectos de la apreciación de la agravante de reincidencia se entenderán comprendidos en el mismo Título de este Código, aquellos delitos previstos en el Cuerpo Legal que se deroga y que tengan análoga denominación y ataquen del mismo modo o idéntico bien jurídico". En este sentido, se tiene la circular nº 2/1996, de 22 de mayo de ese año, emitida por el Ministerio Fiscal, en que se establece que "las condenas recaídas con arreglo al Código Penal que se deroga podrán fundamentar la reincidencia de acuerdo con lo establecido en la Disposición Transitoria 7ª, el cual exige que la denominación del delito sea análoga y que exista una identidad tanto del bien jurídico protegido como de la modalidad de agresión. Lo esencial es esto último: la identidad del objeto de protección y forma de ataque".

[588] El Tribunal Supremo español señaló que para apreciar la reincidencia se requiere, entre otros requisitos, que consten en el *factum* la fecha de la firmeza de la sentencia condenatoria, el delito por el que se dictó la condena, la pena o penas impuestas, y la fecha en la que el penado las dejó efectivamente extinguidas. Asimismo, se indica que "a falta de constancia de la fecha de extinción, que constituye el día inicial para el cómputo del plazo de rehabilitación (artículo 136 CP), este plazo deberá determinarse desde la firmeza de la propia sentencia". Vid. SSTC nº 4/2013, del 22 de enero de 2013; 313/2013, del 23 de abril de 2013; 547/2014, del 4 de julio de 2014; 4080/2014, del 30 de septiembre de 2014, entre otras resoluciones. De otro lado, el Tribunal señaló que si en la Sentencia se omite indicar los datos referentes a las precedentes condenas, el juez debería decidir en beneficio del reo, entendiendo que los antecedentes pudieron haber sido cancelados, por lo que no sería reincidente (STS nº 345/2002, del 21 de febrero de 2002).

misma naturaleza, pudiendo ser alguno de ellos, un delito leve. En similar sentido, en el caso de la estafa (art. 250.1.8 del CP), se agravará la sanción cuando se presenten los elementos de la multirreincidencia: "Al delinquir el culpable hubiera sido condenado ejecutoriamente al menos por tres delitos comprendidos en este Capítulo. No se tendrán en cuenta antecedentes cancelados o que debieran serlo". En estos casos, se descarta la aplicación de la agravante expuesta en el art. 66.1.5 del CP, de similar contenido (vid. *infra*), a fin de evitar el *bis in idem*[589].

El quinto requisito establecido por el legislador para la aplicación de la agravante, es que los antecedentes penales a ser valorados pueden haber sido originados por la existencia de condenas firmes dictadas por un juez o tribunal español o de alguno de los países que formen parte de la comunidad europea"[590]. Esta decisión es discutible, en tanto la posibilidad de que el nuevo delito cometido esté comprendido en el "mismo Título" del tipo sancionado anteriormente en algún otro Estado europeo resulta una exigencia innecesaria y de difícil concreción[591].

De otro lado, la LO 11/2003 estableció como regla para la aplicación de la pena que "cuando concurra solo una o dos circunstancias agravantes (los jueces o tribunales) aplicarán la pena en la mitad superior de la que la ley fije para el delito" (art. 66.3 del

[589] Cfr. VIANA BALLESTER, Clara, "Los delitos de estafa: arts. 249 y 250 CP", en GONZÁLEZ CUSSAC, José Luis (dir.), GORRIZ ROYO, Elena y MATALLÍN EVANGELIO, Ángela (coords.), *Comentarios a la Reforma del Código Penal de 2015*, 2ª edición, Valencia, 2015, p. 751. También, GALLEGO SOLER, José Ignacio, en CORCOY BIDASOLO, Mirentxu y MIR PUIG, Santiago (dirs.), *Comentarios al Código Penal. Reforma LO 1/2015 y LO 2/2015*, Valencia, 2015, p. 822. En esa línea, JAÉN VALLEJO, Manuel y PERRINO PÉREZ, Ángel Luis, *La reforma penal de 2015*, Madrid, 2015, pp. 110-111, entre otros autores.

[590] ROIG sostiene que en la Decisión Marco 2008/675/JAI del Consejo de 24 de julio de 2008, se indica que "cada Estado miembro garantizará que se tomen en consideración, con motivo de un proceso penal contra una persona, las condenas anteriores pronunciadas en otros Estados miembros contra la misma persona por hechos diferentes. Esta equivalencia se aplicará, entre otros aspectos, al nivel de la pena impuesta". Esta disposición se relaciona "con la Decisión 2009/316/JAI del Consejo de 6 de abril de 2009, por la que se establece el Sistema Europeo de Información de Antecedentes Penales (ECRIS), dirigido al intercambio de información entre las bases de datos de los registros de antecedentes penales de los Estados miembros, mediante un programa informático". Cfr. ROIG TORRES, Margarita, "Cambios en la regulación de los antecedentes penales (arts. 22, 80, 89, 90, 94 bis y 136)", en GONZÁLEZ CUSSAC, José L. (dir.), GORRIZ ROYO, Elena y MATALLÍN EVANGELIO, Ángela (coords.), *Comentarios a la Reforma del Código Penal de 2015*, 2ª edición, Valencia, 2015, pp. 418 y ss.

[591] El reconocimiento de las sentencias dictadas en el extranjero a fin de aplicar la reincidencia ha sido cuestionado incluso antes de la puesta en vigencia del CP de 1995. En rigor, se afirmó que no cabe sostener que la infracción cometida en el extranjero y sancionada según la ley penal extranjera queda sujeta al mismo Título o Capítulo de la ley penal española. Por todos, cfr. DÍEZ SÁNCHEZ, Juan José, "La reincidencia internacional (especial referencia al Código Penal español)", en *CPC* (29), 1986, pp. 311 y ss.

CP). De esta manera, si se presentara la circunstancia agravante de reincidencia, la pena a imponerse tendrá como marco abstracto, la mitad y el máximo de la pena establecida por el legislador para el delito cometido. Además, se indica que las reglas de determinación de la pena establecidas en el art. 66 en caso de delitos imprudentes estarán sometidas al "prudente arbitrio" del juez o tribunal. Dicho con otras palabras, la reincidencia se aplicaría solo en los casos de delitos dolosos, salvo el "prudente arbitrio" del juez o tribunal en caso de los delitos culposos.

La LO 11/2003 también regula la multirreincidencia[592] (art. 66.5 del CP), aunque no se le denomina expresamente así[593]. Los requisitos de esta agravante son los siguientes: la existencia de tres condenas ejecutoriadas previas a la comisión de un nuevo delito que constituyen antecedentes penales no cancelados ni cancelables, que dichas condenas sean por delito comprendido en el mismo Título del CP y que sean de la misma naturaleza. El legislador señala que para la aplicación de la agravante el juez solo debe tener en cuenta las condenas precedentes, sino también "la gravedad del nuevo delito cometido"[594]. Esta norma pretende hacer frente a la delincuencia "profesionalizada", como se indica en la Exposición de Motivos de la Ley.

En efecto, en la Exposición de Motivos se mencionó lo siguiente: "La realidad social ha puesto de manifiesto que uno de los principales problemas a los que tiene que dar respuesta el ordenamiento jurídico penal es el de la delincuencia que reiteradamente comete sus acciones o, lo que es lo mismo, la delincuencia profesionalizada (...). Dicha circunstancia de agravación es compatible con el principio de responsabilidad por el

---

592 En contra de dicha denominación: PALACIO SÁNCHEZ-IZQUIERDO, quien menciona que para su aplicación "No es necesaria la multirreincidencia; basta una reincidencia simple seguida a la condena por tres delitos del mismo título". PALACIO SÁNCHEZ-IZQUIERDO, José Ricardo, "Novedades introducidas en el artículo 66 del Código Penal por la Ley del 29 de septiembre de 2003", en *Las recientes reformas penales: algunas cuestiones*, Bilbao, 2004, p. 159.

593 GUISASOLA LERMA, Cristina, *Reincidencia y delincuencia habitual.* p. 91. Afirma que: "Con falta de rigor, la multirreincidencia no se incorpora al catálogo de las circunstancias agravantes generales del art. 22, sino que se filtra en la nueva redacción del art. 66 del CP. Además, el legislador evita utilizar el término multirreincidencia, pese a que este sí aparecía expresamente en el denominado Plan de Lucha contra la delincuencia, presentado por el gobierno en 2002 en el que anunciaba como segunda medida legislativa la de 'responder de forma adecuada al fenómeno de la multirreincidencia'".

594 Uno de los criterios establecidos por el legislador para la aplicación de la agravante de multirreincidencia es "la gravedad del nuevo delito cometido". Lógicamente, si el nuevo hecho delictivo tiene una gravedad igual o superior a la de los anteriores, se podría justificar la aplicación de una mayor sanción penal. En cambio, no sería razonable que también se tuviera en cuenta en caso la gravedad del nuevo delito sea inferior. Cfr. BOLDOVA PASAMAR, Miguel Ángel, "Aplicación y determinación de la pena", en GRACIA MARTÍN, Luis (coord.), *Lecciones de consecuencias jurídicas del delito*, Valencia, 2016, p. 125.

hecho, siendo el juzgador el que, ponderando la magnitud de pena impuesta en las condiciones precedentes y el número de estas, así como la gravedad de la lesión o el peligro para el bien jurídico producido por el nuevo hecho, imponga, en su caso, la pena superior en grado"[595]. En esa línea, JIMÉNEZ DÍAZ agrega que si bien se trata de una reforma incompleta[596], no es del todo rechazable. Y es que al agravarse la pena al reincidente y al multirreincidente "a la par que está reprochando más duramente al autor su comportamiento (con base en su mayor culpabilidad), trata de mejorar la protección de la seguridad ciudadana, sencillamente, porque la misma constituye la plataforma sobre la que se posibilita el efectivo desarrollo de los derechos y libertades que nos corresponden"[597].

No obstante las justificaciones a su regulación normativa, la agravante de la multirreincidencia no está libre de crítica. Al respecto, GUISASOLA sostiene que la regulación de la multirreincidencia, conforme a la LO 11/2003, expresa "un injustificado rigor punitivo, permitiendo de nuevo la posibilidad –cerrada desde 1983– del desbordamiento penal, lo que conduce a una pena desproporcionada respecto de la gravedad del hecho"[598]. ROIG, por su parte, afirma que "nos genera suspicacias que una medida que se mostró infructuosa, en la actualidad sea capaz de conseguir el fin preventivo que se pretende, cuando además su introducción no parecía estar respaldada por ningún estudio empírico que denotara un cambio en las circunstancias"[599].

---

595 La LO 11/2003 tiene como fuente histórica el Anteproyecto de Ley Orgánica de Medidas Concretas en Materia de Seguridad Ciudadana y otros. En base a él, la Fiscalía General del Estado español opinó que es necesario adaptar la respuesta penal al "verdadero alcance de la conducta del delincuente habitual, haciendo más operativos los mecanismos por los que se realiza la función de prevención general tanto positiva –afirmativa de la vigencia del ordenamiento penal–, como negativa, disuasoria de los potenciales infractores de la norma". Por su parte, el Consejo General del Poder Judicial señaló que constituye una opción del legislador considerar que la multirreincidencia es "compatible con el principio de responsabilidad penal por el hecho en la medida en que el marco penal establecido en el correspondiente tipo de la parte especial sea insuficiente para comprender la mayor culpabilidad del autor reincidente".

596 JIMÉNEZ DÍAZ, María José, *Seguridad ciudadana y Derecho penal*, p. 85. Dicha autora afirma que en el sujeto que vuelve a cometer el delito una y otra vez, pone finalmente de manifiesto su "peligrosidad criminal", por ello la reforma debió haber apostado por la utilización de medidas de seguridad postdelictivas, "pero estas como las anteriores (medidas de política social) resultan mucho más costosas para el Estado desde un punto de vista económico, por lo que, como suele ocurrir, únicamente se acoge el remedio más fácil y barato (el incremento de la pena), sin buscar una solución tendente a eliminar el problema o, cuanto menos, a mejorarlo".

597 JIMÉNEZ DÍAZ, María José, *Seguridad ciudadana y Derecho penal*, p. 83.

598 GUISASOLA LERMA, Cristina, *Reincidencia y delincuencia habitual*, p. 93.

599 ROIG TORRES, Margarita, "La reforma del Código penal en materia de reiteración delictiva", en ORTS BERENGUER, Enrique (dir.), ALONSO RIMO, Alberto y ROIG TORRES, Margarita (coords.), *Derecho penal de la peligrosidad y prevención de la reincidencia*, Valencia, 2015, p. 347.

En tanto la multirreincidencia se ubica fuera del catálogo general de circunstancias agravantes de la pena, descrito en el art. 22 del CP y dentro de las reglas de determinación de la pena concreta del art. 66 del CP, se presentaron "dudas acerca de su verdadera naturaleza jurídica, es decir, si es una circunstancia agravante como la reincidencia o tiene una naturaleza distinta"[600]. En alguna ocasión, se optó por no aplicarla[601].

La imposición de la multirreincidencia es, además, facultativa. Ello se deduce de la utilización de la expresión "podrá" (art. 66.3 del CP) para referirse a la potestad que tiene el juez de decidir aumentar la pena luego de verificar los requisitos que establece la ley para esta agravante.

La doctrina ha señalado que debe distinguirse a la reincidencia y la multirreincidencia de la "habitualidad" criminal. Así, "la reincidencia, y por ende la multirreincidencia, son conceptos jurídicos o legales, pues el legislador se fija solo en la existencia de condenas anteriores. En cambio, la habitualidad criminal es un concepto criminológico, ya que exige que el delincuente haya adquirido un hábito criminal, es decir, una particular tendencia o inclinación al delito, de forma que se pueda afirmar que el sujeto es peligroso desde el punto de vista criminal"[602]. Se afirma que en el caso de la reincidencia y la multirreincidencia, al ser conceptos formales, basta para su aplicación la existencia de sentencias condenatorias previas y de la misma naturaleza a la del nuevo delito, no se exige la demostración de peligrosidad criminal alguna. Se dice que solo es peligroso el delincuente "habitual"[603]. No obstante, dicha condición se encuentra definida en el art. 94 del CP de la siguiente forma: "se consideran reos habituales los que hubieren cometido tres o más delitos de los comprendidos en un mismo capítulo, en un plazo no superior a cinco años, y hayan sido condenados por ello". Y es tenida en consideración a los efectos de la exclusión de la posibilidad de suspender la ejecución de las penas (art. 80.3 del CP)[604].

---

[600] AGUADO LÓPEZ, Sara, *La multirreincidencia y la conversión de faltas en delito,* p. 33.

[601] La Audiencia Provincial de Barcelona, en la sentencia del 5 de mayo de 2006, indicó: "Es criterio de Sala que, pese a lo que se afirma en la Exposición de Motivos de la Ley, es una circunstancia de agravación incompatible con el principio de responsabilidad por el hecho, así como supone la valoración de unos hechos, los objetos de condenas anteriores, de nuevo y en clara conculcación, por exasperación indiscriminada del principio penal de *non bis in idem*".

[602] AGUADO LÓPEZ, Sara, *La multirreincidencia y la conversión de faltas en delito*, p. 36.

[603] Con mayor detalle, MIR PUIG, Santiago, *La reincidencia*, pp. 544-546.

[604] Cfr. CARDENAL MONTRAVETA, Sergi, en CORCOY BIDASOLO, Mirentxu y MIR PUIG, Santiago (dirs.), *Comentarios al Código Penal. Reforma LO 1/2015 y LO 2/2015*, Valencia, 2015, pp. 363-364.

Por último, en cuanto al plazo de prescripción de la reincidencia y de la multirreincidencia, para su verificación se tiene que acudir a lo dispuesto en el art. 136 del CP, que regula el plazo de cancelación de los antecedentes penales[605]. En dicho dispositivo se mencionó, en su momento, que en el caso de penas leves el plazo de cancelación de los antecedentes es de seis meses, para las penas que no excedan de doce meses y las impuestas por delitos imprudentes el plazo de cancelación de los antecedentes penales es de dos años. Si la pena es menos grave, el plazo aludido será de tres años y, en caso la pena sea grave, el plazo para cancelar los antecedentes penales es de cinco años. Estos plazos se contarán "desde el día siguiente a aquel en que quedara extinguida la pena".

Con la LO 1/2015 se modifica el art. 136 del CP. Entre otros cambios, con dicha ley se revisan los plazos previstos para la cancelación de los delitos de mayor gravedad, que se elevan hasta los diez años. En concreto, se consagra en la ley que los condenados que hayan extinguido su responsabilidad penal tienen derecho a obtener del Ministerio de Justicia, de oficio o a instancia de parte, la cancelación de sus antecedentes penales, cuando hayan transcurrido sin haber vuelto a delinquir los siguientes plazos: seis meses para las penas leves, dos años para las penas que no excedan de doce meses y las impuestas por delitos imprudentes, tres años para las restantes penas menos graves inferiores a tres años, cinco años para las restantes penas menos graves iguales o superiores a tres años y diez años para las penas graves[606]. En la misma línea que la

[605] Al respecto, MIR PUIG indica que: "La función de los antecedentes penales es doble. Por una parte, han de ser tenidos en cuenta en ulteriores aplicaciones de la ley penal o procesal penal. En primer lugar, permiten comprobar la concurrencia de la agravante de reincidencia (art. 22, 8ª CP). En segundo lugar, pueden impedir la suspensión de la ejecución de la pena (art. 81, 1ª CP) o la sustitución de las penas privativas de libertad (art. 88 CP), a través, en este caso, del concepto de reo habitual (art. 94 CP). Por último, pueden determinar la denegación de la libertad provisional (arts. 503 y 504 LECr). Por otra parte, los antecedentes penales pueden impedir el acceso a un cargo público, la obtención de pasaportes, permisos de armas, etc., y su conocimiento por los particulares puede condicionar la concesión de un empleo". MIR PUIG, Santiago, *Derecho penal. Parte General*, p. 788.

[606] Mediante el RD 1110/2015 se crea un registro central de delincuentes sexuales. El propósito de la norma es, entre otras cosas, establecer mecanismos de prevención que permitan conocer si las personas que pretenden acceder o ejercer profesiones, oficios y actividades que impliquen el contacto frecuente con menores, carecen o no de condenas penales por los delitos a los que se refiere la norma. En el art. 10 de dicha disposición legal, se indica que el plazo de cancelación del registro será de treinta años en caso la condena haya sido impuesta a una persona mayor de edad por un delito sexual y en el que la víctima sea menor de edad. No obstante, esta disposición atiende a la cancelación de la inscripción en el registro antes anotado, pero la cancelación de los antecedentes penales (elemento esencial para la evaluación del plazo de prescripción de la reincidencia) sigue el régimen establecido en el art. 136 del CP.

norma modificada, se menciona que estos plazos se contarán "desde el día siguiente a aquel en que quedara extinguida la pena"[607].

Otro tema llamativo en la LO 11/2003 es la disposición de convertir las faltas en delito, sobre la base de su reiteración[608]. Así, se modificó el art. 147.2 del CP en el que se estableció que la comisión de cuatro faltas de lesiones en un año se castigará como delito[609]. Asimismo, se indicó que cuatro faltas de hurto en un año (siempre que el monto acumulado supere el mínimo exigido en el delito de hurto) serán suficientes para castigar el hecho como delito (art. 234 del CP[610])[611]. Finalmente, ambas disposiciones fueron derogadas por la LO 1/2015. En efecto, respecto a las lesiones, con la actual Ley, lo regulado en el art. 617.1 del CP (faltas de lesiones) pasa a ser considerado un delito leve. Este cambio no es slo nominal, pues la medida de localización permanente como pena alternativa en estos casos ha sido excluida del texto legal. Asimismo, conforme a la regulación anterior, la comisión de una falta de lesiones podía llevar a la imposición de una pena de multa de hasta dos meses. Con la norma vigente se eleva el límite superior a tres meses[612]. Por otro lado, con relación al hurto, se suprime la conversión de falta en delito. Además, se introduce al CP el delito leve de hurto (art. 234.2). No obstante, se

---

[607] En la Exposición de Motivos de la Ley 1/2015 se indica que "la nueva regulación equipara los antecedentes penales españoles a los correspondientes a condenas impuestas por tribunales de otros Estados miembros de la Unión Europea, a los efectos de resolver sobre la concurrencia de la agravante de reincidencia (...), conforme a la Decisión Marco 2008/675/JAI".

[608] No se exige legislativamente que el autor haya mostrado sentimientos de desprecio o de indiferencia hacia otros. Se afirma que "el correspondiente tipo se cumple con la realización reiterada de la conducta de que se trate". ALONSO ÁLAMO, Mercedes, "Sentimientos y Derecho penal", en *CPC* (106), 2012, p. 45.

[609] Al respecto, POLAINO NAVARRETE critica dicha modificatoria legal. Aprecia dicho autor que la cuádruple comisión de un comportamiento no delictivo (falta) como criterio legal de la "creación ficta" de delito no es correcto, razonable, coherente ni proporcional. Cfr. POLAINO NAVARRETE, Miguel, *La reforma penal española de 2003. Práctica jurídica*, Madrid, 2004, p. 46.

[610] Aunque debe señalarse que con la LO 5/2010 se redujo la cantidad de faltas de hurto a cometerse (tres) en un lapso de un año a fin de que sean consideradas para la calificación del hecho como delito.

[611] Esta norma fue cuestionada: "¿cómo se computan las cuatro faltas? ¿Qué sucede con el policía que intervino a una persona por cuarta vez en flagrante comisión de una falta; puede detenerla ya que este último hecho tiene carácter delictivo? ¿Cómo puede saber que es la cuarta vez?", cfr. CORCOY BIDASOLO, Mirentxu, "Los fines de la pena en el sistema de penas y medidas de la reforma de 2003", en CARBONELL MATEU, Juan Carlos; DEL ROSAL BLASCO, Bernardo; MORILLAS CUEVA, Lorenzo; ORTS BERENGUER, Enrique y QUINTANAR DIEZ, Manuel (coords.), *Estudios penales en homenaje al Profesor Cobo del Rosal*, Madrid, 2005, p. 249.

[612] Cfr. CASTRO CORREDOIRA, María y GUINARTE CABADA, Gumersindo, "La reforma de los delitos de lesiones (arts. 147, 152 y 156 CP)", en GONZÁLEZ CUSSAC, José Luis (dir.), MATALLÍN EVANGELIO, Ángela y GÓRRIZ ROYO, Elena (coords.), *Comentarios a la reforma del Código Penal de 2015*, 2ª edición, Valencia, 2015, p. 469.

indica que un hecho no podrá ser considerado un delito leve si en él concurre alguna circunstancia agravante regulada en el art. 235 del CP (una de ellas es la multirreincidencia en el delito de hurto, conforme al art. 235.7 del CP)[613].

La reincidencia es también una circunstancia agravante en el Derecho penal de menores. Así, en el art. 10.1.b) de la LORPM se ordena al juez de menores la aplicación de una medida de internamiento de 1 a 6 años cuando el menor infractor haya cometido uno de los delitos previstos en el art. 9.2 LORPM –el que hace referencia a delitos graves o delitos menos graves cometidos con violencia o intimidación, en banda o grupo–. Se exige que el adolescente sea mayor de 16 años y el hecho revista extrema gravedad, entendiéndose como tal a la circunstancia de reincidencia[614]. Anota CARDENAL: "El contenido del art. 10.1 b) LORPM pone de relieve que, por lo menos en los casos allí mencionados, el legislador concibe la reincidencia como una circunstancia agravante que ha de comportar automáticamente un incremento de la intensidad de la intervención del Derecho penal. En los casos allí regulados, ese incremento se concreta en la imposición de una medida de internamiento en régimen cerrado, con una duración mínima de un año, que no puede ser sustituida ni dejada sin efecto, ni puede ver reducida su duración hasta que haya transcurrido un año de cumplimiento efectivo"[615].

La decisión de limitar al juzgador en su poder discrecional, obligándolo a imponer la medida de internamiento con duración mínima de un año, en caso de reincidencia, es una opción legislativa cuestionable. Consideramos que es necesario valorar que el agente haya creado con su conducta una situación de mayor inseguridad. Ello requiere que el juez facultativamente lo determine. En esa medida, resulta importante tener en cuenta lo indicado en el art. 39.1 de la LORPM (modificado por la LO 8/2006). En dicha norma se indica que entre los elementos que deben valorarse en la sentencia, para

---

613 Cfr. ANDRÉS DOMÍNGUEZ, Ana Cristina, "Artículo 234", en GÓMEZ TOMILLO, Manuel (dir.), *Comentarios prácticos al Código Penal*, tomo III, Pamplona, 2015, p. 58.

614 Cfr. CRUZ MÁRQUEZ, Beatriz, "Significado de la reincidencia en el Derecho penal de menores: del pronóstico de peligrosidad a la culpabilidad", en http://www.biblio.dpp.cl/biblio/DataBank/5592.pdf (última visita: 20 de noviembre de 2013): "El efecto agravante de la reincidencia, junto a las otras condiciones, resulta evidente, especialmente si se compara con el régimen general de determinación de la medida juvenil, caracterizado por su flexibilidad y por la atención al interés superior del menor. En concreto, al fijar como punto de referencia el ámbito de aplicación de la medida de internamiento, implica en muchos casos un incremento de la intervención penal por encima de la concreta culpabilidad por el hecho, en clara contradicción con las interpretaciones del TC y del TS".

615 CARDENAL MONTRAVETA, Sergi, "La reincidencia en el Derecho penal de menores", en LUZÓN PEÑA, Diego-Manuel (dir.), *Derecho penal del Estado social y democrático de derecho. Libro homenaje a Santiago Mir Puig*, Madrid, 2010, p. 670.

resolver la medida a aplicar a los adolescentes, se encuentra de manera expresa "la circunstancia de que el menor hubiera cometido o no con anterioridad otros hechos de la misma naturaleza". El legislador optó por incluir este "indicio" de una mayor inseguridad, a efectos de legitimar la agravante de la pena y, con ello –subrepticiamente–, dar al juez un cierto margen para la interpretación.

Además, en la LORPM no se establece un plazo de prescripción de la reincidencia. Al respecto, consideramos oportuno hacer referencia a los criterios de aplicación de la agravante indicados por la Fiscalía General del Estado, en la Circular 1/2000 y en la Circular 1/2007. En la primera de ellas se mencionó que de la inexistencia de normas sobre la cancelación de antecedentes penales "no se puede concluir, sin más, que los antecedentes del Registro Especial no son cancelables o, mejor dicho, que en ningún caso cabrá entender cancelados esos antecedentes a efectos de dejar de apreciar la reincidencia –como impone el párrafo final del art. 22 CP–, por cuanto tal interpretación supondría hacer al menor infractor de peor condición que el delincuente adulto (...). Se impone en este tema, una vez más, la aplicación supletoria del CP, y más concretamente, teniendo en cuenta que las medidas de la LORPM no son propiamente penas y que el régimen de cancelación más favorable al reo es de las medidas de seguridad, su art. 137".

A ello debe agregarse la interpretación que de la Ley hace la Circular 1/2007, ya mencionada. En ella se indica que en la Circular 1/2000 "se declara que se impone en este tema la aplicación supletoria del CP teniendo en cuenta que las medidas de la LORPM no son propiamente penas y que el régimen de cancelación más favorable al reo es el de las medidas de seguridad. Ello lleva a aplicar el art. 137 CP, según el cual las anotaciones de las medidas de seguridad impuestas conforme a lo dispuesto en este Código o en otras leyes penales serán canceladas una vez cumplida o prescrita la respectiva medida. Por tanto, no procederá considerar reincidente a un menor aun cuando hubiera sido condenado con anterioridad por un delito comprendido en el mismo Título y de la misma naturaleza, cuando al tiempo de cometer el nuevo hecho ya hubiera cumplido la medida, sin necesidad de tener en cuenta ningún otro plazo adicional"[616].

Aun cuando la Fiscalía realizó un esfuerzo interpretativo para superar el vacío normativo, es indudable la necesidad de que el legislador cumpla con señalar, de modo concreto, un plazo de prescripción de la reincidencia de infracciones penales cometidas por adolescentes infractores; que debe ser más corto, en comparación a lo desarrollado

---

[616] En el mismo sentido, ROIG TORRES, Margarita, *La cancelación de los antecedentes delictivos*, Valencia, 2012, p. 188.

en la regulación para adultos, en virtud de las características personales del sujeto infractor de la ley penal. Por último, de *lege ferenda* consideramos que los antecedentes penales no cancelados, derivados de las condenas por hechos cometidos por menores de dieciocho años, deben constituir elementos a tener en cuenta por el juez, a efecto de advertir la peligrosidad del hecho, en el caso que él haya vuelto a cometer una infracción penal siendo mayor de edad.

De otro lado, con la LO 5/2010, del 22 de junio de ese año, se introdujo una nueva modalidad de libertad vigilada en el art. 106 del CP. Esta medida[617] –no pena[618]– consiste en imponer al condenado un control judicial luego de haber sido excarcelado. Dicho control judicial se caracteriza por el cumplimiento de las siguientes órdenes: localización permanente, prohibición de acercarse a la víctima o comunicarse con ella, prohibición de ausentarse del lugar de residencia sin autorización judicial, desempeñar determinadas actividades e, incluso, puede obligársele a seguir determinados programas formativos o someterse a tratamiento médico, entre otras medidas[619]. Se afirma que se

---

[617] Así se la califica expresamente en la Exposición de Motivos de la LO 5/2010. En ella se indica que la medida de libertad vigilada responde a la necesidad de que en casos de especial gravedad, sin dejar de lado el esfuerzo rehabilitador que debe seguir inspirando el tratamiento penitenciario, se puedan tutelar "otros valores no menos dignos de tutela, como son la seguridad y la libertad del resto de los ciudadanos, potenciales víctimas del delincuente no rehabilitado". Concluye que "agotada, pues, la dimensión retributiva de la pena, la peligrosidad subsistente del sujeto halla su respuesta idónea en una medida de seguridad".

[618] Con relación a la discusión sobre la naturaleza jurídica de la libertad vigilada, cfr. HUERTA TOCILDO, Susana, "Esa extraña consecuencia del delito: la libertad vigilada", en ÁLVAREZ GARCÍA, Francisco Javier; COBOS GÓMEZ DE LINARES, Miguel Ángel; GÓMEZ PAVÓN, Pilar; MANJÓN-CABEZA OLMEDA, Araceli y MARTÍNEZ GUERRA, Amparo (coords.), *Libro homenaje al profesor Luis Rodríguez Ramos*, Valencia, 2013, pp. 117 y ss. FERNÁNDEZ considera un acierto que a la libertad vigilada se la haya considerado una medida de seguridad y no una pena, pues su fundamento radica en la peligrosidad criminal del sujeto y no en la culpabilidad del mismo. Cfr. FERNÁNDEZ GARCÍA, Julio, "La reforma del sistema de sanciones", en ZÚÑIGA RODRÍGUEZ, Laura; GORJÓN BARRANCO, María Concepción y FERNÁNDEZ GARCÍA, Julio (coords.), *La reforma de 2010*, Salamanca, 2011, p. 64.

[619] Cfr. CID MOLINÉ, José, "La medida de seguridad de libertad vigilada (art. 106 CP y concordantes)", en SILVA SÁNCHEZ, Jesús-María (dir.), PASTOR MUÑOZ, Nuria (coord.), *El nuevo Código penal. Comentarios a la reforma*, Madrid, 2012, p. 186. Este autor afirma que "la libertad vigilada no es propiamente una nueva medida de seguridad, sino más bien un nuevo nombre que reciben las medidas de seguridad no privativas de libertad y que agrupa a un conjunto de medidas que ya existían anteriormente en la legislación, junto a otras no previstas". ACALE, por su parte, afirma que "la amplitud de prohibiciones y obligaciones con que puede llenarse la libertad vigilada hace necesario distinguir dos grupos: por un lado, aquellas que tienden a tener vigilada la libertad del sometido a la medida, y, por otro, las que tienden a proteger a las víctimas". ACALE SÁNCHEZ, María. *Medición de la respuesta punitiva y Estado de Derecho. Especial referencia al tratamiento penológico del delincuente imputable peligroso*, p. 192.

trató de una medida de seguridad dirigida a sujetos imputables peligrosos[620], quienes mantienen dicho estado –de peligro– con posterioridad al cumplimiento de la pena privativa de libertad (por ello, tal consecuencia jurídica es considerada una medida de seguridad *pospenitenciaria*[621]). El legislador español consideró que se trata de una medida caracterizada por no ser privativa de libertad y acumulativa a ella, aplicable a los sujetos responsables de "uno o varios"[622] delitos sexuales y a terroristas[623], basada en la

---

[620] De acuerdo con el art. 95 del CP español: "1. Las medidas de seguridad se aplicarán por el juez o Tribunal, previo los informes que estime convenientes, a las personas que se encuentren en los supuestos previstos en el capítulo siguiente de este Código, siempre que concurran estas circunstancias: (...) 2. Que del hecho y de las circunstancias personales del sujeto pueda deducirse un pronóstico de comportamiento futuro que revele la probabilidad de comisión de nuevos delitos".

[621] En el Preámbulo de la LO 5/2010 se menciona lo siguiente: "la novedad sustancial que incorpora la libertad vigilada es que resulta aplicable no solo cuando el pronóstico de peligrosidad del individuo se relaciona con estados patológicos que han determinado su inimputabilidad o seminimputabilidad, sino también cuando la peligrosidad deriva del específico pronóstico del sujeto imputable en relación con la naturaleza del hecho cometido, siempre y cuando el propio legislador así lo haya previsto de manera expresa". De forma crítica se afirma que la ley describe una presunción *iuris tantum* de peligrosidad no fundamentada. Y es que se prevé que esta subsistirá tras el cumplimiento de la pena de prisión, sin incluir algún otro requisito que permita determinarla. No obstante, afirma OTERO que se "deja la puerta abierta para desvirtuar la presunción en la medida en que, como mantiene el vigente art. 106.2, II CP, al menos dos meses antes de la extinción de la pena privativa de libertad se prevé que el juez de vigilancia penitenciaria no solo pueda cambiar las obligaciones del penado durante la ejecución de la pena de libertad vigilada, de acuerdo con ese pronóstico de peligrosidad variable, sino también reducir la medida de libertad vigilada o, incluso, dejarla sin efecto en cualquier momento de su cumplimiento". OTERO GONZÁLEZ, Pilar, *La libertad vigilada a ¿imputables?: presente y futuro*, Madrid, 2015, p. 82. DÍEZ RIPOLLÉS afirma que la medida de libertad vigilada, expuesta en la reforma de 2010, es una "palmaria manifestación de la ideología de la exclusión social en el abordaje de la delincuencia. Además de emplear arquetipos y generalizaciones escasamente fundamentados sobre el futuro comportamiento de ciertos delincuentes, supone el paladino reconocimiento de que el sistema penitenciario no está en condiciones de lograr lo que es uno de sus principales fines constitucionales, la reeducación y reinserción social de los delincuentes". DÍEZ RIPOLLÉS, José Luis, *Delitos y penas en España*, p. 28.

[622] En este sentido, la medida de libertad vigilada puede ser aplicada sin que necesariamente se esté ante una situación de reincidencia. Al respecto, OTERO aprecia que dicha medida debe aplicarse solo a los delincuentes peligrosos reincidentes, ya que "la reiteración sirve como juicio de pronóstico sobre la peligrosidad". Cfr. OTERO GONZÁLEZ, Pilar, *La libertad vigilada a ¿imputables?: presente y futuro*, Madrid, 2015, pp. 60 y 143-144.

[623] Se indica que la medida de libertad vigilada se creó, respecto de los condenados por delitos sexuales y terroristas, porque la prisión "no ha conseguido su reinserción en la sociedad ni ha excluido el elevado riesgo de reincidencia". Ante esto, DÍAZ cuestiona que si el actual sistema de penas ha fracasado, "no se alcanza a comprender porqué únicamente está prevista dicha medida para ese tipo de internos (agresores sexuales y terroristas) y no para todo tipo delictivo". DÍAZ SASTRE, Cristina, "Las medidas de seguridad con la nueva reforma del Código penal", p. 56.

"probabilidad" de que vuelvan a delinquir[624]. De esta forma, menciona FEIJÓO "[se ha acabado] con el modelo rígido que caracterizaba nuestro ordenamiento, según [el] cual las penas tienen como destinatarios sujetos culpables y las medidas exclusivamente inimputables (...). Nos encontramos, por tanto, ante un cambio fundamental en la orientación político criminal del ordenamiento español y en la estructura del sistema de sanciones"[625].

Según la LO 5/2010, la imposición de la medida puede ser facultativa cuando: a) La condena al sujeto haya sido por un delito de menor gravedad. b) La persona condenada no tenga antecedentes penales. De lo contrario, la medida será impuesta de forma obligatoria cuando se haya condenado al sujeto a pena privativa de libertad por uno o más delitos, sean graves o menos graves. También se afirmó que su imposición será obligatoria cuando esta vaya dirigida en contra de un sujeto que tenga antecedentes penales. No importaba que la condena previa a la ejecución de la medida haya sido por un delito grave o menos grave[626].

En cuanto a su imposición, esta se reguló en dos momentos. El primer momento, con la sentencia. El segundo momento, previo a la finalización de la pena privativa de libertad. En caso el juez se decante por mantener la medida, deberá concretar su contenido, imponiendo una o varias de las obligaciones o prohibiciones que establece el art. 106 CP español[627]. Con relación a la ejecución de la libertad vigilada, su mantenimiento, cese o suspensión puede ser dispuesto previa valoración de los informes emitidos por los facultativos y profesionales que asistan al sometido durante la ejecución de la medida de

---

[624] REQUEJO RODRÍGUEZ defiende la constitucionalidad de un sistema de penas-medidas aplicables a sujetos peligrosos. Señala que este sistema no significa "una mengua en las garantías constitucionales que han de rodear cualquier internamiento, pues, sin entrar en la debatida cuestión de su naturaleza, sancionadora o no, estaríamos en todo caso ante una privación-restricción coactiva de un bien jurídico, la libertad personal, fundada en la peligrosidad criminal y con un fin resocializador, que no podría quedar al margen del respeto al principio de legalidad y a los demás a él conectados". En resumen, dicha autora considera aceptable que se pueda agregar una medida de seguridad luego del cumplimiento de la pena para delincuentes imputables, ante el incumplimiento del objetivo de la prevención especial de la sanción. REQUEJO RODRÍGUEZ, Paloma, "Peligrosidad criminal y Constitución", en *InDret* (3), 2008, p. 20.

[625] FEIJÓO SÁNCHEZ, Bernardo, "La libertad vigilada en el Derecho penal de adultos", en DÍAZ-MAROTO Y VILLAREJO, Julio (dir.), *Estudios sobre las reformas del Código Penal. Operadas por las LO 5/2010, de 22 de junio y 3/2011, de 28 de enero*, Pamplona, 2011, p. 214.

[626] La LO 5/2010 establece que la medida tiene como plazo cinco a diez años, si alguno de los delitos fuere grave, o de uno a cinco si se trata de delitos menos graves (arts. 192.1 y 579.3 CP). En el caso de delitos menos graves, dada la menor peligrosidad del autor, el juez tiene la facultad de decidir si impone o no la medida "cuando se trata de un solo delito cometido por un delincuente primario" (arts. 192.1 y 579.3 CP).

[627] Cfr. CID MOLINÉ, José, *La medida de seguridad*, p. 191.

seguridad[628]. De esta manera, el legislador español tomó la decisión no solo de aceptar la existencia de sujetos imputables peligrosos, sino también de diseñar una forma de respuesta que atienda tal condición. Se optó por aplicar medidas restrictivas de la libertad y no privativas de ella[629].

Siguiendo la ideología punitiva impuesta por el legislador español en el 2010, cinco años después se publicó la LO 1/2015. Con esta norma se introdujeron algunos cambios a la regulación penal sobre libertad vigilada, incorporando tres nuevos supuestos de aplicación de esta medida (con la reforma se introducen dos nuevos arts., el 140 bis y el 156 ter, a su vez que se modifica el art. 173.2). En concreto, con el art. 140 bis se consagra que los sujetos condenados por el delito de homicidio y sus formas (delitos comprendidos en el Título I del Libro I del CP) podrán ser pasibles, junto con la pena, de una medida de libertad vigilada. Respecto a los alcances del art. 156 ter, en la misma línea, se aprecia que el juez o tribunal tendrá la facultad de imponer, junto con la pena, la medida de la libertad vigilada en los casos de delitos de lesiones (delitos expuestos en el Título III del CP), siempre que la víctima del delito sea alguna de las descritas en el art. 173.2 CP; es decir, cónyuge, ex cónyuge o análogo y los ascendientes, descendientes y demás miembros de la unidad familiar o bajo custodia o curatela del agresor. Por último, con la ley se modifica el art. 173.2 CP *in fine*, resaltándose la potestad que tiene el juzgador de imponer la medida de libertad vigilada a las personas condenadas por la comisión de un delito de maltrato habituales. Se ha criticado la reforma por haber

[628] Cfr. SIERRA LÓPEZ, María del Valle, *La medida de libertad vigilada*, Valencia, 2013, p. 147.

[629] En el Anteproyecto de reforma del CP, del 16 de julio de 2012, se pretendió introducir para la persona que cometa varios delitos considerados graves (siempre que pueda constarse la peligrosidad del autor), "una nueva medida de seguridad privativa de libertad: la custodia de seguridad que durará un máximo de 10 años y que se cumplirá tras la pena. Adicionalmente a esta medida podrá seguir la imposición de la medida de libertad vigilada durante como máximo 5 años". De esta forma, se pretendió regular una nueva medida de seguridad y, si bien establece en el Anteproyecto su supuesto "carácter excepcional", lo cierto es que no está sujeta "a criterios tan rigurosos". Así, "el texto establece la posibilidad de que para determinadas condenas (superiores a cinco años por delitos contra la vida, la integridad física, la libertad, indemnidad sexual, delitos contra la comunidad internacional y delitos de terrorismo) puedan imponerse [tal medida de seguridad], sin necesidad de condena previa pero sí con un 'pronóstico negativo', de manera conjunta la pena de prisión y la custodia de seguridad". PUENTE RODRÍGUEZ, Leopoldo, "Fundamento dogmático de la agravación por reincidencia", p. 197. Al respecto, SILVA SÁNCHEZ sostiene que "la posibilidad de un internamiento asegurativo, como es de ver en el significado desarrollo de la regulación de la custodia de seguridad alemana durante la última década y en evoluciones similares en el mundo anglosajón, debería existir aunque solo fuera para los casos más graves. No se trata de acoger una concepción radical de la inocuización, como distribución desequilibrada de cargas en perjuicio del sujeto que ya cumplió su condena". Se postula que en casos límite, de extrema peligrosidad del sujeto, objetivamente acreditada, debería considerarse incluso la posibilidad de un internamiento permanente "aunque no irreversible". SILVA SÁNCHEZ, Jesús-María, "El contexto del Anteproyecto de Reforma del Código Penal de 2008", p. 25.

perdido la oportunidad de establecer un sistema unitario sobre la libertad vigilada (considerándose lo expuesto en la LO 5/2010 y en la LO 1/2015). Además, se cuestiona que con la LO 1/2015 se amplía, sin mayor explicación, el catálogo de delitos que justifican la imposición de la medida de libertad vigilada a sujetos imputables. En concreto, se discute la omisión en dicho catálogo de delitos especialmente graves como el de trata de personas y, de otro lado, se critica la inclusión en la lista de delitos al homicidio culposo y al de inducción al suicidio, por su menor gravedad[630].

III.3 BREVE REFERENCIA A LA REGULACIÓN PERUANA SOBRE LA REINCIDENCIA

La reincidencia, como agravante de la pena en el Perú, constituye una vieja figura incluida en los códigos penales de 1863[631] y de 1924[632], y aunque proscrita por el CP de 1991, su reingreso al ordenamiento punitivo no se dio con la Ley n° 28726 (del 9 de mayo de 2006), pues ella ya regía y rige para casos de terrorismo, conforme se estipula en el art. 4 del D. Leg. n° 921[633] (el D. Ley n° 25475 o "Ley Antiterrorista", del 5 de mayo de 1992, también la reguló[634]).

De modo polémico para un sector de la doctrina penal peruana[635], la Ley n° 28726 (del 9 de mayo de 2006) modificó el CP de la siguiente forma[636]: por un lado, se insertaron en

630 SALAT PAISAL, Marc, *La respuesta jurídico penal a los delincuentes imputables peligrosos: especial referencia a la libertad vigilada*, Navarra, 2015, pp. 367-369.

631 En el CP de 1863 se reguló a la reincidencia de esta forma: "Art. 10. Son circunstancias agravantes: (...) 14. Ser el culpable reincidente en delito de la misma naturaleza, o consuetudinario, aunque sea en otros de diversa especie".

632 En el CP de 1924, se reguló, en el art. 111, lo siguiente: "Es reincidente el que después de haber sufrido en todo o en parte una condena de pena privativa de la libertad, impuesta en sentencia nacional o extranjera, incurre, antes de pasar cinco años, en otro delito también con pena privativa de la libertad". Y en el art. 112 se regula que: "Los reincidentes serán reprimidos con pena no menor que el *máximum* de la que corresponde al delito".

633 En el D. Leg. n° 921 se indica lo siguiente: "la pena máxima para la reincidencia contemplada en el artículo 9 del Decreto Ley n° 25475 será de cadena perpetua".

634 En el D. Ley n° 25475 o Ley Antiterrorista, en su art 9, se indicó que: "Los reincidentes serán reprimidos con pena privativa de libertad no menor de treinta años".

635 En contra de la inclusión de la reincidencia y la habitualidad al CP peruano, ORÉ SOSA, Eduardo, "El endurecimiento del Derecho penal a través de las leyes 28726 y 28730", en *AJ* (junio), 2006, pp. 13-21. También, PEÑA CABRERA FREYRE, Alonso Raúl, "La Ley penal sobre reincidencia y habitualidad. El retorno a los postulados del positivismo criminológico", pp. 13-21. Con relación a la incorporación de la habitualidad delictiva como circunstancia que permite la aplicación de la prisión preventiva, vid. REÁTEGUI SÁNCHEZ, James, "Modificación de los requisitos materiales de la prisión preventiva. La reducción de la pena probable y la incorporación de la habitualidad delictiva", en *AJ* (junio), 2006, pp. 33-36.

el art. 46 del CP dos agravantes genéricas de la pena: la habitualidad del agente al delito (inc. 12) y la reincidencia (inc. 13). Por otro lado, se incorporaron disposiciones en las que se definieron dichas agravantes y se las reguló como cualificadas: art. 46-B[637] y 46-C[638]. De esta manera, la reincidencia y la habitualidad tuvieron en el Perú un doble tratamiento normativo, como agravantes genéricas y cualificadas[639]. En cuanto a su contenido, es importante hacer referencia a la STC n° 0014-2006-PI-TC[640] y al Acuerdo Plenario n° 1-2008/CJ-116[641], pues en estos documentos fueron fijadas algunas reglas para la aplicación de estas figuras[642].

---

[636] Sobre los alcances de la Ley n° 28726, recojemos en gran parte lo comentado en: ALCOCER POVIS, Eduardo, "El reincidente como enemigo. Aproximación al tema", en *Temas penales en la jurisprudencia del Tribunal Constitucional. Anuario de Derecho penal 2008*, Lima, 2009, pp. 247 y ss.

[637] Se incorporó el art. 46-B al CP, cuyo contenido era el siguiente: "El que, después de haber cumplido en todo o en parte una condena privativa de libertad, incurre en nuevo delito doloso, tendrá la condición de reincidente. Constituye circunstancia agravante la reincidencia. El juez podrá aumentar la pena hasta en un tercio por encima del máximo legal fijado para el tipo penal. A los efectos de esta circunstancia no se computarán los antecedentes penales cancelados".

[638] En el art. 46-C del CP se indicó lo siguiente: "Si el agente comete un nuevo delito doloso, será considerado delincuente habitual, siempre que se trate al menos de tres hechos punibles que se hayan perpetrado en un lapso que no exceda de cinco años. La habitualidad en el delito constituye circunstancia agravante. El juez podrá aumentar la pena hasta en una mitad por encima del máximo legal fijado para el tipo penal".

[639] En el Proyecto de Ley n° 13600/2005, se indica: "El asunto de la seguridad ciudadana no es solo incrementar la cantidad de policías en las calles o dotar de más armamento, requiere necesariamente de la promulgación de leyes más prácticas concretas y de acuerdo con nuestra realidad. La reincidencia debe ser penada porque no es posible que la Ley permita que cualquier persona robe hasta un equivalente de mil 840 nuevos soles por día y no sea sancionado, pues estas acciones constituyen faltas". El legislador confunde la agravante de reincidencia con los casos de delito continuado.

[640] En esta Sentencia, el TC peruano analizó la constitucionalidad de la Ley n° 28726, que incorporó al CP a la reincidencia y a la habitualidad como agravantes genéricas y cualificadas de la pena. Lo contenido en dicha resolución fue anteriormente expuesto, en gran parte, por el propio TC en la STC n° 003-2005-PI/TC, que analizó la constitucionalidad del art. 9 del D. Ley n° 25475 (Ley contra el terrorismo).

[641] El art. 301-A del CdePP establece, entre otras cosas, que las resoluciones judiciales emitidas por la Sala Penal de la Corte Suprema y los Acuerdos Plenarios constituyen precedente vinculante cuando así se indique en las mismas, precisando el extremo de su efecto normativo. Según dicha disposición procesal, se requiere para su obediencia o efecto vinculante, de su publicación en el diario oficial o por Internet, en el Portal del Poder Judicial.

[642] El Acuerdo, conforme lo anota, tomó como referencia "los Plenos Jurisdiccionales Distritales, Regionales y Nacional de Magistrados de lo Penal realizados en Arequipa, Lima e Iquitos, que analizaron y decidieron sobre los alcances hermenéuticos de la Leyes nº 28726 y 28730, en lo que atañe: a) a las circunstancias de reincidencia y habitualidad (art. 46º, incisos 12 y 13, 46º B, 46º C, y 69º del CP) y así como al b) concurso real de delitos (arts. 50º y 51º del CP). Particularmente en lo referente a sus presupuestos y requisitos legales, así como sobre sus efectos en la determinación de la pena concreta".

El TC peruano ensayó una definición, no libre de crítica. El Tribunal, en la sentencia antes referida, consideró que: "(...) la reincidencia es una situación fáctica consistente en la comisión de un delito en un momento en el cual el actor ha experimentado, previamente, una sanción por la comisión de uno anterior". Discrepamos de esta posición. La reincidencia no es una "situación fáctica", sino es un supuesto normativo de agravación de la responsabilidad penal. Lo fáctico (el nuevo hecho) es valorado negativamente, pues el agente se enfrenta nuevamente al ordenamiento jurídico. El nuevo hecho es otro para el Derecho, es un hecho más aflictivo. Así, normativamente, se puede explicar el contenido de dicha agravante (conforme se desarrolló en el Capítulo I de este trabajo).

El TC, en la STC n° 0014-2006-PI/TC, indicó lo siguiente: "Si se consideran los alcances del texto de la norma, se comprende que la reincidencia consiste en una calificación de la conducta delictiva, adicional a la calificación ya prevista por el tipo penal. Esto quiere decir que ante la presunta realización de un delito, el juzgador evalúa, en un primer momento, si la conducta puede subsumirse en los elementos que conforman el tipo penal; si se produce dicha subsunción, la conducta es calificada con el *nomen iuris* que corresponde al delito (primera calificación). En un segundo momento, el juzgador evalúa nuevamente la conducta para establecer si califica o no como reincidencia, en función a la existencia de antecedentes del imputado por cometer anteriormente el mismo delito (segunda calificación). Una vez que se constata la comisión del delito y su carácter reincidente, se produce la atribución de las sanciones: una sanción por la comisión *per se* del delito y la agravación de dicha sanción como consecuencia de haberse identificado el carácter reincidente de la persona".

El TC se coloca en el lugar del legislador y explica los alcances –no establecidos en la Ley n° 28726, entonces vigente en el Perú– de la figura de la reincidencia. Señala que una persona es reincidente cuando, luego de realizarse la subsunción típica de la conducta (debería decir: luego de verificarse la responsabilidad penal), se identifica la existencia de antecedentes penales por el "mismo delito". Es decir, el TC restringe la aplicación de la agravante a los casos en los que haya identidad "absoluta" de delitos cometidos y no solo a los casos en que haya identidad de delitos dolosos, como se reguló expresamente, en la Ley cuya constitucionalidad se analizó (identidad relativa de tipo penal)[643].

[643] La Corte Suprema, en el R.N. nº 3844-2009-Lambayeque, del 24 de junio de 2010, mencionó que no es un requisito para la aplicación de la agravante de reincidencia, que "el delito posterior sea de la misma naturaleza" que el anterior. Sin embargo, la Corte, en otras resoluciones, consideró a un sujeto reincidente, en tanto el delito anterior es "similar" o de la "misma clase", respecto del nuevo delito cometido. Ello se puede

De otro lado, en el Acuerdo Plenario n° 1-2008-CJ/116 se describió la posición de la Corte Suprema en relación con la finalidad y el fundamento de la reincidencia. Así, se afirmó que "la reincidencia [tiene como] finalidad [responder] a la necesidad de una mayor represión penal por razones de prevención especial, basada en la mayor peligrosidad del sujeto (...)"[644]. Así, este párrafo contradijo al TC, que afirmó que la finalidad de la agravante era preventiva general: "Proteger a la población de las amenazas contra su seguridad y promover el bienestar general" (STC nº 0014-2006-AI/TC). En la conjugación de ambas finalidades podemos encontrar el objetivo que se tuvo al regular la reincidencia en el Perú.

En cuanto al fundamento de la agravante, este se halla, según ambos documentos, en la agravación de la responsabilidad en virtud de la "conducción de la vida delictiva"[645]. No estamos de acuerdo con esta posición. No es suficiente el mero pasado criminal para que el Estado responda de forma más grave. Al reincidente se le sanciona de modo distinto por haber realizado un hecho más grave y porque se le exigía comportarse conforme a derecho. Además, entre otras razones, porque al volver a delinquir dio muestra de peligrosidad[646]. Se trata de una peligrosidad fundada en criterios normativos (su

---

observar en las siguientes ejecutorias: R.N. nº 3388-2009-Santa, del 27 de mayo de 2009; R.N. n° 3807-2013-Junín, del 12 de agosto de 2014 y R.N. nº 1314-2013-Lima, del 5 de julio de 2013. De otro lado, en otras resoluciones, la Corte, sin afirmar expresamente que se está ante una situación de reincidencia, consideró como criterio para agravar la pena que el agente haya cometido delitos similares (R.N. nº 4246-2009-Lima, del 14 de junio de 2010 y R.N. nº 1407-2013-Lima, del 18 de marzo de 2014).

[644] Al respecto, se tiene el Proyecto de Ley n.° 12450/2004-CR, presentado el 4 de marzo de 2005, en cuya Exposición de Motivos se puede leer lo siguiente: "El carácter del delincuente habitual resulta de la inclinación al delito, es una costumbre adquirida por la repetición de actos delictivos y es un modo de obrar del sujeto. Esta se verifica no solo mediante las sentencias condenatorias, sino también a través de [los] antecedentes policiales y penales./ Es importante entender que el juez, al imponer una pena al infractor habitual, no está evaluando y juzgando por los hechos delictivos pasados, sino que se le juzga por el hecho actual, pero considerando como agravante la repetición de hechos delictivos en el tiempo, entendiéndose que el infractor se mantiene en un estado de peligrosidad, del cual hay que proteger a la sociedad en su conjunto con medidas de carácter especial, como imponer una sanción más severa para lograr que la pena cumpla su función resocializadora".

[645] En las SSTC n° 0014-2006-AI/TC y 003-2005-PI/TC se indica lo siguiente: "[L]a reincidencia consiste en una circunstancia en la cual se constata la existencia de antecedentes delictivos en la persona que está siendo juzgada, para efectos de agravar la pena que se le pretende imponer como consecuencia de haber cometido un delito. Se trata, pues, de una comprobación desde la criminología de la forma de vida delictiva del procesado, que posibilita la imposición de una mayor punición a una persona, allende a la que corresponde por la comisión del delito, considerado de modo aislado". Ambas sentencias comparten el mismo texto.

[646] En el párrafo 12, del Acuerdo Plenario n° 1-2008/CJ-116, se indica que "esa calificación [peligrosidad], como es evidente, tiene un alto valor simbólico social". También se menciona que "la agravación de la pena solo se producirá cuando el sujeto manifiesta con su delito un menosprecio hacia el bien jurídico tutelado y

determinación depende del análisis de elementos objetivos y subjetivos). Caso contrario, la presunción de riesgo que recae sobre el reincidente será ilegítima (basada en la mera intuición).

Otra información importante, incluida en el Acuerdo, es la que establece que la reincidencia y la habitualidad "no pueden cumplir a la vez las funciones que corresponden a una circunstancia común y a una cualificada. Solo deben apreciarse en su rol de circunstancias cualificadas, pues únicamente en ese caso pueden agravar la pena por encima del marco de conminación legal de la sanción para el delito cometido, lo cual fue el sentido de su reincorporación al Derecho penal nacional". Con esto, se deja de lado la valoración de la cualidad de reincidente y habitual como agravantes genéricas (art. 46 del CP) para utilizarla solo como agravantes cualificadas (art. 46-B y 46-C)[647].

Lo acordado por la Corte Suprema puede discutirse por su confrontación con el principio de proporcionalidad (se optó por tratar a la reincidencia como una agravante cualificada y no como una agravante menos aflictiva como la genérica). Además, es cuestionable que mediante este tipo de decisiones se declare la "inaplicación" de una norma en favor de otra. En otras palabras, ilegítimamente el juez se colocó en el lugar del legislador "derogando" tácitamente una disposición legal.

Además, en el Acuerdo se indica que "la condición cualificada de una agravante siempre demanda que el juez determine la pena concreta dentro del nuevo marco conminatorio que ha fijado la ley como consecuencia punitiva para la reincidencia y la habitualidad. Y donde tomando de referencia la pena conminada para el delito que posibilita la configuración de la agravante cualificada, el nuevo máximo de la pena básica será el límite fijado por el art. 46 B para dicho tipo de agravante" (un tercio o una mitad por encima del máximo legal, respectivamente). Asimismo, se menciona en el Acuerdo que, para aplicar la agravante, esta debe haber sido solicitada por el Fiscal en la acusación[648].

---

que no ha sido impresionado por la pena anterior, al punto de evidenciar que la sanción impuesta no le ha conducido a llevar un comportamiento social adecuado a la norma. Por lo que debe verificarse, en cada caso, si se le puede reprochar al autor, reincidente, que no haya tomado como advertencia la anterior condena".

[647] Con lo que deja vacío de contenido lo expresado por el TC en la STC n° 0014-2006-AI/TC, pues esta última solo evaluó la constitucionalidad de la reincidencia y habitualidad como agravantes genéricas.

[648] En esa línea, la Corte Suprema ha tenido una posición uniforme respecto la necesidad de que el Fiscal solicite la aplicación de la agravante en la acusación. Ello se puede observar en las siguientes ejecutorias: R.N. n° 3807-2013-Junín, del 12 de agosto de 2014; R.N. nº 2726-2013-Lima, del 18 de marzo de 2014; R.N. nº 2309-2014-Ucayali, del 27 de octubre de 2015; entre otras resoluciones.

Por último, en el Acuerdo, al interpretar los arts. 46-B y 69 del CP, se afirma que la reforma de esta última disposición tuvo lugar con la Ley n° 28730, del 13 de mayo de 2006, cuatro días después de dictarse la Ley n° 28726 que reintrodujo en el CP justamente, entre otras categorías, a la reincidencia. Por lo que la primera de las normas, por ser posterior, modificó implícitamente a la segunda. En esa línea, el texto del art. 69 del CP, al indicar que "la reincidencia deja sin efecto la cancelación de los antecedentes penales, judiciales y policiales, hasta el cumplimiento de la nueva pena", derogó lo dispuesto en el párrafo final del art. 46-B del CP, que establecía lo siguiente: "A efectos de esta circunstancia no se computarán los antecedentes penales cancelados". Con esto, se concluye que "la reincidencia es una excepción a la regla general de la rehabilitación inmediata por cumplimiento de la pena privativa de libertad impuesta". Al respecto, es de destacar dos puntos: primero, la regulación del actual art. 69 del CP termina con la frase "nueva pena", lo que reafirma que la consecuencia penal del hecho cometido por el reincidente o por el habitual, como agravantes cualificadas, es una nueva sanción y, segundo, el *"olvido"* estadual de los antecedentes penales de la persona no es coherente con la figura de la reincidencia (de otro modo, no se podría sustentar la aplicación de una pena distinta).

Por otro lado, el legislador consideró que la aplicación de las agravantes será facultativa (se indica expresamente: el juez "podrá")[649]. Además, lo cuestionable es que no se haya estipulado en la Ley n° 28726 un plazo entre la culminación de la ejecución de la pena (en todo o en parte) impuesta por el primer delito cometido[650] y el nuevo hecho criminal.

Asimismo, el legislador determinó que se configurará la reincidencia y la habitualidad, siempre que el delito anteriormente cometido y el nuevo, o nuevos hechos criminales, según se trate de la reincidencia o la habitualidad, sean dolosos, lo cual constituye un paso importante en orden a determinar la peligrosidad del sujeto (una persona al actuar dolosamente manifiesta la intención de enfrentarse al ordenamiento jurídico). No se

[649] En el R.N. n° 2979-2012-Lima, del 12 de septiembre de 2013, la Corte Suprema, a pesar de que el condenado cumplía con los requisitos para ser considerado reincidente, no le aplicó la agravante por apreciar que la pena impuesta en primera instancia fue "proporcional" al injusto cometido.

[650] La Corte Suprema, en el R.N. n° 3505-2013-Lima, del 1 de agosto de 2014, indica que para la aplicación de la reincidencia es indispensable que el condenado haya sufrido previamente pena privativa de libertad efectiva. En el caso analizado, el sujeto fue condenado anteriormente a pena privativa de libertad suspendida, por lo que no se le aplicó la agravante (en esa línea, se tienen las siguientes resoluciones: R.N. n° 1734-2010-Piura, del 31 de agosto de 2010; R.N. nº 1884-2014-Lima Norte, del 12 de octubre de 2015 y R.N. nº 3043-2015-Lima, del 14 de abril de 2016). Al contrario, en el R.N. nº 1071-2010-Lima, del 13 de julio de 2010, se le consideró reincidente a una persona, a pesar de que anteriormente se le condenó a pena privativa de libertad con ejecución suspendida.

menciona (omisión que se mantiene en las siguientes normas que regulan la reincidencia en el Perú) si entre el delito que fue objeto de sentencia condenatoria y el nuevo hecho criminal debe existir o no alguna relación de identidad objetiva (por ejemplo, no se indica si deben ser de la "misma naturaleza" o deben de tener "el mismo bien jurídico", entre otras posturas desarrolladas por la doctrina y la legislación comparada).

Con la Ley n° 28726 se modificó el libro de faltas, indicándose en el art. 440.7 del CP lo siguiente: "Constituye circunstancia agravante la reincidencia. El juez podrá aumentar la pena hasta el doble del máximo legal fijado". De esta forma, se incluye al CP la reincidencia en el caso de estas infracciones penales, dejándose de lado a la habitualidad. Esta disposición debe interpretarse sistemáticamente con el art. 46-B del mismo texto legal, sin la exigencia de la previa ejecución de la condena. Y es que en el caso de faltas, la regla general es que no se sancionen con pena privativa de libertad (solo en casos de reincidencia en las faltas establecidas en los arts. 441 –lesiones– y 444 del CP –hurto y daño–, es posible la conversión a dicha pena). Por lo tanto, lo dispuesto en el art. 46-B complementa el mensaje normativo del art. 440.7 del CP respecto al concepto de "reincidencia", salvo en la exigencia de que el agente haya "sufrido" la cárcel producto de una condena.

Así también se anotó en el Acuerdo Plenario n° 1-2008-CJ/116: "La reincidencia en faltas se produce cuando quien habiendo sido condenado como autor o partícipe de esta clase de infracción penal, incurre luego de que la condena adquiere firmeza en la comisión de una nueva falta. Se trata, pues, de una modalidad de reincidencia ficta que no exige que se haya cumplido en todo o en parte la pena impuesta"[651]. Además, la Corte Suprema agrega: "La reincidencia en faltas determina modificaciones en la pena conminada para la nueva falta cometida. En tal sentido, el máximo de pena originalmente establecido por la ley se convertirá en mínimo y se configurará un nuevo límite máximo que será equivalente a la mitad por encima del máximo original". Con ello, la judicatura incluye un criterio de cuantificación de la pena, que excede lo dispuesto por el legislador en el art. 46 del CP, que regula los criterios genéricos de determinación de la pena en el Perú.

Asimismo, el legislador aumentó el plazo de prescripción de la acción penal en las faltas dolosas cuando se presente la circunstancia agravante de reincidencia. En efecto, se modificó el art. 440.5 del CP de la siguiente forma: "La acción penal y la pena

---

[651] La Corte Suprema comete un error al considerar que en la legislación peruana se regula la sanción a los "partícipes" de una falta. En el art. 440.2 se indica expresamente que en caso de faltas "solo responde el autor".

prescriben al año. *En caso de reincidencia, prescriben a los dos años*". Consideramos importante que se haya optado por agravar el plazo de prescripción de la acción penal en caso de reincidencia por faltas, pues de modo implícito se aprecia que dicha circunstancia agrava el injusto y lo hace más "reprochable". Con el añadido que la prescripción, para la Corte Suprema, tiene naturaleza sustantiva[652] (similar posición tomó el TC en las SSTC nº 1805-2005-HC/TC y 2522-2005-PHC/TC). De otro lado, el legislador, a pesar de regular a la reincidencia *delictiva* como circunstancia agravante cualificada, no le da un efecto ampliatorio del plazo de prescripción de la acción penal.

En el mencionado Acuerdo, la Corte Suprema indica: "Para que se configure la reincidencia la nueva falta debe ser cometida en un plazo no mayor a dos años de quedar firme la condena anterior. De esa manera, la reincidencia será compatible con los plazos ordinarios de prescripción de la acción penal y de la pena estipulados en la segunda parte del inciso 5 del artículo 440". Aunque se estableció un criterio de interpretación saludable, en orden a limitar la aplicación de esta circunstancia agravante solo a los casos en los que se manifieste objetivamente peligrosidad (la determinación de un plazo de prescripción de la reincidencia ayuda a delimitarla); sin embargo, no debe dejarse de lado que se trata de una disposición no regulada legislativamente hasta ese momento. La Corte Suprema estableció un requisito no indicado en la Ley.

En lo procesal, la Ley n° 28726 modificó el art. 135.2 del CPP de 1991, que regula los requisitos para imponer una prisión provisional. Se estableció que para decretar tal medida cautelar basta que el juez haya verificado la suficiencia probatoria, el vínculo del procesado con la comisión del delito y el requisito de la *peligrosidad* o *habitualidad* para imponer la prisión provisional como medida cautelar. Sin que sea así necesario que la sanción a imponerse o la suma de ellas sea superior a un año de pena privativa de libertad.

Respecto a la naturaleza y finalidad de la coerción personal, hay que recordar lo que, respecto a la prisión provisional, dice ASENCIO MELLADO: "Si los fines que se asignan a una medida cautelar exceden a los que son consustanciales a este tipo de resoluciones, la medida perderá su naturaleza cautelar y pasará a convertirse en otra cosa, en otra figura

---

[652] En el Acuerdo Plenario n° 8-2008/CJ-116 se menciona que: "La presencia de la prescripción en el ordenamiento jurídico solamente puede explicarse de manera satisfactoria si se tiene en cuenta la función del Derecho penal". Además, en cuanto al fundamento de la prescripción de la acción penal se afirma que este radica en "la falta de lesividad de tales hechos: los acontecimientos que ya forman parte del pasado no ponen en peligro el modelo social vigente y, por tanto, carecen de contenido lesivo que justifique su sanción" [se cita a RAGUÉS I VALLÈS, Ramón, *La prescripción penal. Fundamento y aplicación*, p. 45].

cuyos contornos serán siempre imprecisos y, en la mayoría de los casos, de difícil encaje en el sistema de valores que inspira el sistema democrático"[653].

En cuanto a la finalidad de la coerción personal, existen dos tendencias: por un lado, están los sustantivistas, que confunden el encarcelamiento durante el proceso con la pena o medida de seguridad del Derecho penal, y le atribuyen el cumplimiento de funciones propias a esas sanciones. Por otro, los procesalistas, que captan perfectamente la naturaleza y fines del encarcelamiento preventivo y le asignan solo la misión de custodiar los fines del proceso, para que este pueda cumplir su función instrumental de "afianzar la justicia"[654]. Definitivamente, la segunda concepción nos parece la más correcta. La prisión provisional no puede tener objetivos carcelarios propios de la pena criminal, sino debe circunscribirse a objetivos procesales incursos dentro de la teoría cautelar[655]. En el mismo sentido se expresa el TC al afirmar que: "La detención provisional tiene como última finalidad asegurar el éxito del proceso. No se trata de una medida punitiva (…). Se trata de una medida cautelar, cuyo objetivo es resguardar la eficiencia plena de la labor jurisdiccional" (STC n° 0298-2003-HC/TC).

En esa línea merece resaltarse lo sostenido por el TC en la sentencia que declaró la inconstitucionalidad en parte de los decretos leyes n° 25475, 25659, 25708 y 25880 sobre terrorismo (STC n° 0010-2002-AI/TC). Los jueces afirman, respecto a la obligación de dictar detención en el momento de abrir proceso dispuesto en la Ley, que ella es inconstitucional al afectar el principio de presunción de inocencia. Señala el TC que el legislador erróneamente ha optado por no tratar a la detención judicial preventiva como una medida cautelar que deba dictarse cuando se ponga en riesgo la actividad probatoria o el resultado mismo del proceso penal. Menciona el Tribunal que, en realidad, se está regulando a dicha institución como una "medida de seguridad", susceptible de dictarse teniendo en consideración la gravedad del delito materia de investigación. La CIDH sostuvo, a su vez, que la prisión provisional es una medida

---

653 ASENCIO MELLADO, José María, *Derecho Procesal Penal,* Valencia, 2004, p. 204.

654 CAFFERATA NORES, José Ignacio, *La excarcelación*, Buenos Aires, 1988, pp. 11-12.

655 Cfr. PAVEZ LILLO, María Cristina, "Medidas cautelares en el proceso penal", en *Libro de ponencias del XVI Congreso Latinoamericano de Derecho penal y criminología*, Lima, 2004, p. 678. Sostiene que el abuso de la prisión provisional propicia las siguientes consecuencias negativas: "1) Impide efectuar sobre el interno preventivo una labor resocializadora, al no ser posible desde el punto de vista jurídico efectuar intervenciones sobre un sujeto aún no condenado. 2) La prisión provisional facilita el aprendizaje delictivo, pues en la práctica no hay separación entre reclusos jóvenes y adultos, entre penados y preventivos. 3) El notable aumento de la población reclusa lleva un mayor costo para la administración penitenciaria y provoca una superpoblación carcelaria. 4) La detención preventiva ocasiona los mismos efectos nocivos, perniciosos y estigmatizadores, tanto psíquica como socialmente, que produce la pena privativa de libertad".

cautelar y afirma que "[de] lo expuesto en el artículo 8.2 de la Convención se deriva la obligación estatal de no restringir la libertad del detenido más allá de los límites estrictamente necesarios para asegurar que no impedirá el desarrollo eficiente de las investigaciones y que no eludirá la acción de la justicia, pues la prisión preventiva es una medida cautelar, no punitiva"[656].

En resumen, la naturaleza de la coerción personal es procesal, de orden cautelar, en tanto sirve para asegurar la presencia del imputado al mismo. No debe ser utilizada como pena, ni tampoco como medida de seguridad o para aplacar sentimientos colectivos de venganza. La peligrosidad "subjetiva" del imputado o la necesidad de impedir que cometa nuevos delitos son también manifestaciones de esta cuestionable tendencia a emplear la detención con fines retributivos o preventivos (especiales o generales).

La Ley n° 28730, del 13 de mayo de 2006, entre otras reformas ya comentadas anteriormente, modificó el art. VIII del Título Preliminar del CP, que regula el principio de proporcionalidad: "La pena no puede sobrepasar la responsabilidad penal por el hecho. *Esta norma no rige en caso de reincidencia ni de habitualidad del agente al delito*" (la cursiva es nuestra). Esta disposición la consideramos incoherente con la propia regulación de la reincidencia y de la habitualidad, pues estas suponen, precisamente, una mayor responsabilidad por la realización de un hecho que normativamente es más grave. El legislador cuestionablemente considera que dichas condiciones personales que agravan la pena abandonan la referencia al comportamiento realizado por el sujeto.

El D. Leg. n° 982, del 22 de julio de 2007, modificó el art. 57 del CP que regula los supuestos de suspensión de la ejecución de la pena, indicando de modo categórico: "La suspensión de la pena no procederá si el agente es reincidente o habitual". Estamos en desacuerdo con esta disposición. La "necesidad de ejecución de la pena" se evalúa teniendo en cuenta: i) si el delito es insignificante o no. ii) si el agente es objetivamente peligroso o no (el tener solo antecedentes penales no necesariamente supone peligrosidad).

Es cuestionable que sin más se tome en cuenta el dato de la pena ya cumplida (el pasado criminal), como justificante de un trato más severo, sin dar la oportunidad al juzgador, en perjuicio del sujeto reincidente, de determinar la conveniencia de ejecutar o no la pena privativa de libertad. Además, con el inconveniente de que la regulación de la

656 Sentencia del 12 de noviembre de 1997 (caso Suárez Rosero v. Ecuador).

reincidencia prevista en la Ley n° 28726 no brindaba los rasgos necesarios para advertir la peligrosidad del sujeto. Por ejemplo, no se estableció un plazo de prescripción de la reincidencia. Tampoco se exigió un vínculo objetivo entre el anterior delito sancionado y el nuevo delito cometido (este defecto, como se ha dicho, se mantiene al día de hoy).

Los arts. 46-B y 46-C del CP fueron modificados por la Ley n° 29407, del 18 de septiembre de 2009. Al respecto, BENAVENTE hace un resumen de los cambios normativos: "1) Mientras en la Ley nº 28726 se indicó que quien después de cumplir en todo o en parte una condena privativa de libertad, incurre en delito doloso, "tendrá" la condición de reincidente. En la Ley nº 29407 se emplea el término "tiene"; lo cual, conlleva un calificativo de obligatorio para el juez (…). 2) La reiterancia en la comisión de un delito doloso debe darse dentro de un tiempo no mayor de cinco años, equiparándose con el lapso de tiempo de la habitualidad. 3) El concepto de reincidente del delito doloso es el mismo para el caso del reincidente de falta dolosa, dado que su definición estaba ausente en lo regulado en la Ley nº 28726. 4) La extinción de la ejecución de la pena privativa de libertad, ya sea por indulto o conmutación, no es impedimento alguno para establecer la relación delito-antecedente –delito doloso posterior– la cual, y junto con el periodo de tiempo [sic] ya señalado, constituyen la base de la reincidencia delictiva en nuestro país"[657].

Concordamos en gran parte con este análisis y resaltamos la importancia de haberse incluido en el CP el plazo entre la excarcelación producto de una condena y la ejecución del nuevo hecho criminal, pues constituye un importante criterio de la determinación de la peligrosidad del agente. Sin embargo, no compartimos la idea expresada por BENAVENTE de que la reincidencia en los casos de delitos y faltas dolosas recibieron "el mismo" tratamiento legislativo.

Y es que en el caso de delitos se optó correctamente por establecer un plazo de cinco años entre la excarcelación y la ejecución del nuevo hecho criminal (es más, la ley en comentario modificó el art. 69 del CP, indicando que la cancelación de los antecedentes penales en casos de delitos dolosos será provisional en un lapso de cinco años). En cambio, en el caso de reincidencia en faltas, el legislador no indicó plazo alguno, lo cual es criticable (a pesar de que en el Acuerdo Plenario n° 1-2008-CJ/116 se postuló que el plazo debe ser de dos años, como se anotó antes).

---

[657] BENAVENTE CHORRES, Hesbert, *La reincidencia y habitualidad en el proceso penal peruano*, p. 109.

En cuanto a la habitualidad, esta dejó de ser facultativa (como lo estableció la Ley n° 28726), considerándosele como una circunstancia agravante de aplicación obligatoria por parte del juez (en la Ley n° 29407 se indicó "es considerado delincuente habitual"). Por otro lado, el legislador no optó por regular, como circunstancia agravante, la habitualidad en la comisión de faltas dolosas.

Con la Ley n° 29570, del 25 de agosto de 2010, se volvieron a modificar los arts. 46-B y 46-C del CP[658]. En cuanto a la reincidencia, en el art. 46-B del CP se mencionó: "El que, después de haber cumplido en todo o en parte una condena privativa de libertad, incurre en nuevo delito doloso en un lapso que no excede de cinco años tiene la condición de reincidente. Igual condición tiene quien haya sido condenado por la comisión de faltas dolosas (...)". Se mantuvo la regulación de una reincidencia real (necesidad que por el delito anterior el sujeto haya sido privado de la libertad producto de una sentencia condenatoria) de aplicación obligatoria (se describe expresamente que de comprobarse los elementos de la reincidencia "el juez *aumenta* la pena en una mitad por encima del máximo legal fijado para el tipo penal"). Asimismo, el legislador no alteró el requisito de la identidad relativa entre los delitos en el supuesto de reincidencia básica, pues solo se exige que tanto el delito anterior como el subsecuente sean dolosos. Igualmente, se conserva la agravante cualificada de reincidencia en caso de faltas, aunque sin describir plazo alguno entre la condena por el hecho anterior y la nueva infracción penal cometida, lo cual fue cuestionable.

Por otro lado, un dato importante es que se incluye una modalidad de reincidencia agravada basada en la entidad de los delitos cometidos (homicidio calificado, secuestro, extorsión, entre otros tipos penales[659]). En el art. 46-B del CP se reguló la figura de esta forma: "(...) Si la reincidencia se produce por las *modalidades agravadas* de los delitos previstos en los artículos 108, 121, 121-A, 121-B, 129, 152, 153, 173, 173-A, 186, 189,

---

[658] En el Proyecto de Ley n° 4215-2010, que dio origen a la ley, se argumentó lo siguiente: "La sociedad peruana espera del Congreso de la República prontas soluciones al clima de inseguridad y violencia que abruma a los peruanos. Tal solución pasa por implementar mecanismos de protección social frente a la peligrosidad social de individuos reincidentes y, peor aún, habituales. Nuestra labor, en ese sentido, es inmediata y urgente". En el Proyecto de Ley n° 4228-2010 se indica: "Nuestro ordenamiento jurídico, en materia penal, admite las figuras de la reincidencia y la habitualidad, pero les dispensa un trato genérico para toda clase de delitos sin diferenciar su peligrosidad social ni la especial tutela que debe tener el derecho a la vida y a la seguridad de las personas".

[659] Erróneamente se indicó que la pena para la reincidencia será mayor si se cometen "las modalidades agravadas de los delitos (...)". Muchos de los tipos penales mencionados en la segunda parte del art. 46-B del CP no regulan "modalidades agravadas"; por ejemplo, el homicidio calificado (art. 108 del CP) y las lesiones graves (art. 121 del CP).

200, 297, 319, 320, 321, del 325 al 332 y 346 del Código Penal, el juez aumenta la pena en no menos de dos tercios por encima del máximo legal fijado para el tipo penal hasta la cadena perpetua". También se describió a la habitualidad como una agravante de aplicación obligatoria, pues "el juez aumenta la pena en no menos de dos tercios por encima del máximo legal fijado para el tipo penal hasta la cadena perpetua". No está claro cuál es el máximo de la pena producto de la agravante cualificada establecida por el legislador, pues –por definición– la cadena perpetua es atemporal (art. 29 del CP).

En esta disposición el legislador cometió dos omisiones relevantes: no indicó si el nuevo hecho criminal y el que fue motivo de la anterior condena deben ser idénticos absolutamente (por ejemplo, homicidio calificado-homicidio calificado) o de modo relativo, aunque siempre exigiendo que los delitos relacionados estén dentro del grupo de delitos graves dispuestos por el legislador (por ejemplo, homicidio calificado-secuestro). Esta última opción la consideramos acertada, ya que este modelo "agravado" de reincidencia impuesto por el legislador se basa en la magnitud de los delitos cometidos de repetida comisión y no precisamente en su identidad absoluta. Otro punto no tratado por el legislador es el del plazo que debe mediar entre la excarcelación producto de la condena por delito grave y la nueva comisión de un hecho delictivo de similar magnitud. Consideramos cuestionable esta omisión legislativa, pues la percepción de peligrosidad del sujeto reincidente en delito grave no puede pervivir *ad infinitum*. Claro está, el plazo debe ser más largo, en comparación al de cinco años establecido para el caso de la reincidencia básica (pudo haberse decretado el plazo de veinticinco años, llenando este vacío a partir de una interpretación sistemática del art. 110 del Estatuto de Roma, que regula el caso de la revisión de la cadena perpetua transcurrido dicho plazo desde el momento del encarcelamiento[660]).

En cuanto a la habitualidad, esta fue regulada por la ley en comentario siguiendo el derrotero de la modificatoria a la reincidencia, pues se incluyó al CP una forma de "habitualidad agravada", basada también en la repetición de hechos delictivos graves (los mismos que los establecidos en el caso de la "reincidencia agravada"), indicándose expresamente que el plazo de la repetición de delitos no tiene límite. En este caso, el plazo debió ser de veinticinco años, por las razones planteadas en el párrafo anterior, al analizar la "reincidencia agravada" que tiene un efecto similar. Además, se señala que la pena para el caso de "habitualidad agravada" puede llegar "hasta la cadena perpetua", es decir *ad infinitum*. En buena cuenta, se observa que la Ley n° 29570 reconfigura la noción de reincidencia y habitualidad en el Perú, agravando, con ello, sus consecuencias.

[660] Vid. *supra* capítulo I subcapítulo I.3 literal a.

La Ley n° 29604, del 22 de octubre de 2010, modificó los arts. 46-B y 46-C del CP. Con relación a la "reincidencia agravada", se excluyó la referencia a las "modalidades agravadas" de los delitos enunciados en una lista cerrada, pues gran parte de los tipos que allí se mencionaban solo describen un tipo básico. Al respecto, en el Proyecto de Ley n° 4254/2010, que dio origen a la norma, se indicó lo siguiente: "La Ley [29570] modificó el artículo 46-B sobre la reincidencia elevando de un tercio a la mitad el grado de aumento de la pena que el juez debía aplicar por encima del máximo legal fijado para el tipo penal, de lo que la propia ley denominada 'modalidades agravadas' de los delitos. No obstante, no es correcto referirnos a las 'modalidades agravadas' de los delitos, toda vez que no todos ellos contienen modalidades de dicha naturaleza, sino que, se tratan casi todos de delitos graves en sí mismos y, en cuya descripción, el legislador no ha señalado mecanismos agravantes para efectos de establecer la pena". El mismo error se verificó en el caso de la "habitualidad agravada". Esto fue corregido por la norma en comentario.

El 18 de julio de 2013 se publicó la Ley n° 30068, mediante la cual se volvieron a modificar los arts. 46-B y 46-C del CP, incorporándose como delitos graves a efectos de la reincidencia y habitualidad "agravada", los tipos de parricidio (art. 107 del CP) y feminicidio (art. 108-B del CP).

Con la Ley n° 30076, del 19 de agosto de 2013, se realizaron modificaciones a los artículos ya mencionados. En primer lugar, la reincidencia y la habitualidad dejan de tener una doble regulación: agravantes genéricas y cualificadas, optando el legislador por la segunda de ellas. Respecto a la reincidencia (art. 46-B del CP), se afirma que: "El que, después de haber cumplido, en todo o en parte, una pena, incurre en nuevo delito doloso en un lapso que no excede de cinco años tiene la condición de reincidente. Tiene igual condición quien después de haber sido condenado por falta dolosa, incurre en nueva falta o delito doloso en un lapso no mayor de tres años (...)".

De la actual regulación peruana sobre la reincidencia se observan dos cambios importantes respecto de las anteriores disposiciones que desarrollaron la agravante: a) Para considerar a un sujeto reincidente no es exigible que dicha persona haya sido privada de libertad, basta con que haya cumplido una pena (no solo puede ser privativa de libertad, sino también limitativa de la libertad o restrictiva de derechos). b) Se es explícito en cuanto a la reincidencia por faltas, indicándose que se agravará la pena si es que una persona, luego de haber sido sancionada por una falta dolosa, vuelve a cometer una falta o un delito doloso. Nada dice el legislador en relación con el supuesto en que una persona haya sido sancionada por un delito doloso y luego cometa una falta dolosa.

Además, se establece un plazo de tres años que debe transcurrir entre la sanción por la falta dolosa y la ejecución del nuevo hecho criminal (delitos o falta dolosa) para que una persona sea considerada reincidente. Opción legislativa importante en orden a determinar la peligrosidad del sujeto.

Asimismo, se incorpora al texto legal la habitualidad por faltas, regulándose el art. 46-C del CP, de la siguiente forma: "tiene condición de delincuente habitual quien comete de tres a más faltas dolosas contra la persona o el patrimonio, de conformidad con los artículos 441 y 444, en un lapso no mayor de tres años".

Por otro lado, con relación a la reincidencia y habitualidad "agravada", se incorporan más delitos a la lista indicada previamente en el tipo. Se agregan los delitos de homicidio calificado por la condición oficial del agente-víctima (art. 108-A del CP) y el de marcaje o reglaje (art. 317-A del CP).

El 27 de julio de 2015, mediante D. Leg. n° 1181, se modificaron los arts. 46-B y 46-C del CP, incorporándose como delitos graves, a efectos de la reincidencia y habitualidad "agravada", los tipos de sicariato (art. 108-C del CP) y el de ofrecimiento para cometer el delito de sicariato (art. 108-D del CP).

En definitiva, la regulación de la reincidencia en el Perú tiene actualmente las siguientes características[661]:

a. **Es reincidente quien vuelve a cometer un delito o falta dolosa.** La reincidencia es una especie de reiteración criminal. En el Perú, esta no solo se circunscribe a la realización de una nueva conducta delictiva, sino también a la realización de faltas. De esta manera, el legislador abarca los dos supuestos de hechos punibles regulados por la ley.

   Desde un punto de vista político criminal, la razón de la introducción al CP de la reincidencia en faltas dolosas atiende a la necesidad de sancionar con mayor gravedad la frecuencia comisiva en este tipo de infracciones, lo cual resalta el interés del Estado de establecer medidas drásticas contra hechos que de modo acumulativo expresan un mayor injusto y culpabilidad en el delincuente.

[661] El 9 de diciembre de 2014, la Comisión de Justicia y Derechos Humanos del Congreso de la República aprobó el Proyecto de Nuevo Código Penal. En dicho texto sustitutorio se regula a la reincidencia y a la habitualidad (arts. 65 y 66 del Proyecto), conforme con la legislación vigente.

No obstante, en la regulación de la reincidencia básica, el legislador no ha establecido ningún vínculo relacional entre los dos delitos o faltas realizadas por el sujeto. A diferencia de otras legislaciones, el legislador ha optado, en esta modalidad de reincidencia, por una descripción genérica (en lo objetivo, pues en lo subjetivo se exige el dolo) de la agravante.

Lo anotado en el párrafo anterior, desde nuestro punto de vista, resulta insuficiente para demostrar la peligrosidad del hecho cometido por el delincuente, presentándose el riesgo que se determine, en algunos casos, tal situación de peligrosidad basada en meras consideraciones emocionales o intuitivas, desprovistas de fundamento alguno. Por ejemplo, conforme con la legislación peruana, un sujeto es reincidente si luego de haber sido condenado por la comisión del delito de omisión de asistencia familiar, comete el delito de manejar en estado de ebriedad. Este segundo hecho no expresa ningún rasgo de peligrosidad, por lo que la agravación de la sanción por el último delito cometido resultaría irrazonable.

Por otro lado, en tanto en la norma no se establece ningún nexo objetivo entre el hecho anteriormente cometido, que fue objeto de condena, y el nuevo hecho criminal, es posible aplicar la agravante de reincidencia sin que sea un obstáculo ni el grado de ejecución de los tipos ni tampoco el título de imputación del sujeto. Y es que el legislador peruano no limita la aplicabilidad de la agravante a la ubicación de los delitos en el mismo "Título" del texto legal (como lo hace el español), permitiéndose extender el margen de interpretación a los criterios de imputación establecidos en la parte general del CP. De esta forma, se presentará la situación de reincidencia ("básica o agravada") en los siguientes casos:

i) Se condenó anteriormente al sujeto por haber cometido un delito doloso consumado y luego volvió a cometer un delito doloso, también consumado.

ii) Se condenó anteriormente al sujeto por un delito doloso en grado de tentativa y luego volvió a cometer otro delito doloso, también en grado de tentativa.

iii) Se condenó anteriormente al sujeto por un delito doloso en grado de tentativa y luego cometió otro delito doloso, esta vez, consumado.

iv) Se condenó anteriormente al sujeto por un delito doloso consumado y luego cometió otro delito doloso, esta vez, en grado de tentativa.

También es posible aplicar esta circunstancia agravante cualificada en las siguientes situaciones:

i) Se condenó anteriormente al sujeto por un delito doloso en calidad de autor y luego volvió a cometer un delito doloso, también como autor.

ii) Se condenó anteriormente al sujeto por un delito doloso en calidad de partícipe (cómplice o instigador) y luego volvió a cometer un delito doloso, también con la condición de partícipe.

iii) Se condenó anteriormente al sujeto por un delito doloso en calidad de autor y luego volvió a cometer un delito doloso, esta vez, en calidad de partícipe.

iv) Se condenó anteriormente al sujeto por un delito doloso en calidad de partícipe y luego volvió a cometer un delito doloso, esta vez, en calidad de autor.

En el caso de la reincidencia por faltas, en tanto el legislador peruano no admite la tentativa en este tipo de infracciones, salvo en caso de lesiones, daños y hurtos, como faltas (art. 440.1 del CP) y solo sanciona a los autores de las mismas del (art. 440.2 del CP), las alternativas normativas para aplicar la agravante son las siguientes:

i) Se condenó anteriormente al sujeto por la comisión de una falta dolosa consumada y luego volvió a cometer una falta dolosa consumada. Siempre en calidad de autor.

ii) Se condenó anteriormente al sujeto por la comisión de una falta dolosa en grado de tentativa (solo si se trata de la comisión de lesiones, daños y hurtos como faltas), y luego volvió a cometer una falta dolosa en grado de tentativa (solo en caso de las infracciones ya mencionadas). Siempre en calidad de autor.

iii) Se condenó anteriormente al sujeto por la comisión de una falta dolosa en grado de tentativa (solo si se trata de la comisión de lesiones, daños y hurtos como faltas) y luego volvió a cometer una falta dolosa, esta vez, consumada. Siempre en calidad de autor.

iv) Se condenó anteriormente al sujeto por la comisión de una falta dolosa consumada y luego volvió a cometer una falta dolosa, esta vez, en grado de tentativa (solo si se trata de la comisión de lesiones, daños y hurtos como faltas). Siempre en calidad de autor.

Asimismo, en el caso de la reincidencia en faltas, el legislador expresamente señala que tendrá dicha condición quien luego de haber sido condenado por una falta dolosa, vuelve a cometer una falta o delito doloso. De esta forma, como se señaló antes, no se debe aplicar la agravante si el sujeto anteriormente fue condenado por un delito doloso y luego cometió una falta dolosa. Decir lo contrario, sería exceder el marco de lo previsto por el legislador para esta figura.

b. **Se haya cumplido una condena previa**. El legislador empieza la redacción de la agravante de reincidencia de la siguiente forma: "El que después de haber cumplido en todo o en parte una pena". De este modo, se exige que la sanción condenatoria previa tenga una aplicación inmediata. Si bien esta decisión puede ser impugnada vía recursos excepcionales, lo cierto es que la interposición de dichos medios de impugnación no suspende la aplicabilidad de lo decidido a nivel jurisdiccional. Consideramos que el legislador peruano debe exigir expresamente que la anterior condena sea firme (sin posibilidad que se le interponga medio de impugnación excepcional alguno). De lo contrario, podría considerarse a un sujeto "reincidente", por haber cometido un delito, pero sin tener de modo definitivo la seguridad de que en el pasado fue sancionado por la comisión de un hecho criminal.

Por otro lado, el legislador exige que la condena anterior haya sido cumplida en todo o en parte. Por tanto, no existe problema en señalar que se admite en el ordenamiento peruano la reincidencia real, en caso de que se trate del anterior cumplimiento parcial o total de una pena privativa de libertad. Sin embargo, el legislador expresamente señala que al sujeto anteriormente debió habérsele impuesto una pena; no necesariamente indica que esta deba tener el carácter de pena privativa de libertad efectiva. Por lo tanto, también se admite el caso de que el "pasado criminal" se base en el cumplimiento anterior de una pena limitativa de derechos o de multa.

c. **El plazo entre el cumplimiento total o parcial de la condena previa y el nuevo delito doloso debe ser de cinco años y, en caso de faltas, tres años**. Es importante que se haya adoptado un plazo de prescripción de la reincidencia como requisito previo a la aplicación de esta agravante, en su modalidad básica.

   El tiempo cumple un claro efecto normativo, coadyuvando con determinar el grado de peligrosidad del sujeto. En efecto, no debe merecer el mismo tratamiento penal quien vuelve a cometer un delito (por ejemplo, un hurto simple), pasados veinte años luego de haber cumplido una pena por la comisión del mismo tipo penal. Desde nuestro punto de vista, en este caso, el nuevo hecho criminal es producto de una lamentable decisión antinormativa tomada por el delincuente, pero no indica necesariamente que sea un sujeto peligroso, causante de un hecho más "reprochable", en comparación con la conducta del delincuente primario.

   El legislador peruano, en el caso de la reincidencia "agravada" (basada en la especial entidad de los delitos que se enuncian en la norma), no establece plazo de prescripción alguno. Sin embargo, consideramos que en este caso, el plazo de prescripción de la reincidencia debe ser de veinticinco años, ya que la percepción de peligrosidad no puede ser temporalmente ilimitada[662].

d. **Las infracciones penales (delitos o faltas) cometidas por el reincidente deben ser dolosas**. Consideramos un acierto que el legislador haya optado por exigir, como nexo entre la infracción penal pasada y la nueva, que ambas conductas sean dolosas. Quien actúa de modo doloso se muestra de modo decidido a enfrentarse al ordenamiento jurídico. Este es un rasgo claro de la peligrosidad del sujeto, el cual permite la aplicación de la agravante. Ello no sucede en el caso de las conductas culposas, pues si bien es cierto que puede que el sujeto descuidado cause, por su modo de vida distraído, un cierto margen de inseguridad, lo razonable es que dicha condición, por el principio de mínima intervención del Derecho penal, no sea suficiente para agravar la sanción penal.

---

[662] Vid. *supra* capítulo I subcapítulo I.3 literal a.

e. **La agravante de reincidencia es de aplicación obligatoria en tanto se verifiquen sus requisitos**. El legislador peruano señala lo siguiente: "La reincidencia constituye circunstancia agravante cualificada, en cuyo caso el juez aumenta la pena hasta en una mitad por encima del máximo legal fijado para el tipo penal". En el caso de la reincidencia agravada, se estipula que "el juez aumenta la pena en no menos de dos tercios por encima del máximo legal fijado para el tipo penal".

   A diferencia de anteriores regulaciones, en las que se indicaba expresamente que el juez "podrá" aumentar la pena en casos de reincidencia, en la legislación vigente se la considera de aplicación obligatoria. Consideramos que sobre la base de una interpretación teleológica de la agravante (orientada a sancionar con mayor dureza el hecho cometido por un sujeto peligroso) y en virtud de un criterio *pro homine*, postulamos, de *lege ferenda*, que se debe dar al juez la facultad de decidir agravar la pena por reincidencia. El juez deberá evaluar la necesidad de establecer una mayor sanción, basado en el riesgo que manifiesta el agente de volver a cometer un hecho criminal.

Con relación a la habitualidad, es posible resumir los requisitos que exige el legislador peruano para que se presente esta agravante cualificada de la pena de la siguiente forma:

a. **La comisión de por lo menos tres hechos punibles (delitos o faltas)**. Según el legislador peruano: "Si el agente comete un nuevo delito doloso, es considerado delincuente habitual, siempre que se trate por lo menos de tres hechos punibles que se hayan perpetrado en un lapso que no exceda de cinco años". Se trata de una forma de reiteración delictiva. Lo resaltante es que el legislador utilizó la expresión "hechos punibles" y no "delitos", como lo indica al regular la reincidencia. ¿Se trata de lo mismo? Consideramos que sí, pues el legislador señala que el agente debe haber cometido un "nuevo delito", lo cual implícitamente acepta que los hechos anteriores también deben tener ese cariz. En esa línea, el TC, al definir la habitualidad, señala: "En su acepción legal, la habitualidad implica la reiteración de más de tres *delitos*, en tiempos diversos e independientes unos de otros" (STC n° 0014-2006-AI/TC). También la Corte Suprema, en el Acuerdo Plenario n° 1-2008-CJ/116, considera que: "en cuanto a la habitualidad, ella se produce solamente en caso de que los tres *delitos* se hayan cometido en un lapso de 5 años (…)".

Por otro lado, en la habitualidad "básica", estos hechos punibles no tienen que ser necesariamente los mismos ni estar (objetivamente) relacionados. Y es que el legislador, al igual que en el caso de la reincidencia "básica", no establece normativamente que los delitos deban tener "la misma naturaleza" o "el mismo bien jurídico". Al respecto, el TC, en la sentencia ya referida, considera que los delitos no necesariamente tienen que ser los mismos: "En el Derecho penal se entiende la habitualidad como la comisión reiterada de delitos, *usualmente los mismos*". A diferencia de la Corte Suprema que, en el Acuerdo también ya mencionado, expresa que la habitualidad "requiere" que los delitos sean "de igual naturaleza". Como se dijo antes, hubiera sido importante que el legislador haya establecido un nexo entre los delitos cometidos por el delincuente, a fin de determinar su peligrosidad. Si bien el dato cuantitativo (tres delitos en un periodo de cinco años) es un indicio de dicha condición; sin embargo, no es suficiente, más aún cuando se agrava la pena por encima del marco establecido por la ley.

En el caso de la habitualidad por la comisión de faltas dolosas, el legislador expresamente la circunscribe a las faltas contra la salud (lesiones, reguladas en el art. 441 del CP) y contra el patrimonio (hurtos y daños, regulados en el art. 444 del CP). No dice nada respecto al vínculo relacional que debe haber entre estas, opción que hubiera sido conveniente.

En la habitualidad "agravada", el legislador también omite referirse a si deben o no tener relación los hechos punibles cometidos por el sujeto. En este caso, como se dijo antes, consideramos que no resulta necesario establecer que los hechos punibles sean los mismos (identidad absoluta). Es suficiente que entre los tipos penales graves exista una relación de injustos. Y es que el grado de desestabilización normativa que causa la reiterada comisión de tales delitos, explica la necesidad de una mayor sanción al delincuente peligroso.

Por otro lado, así como en el caso de la reincidencia, es posible establecer diversas posibilidades de aplicación de esta circunstancia cualificada, tanto en su modalidad "básica", como en su modalidad "agravada" (no es una lista cerrada):

i) El sujeto cometió dos hechos punibles dolosos consumados y volvió a cometer un hecho punible doloso consumado.

ii) El sujeto cometió dos hechos punibles en grado de tentativa y volvió a cometer un hecho punible en grado de tentativa.

iii) El sujeto cometió dos hechos punibles dolosos consumados y luego cometió un hecho punible en grado de tentativa.

iv) El sujeto cometió dos hechos punibles dolosos en grado de tentativa y luego cometió un hecho punible doloso consumado.

v) El sujeto cometió un hecho punible doloso consumado, otro en grado de tentativa y luego cometió un hecho punible doloso consumado.

vi) El sujeto cometió un hecho punible doloso consumado, otro en grado de tentativa y luego cometió un hecho punible en grado de tentativa.

Estas variables son perfectamente aplicables a la habitualidad por faltas, pues como se indicó antes, el legislador admite la tentativa siempre que se trate de faltas que afecten la salud y el patrimonio (art. 440.1 del CP).

Asimismo, en el caso de la habitualidad delictiva, es posible que se presenten las siguientes situaciones, sin ser una lista cerrada:

i) El sujeto cometió dos hechos punibles dolosos en calidad de autor y luego volvió a cometer un hecho punible doloso, también como autor.

ii) El sujeto cometió dos hechos punibles dolosos en calidad de partícipe (cómplice o instigador) y luego volvió a cometer un hecho punible doloso, como partícipe.

iii) El sujeto cometió dos hechos punibles dolosos en calidad de autor y luego cometió un hecho punible doloso, esta vez, como partícipe.

iv) El sujeto cometió dos hechos punibles dolosos en calidad de partícipe y luego cometió un hecho punible doloso, esta vez, como autor.

v) El sujeto cometió un hecho punible doloso como autor, otro en grado de partícipe y luego cometió un hecho punible doloso como autor.

vi) El sujeto cometió un hecho punible doloso como autor, otro en grado de partícipe y luego cometió un hecho punible doloso como partícipe.

Estas variables no pueden ser aplicadas al supuesto de habitualidad por la comisión de faltas dolosas, ya que el legislador peruano solo sanciona, en este tipo de infracciones penales, al autor de los mismos (art. 440.2 del CP).

El legislador no ha previsto sancionar con mayor gravedad los casos en los que el sujeto reitere la comisión de delitos y faltas dolosas en un periodo de cinco años (por ejemplo, que el sujeto cometa en un primer momento una falta dolosa, luego un delito doloso y, por último, una falta dolosa). Al no estar descrito en la ley, este supuesto no puede ser pasible de una mayor pena. Decir lo contrario, sería exceder el marco de lo previsto por el legislador para esta figura.

b. **Los hechos punibles dolosos anteriormente cometidos no deben haber sido materia de una condena firme ya ejecutada**. El legislador no ha señalado expresamente este requisito (la firmeza de las resoluciones sancionatorias y su ejecutabilidad). Sin embargo, algunos defienden su exigencia. Se sostiene como ejemplo el caso de un sujeto que, luego de haber cometido dos hechos punibles y de haber sido condenado de modo definitivo solo por uno de ellos, haya vuelto a delinquir (delito doloso). Se afirma que dicho sujeto será considerado reincidente, no habitual. En esa línea, la Corte Suprema, en el Acuerdo Plenario n° 1-2008-CJ/116, afirmó que en la habitualidad es un requisito que "no medie condena" sobre los hechos punibles anteriormente cometidos. Más aún, se afirma, que si se tiene en cuenta que en los casos que un sujeto haya cometido por lo menos tres hechos punibles en un periodo de cinco años se está, en buena cuenta, ante un caso de concurso real de delitos (art. 50 del CP), imponiéndose la agravante a la pena que se establece para el último hecho punible realizado por el sujeto (Acuerdo Plenario n° 1-2008-CJ/116).

Consideramos desacertada esta posición, pues no es posible presumir que existan dos hechos punibles dolosos cometidos anteriormente por el sujeto que volvió a delinquir. Debe exigirse una o dos condenas previas (según sea el caso), que no deben ser necesariamente ejecutables. Es suficiente con la declaración de responsabilidad previa.

c. **La comisión de los hechos punibles dolosos debe darse en un periodo de cinco años en caso de habitualidad delictiva y de tres años en caso de habitualidad por la comisión de faltas dolosas**. Se trata de un requisito cuantitativo necesario en orden a establecer la peligrosidad objetiva del agente. Y es que el tiempo reconfigura la necesidad de una intervención drástica del Estado, aminorando el grado de "reprochabilidad" en orden a una menor expresión de riesgo que se presenta en el sujeto. Por ejemplo, en el caso que un sujeto cometa hechos punibles en un lapso marcadamente prolongado (veinte años), estos hechos deben ser considerados de modo independiente, resultante de una decisión equivocada del agente, pero que no comunica peligrosidad.

d. **Los hechos punibles (delitos o faltas) tienen que ser dolosos**. Legislativamente los hechos punibles cometidos por el delincuente habitual deben tener una identidad relativa, radicada estrictamente en el elemento subjetivo "dolo". Esta opción normativa la consideramos acertada pues en este caso el agente ha reiterado su propósito de enfrentarse al ordenamiento jurídico, provocando aquel efecto desestabilizador propio del hecho cometido por el delincuente peligroso. Ello no ocurre en el caso de la reiterada comisión de delitos culposos. Si bien tal situación fácticamente puede causar cierta "alarma social" por la repetida conducta negligente del sujeto; sin embargo, normativamente no es suficiente para imponerle medidas más drásticas.

e. **La agravante de habitualidad es de aplicación obligatoria en tanto se verifiquen sus requisitos**. Antes, el legislador peruano optó por regular la agravante de manera dispositiva, en tanto se estipuló que en caso se apreciara la situación de habitualidad "el Juez *puede* aumentar la pena". La descripción actual de la agravante utiliza el verbo de modo determinativo "el Juez *aumenta* la pena".

   Consideramos errado obligar al juez a aplicar dicha agravante en tanto se cumplan sus requisitos, pues estos –en la regulación peruana– no son suficientes para advertir la peligrosidad del delincuente (hemos visto que en la habitualidad básica no se exige vínculo objetivo alguno entre los hechos punibles realizados). Además, a toda persona a la que se le impute dicha condición debe tener el derecho de presentar sus descargos y que estos sean evaluados, de tal modo que la agravante no sea producto de la verificación formal de las circunstancias, sino de una decisión razonada y motivada del juez.

III.4. RESUMEN

La reincidencia es una figura tradicional tanto en España como en el Perú. En la actualidad, el legislador español regula la reincidencia como una agravante genérica (la pena no puede superar el máximo legal previsto para el delito). Además, se la describe como una agravante de aplicación obligatoria. A diferencia de la regulación de la multirreincidencia, cuya determinación es facultativa, pero el *quantum* de pena puede exceder del marco previsto en la ley (agravante cualificada). Resulta interesante que el legislador español haya considerado tanto para el caso de la reincidencia como en el supuesto de la multirreincidencia, que se exija un vínculo entre el anterior delito cometido y el nuevo ("mismo Título" y "misma naturaleza"). Desde nuestro punto de vista, la exigencia de este vínculo está orientada a que el juez realice un correcto juicio de peligrosidad en el sujeto. El fin nos parece correcto. Sin embargo, la utilización de un término "amplio" como "naturaleza" o una expresión marcadamente formal como "Título" no es idónea para alcanzar dicho cometido. Una de las propuestas que presentamos con el presente trabajo es renunciar a dichos términos por el de "relación de injustos". La expresión "injusto" no solo es tradicional y, sin duda, relevante en la configuración de toda responsabilidad penal, sino que también brinda un mejor panorama al intérprete para desvalorar de manera más grave los casos de reincidencia. La utilización de dicho término va a permitir que el juez agrave la pena al reincidente, entre otras razones, previa valoración del deber infringido por el sujeto y de las circunstancias coetáneas a su conducta. No se trata de una comprobación de un nexo empírico entre un hecho y otro, sino de la valoración de los mismos a efectos de establecer si tienen o no alguna relación.

De otro lado, en el Perú, lamentablemente no se exige un vínculo objetivo entre el anterior delito y el nuevo. Se indica expresamente que en ambos tipos penales debe mediar el dolo. Sin embargo, dicho criterio no es suficiente para determinar la peligrosidad del sujeto. Otro punto cuestionable es que el legislador regula la reincidencia como una agravante cualificada (la pena a imponerse supera el marco de la pena abstracta) y de aplicación obligatoria. Por tanto, no se otorga al juez la oportunidad de emitir una decisión prudencial. Este tipo de regulación deja serias dudas acerca de la constitucionalidad de la medida. Se puede señalar que esta es desproporcionada, pues se opta por una alternativa que es más aflictiva (agravante cualificada en vez de una de carácter genérica) y que incrementa las posibilidades de intervención estatal en la esfera de libertad de los ciudadanos (al regularla como agravante obligatoria), existiendo otras opciones menos lesivas.

Consideramos importante que tanto la legislación española como la peruana (en la modalidad básica de reincidencia) hayan establecido un plazo de prescripción de la reincidencia. Apreciamos que el factor "tiempo" tiene en el Derecho penal claros efectos normativos y que, en el presente caso, coadyuva a determinar la necesidad de una mayor pena cuando haya mediado entre la condena anterior y el nuevo delito un tiempo razonable (el plazo lo indica el legislador de cada país). Optar por no regular plazo alguno, hará ilegítimo este tipo de medidas (como sucede en el caso de la regulación peruana de la reincidencia por la comisión de delitos graves).

La importancia de haber realizado este resumen de los cambios normativos que sobre la agravante de reincidencia sucedieron, tanto en España y el Perú, va más allá de haberse brindado un panorama de la evolución legal y del estado actual de su regulación. Este repaso también es importante porque va a permitir confrontar el "ser" de la norma con su "deber ser".

III.5 EXCURSO: BREVE REFERENCIA A LA LEGISLACIÓN ITALIANA, ALEMANA Y DE LOS ESTADOS UNIDOS DE NORTEAMÉRICA SOBRE LA REINCIDENCIA

A. El modelo italiano

En Italia, la reincidencia se regula en un capítulo autónomo y no dentro de las circunstancias agravantes descritas en el art. 61 del CP. En concreto, la agravante de reincidencia se encuentra desarrollada en el Libro I, Título IV, Capítulo II, denominado: "De la reincidencia, de la habitualidad y de la profesionalidad en el delito y de la tendencia para delinquir"[663]. En el art. 99 del CP se señala que será considerado reincidente "quien después de estar condenado por un delito cometiere otro, podrá ser sometido a un aumento de la pena hasta el sexto por el nuevo delito que infringiere". Se trata de una agravante de aplicación discrecional (determinado por la gravedad del delito y la capacidad de delinquir del culpable, conforme con el art. 133 del CP), y aun cuando

[663] Conforme a lo señalado por el TC italiano, la reincidencia se basa en el incremento de culpabilidad y en la mayor peligrosidad del delincuente (SSTC nº 192/2007 y 183/2011). Con mayor detalle sobre el alcance de la posición tomada por el TC y las críticas al respecto, BARTOLI, Roberto, "Lettura funzionale e costituzionale della recidiva e problemi di razionalità del sistema", en *Rivista italiana di Diritto e procedura penale* (4), 2013, pp. 1695 y ss.

no se indique expresamente en la norma, se debe entender que en este supuesto basta la comisión de un delito después de una condena firme o irrevocable por otro delito, debiendo el segundo delito haberse cometido "durante el transcurso de la precedente condena"[664].

El CP italiano regula la reincidencia en su modalidad agravada, en la que se distinguen estos supuestos: "La pena podrá estar aumentada hasta un tercio: 1) Si el nuevo delito fuera de la misma índole". Esta disposición debe interpretarse conforme lo señalado en el art. 101 del mismo CP: "No solamente el que viole una misma disposición de la ley, sino también cuando se infrinjan disposiciones distintas, se debe observar una concreta característica fundamental común". Aun realizada esta delimitación conceptual, consideramos que esta todavía no es suficiente para establecer aquellos criterios de homogeneidad (objetiva y subjetiva) necesarios entre los delitos cometidos por el sujeto, a fin que se legitime, en este ordenamiento, una pena más grave que la impuesta en caso de reincidencia básica (las expresiones "misma índole" y "característica fundamental común" tienen un contenido amplio, no otorgando seguridad jurídica). Las otras modalidades de reincidencia agravada son: "(...) 2) Si el nuevo delito se cometió durante los cinco años contabilizados desde la imposición de la condena precedente", es decir, que el nuevo delito sea cometido en un plazo determinado (cinco años); medida que consideramos, en principio, válida, ya que el agente al cometer un nuevo comportamiento criminal dentro de dicho plazo expresa una mayor peligrosidad. Sin embargo, lo cuestionable es que el legislador solo se limite a dicho factor temporal para considerar "más peligroso" al sujeto. Para alcanzar este fin es necesario, como se apuntó antes, que también se establezca un vínculo objetivo y subjetivo entre el delito previo y el nuevo cometido; y "3) si el nuevo delito ha sido cometido durante o después de la ejecución de la pena, o durante el tiempo en el cual el condenado se sustrajera voluntariamente de la ejecución de la pena", lo cual no solo conlleva que se haya anteriormente impuesto al sujeto una condena firme, sino también que esta se haya ejecutado o esté ejecutándose[665].

---

[664] Cfr. MARÍN DE ESPINOSA CEBALLOS, Elena B., *La reincidencia*, p. 83.

[665] En el art. 99 del CP se indica además que: "(...) En caso de que concurran más circunstancias entre las que se indican en el número precedente, el aumento de la pena podrá ser hasta la mitad./ Si el reincidente comete otro delito, el aumento de pena, en el caso previsto en la primera parte de este artículo, podrá ser hasta la mitad y, en el caso previsto en el numeral 1 o 2 del primer párrafo, podrá ser hasta dos tercios, en el caso previsto en el número 3 de este párrafo podrá ser hasta un tercio o dos tercios./ En ningún caso el aumento de pena por efecto de la reincidencia podrá superar el cúmulo de pena resultante de la condena precedente a la comisión del nuevo delito".

El art. 99 del CP italiano fue modificado el 5 de diciembre de 2005 mediante la ley n° 251/2005 (*legge ex Cirielli*). Con dicha Ley se estableció que en caso de reincidencia de delitos graves (por ejemplo, homicidio doloso, robo agravado, terrorismo, entre otros delitos), la aplicación de la agravante será "obligatoria"[666]. Esta norma fue declarada inconstitucional por el TC italiano, en la STC n° 185/2015[667]. El Tribunal consideró que no es razonable que se "neutralice" al juez en su capacidad de decidir si debe o no agravarse la pena en caso de reincidencia. Lo correcto es que la mayor culpabilidad y peligrosidad del agente se analice en cada caso en particular[668].

En cuanto a la habitualidad delictiva, el legislador italiano la reguló en los arts. 102 y 103 del CP. En el art. 102 del CP se señala que se considera delincuente habitual a quien después de haber sido condenado conjuntamente con una pena superior a cinco años por la comisión de tres delitos no culposos de la misma índole, cometidos en un plazo de diez años, vuelve a cometer un delito no culposo, de la misma índole, cometido dentro de los diez años siguientes a la comisión del último delito precedente. Se afirma que "en los diez años indicados en la disposición anterior no se computará el tiempo en el que el condenado ha estado sometido a pena privativa de libertad o a una medida de seguridad privativa de libertad". En cuanto a la consideración de delitos "de la misma índole", sirve lo indicado en el art. 101 del CP, resumido anteriormente.

En el art. 103 del CP se regula otra modalidad de habitualidad. Se indica que "fuera del caso indicado en el artículo anterior [art. 102 del CP]" será considerado delincuente

---

666 En contra de la vigencia de dicha ley, PADOVANI, Tullio, "Una novella piena di contraddizioni che introduce disparità inaccettabili", en *Guida al diritto*, Milán, 2006, p. 32; MARINUCCI, Giorgio, "Certezza d'impunità per i reati gravi e 'mano dura' per i tossicodipendenti in carcere", en *Diritto penale e processo*, Milán, 2006, p. 170; FIANDACA, Giovanni y MUSCO, Enzo, *Diritto penale. Parte generale*, 4° edición, Bologna, 2006, pp. 868 y ss; entre otros autores.

667 Anteriormente, el Tribunal Supremo italiano rechazó toda opción interpretativa orientada a anular el poder discrecional del juez de valorar el elemento objetivo "repetición" de infracciones en el tiempo. Por ello, en la STS nº 35738/2010, del 27 de mayo de 2010, se consideró inconstitucional el aumento automático de la pena previsto en el art. 99.5 del CP. Cfr. D'AMBROSIO, Luca, "¿De la incapacitación a la exclusión? Peligrosidad y Derecho penal en Italia", en ARROYO ZAPATERO, Luis; DELMAS-MARTY, Mireille; DANET, Jean y ACALE SÁNCHEZ, María (eds.), *Securatismo y Derecho penal. Por un Derecho penal humanista*, Cuenca, 2013, pp. 200 y ss.

668 Decisión que ha merecido una opinión favorable de la doctrina en tanto se considera que lo dispuesto en la ley cuestionada (obligatoriedad de la aplicación de la agravante) resulta irrazonable y desproporcionado. Cfr. PELISSERO, Marco, "L'incostituzionalità della recidiva obbligatoria. Una riflessione sui vincoli legislativi alla discrezionalità giudiziaria", en *Giurisprudenza Costituzionale* (4), 2015, pp. 1412 y ss., y URBAN, Federica, "Sulla illegittimità costituzionale dell'applicazione obbligatoria della recidiva anche ai reati di particolare gravità e allarme social", en *Diritto Penale Contemporaneo*, Milán, 2016, pp. 15 y ss.

habitual quien tras ser condenado por dos delitos no culposos, vuelve a cometer otro delito no culposo. Además, se señala que para declaración de habitualidad se tendrá en cuenta lo indicado en el art. 133 del CP, esto es, la especial gravedad del delito, el tiempo en que cometió los delitos, la conducta y género de vida del culpable o las otras circunstancias señaladas en dicho dispositivo. Es criticable que se establezca como criterio para determinar la habitualidad, expresiones difusas y psicologizantes como el "género de vida del culpable" (expresión vinculada a la peligrosidad social[669]).

En el art. 104 del CP, el legislador italiano regula la habitualidad en las contravenciones (conocidas también como faltas). Tiene tal condición quien luego de haber sido previamente condenado a la pena de arresto por la realización de contravenciones, vuelve a cometer otra de la misma índole. Se señala que el juez tendrá en cuenta, para la aplicación de la agravante, la especie y gravedad del delito, el tiempo en que se cometió, la conducta y género de vida del culpable o las otras circunstancias indicadas en el art. 133 del CP[670].

En el art. 105 del CP, el legislador italiano señala una especial forma de habitualidad: "la profesionalidad en el delito". Tiene tal condición quien habiéndose encontrado en condición de delincuente habitual, vuelve a cometer otro delito. Este sujeto es declarado delincuente profesional atendiendo la especie y gravedad del delito, el tiempo en que se cometió, la conducta y género de vida del culpable o las otras circunstancias indicadas en el art. 133 del CP. El legislador exige que "debe considerarse que él vive habitualmente, aunque solo en parte, de los productos del delito". En buena cuenta, se sanciona el "modo de vida" delincuencial del sujeto (por ejemplo, quien vive disfrutando de la explotación sexual, hurtos, estafas, entre otros[671]), se trata de una forma más grave de reiteración delictiva.

En el art. 108 del CP se regula la "tendencia a delinquir". Tiene tal "tendencia" quien, aunque no sea reincidente o delincuente habitual o profesional, comete un delito doloso contra la vida o la integridad física y que manifieste una inclinación "malvada" hacia el delito[672]. Se afirma que esta clase de habitualidad, fundada en la "manera de ser" (personalidad[673]) del delincuente nunca se ha llegado a aplicar[674].

---

[669] PAGLIARO, Antonio, *Principi di diritto penale. Parte Generale*, 8ª edición, Milan 2003, p. 660.

[670] Cfr. MARÍN DE ESPINOSA CEBALLOS, Elena B., *La reincidencia*, p. 85.

[671] Cfr. MANTOVANI, Ferrando, *Diritto Penale. Parte Generale*, Milan, 2001, p. 728.

[672] Cfr. MARÍN DE ESPINOSA CEBALLOS, Elena B., *La reincidencia*, p. 86.

[673] MANTOVANI, Ferrando, *Diritto Penale. Parte Generale*, p. 729.

[674] Cfr. MARÍN DE ESPINOSA CEBALLOS, Elena B., *La reincidencia*, p. 86.

Por último, conforme al art. 109 del CP, la declaración de habitual, profesionalidad en el delito o de la "tendencia a delinquir" del delincuente supone la imposición de medidas de seguridad[675]. La declaración de habitual o de profesional en el delito puede ser pronunciada en cualquier momento. En cambio, la declaración de que el agente tiene la "tendencia" a cometer delitos solo puede ser pronunciada en la sentencia condenatoria. Estas tres circunstancias que agravan la responsabilidad penal se extinguen "por efecto de la rehabilitación".

B. El modelo alemán

En Alemania, la Ley 23.057, vigente desde el 1 de abril de 1987, derogó el §48 del CP, el mismo que regulaba a la reincidencia como agravante de la pena. El legislador alemán previó que las condenas anteriores solo pueden considerarse como agravantes dentro de la escala penal y conforme con su relevancia, tal como lo estipula en §46 del CP. Según el antiguo §48 del CP, era considerado reincidente quien cometiera un "hecho punible" doloso, después de haber: "1) Sido condenado al menos ya dos veces, en el ámbito espacial de validez de esta ley, por un hecho punible doloso (...)". Al respecto, se observa que los presupuestos entonces exigidos eran que, primero, el reo haya sido condenado por delito doloso, como mínimo, dos veces antes de la comisión del actual delito, no siendo necesario que dicha condena previa tenga el valor de cosa juzgada en el momento de la comisión del segundo delito. Segundo, se mencionó en el §48 del CP que esta disposición no rige cuando el máximo de la pena privativa de libertad amenazada para el nuevo hecho importe menos de un año.

Asimismo, según el antiguo §48 del CP era considerado reincidente quien cometiera un hecho punible doloso, después de haber: "2) Cumplido por uno o más de estos hechos pena privativa de libertad de por lo menos tres meses (...)". En otras palabras, en este supuesto, el reo debió haber cumplido pena privativa de libertad, en la cantidad mínima establecida por la ley. Además se indicó que "si se le puede reprochar que las condenas anteriores no le han servido de *advertencia*, el mínimo de la pena privativa de libertad será de seis meses, si el hecho no está ya amenazado con un mínimo superior. El máximo de la pena privativa de libertad permanece invariable". Se trató de sancionar a una persona por no abstenerse de cometer nuevos delitos a pesar que con la lectura y ejecución de una pena privativa de libertad se le comunicó su conducta antinormativa y, con ello, se le obligó a no volver a delinquir. En el antiguo §48 del CP se mencionó que

---

[675] Conforme al art. 116 del CP, las medidas que se establecen son la ejecución de trabajos en una colonia agrícola o la participación en una casa de labor.

tal mensaje conminatorio no solo emerge de la ejecución de una pena privativa de libertad, sino también de la "prisión preventiva y otra privación de libertad".

Por último, en el §48 del CP se estipuló que "un hecho anterior permanece fuera de consideración, cuando entre él y el hecho siguiente hayan transcurrido más de cinco años. En ese término no será computado el tiempo durante el cual el autor haya permanecido custodiado en un establecimiento por orden de la autoridad". Se observa que el plazo de prescripción de la reincidencia se calculaba entre el momento de la terminación del último hecho punible realizado y el comienzo del nuevo delito, no valorándose –a efectos de la reincidencia– el momento de la condena previa ni el momento de la finalización de su cumplimiento.

En resumen, entre las características más resaltantes de la anterior regulación de la reincidencia en Alemania se tiene que; i) el delito actual tenía que ser doloso. ii) la necesidad de dos condenas previas por hechos punibles dolosos; iii) anteriormente el reo debía haber cumplido parcialmente la pena privativa de libertad por lo menos tres meses; iv) el mínimo de la pena privativa de libertad abstracta se aumentaba en seis meses, a menos que el hecho no esté ya amenazado con una pena superior; v) el máximo de la pena privativa de libertad resultaba invariable; vii) se computaba, a los fines de la reincidencia, el tiempo que la persona haya sido privada de su libertad, no solo en caso de una pena, sino también por la imposición de una prisión preventiva; viii) El plazo de prescripción de la reincidencia era de cinco años contabilizados entre la terminación del último hecho punible y el comienzo del nuevo delito[676].

A pesar de que el §48 del CP alemán fue cuestionado porque la fórmula de la "advertencia" vulneraba el principio de culpabilidad[677], lo cierto es que su constitucionalidad fue resaltada por el TC alemán (sentencia del 16 de enero de 1979)[678].

---

[676] Cfr. MARÍN DE ESPINOSA CEBALLOS, Elena B. *La reincidencia*, pp. 39-40.

[677] Se afirmó que la fórmula de la "advertencia" era de dudosa idoneidad, que podía desembocar en la aplicación automática de la agravante a todos los casos de reincidencia. Según esta posición, no se debería someter dentro del ámbito de competencia del §48 del CP el desamparo social (como, por ejemplo, que el delincuente haya cometido el hecho por necesidad económica) y la criminalidad de bagatelas. Además se afirma que la culpabilidad del reincidente no es elevada, por lo que incrementar la pena en estos casos es excesivo. Cfr. MARÍN DE ESPINOSA CEBALLOS, Elena B. *La reincidencia*, pp. 49-50. Quien cita a ALBRECHT y HAFFKE, quienes cuestionan la norma por su excesiva uniformidad en la imposición de la pena.

[678] El TC alemán resolvió el pedido de inconstitucionalidad de la reincidencia de la siguiente manera (a modo de resumen): a) Con la agravante, conforme con el §48 del CP, se sanciona el aumento de la energía criminal, pese a la condena anterior, por lo que hay un aumento de la culpabilidad. b) La reincidencia, en la mayoría de los casos, supone una inidoneidad a la socialización. Por ello, estos delincuentes están necesitados de una

No obstante, esta disposición legal se suprimió del ordenamiento penal por varias razones expuestas en la doctrina; a) por la excesiva reacción al elevar el mínimo de la pena hasta seis meses, incluso en los delitos considerados bagatelas; b) por el nulo efecto admonitorio de las condenas y las ejecuciones precedentes; c) por la inoperancia del §48 del CP desde la perspectiva de la prevención; d) por la aplicación del §48 del CP, cuando el reo había alcanzado una edad en la que ya había dejado el punto más elevado de su carrera criminal; e) por la aplicación del §48 del CP a los delitos heterogéneos y los llamados delitos de bagatela o, casos excepcionales, como los hechos pasionales, impulsivos o de desamparo social; f) por las dudas, acerca de que la reincidencia fuera una causa de aumento de la culpabilidad[679]. Además, se tiene lo afirmado por ROXIN, quien consideró que "la capacidad de resistir la tentación de cometer nuevos hechos punibles no crece con el número de condenas anteriores, sino que disminuye. Un principio de culpabilidad consecuentemente cumplido apoya, por ello, la exigencia de renunciar a una agravación de la pena para los reincidentes"[680].

Con todo, la reincidencia se suprimió del ordenamiento penal alemán, por lo que tal condición personal del sujeto "solo sigue siendo una causa general de individualización de la pena"[681], conforme con el §46 II del CP. De esta forma, como anota BAUMANN, para determinar a un sujeto como reincidente, se debe atender "a todas las circunstancias que rodean los hechos. Para ello, es necesario comprobar, en primer lugar, el pronóstico de peligrosidad (...). Además, el Tribunal tendrá que tener en cuenta el contenido del

---

mayor cantidad de pena, ya que la mayoría de los reincidentes son poco sensibles a la advertencia de la anterior sentencia condenatoria. c) La manera de interpretar el §48 del CP sin vulnerar el principio de culpabilidad es que, a pesar de la existencia de una anterior condena y aunque el delincuente vuelva a cometer otro delito, no siempre se producirá el aumento de reproche de la culpabilidad. El juez solo reprochará la anterior condena si esta no tuvo una función de advertencia. Para ello, será imprescindible motivar en el juicio el reproche del aumento de culpabilidad por el hecho y la agravación de la pena. d) El §48 del CP se explica por la finalidad de evitar la comisión de hechos semejantes o de la misma naturaleza. e) El §48 del CP no considera de manera automática los antecedentes penales. Es más, el juez debe examinar el caso aislado, en atención al modo de ejecución y a las circunstancias del delito, y deducir si puede reprochar al autor que las anteriores condenas no le sirvieron de advertencia. f) Ante la presencia de un autor reincidente, que demuestre un aumento de su culpabilidad, se puede estimar la agravación del mínimo de seis meses de pena, sin que esto suponga una pena cruel e inhumana. La proclamación de esta pena no lesiona ni vulnera la socialización del reo, ya que no es una pena inadecuada; entre otras consideraciones. Con más detalle, MARÍN DE ESPINOSA CEBALLOS, Elena B., *La reincidencia*, p. 53.

[679] JESCHECK, Hans-Heinrich, *Tratado de Derecho penal. Parte General*, p. 812.

[680] ROXIN, Claus, "¿Qué queda de la culpabilidad?", p. 676. Quien además considera que si bien es necesario por razones preventivas que el Estado intervenga de forma más "intensa" sobre los reincidencia, aprecia que esta reacción no debe tener lugar a través de la ejecución de una pena, sino de una medida, "como acaso el internamiento en un establecimiento de terapia social".

[681] JESCHECK, Hans-Heinrich, *Tratado de Derecho penal. Parte General*, p. 812.

injusto y de la culpabilidad, las condenas anteriores –que normalmente inciden en contra del reo–, la personalidad del reo, la vida anterior y su conducta después del delito. Todo ello requiere utilizar criterios de prevención para evitar un nuevo delito, pero la pena a imponer no podrá superar la gravedad de la culpabilidad del autor por el hecho"[682].

En Alemania, la figura del reincidente peligroso fue también tratada conforme con las reglas de la llamada custodia de seguridad, regulada en el §66 del CP. Se trata de una medida de internamiento que se aplica después del cumplimiento de la pena privativa de libertad. La custodia de seguridad alemana, desde su inclusión en la legislación penal en 1933 (a inicios del régimen nazi), supuso una medida orientada a privar de la libertad en un momento posterior al cumplimiento de una condena de prisión efectiva aplicada a los delincuentes por tendencia[683]. Luego de la Segunda Guerra Mundial, la aplicación de esta medida decayó[684]. En 1969 se realizó una reforma importante de esta figura, restringiendo su aplicación a delitos violentos y sexuales. Asimismo, se estableció el límite de diez años como duración máxima de la medida siempre que el agente no hubiera estado previamente sometido a ella. Ahora bien, debido a un "incremento de la sensación de inseguridad", se modificó en 1998 la regulación de la custodia de seguridad[685]. Dicha norma (conocida como la Ley de represión de los delitos sexuales y otros crímines peligrosos), entre otras disposiciones, introdujo la posibilidad de prolongar de forma indeterminada la duración de la medida luego de haber transcurrido diez años contabilizado desde su aplicación inicial[686].

---

[682] Cit. MARÍN DE ESPINOSA CEBALLOS, Elena B., *La reincidencia*, p. 43.

[683] La custodia de seguridad existe en el CP alemán desde 1933. Se trata del principal instrumento del ordenamiento penal alemán para *combatir* la reincidencia en delincuentes violentos peligrosos. Con mayor detalle, cfr. ROBLES PLANAS, Ricardo, "*Sexual Predators*. Estrategias y límites del Derecho penal de la peligrosidad", p. 4; MUÑOZ CONDE, Francisco, *Edmund Mezger y el Derecho penal de su tiempo*, pp. 46 y ss; JESCHECK, Heinrich, *Tratado de Derecho penal. Parte General*, pp. 740 y ss; CANO PAÑOS, Miguel,"El marco jurídico y criminológico de la custodia de seguridad *(Sicherungsverwahrung)* en el Derecho penal alemán", en *CPC* (91), 2007, p. 208; entre otros autores.

[684] Cfr. JESCHECK, Heinrich, *Tratado de Derecho penal. Parte General*, p. 740.

[685] SALAT, Marc, *La respuesta jurídico-penal a los delincuentes imputables-peligrosos: especial referencia a la libertad vigilada*, p. 253. Quien cita el caso de Marc DUTROUX. Dicha persona (con antecendentes penales) secuestró, torturó y abusó sexualmente de seis niñas de entre 8 y 19 años. Se afirma que este hecho, junto a otros de similares características, causó un incremento de la sensación de inseguridad. Ello, en cierta medida, fue aprovechado políticamente, pues la nueva ley se dictó en el contexto de la campaña política ante la proximidad de las elecciones federales.

[686] En contra de establecer este tipo de reacciones desproporcionadas dirigidas al sujeto peligroso, SILVA SÁNCHEZ, Jesús-María, "El retorno de la inocuización. El caso de las reacciones jurídico penales frente a los delincuentes sexuales violentos", en *Libro homenaje al Dr. Marino Barbero Santos in memoriam*, Cuenca 2001, p. 707.

Originalmente, la decisión de imponer la custodia de seguridad debía decretarse en la misma sentencia condenatoria, lo cual –para algunos– era criticable, pues no era seguro el pronóstico de reiteración delictiva en dicho momento. En agosto de 2002 se modificó la norma, dando al Tribunal la posibilidad a reservar la decisión sobre su imposición hasta el final del cumplimiento de la pena de prisión[687]. De esta forma, se buscó superar la inseguridad del pronóstico de reiteración delictiva. Sin embargo, se cuestionó que para determinar o no la peligrosidad de un sujeto se tenga que evaluar el comportamiento del reo durante la ejecución de una pena privativa de libertad (entre otras razones, porque se evalúa un hecho ajeno al acontecimiento delictivo que llevó a prisión al agente y porque es muy difícil que una persona privada de su libertad por largo tiempo guarde siempre un comportamiento adecuado)[688].

En cuanto al límite temporal de la medida, en el §69 I del CP, se mencionó que para el internamiento en un centro de desintoxicación, el plazo máximo era de dos años; y para el primer internamiento en custodia de seguridad se estableció que el plazo máximo era de diez años. Ahora, si ocurre un posterior internamiento, se indicó que el plazo era *ad infinitum* (de por vida). En el caso del primer internamiento en custodia de seguridad, luego que este finalizara después de llegar al límite temporal máximo, se le podía aplicar la vigilancia de la conducta, tal como lo establece el §67d IV del CP.

Conforme con lo descrito en el §66 del CP, esta medida, dirigida al delincuente peligroso, tuvo dos variables; a) se aplicó obligatoriamente a delincuentes que tuvieran varias condenas con sentencias firmes; b) se aplicó facultativamente a los delincuentes que hayan cometido varios delitos sin que fueran condenados por ellos.

En el §66 I del CP, se señaló que se aplicará obligatoriamente la custodia de seguridad, conjuntamente con la pena, cuando se cumplan los siguientes requisitos; a) el delincuente ha cometido de nuevo un delito, el cual debía ser doloso. Se exigió que por esta conducta, al agente se le debió imponer una pena privativa de libertad temporal de al menos dos años; b) el delincuente debía tener dos condenas anteriores firmes por delitos dolosos, con pena privativa de libertad de al menos un año de duración. La sentencia dictada en el extranjero se tomaba en cuenta siempre que conforme con el

[687] Cfr. GARCÍA RIVAS, Nicolás, "La libertad vigilada", pp. 616-617.

[688] Cfr. SALAT, Marc, *La respuesta jurídico-penal a los delincuentes imputables-peligrosos: especial referencia a la libertad vigilada*, p. 257. También, BORJA JIMÉNEZ, Emiliano, "Peligrosidad postcondena, intervención punitiva y Estado de Derecho", en ORTS BERENGUER, Enrique (dir.), ALONSO RIMO, Alberto y ROIG TORRES, Margarita (coords.), *Derecho penal de la peligrosidad y prevención de la reincidencia*, Valencia, 2015, pp. 195-196.

ordenamiento penal alemán se considere que el hecho que lo fundara sea doloso. c) Se exigió el cumplimiento previo de penas o medidas privativas de libertad por una duración total de dos años. d) Que de la ponderación conjunta del autor y de su hecho resulte verificable la tendencia del sujeto a la comisión de delitos graves, puesto que era peligroso para la "generalidad". En efecto, conforme con el §66.1.4 del CP, la medida de custodia de seguridad debe aplicarse cuando "de la valoración en conjunto del autor y de sus hechos resulta que como consecuencia de su tendencia a cometer hechos antijurídicos significativos, especialmente aquellos en los que la víctima resulte perjudicada gravemente psíquica o corporalmente o se causen graves perjuicios económicos, en el momento de la sentencia el sujeto es peligroso para la comunidad"[689].

En resumen, la custodia de seguridad era de obligatoria imposición cuando se tratase de su imposición a un sujeto que ha cometido, de modo reiterado, delitos graves, ya condenados y cuando el agente presentara una tendencia hacia el delito, convirtiéndose en un "peligro" para la sociedad. Esto último, a valoración del juez, por lo que la aplicación de tal medida no dejó de ser discrecional.

En el §66 II del CP, se previó el internamiento en custodia de seguridad en el caso de reiteración de hechos punibles, aun cuando estos no hayan sido objeto de condena o privación de libertad. En efecto, los presupuestos de esta medida fueron los siguientes; a) Se aplicó a aquellos sujetos que hayan cometido al menos tres hechos punibles dolosos; b) cada uno de estos hechos debieron merecer una pena no inferior a un año; c) el sujeto ha debido ser condenado, por uno o más de estos delitos, a una pena de presidio no inferior a tres años; d) al igual que en el caso anterior, el juez debía evaluar la prognosis de peligrosidad según la valoración del hecho y de la personalidad el autor. Se criticó que la imposición de la custodia de seguridad para estos tipos de delincuentes se base en la supuesta repetición de delitos (no se exigió que previamente se le haya impuesto condena por ellos), lo cual vulneraba el derecho a la presunción de inocencia. Esta medida se basó en una presunción de peligrosidad cuestionable, fundada solamente en la "personalidad" del agente[690].

---

[689] Conforme con la traducción realizada por CARUSO FONTÁN, María Viviana, *El delincuente imputable y peligroso. Cuestiones de política criminal*, p. 113.

[690] Posteriormente, la legislación alemana sobre la custodia de seguridad fue modificada (en los años 2004, 2007 y 2008) hasta llegar a la regulación vigente que se explicará *infra*. Estas modificaciones ampliaron el campo de aplicación de la figura. Con mayor detalle, ACALE SÁNCHEZ, María, *Medición de la respuesta punitiva y Estado de Derecho. Especial referencia al tratamiento penológico del delincuente imputable peligroso*, p. 79 y SALAT, Marc, *La respuesta jurídico-penal a los delincuentes imputables-peligrosos: especial referencia a la libertad vigilada*, p. 260.

De modo general se cuestiona la custodia de seguridad en tanto representa una respuesta penal frente a delincuentes imputables, dejándose de lado la responsabilidad por el hecho. Al respecto, SIERRA afirma –en tono crítico– que "aun cuando la doctrina aclare que no se refiere a una culpabilidad por la conducción de vida o de carácter, estamos dando cobertura a un Derecho penal de autor porque la custodia de seguridad se impone sobre la base de la inclinación delictiva del sujeto"[691]. En contra, JAKOBS afirmó que se trata solo del fortalecimiento de la autoridad de la norma para la eliminación del peligro[692]. Por este motivo, no se atentaría contra el principio de proporcionalidad, ya que esta medida pretende el fortalecimiento de la confianza de la generalidad de la norma[693]. ROXIN sostuvo que "puede privarse de libertad cuando su disfrute conduzca con una elevada probabilidad a menoscabos ajenos que globalmente pesan más que las restricciones que el causante del peligro debe soportar por la medida de seguridad"[694]. JESCHECK consideró que "quien abusa repetidamente de la libertad para cometer delitos graves, y representa también un considerable peligro para el futuro, puede, en interés de la justificada demanda de seguridad por parte de la sociedad, ser sometido a la necesaria restricción de sus movimientos"[695].

Al respecto, el TC alemán (STC del 5 de febrero de 2004) señaló que lo fundamental es "que los hechos punibles a esperar del autor, como consecuencia de su tendencia, de acuerdo a su forma exterior y su forma de comisión, sean de tal peso que la colectividad deba ser protegida por medio de una Custodia de Seguridad" [696]. Asimismo, el TC indicó que "quien abusa repetidamente de la libertad para cometer delitos graves, y representa un considerable peligro para el futuro, puede, en interés de la justificada demanda de seguridad por parte de la sociedad, ser sometido a la necesaria restricción de

---

[691] SIERRA LÓPEZ, María del Valle, *La medida de libertad vigilada*, p. 90.

[692] JAKOBS sostiene que "la persona es portadora de derechos y deberes; si incumple determinados deberes de manera obstinada; en esa medida, ya no puede ser tratada como persona, esto es, no desempeña el papel de 'persona' de tal manera que en la realidad tenga sentido contar con ello (…) quien quiere 'participar' como persona en Derecho, como ciudadano, tiene una prestación debida que ha de cumplir permanentemente: tiene que generar fiabilidad cognitiva. Si esta obligación no se cumple de modo imputable y de una manera cualificada, en cuyos detalles no hay que entrar aquí, la sociedad civil tiene que conseguir coactivamente la fiabilidad cognitiva, precisamente mediante medidas de seguridad complementarias a la pena que excluyen de determinadas actividades sociales". JAKOBS, Günther, "Coacción y personalidad: reflexiones sobre una teoría de las medidas de seguridad complementarias a la pena" (trad. Pastor Muñoz), en *InDret* (1), 2009, pp. 12 y 13.

[693] JAKOBS, Günther, *Derecho penal. Parte General. Fundamentos y teoría de la imputación*, p. 42.

[694] ROXIN, Claus, *Derecho penal. Parte General*, p. 105.

[695] JESCHECK, Hans Heinrich, *Tratado de Derecho penal. Parte General*, p. 740.

[696] Cfr. MARÍN DE ESPINOSA CEBALLOS, Elena B., *La reincidencia*, p. 63.

movimientos"[697]. Además, el TC mencionó que "la custodia no vulnera la dignidad humana, ya que, si bien es cierto que este principio obliga a enfocar la privación de libertad hacia la resocialización del sujeto, ello no obsta a la necesidad de la prolongación indefinida de la privación de libertad, cuando sea el mismo sujeto el que rechace las ofertas de tratamiento y siga siendo peligroso hasta el final de sus días"[698]. Esta decisión fue cuestionada, entre otras razones, por poner en primer plano la protección de la seguridad, en desmedro de la libertad de las personas[699].

Con todo, la custodia de seguridad alemana fue inicialmente cuestionada por el propio TEDH (STEDH del 17 de diciembre de 2009)[700], propiciando que el TC alemán declare que dicha normativa es lesiva a derechos fundamentales[701] (STC del 4 de mayo de 2011). Se indica en la sentencia que: "La custodia de seguridad solo está justificada si el legislador, en su concepción, toma en cuenta el carácter especial de la intervención subyacente y, para ello, pone atención en evitar cargas adicionales más allá de la privación de libertad 'exterior'. Por eso debe tratarse de una ejecución orientada a la libertad y a la terapia, en la que el carácter preventivo de la medida se dirija claramente no solo hacia el custodiado, sino también hacia la colectividad. La privación de libertad debe estar diseñada –en clara distancia con la ejecución de una pena (…)– de manera que la perspectiva de la recuperación de la libertad determine visiblemente la práctica del internamiento". En otras palabras, el TC alemán señaló que la separación entre la ejecución de una pena y la ejecución de una custodia de seguridad no está garantizada.

---

697 Cfr. MARÍN DE ESPINOSA CEBALLOS, Elena B., *La reincidencia,* p. 63.

698 CARUSO FONTÁN, María Viviana, *El delincuente imputable peligroso. Cuestiones de política criminal*, p. 110. Sobre este tema, ROXIN señaló que esta tendencia puede justificarse, ya que "la peligrosidad de determinados delincuentes no puede quedar sujeta a un límite temporal determinado". ROXIN, Claus, "De la dictadura a la democracia. Tendencias de desarrollo en el Derecho penal y procesal penal alemán" (trad. Cano Paños), en *CPC* (100), 2010, p. 22.

699 Por todos, SÁNCHEZ LÁZARO, Fernando, "Alarma social y Derecho penal", en *InDret* (1), 2009, pp. 9 y ss.

700 El Tribunal concluye, entre otras consideraciones, que la custodia de seguridad se impone a una persona en virtud de la culpabilidad por el hecho (se dicta dicha medida en contra de una persona como consecuencia de la comisión de un delito). Asimismo, se indica que tanto la custodia de seguridad como la pena de prisión conllevan la privación de la libertad del agente, por lo que ambas medidas pueden interpretarse como un "castigo" (ello tiene implicancias prácticas, por ejemplo, en cuanto a la imposibilidad de aplicar retroactivamente una norma que regule las custodias de seguridad de manera más aflictiva, al igual que las penas). SALAT, Marc, *La respuesta jurídico-penal a los delincuentes imputables-peligrosos: especial referencia a la libertad vigilada*, p. 262. El hecho que el Tribunal haya considerado que la custodia de seguridad reviste la forma de una pena, no debe llevar a concebir que se trate de una clase de ella. Cfr. SILVA SÁNCHEZ, Jesús-María, "¿Es la custodia de seguridad una pena?", en *InDret* (2), 2010, p. 2.

701 Cfr. GARCÍA RIVAS, Nicolás, "La libertad vigilada", pp. 616-620.

Por ello, entre otras ideas, el TC mencionó de *lege ferenda* que la custodia de seguridad debe imponerse en casos graves[702].

Además, el TC alemán indicó que según el TEDH, que la custodia de seguridad será legítima "si guarda la debida distancia con la pena y se deduce, de circunstancias concretas de la persona o de la conducta del custodiado, un alto riesgo de cometer delitos violentos o sexuales". Asimismo, el TC aprecia que el llamado "principio de distancia" (separación entre ejecución de la pena y de la custodia de seguridad) debe comprender, entre otros puntos, que se considere que la ponderación entre la pérdida de la libertad y el objetivo preventivo-especial que se persigue solo quedaría equilibrado (juicio de proporcionalidad), si se lleva a cabo un tratamiento intensivo sobre el sujeto, con una programación específica o individualizada, que debería comenzar ya en el periodo de cumplimiento de la pena de prisión, sin esperar, por tanto, a que esta finalice. En definitiva, dicha instancia obligó a replantear plenamente la custodia de seguridad, para salvaguardar los derechos fundamentales, claramente lesionados en la regulación anterior[703].

A nivel normativo, el 1 de junio de 2013 empezó a regir la *Gesetz zur bundesrechtlichen Umsetzung des Abstandsgebotes im Recht der Sicherungsverwahrung* en el sentido planteado por el TC alemán en la STC del 4 de mayo de 2011[704]. La actual regulación alemana de la custodia de seguridad tiene las siguientes características: en el §66 (1) del CP se indica que se impondrá (carácter preceptivo) la medida de custodia de seguridad, cuando se cumplan, en primer lugar, los requisitos formales relacionados con los antecedentes penales. Asimismo, es necesario que no solo se haya cometido un delito que tenga como pena mínima dos años de pena privativa de libertad, sino también que se haya cometido un delito contra la vida, la integridad física, la libertad individual o sexual, o un delito de quebrantamiento de determinadas condiciones de la vigilancia de

---

702 Cfr. CARUSO FONTÁN, María Viviana, *El delincuente imputable peligroso. Cuestiones de política criminal*, p. 112.

703 Cfr. GAZEAS, Nikolaos, "La nueva regulación de la custodia de seguridad en Alemania. Una perspectiva sobre la nueva concepción derivada de las sentencias del Tribunal Europeo de Derechos Humanos y del Tribunal Constitucional alemán", en DEMETRIO CRESPO (dir.), MAROTO CALATAYUD, Manuel (coord.), *Neurociencias y Derecho penal. Nuevas perspectivas en el ámbito de la culpabilidad y tratamiento jurídico-penal de la peligrosidad*, Buenos Aires-Montevideo, 2013, pp. 636-641. RINCEANU, Johanna, "El futuro de la custodia de seguridad en Alemania", en ARROYO ZAPATERO, Luis; DELMAS-MARTY, Mireille; DANET, Jean y ACALE SÁNCHEZ, María (eds.), *Securatismo y Derecho penal. Por un Derecho penal humanista*, Cuenca, 2013, pp. 170 y ss.

704 Cfr. CARUSO FONTÁN, María Viviana, *El delincuente imputable peligroso. Cuestiones de política criminal*, pp. 111-112.

conducta. Además, también se aplicará la medida cuando se haya cometido un delito contra el orden público, las instituciones del Estado o un delito patrimonial (siempre que este último tenga una pena mínima de diez años de pena privativa de libertad).

Otro tema a resaltar de la reforma de la custodia de seguridad, es la posibilidad de que sea aplicada a un delincuente primario, conforme al §66 b (2) del CP. Para ello, se exige que el sujeto haya cometido un delito contra la vida, la integridad física, la libertad sexual o determinados delitos de robo agravados, siempre que haya sido condenado a una pena de cinco años de pena privativa de libertad y se considera que es probable que sea peligroso. El juez podrá reservar la imposición de la custodia se seguridad incluso cuando no se hayan cumplido los requisitos regulados en el §66 del CP. Una vez reservada la imposición de la custodia de seguridad, el juez tendrá un periodo para decidir de manera definitiva si se impone o no la medida. Según el legislador, este periodo se amplía hasta el fin de la pena privativa de libertad, aun cuando esta haya sido suspendida.

Por último, en la línea de lo expuesto por el TC alemán, las personas condenadas a custodia de seguridad estarán sometidas a un plan de tratamiento individual con el objetivo de reprimir la peligrosidad que presenta y, a su vez, otorgar en el periodo más breve, la libertad. Se indica en la norma que el cumplimiento de la custodia de seguridad se realizará en un lugar separado al del resto de los demás presos[705].

C. El modelo norteamericano

El modelo norteamericano de represión contra los delincuentes peligrosos se caracteriza por la clara orientación política de establecer, en contra de ellos, medidas inocuizadoras[706]. Por ejemplo, como señala ROBLES PLANAS (con relación a los delitos sexuales), "hasta los años 90 en los Estados Unidos el Derecho penal sexual se caracterizaba por los principios de rehabilitación y tratamiento del delincuente sexual. Es en la década de los 90 cuando la situación da un giro radical: se desconfía de la eficacia de las terapias, se deja de correr los riesgos de las *parole* y se apuesta por la tolerancia cero y el apartamiento en lo posible del delincuente (no solo el sexual) por

---

705 Cfr. SALAT, Marc, *La respuesta jurídico-penal a los delincuentes imputables-peligrosos: especial referencia a la libertad vigilada*, pp. 268-269.

706 Sobre la disolución del fin resocializador de la pena y la adopción de políticas neoliberales en Estados Unidos de Norteamérica, vid. GARLAND, David, *La cultura del control*, Madrid, 2005, pp. 11 y ss.

tendencia de la vida en sociedad"[707]. De modo general, se afirma que esta perspectiva legislativa se halla en "perfecta sintonía con la evolución ideológica general de la Política Criminal y no solo de la Política Criminal norteamericana"[708], muchas veces influenciada por la sensación (fundada o no) de inseguridad creciente[709] y por la inoperancia del Estado, en la mayoría de los casos, para diseñar y aplicar un sistema de ejecución de penas con tinte realmente resocializador[710]. Se endurece el sistema de penas sin que se haya cumplido este último fin[711].

Una de las expresiones en la normativa norteamericana de este tipo de medidas, es la imposición de condenas privativas de libertad excesivamente largas, basadas primordialmente en los antecedentes del sujeto, en su pronóstico de potencial peligrosidad y en el mensaje intimidatorio de la sanción[712]. Además, han ido

---

[707] ROBLES PLANAS, Ricardo, "*Sexual Predators*. Estrategias y límites del Derecho penal de la peligrosidad", p. 5.

[708] SILVA SÁNCHEZ, Jesús-María, "El retorno de la inocuización. El caso de las reacciones jurídico penales frente a los delincuentes sexuales violentos", p. 701. Quien además señala, refiriéndose al modelo actual de la justicia norteamericana: "El modelo tiene una base ideológica muy clara: la sociedad, incluso en el caso de ciertos delincuentes no habituales, cuyo delito ha tenido, sin embargo, una especial incidencia, por el número de víctimas, por ejemplo, renuncia a asumir porcentaje alguno del riesgo de reincidencia. Todo riesgo se hace recaer sobre el autor, quien de este modo es sometido a intervenciones asegurativas de la máxima intensidad. La adecuación de este modelo al principio de proporcionalidad resulta más que discutible".

[709] Cfr. DOLCINI, Emilio. "La 'nueva' reincidencia. La cárcel en Italia se vuelve todavía más selectiva", p. 836. Este autor afirma que: "Este cambio en la legislación penal de EE. UU. se ha producido por la alarma social, en buena parte fomentada por los medios de comunicación de masas, aun a pesar de un descenso de los niveles de criminalidad en los años 90 en EE. UU.: se reveló que mientras los niveles de criminalidad bajaban, el 73 % de la población estadounidense pensaban que estos se encontraban en fuerte ascenso".

[710] Cfr. GARLAND, David, *La cultura del control*, p. 119: "El colapso de la fe correccionalista inició una ola de desmoralización que erosionó la credibilidad de instituciones claves del control del delito y, al menos por un periodo, de todo el sistema de justicia penal. A fines de la década de 1970 y a lo largo de los años ochenta la influencia desmoralizante de lo que David ROTHMAN denominó 'el modelo del fracaso' se extendió a la mayoría de las áreas de la justicia penal. En función del impacto de los informes de investigación negativos y de las tasas del delito en ascenso, pero también como consecuencia de una sensación generalizada de desilusión y pesimismo, una institución tras otra comenzaron a ser consideradas como ineficaces o contraproducentes".

[711] Además, según los estudios elaborados por el Buró de Estadísticas Judiciales, en los Estados Unidos de Norteamérica, entre los periodos 1999-2002 (promedio de reincidencia: 45,4 %) y 2002-2007 (promedio de reincidencia: 43,3 %), existe un importante porcentaje de sujetos que han vuelto a delinquir. Con mayor detalle, VILLAGRA, Carolina, GALLARDO, Roberto y PIÑOL, Diego, "Aspectos metodológicos de la medición de reincidencia", en *La medición de la reincidencia y sus implicancias en la política criminal*, Santiago de Chile, 2014, pp. 121-122.

[712] Medidas que han llevado a la exclusión de los sujetos de la comunidad. Al respecto, de modo crítico a la política legislativa norteamericana, DÍEZ RIPOLLÉS menciona lo siguiente: "La persistente exclusión de estas

apareciendo instituciones orientadas a la llamada "incapacitación selectiva", con el propósito de aislar al delincuente a fin de evitar que vuelva a cometer algún otro crimen[713]. La incapacitación del delincuente se basa en el pronóstico de reincidencia. Así, "se intenta predecir de acuerdo con unas variables preestablecidas (el tipo de delito cometido, la personalidad del delincuente, la tasa de reincidencia), si el delincuente necesita una disuasión específica y en caso de que se determine la existencia de un pronóstico desfavorable de rehabilitación se le aplicará una estrategia inocuizadora"[714]. Ejemplo de ella es la *sexually violent predators act* del Estado de Washington, vigente desde 1990 y con repercusión en otros Estados. Con esta norma al delincuente sexual violento (que haya afectado a dos víctimas y con pronóstico de reincidencia futura) se le impone una medida de seguridad de duración indeterminada (para sujeto imputable) posterior al cumplimiento de la pena. Evidentemente la tendencia es puramente asegurativa y no terapéutica[715].

---

personas de actividades sociales no relacionadas con su delito hace difícil que se produzca su deseable integración social, y proyecta efectos desocializadores sobre sus familias e incluso sobre los vecindarios o barrios en los que esas personas tienen una presencia significativa. Por lo demás, difícilmente puede pedirse una vida respetuosa con los derechos de tus conciudadanos si estos te niegan unos derechos a cuya pérdida no te has hecho acreedor con tu conducta delictiva". DÍEZ RIPOLLÉS, José Luis, "Sanciones adicionales a delincuentes y exdelincuentes. Contrastes entre Estados Unidos de América y países nórdicos europeos", en *InDret* (4), 2014, p. 8.

[713] En general, se ha dicho que este tipo de medidas le otorga a los condenados y excondenados un "estatus político, civil y social inferior, mantenerles en una situación socialmente deshonrosa y estigmatizadora que los coloca en los márgenes de la sociedad, sin posibilidad de ejercer plenamente su condición de ciudadanos ni desarrollar sus proyectos vitales. La negación de derechos políticos, como el de sufragio activo o el de mantener la residencia legal en país extranjero, saca al condenado y excondenado de la comunidad política o le excluye de la sociedad en la que había sido aceptado. El bloqueo de derechos civiles y sociales, como el acceso a un empleo, a la función pública, a la patria potestad, a subsidios públicos, a viviendas sociales, a prestaciones educativas o sanitarias constituye un formidable instrumento de desintegración social de estos colectivos". DÍEZ RIPOLLÉS, José Luis, "Sanciones adicionales a delincuentes y exdelincuentes. Contrastes entre Estados Unidos de América y países nórdicos europeos", p. 30. También sobre este tema, RODRÍGUEZ-MAGARIÑOS, Faustino Gudín, *La nueva medida de seguridad postdelictual de libertad vigilada. Especial referencia a los sistemas de control telemáticos*, Valencia, 2012, p. 164.

[714] Cfr. CHAZARRA QUINTO, María Asunción, "La reincidencia en el código penal español: una mirada al controvertido modelo norteamericano", en http://www.derechopenalonline.com/derecho.php?id=13,427,0,0,1,0 (última visita: 15 de marzo de 2015).

[715] A diferencia de la anterior medida legislativa dirigida a delincuentes sexuales imputables peligrosos en los Estados Unidos y que era denominada *civil commitment*, la cual consistía en el internamiento indeterminado del sujeto en centros psiquiátricos con fines de tratamiento. Sobre los alcances de las llamadas *Sexual psycopath acts* o "leyes de psicópatas sexuales", vid. SILVA SÁNCHEZ, Jesús-María, "El retorno a la inocuización", p. 702.

Anota GARLAND, en relación con la justicia norteamericana: "Cuando hoy se lleva adelante intervenciones rehabilitadoras, su carácter es bastante distinto al de aquellas que se realizaban en el pasado. Se encuentran más en cuestiones de control del delito que en la asistencia individual (…). El objetivo inmediato ya no es mejorar la autoestima del delincuente, desarrollar la capacidad de discernimiento o presentar servicios centrados en el cliente [el condenado], sino imponer restricciones, reducir el delito y proteger al público. Estos cambios en la práctica (…) hacen que los programas de tratamiento se presenten a sí mismos como beneficiosos para las futuras víctimas, más que para el delincuente. Son las futuras víctimas las que ahora son 'rescatadas' a través de la rehabilitación, en lugar de los delincuentes"[716]. Es, sin duda, un modelo que está orientado a tratar al delincuente como un objeto de la sanción, limitándole sus derechos sobre la base de un criterio puramente efectista del poder penal. De esta forma, la pena cumple principalmente una función expresiva[717].

Por otro lado, otra muestra de la tendencia inocuizadora es la proliferación en Norteamérica de las leyes *"three strikes"*, en especial, la regulada en el Estado de California[718], en la que se aplicó con mayor rigor la sanción penal, imponiéndose, en algunos casos, penas de prisión perpetua a sujetos que cometieron crímenes no violentos o poco graves[719]. Y es que en el art. 667 de la ley penal californiana se estableció que en caso una persona cometa un delito grave luego de haber cometido un delito de las mismas características, será sancionado con el doble de pena correspondiente al último

---

[716] GARLAND, David, *La cultura del control*, p. 288.

[717] HUSAK, Douglas, *Sobrecriminalización. Los límites del Derecho penal* (trad. Lorca Ferreccio), Madrid, 2013, pp. 218 y 220.

[718] Sobre el origen de la ley y, sobre todo, sus consecuencias respecto a aquellas personas "no violentas", pero que han sido duramente sancionadas al delinquir nuevamente, cfr. ROMANO, Michel, "Striking back: using death penalty cases to fight disproportionate sentences imposed under California's three strikes law", en *Stanford law & Policy review* (21), 2010, pp. 316 y ss; DOMANICK, Joe, *Cruel justice: three strikes and the politics of crime in America's golden state*, California, 2004, pp. 13 y ss; AUSTIN, James; CLARK, John; HARDYMAN, Patricia y HENRY, D. Alan, "The impact of 'three strikes, and you're out'", en *Punishment & Society* (1), 1999, pp. 152 y ss.

[719] Se afirma que: "la posibilidad de que las graves consecuencias que se vinculan a la comisión del tercer delito acaben repercutiendo negativamente en la tasa de comisión de ciertas infracciones. En este sentido, algunos autores señalan que el hecho de que el tercer delito comporte ya para el delincuente la imposición de una pena de privación perpetua de libertad supone, en la práctica, una invitación a cometer actos más graves con el propósito de evitar el descubrimiento de la tercera conducta delictiva. Una invitación, por ejemplo, a matar a los testigos de un simple hurto para evitar su descubrimiento y la imposición de una pena de reclusión perpetua. O, cuando menos, a utilizar la fuerza contra los agentes de la policía para evitar la detención". CASTIÑEIRA, María Teresa y RAGUÉS I VALLÈS, Ramón, "*Three Strikes*. El principio de proporcionalidad en la jurisprudencia del Tribunal Supremo de los Estados Unidos", en *El principio de proporcionalidad y la interpretación constitucional*, Quito, 2008, p. 216.

de los crímenes realizados (a esta medida se le denomina *"two strikes"*). Por otro lado, en caso que una persona haya cometido dos delitos graves previamente y vuelve a cometer un delito (cualquiera sea su gravedad), la pena a imponérsele será de cadena perpetua, sin posibilidad de libertad condicional antes de veinticinco años (*"three strikes"*). Si bien pueden encontrarse diversos fines a esta fórmula de agravación de la responsabilidad penal o mencionarse que solo pretende la pura neutralización del individuo[720], lo cierto es que, como tal, se trató de una figura polémica[721], no solo por su discutida eficacia preventiva[722], sino también por vulnerar el principio de proporcionalidad al establecer una pena atemporal a sujetos por la comisión de un delito no grave, pero con un pasado criminal[723].

Al respecto, DOLCINI anota lo siguiente: "¿Cuáles son los efectos producidos por penas tan severas (amenazadas por la ley y, en el caso de California, aplicadas por los jueces) sobre el estado de la criminalidad? Resultados para nada entusiastas (…). La experiencia de EE.UU. demuestra que estas leyes –mientras que tal vez frenan algunas manifestaciones de criminalidad de menos entidad y, sobre todo, la criminalidad contra

---

[720] La Corte Suprema de los EE. UU. se pronunció en el año 2003 sobre la constitucionalidad de la ley californiana (caso Ewing v. California), indicando que esta norma va dirigida a criminales incorregibles, los plurirreincidentes, frente a ellos la pena ha de desempeñar una función de neutralización a través del aislamiento de la sociedad. Por ello, dicha medida, según la Corte, no resulta desproporcionada. Con detalle: http://www.caselaw.findlaw.com (última visita: 15 de marzo de 2015). También, analiza esta sentencia y, general, respecto al principio de proporcionalidad, YOUNGJAE, Lee, "The Constitutional Right Against Excessive Punishment", en *Va. L. Rev.* (677), 2005, pp. 678 y ss. En similar sentido, la Corte Suprema resolvió, en el año 2003, el caso Lockyer v. Andrade. Con mayor detalle, HORN, Doyle, "Lockyer versus Andrade: California three strikes law survives challenge based on federal law that is anything but 'clearly established'", en *J. Crim. L. & Criminology* (94), 2004, pp. 687 y ss.

[721] ZIFFER apunta que "la regulación fue fuertemente criticada desde un comienzo. Las objeciones más escuchadas, sin embargo, fueron de tipo 'económico', referidas a los costos que su implementación produciría, tanto por el aumento de la población carcelaria como por su envejecimiento". ZIFFER, Patricia, *Medidas de seguridad. Pronósticos de peligrosidad en el Derecho penal*, p. 352. En ese sentido, de modo general, la Corte Suprema de los Estados Unidos señaló en el año 2011 (caso Brown v. La Plata), que el sistema carcelario en California está en crisis. Se indicó que el hacinamiento de los centros penitenciarios produce que el cumplimiento de la pena sea, en dichas condiciones, cruel e inhumano. Esta decisión conllevó la liberación y traslado progesivo de miles de presos, sancionados por delitos menores. Vid. https://www.law.cornell.edu/supct/html/09-1233.ZS.html (última visita: 20 de agosto de 2016).

[722] DOLCINI, Emilio, "La 'nueva' reincidencia. La cárcel en Italia se vuelve todavía más selectiva", p. 839.

[723] Se menciona que las leyes de *three strikes* constituyen un ejemplo de uno de los mayores ataques a los principios de proporcionalidad y resocialización en lo que a penas aplicables a delincuentes peligrosos se refiere. Con su aplicación no se tiene en cuenta el concreto delito cometido, sino una carrera delictiva por la comisión de delitos de una cierta gravedad. Cfr. SALAT PAISAL, Marc, *La respuesta jurídico penal a los delincuentes imputables peligrosos: especial referencia a la libertad vigilada*, p. 86.

el patrimonio– no limitan para nada e incluso fomentan la realización de delitos más graves (homicidios y delitos caracterizados por violencia contra las personas)"[724]. Como señalan de modo general CASTIÑEIRA y RAGUÈS: "Desde una perspectiva europea, las leyes *three strikes* pertenecen, sin duda, a lo que para muchos observadores constituye el catálogo de excesos y extravagancias político-criminales estadounidense. Una categoría de la que también forman parte otros fenómenos más o menos arraigados en la tradición jurídica de aquel país, como los registros de delincuentes sexuales, las denominadas penas avergonzantes, la privatización del sistema carcelario o, por supuesto, el mantenimiento a ultranza de la pena de muerte en muchos estados"[725].

La crítica, en cierta medida, tuvo eco. Así, el 7 de noviembre de 2012 se aprobó en California la *Propuesta 36*. Con esta norma (conocida como la "Ley de reforma de los *three strikes*") se mantiene la posibilidad de incrementar la pena en el supuesto de una tercera condena por delitos no violentos, pero deja de ser obligatoria la imposición de penas que iban de los 25 años a la prisión perpetua en estos casos. Con ello, se reducen las condenas de aquellos que están cumpliendo prisiones perpetuas por crímenes no graves y no violentos, permitiéndoles una nueva sentencia (menos grave). Con dicha norma también es posible reducir la duración de una sentencia futura en caso haya sido condenado por delitos violentos o graves, pero comete, en una tercera oportunidad, un delito no grave o no violento. Al respecto, se indica que el juez, para determinar si el delincuente puede suponer un riesgo excesivo para la seguridad, podrá considerar los siguientes datos: la duración de las penas anteriores, el comportamiento en la cárcel, los antecedentes del agente, el grado de lesión de la víctima, la participación del condenado en programas de rehabilitación y cualquier otra evidencia relevante[726]. Luego, el 4 de noviembre de 2014 se aprobó la *Propuesta 47*, mediante la cual se redujeron las sanciones por posesión de drogas y por la comisión de otros delitos no violentos. En efecto, con la norma aprobada se convierten muchos delitos contra la propiedad y delitos de posesión de drogas de delitos graves a delitos menores. De esta manera, el condenado puede pedir una nueva condena o, en su caso, la reducción de la misma[727].

---

[724] DOLCINI, Emilio, "La 'nueva' reincidencia. La cárcel en Italia se vuelve todavía más selectiva", p. 839.

[725] CASTIÑEIRA, María Teresa y RAGUÉS I VALLÈS, Ramón, "*Three Strikes*. El principio de proporcionalidad en la jurisprudencia del Tribunal Supremo de los Estados Unidos ", p. 217.

[726] Vid. Informe emitido por *The Human Rights Watch* titulado "Old Behind Bars. The Aging Prison Population in the United States", en https://www.hrw.org/report/2012/01/27/old-behind-bars/aging-prison-population-united-states (última visita: 2 de marzo de 2016).

[727] Sobre los alcances de la norma y sus efectos en el sistema carcelario de California (donde hubo una reducción considerable de personas privadas de su libertad producto de la aplicación de la Ley), cfr. BIRD, Mía; TAFOYA, Sonia; GRATTET, Ryken y NGUYEN, Viet, "How has proposition 47 affected California's jail population?", en *PPIC*, 2016, pp. 3 y ss.

El cambio normativo ocurrido en un sector del sistema norteamericano no es suficiente para sostener que se está ante una nueva perspectiva (menos aflictiva) del sujeto especialmente peligroso. Se ha visto que se mantiene, en gran medida, las normas orientadas a neutralizar a aquellas personas que reiteran la comisión de delitos graves. En base a la idea de que dichas personas son un "foco de peligro" para la sociedad, se pretende alejarlas de ella. Asimismo, en esa lógica de seguridad máxima, para reforzar el tratamiento penal al sujeto peligroso, en Norteamérica no solo se "enfrenta" la criminalidad aumentando (de forma desproporcionada) la dosis de pena, sino aplicando una serie de medidas especiales de aseguramiento. Por ejemplo, en el caso de los delincuentes sexuales, a ellos se les puede imponer medidas que van desde la supervisión y control al sujeto responsable luego del cumplimiento de la pena, pasando por tratamientos médicos hormonales practicados durante la ejecución de la pena, hasta su inscripción en registros públicos como exdelincuentes sexuales[728]. Se trata de la puesta en práctica de un diseño político criminal que tiene un excesivo efecto estigmatizador, fundado en respuestas abusivas.

---

[728] Cfr. SALAT, Marc, *La respuesta jurídico-penal a los delincuentes imputables-peligrosos: especial referencia a la libertad vigilada*, pp. 150 y ss.

CONCLUSIONES

Una vez finalizada la presente investigación, se resumen las siguientes conclusiones:

1. En la fase de la determinación judicial de la pena. se advierte que los alcances de la teoría del delito se expanden, pues aspectos relacionados con sus categorías se tomarán en consideración para graduar la cantidad de sanción y la necesidad de su ejecución. Estos elementos pueden ser más o menos intensos, dependiendo de la existencia de circunstancias que, como la reincidencia, coadyuvan a delimitarla.

2. La reincidencia es una circunstancia que agrava la pena. El incremento de esta última se justifica, en principio, en la necesidad de que el Estado responda de modo proporcional ante un injusto culpable más grave. El injusto del reincidente es más grave, en comparación con el injusto que comete el delincuente primario, en tanto el agente, al "volver a delinquir", vulnera no solo el bien jurídico tutelado en el tipo acabado de cometer, sino también cuestiona al ordenamiento jurídico en su conjunto (dimensión normativa del daño). Esta situación crea, en algunos casos, una situación de inseguridad real (dimensión empírica del daño). La inseguridad real no es consecuencia de todo delito cometido por el reincidente. Entre otras consideraciones, para llegar a tal situación será necesario verificar *ex post* que se cumplieron, en el supuesto concreto, diversos criterios normativos: *un plazo razonable de prescripción de reincidencia, la relación de injustos y el dolo*. De cumplirse estos criterios, desde el plano empírico, se podrá decir que el agente habrá demostrado, en muchos casos, una mayor capacidad lesiva, creando la expectativa de que "va a volver a delinquir". Del sujeto reincidente se espera más. Y es que su posición, frente al hecho, es más grave que la del delincuente primario, ya que habiéndosele comunicado previamente la declaración de responsabilidad penal (sin haberse, necesariamente, ejecutado la pena, como se propone en este trabajo), optó por enfrentarse nuevamente, y de modo decidido, al ordenamiento jurídico.

3. La creación de un injusto culpable más grave (en el que se cumplan los criterios expuestos en la presente investigación) hacen del agente un sujeto peligroso. Es decir, la peligrosidad del reincidente estará condicionada, entre otros factores, a las características que debe tener el nuevo injusto cometido y el grado de exigibilidad de un comportamiento conforme a derecho. Por ello, la legitimidad de la mayor pena impuesta al agente reincidente se basa en la necesidad de que con ella se alcancen los fines preventivos esenciales a su naturaleza sobre la base de una sanción justa, proporcional al hecho más grave cometido.

4. En el plano político criminal, el costo del nuevo hecho delictivo realizado por el reincidente es atribuible al individuo, a la sociedad y al Estado. En efecto, no puede cargarse el costo que produce el acto del reincidente solamente al individuo, pues el Estado y la sociedad son también responsables al no brindar las condiciones necesarias para lograr la resocialización del condenado. No obstante este escenario, no cabe renunciar a agravar la pena al sujeto reincidente. En primer lugar, porque no se puede desconocer que el condenado es un sujeto de derechos, a quien se le imponen tareas, durante la ejecución de la sanción y luego de ella. El reincidente debe asumir los costos de su opción delictiva, con una mayor pena, distinta a la impuesta al delincuente primario. En segundo lugar, desde el plano económico, una nula regulación de la reincidencia como agravante de la pena crea incentivos en el sujeto peligroso, de obtener beneficios sin una consecuencia jurídica negativa. Es cierto que esta omisión legislativa no determina la reiteración delictiva, pero la podría promover.

   Consideramos que para agravar la pena al reincidente, el legislador debe optar por una alternativa de agravación menos aflictiva, dada la pluralidad de responsabilidades. Esta alternativa nos lleva a proponer que el aumento de la sanción al reincidente debe tener como límite el máximo de la pena abstracta. Asimismo, consideramos razonable que esta agravante sea impuesta de forma facultativa por el juez penal, previa dilucidación en el marco de un proceso penal respetuoso de los principios que inspiran un Estado social y democrático de Derecho.

5. De otro lado, en el plano constitucional se ha cuestionado a la agravante por reincidencia la inobservancia del principio de *ne bis in idem* (¡se sanciona dos veces por lo mismo!), así como del principio de resocialización; pues se afirma que con ella se trastoca la idea de que dicho fin es deber del Estado para convertirse en un deber que solamente compete cumplir al condenado. Además, según un sector de la doctrina, con la figura de la reincidencia se vulnera el derecho a la presunción de inocencia, pues basta el "pasado criminal" del sujeto para presumir su peligrosidad. En buena cuenta, se dice que esta agravante es ilegítima porque la mayor pena al agente no se explica en el hecho cometido, sino en su "personalidad", lo cual conlleva, a su vez, la vulneración de los principios de culpabilidad (esta deja de ser de acto) y de tutela judicial efectiva (se impide al sujeto acceder a la justicia para demostrar su no peligrosidad). También se cuestiona que el monto de pena a imponerse al reincidente resulte superior al daño causado, afectándose el principio de proporcionalidad. No solo ello, también se critica que la agravante no tome en

consideración que el comportamiento realizado por el reincidente no ha puesto en peligro ni dañado algún bien jurídico penalmente relevante, careciendo el hecho de nocividad social.

Analizada a la reincidencia conforme a los criterios expuestos en este trabajo (sin tomar en consideración –todavía– una legislación en particular), consideramos que la reincidencia como agravante de la pena no afecta ningún principio o derecho constitucional. En efecto, dicha agravante no vulnera el principio de *ne bis in idem*, ya que el hecho anterior no se vuelve a evaluar, solo se toma en cuenta el dato administrativo que acredita el "pasado criminal" en el momento de la determinación judicial de la pena. Dicho de otra forma, el hecho anterior no vuelve a ser sometido a juicio ni es doblemente reprochado. Tampoco se vulnera el principio de culpabilidad, pues la mayor sanción (no la determinación de la responsabilidad penal) se basa en la gravedad del hecho (el reincidente comete un injusto más grave, en comparación al hecho cometido por el delincuente primario), no en la "personalidad" del sujeto. En esa medida, tampoco se vulnera el principio de tutela judicial efectiva, esto último, en tanto el Estado garantice al sujeto la posibilidad de demostrar durante el proceso su no peligrosidad.

Asimismo, el principio de proporcionalidad no se afecta con la agravante, ya que la pena a imponerse, de modo facultativo para el juez, será adecuada al mayor injusto culpable cometido por el reincidente. Además, apreciamos que la agravante de reincidencia no vulnera el principio de lesividad, pues con la nueva conducta antinormativa se verifica un mayor grado de nocividad social que merece ser atendido. Dicho daño se ve expresado en la afectación a la confianza social en la vigencia de las normas que tutelan la seguridad. Con la agravante objeto de comentario tampoco se afecta al principio de resocialización de la pena. Y es que de este principio se extraen compromisos que no solo corresponden al Estado, sino también al propio condenado. Este último también tiene un papel en torno a orientar su conducta hacia la socialización (es sujeto y no objeto de la sanción). Para finalizar, agravar la pena al reincidente no se enfrenta con el derecho a la presunción de inocencia, ya que la mayor pena se sustenta en una situación de riesgo creada por el propio agente por la comisión de una nueva conducta delictiva, con especiales características, que hacen más grave el injusto creado. Claro está, dicha situación deberá ser discutida y demostrada en el juicio.

6. No obstante lo anotado, consideramos que tanto la regulación española como la peruana de la agravante de reincidencia son inconstitucionales. Si bien los

principios de *ne bis in idem* y de resocialización no se ven vulnerados; sin embargo, sí se afectan otros:

a. *El principio de culpabilidad*: la agravante se impondrá con base en una presunción de una mayor responsabilidad sin datos objetivos que la delimiten. En efecto, se afecta este principio al no brindarse en la ley las condiciones necesarias para poder considerar que el reincidente cometió un hecho más grave (en el Perú no se exige que el delito sancionado y el nuevo estén relacionados objetivamente; en España, se utiliza una expresión imprecisa "misma naturaleza" para establecer dicho vínculo). Se otorga un amplio margen de discrecionalidad al juez para aplicar la agravante, en desmedro del procesado.

b. *La presunción de inocencia*: es cuestionable que el legislador español y peruano, respectivamente, hayan descrito a la reincidencia como una agravante de aplicación obligatoria y sin mencionar los presupuestos suficientes para afirmar que se está ante un hecho más grave. Esta situación incrementa el riesgo de que al reincidente, sin mayor justificación, se le presuma peligroso.

c. *El principio de proporcionalidad*: No es correcto que tanto en España como en el Perú se regule a la reincidencia como una agravante de aplicación obligatoria. El fin de la figura es legítimo (el dar respuesta justa a un hecho más grave que causa, a su vez, mayor inseguridad). Sin embargo, consideramos que existe otra alternativa menos aflictiva e idónea para dar una sanción proporcional por el hecho cometido. Esta alternativa consiste en brindar al juez la *facultad* de evaluar todas las circunstancias que acompañan al hecho, a fin de que pueda determinar la necesidad de un incremento de la sanción conforme al real daño producido. Por otro lado, en el Perú se regula a la reincidencia como una agravante que puede llevar a que la autoridad incremente la sanción por encima del marco establecido por legislador para el delito cometido. Se trata de una medida innecesaria para los fines preventivos de la figura. Apreciamos que una prevención justa puede ser alcanzada agravando la pena dentro del marco establecido en la ley.

d. *El principio de tutela judicial efectiva*: no consideramos razonable que el legislador español y peruano no otorguen al procesado las condiciones suficientes para que en el proceso pueda demostrar que no cometió un hecho más grave (o para descartar la atribución de peligrosidad). Se ha mencionado que la fórmula legislativa utilizada en ambos países permite que se presuma la peligrosidad del agente, sin mayor dato objetivo y sin haberle dado la oportunidad de discutirlo en el juicio (al regularse la figura como una agravante de aplicación obligatoria).

e. *El principio de lesividad*: consideramos que tanto en España como en el Perú no se regulan de modo suficiente las condiciones necesarias para determinar que se causó un hecho más grave por el acto del reincidente (vid. *supra*). De esta manera, puede aumentarse la pena al reincidente sin que se haya puesto realmente en riesgo la seguridad pública.

7. Por último, en el plano normativo, se ha visto que la reincidencia es una figura tradicional tanto en España como en el Perú. En España, se regula a la reincidencia como una agravante genérica y de aplicación obligatoria. Respecto a la multirreincidencia, esta puede ser aplicada de modo facultativo, pudiendo la pena exceder del marco previsto en la ley. En cuanto a su contenido, el legislador español optó como requisito, tanto para el caso de la reincidencia como en el supuesto de la multirreincidencia, un vínculo entre el anterior delito cometido y el nuevo ("mismo Título" y "misma naturaleza"). Esta alternativa normativa ha sido puesta en tela de juicio por la doctrina, por su excesiva formalidad (que los delitos cometidos estén ubicados en el "mismo Título") o por su falta de concreción, afectando la seguridad jurídica (que los delitos cometidos sean de la "misma naturaleza").

   Asimismo, se estableció un plazo de prescripción para la aplicación de ambas agravantes (para su verificación se tiene que acudir a lo dispuesto en el art. 136 del CP, que regula el plazo de cancelación de los antecedentes penales). Además, conforme a la LO 1/2015, para la configuración de la reincidencia se prescinde de los antecedentes penales por delitos leves (es decir, no se aplica la agravante en estos casos). Además, el legislador indica que los antecedentes penales a ser valorados pueden haber sido originados por la existencia de condenas firmes dictadas por un juez o tribunal español o de alguno de los países que formen parte de la Unión Europea. Esta decisión responde a la política de integración entre los países de la región. Sin embargo, en el terreno práctico es discutible, en tanto la posibilidad de que el nuevo delito cometido esté comprendido en el "mismo Título" del tipo sancionado anteriormente en otro Estado europeo, resulta una exigencia innecesaria.

   En el Perú, actualmente –tanto para la reincidencia como para la habitualidad–, no se exige normativamente un vínculo objetivo entre el anterior delito y el nuevo. De *lege ferenda* esta omisión debe ser subsanada por el legislador, pues como aquí se ha explicado, el vínculo de injustos constituye una condición necesaria para la determinación de la peligrosidad del sujeto que volvió a delinquir. Además, el legislador peruano las regula como agravantes cualificadas, pues la sanción a imponerse puede superar el marco de la pena abstracta. Asimismo, la aplicación de estas agravantes es obligatoria. Por tanto, de manera errónea, no se otorga al juez la oportunidad de emitir una decisión facultativa. De otro lado, para la aplicación de ambas figuras, en su modalidad básica, se ha establecido, como requisito, un plazo corto de prescripción. No obstante, para la aplicación de ambas agravantes, en sus modalidades "agravadas", no se ha establecido plazo de prescripción alguno, lo cual es criticable por ser desproporcionado.

BIBLIOGRAFÍA

ACALE SÁNCHEZ, María, *Medición de la respuesta punitiva y Estado de Derecho. Especial referencia al tratamiento penológico del delincuente imputable peligroso*, Pamplona, 2010.

ACOSTA GALLO, Pablo, *Derecho de la seguridad, responsabilidad policial y penitenciaria*, Valencia, 2015.

AGUADO CORREA, Teresa, *El principio de proporcionalidad*, Madrid, 1999.

AGUADO LÓPEZ, Sara, *La multirreincidencia y la conversión de faltas en delito. Problemas constitucionales y alternativas político criminales*, Madrid, 2008.

AGUDELO BETANCUR, Nódier, *Grandes corrientes del Derecho penal. Escuela positiva (Introducción a la lectura de César Lombroso, Rafael Garófalo y Enrique Ferri)*, Bogotá, 1991.

AGUDO FERNÁNDEZ, Enrique, "La nueva agravante de reincidencia cualificada en la Ley Orgánica 11/2003, de 29 de septiembre, de medidas concretas en materia de seguridad ciudadana, violencia doméstica e integración social de los extranjeros", en *Cuadernos de Política Criminal* (81), 2003.

AGUDO FERNÁNDEZ, Enrique, "El principio de culpabilidad y la reincidencia en el Derecho español", en http://hera.ugr.es/tesisugr/15463266.pdf.

ALCÁCER GUIRAO, Rafael, *¿Lesión de bien jurídico o como lesión de deber? Apuntes sobre el concepto material de delito*, Lima, 2003.

ALCÁCER GUIRAO, Rafael, "Prevención y Garantías", en *Revista Peruana de Doctrina y Jurisprudencia Penales* (6), 2005.

ALCÓCER POVIS, Eduardo, "El reincidente como enemigo. Aproximación al tema", en *Temas penales en la jurisprudencia del Tribunal Constitucional. Anuario de Derecho penal* 2008, Lima, 2009.

ALCÓCER POVIS, Eduardo, *La inclusión del enemigo en el Derecho penal*, Lima, 2009.

ALMEDA, Elisabet, *Corregir y castigar*, Barcelona, 2002.

ALONSO ÁLAMO, Mercedes, *El sistema de las circunstancias del delito. Estudio General*, Valladolid, 1981.

ALONSO ÁLAMO, Mercedes, "Sentimientos y Derecho penal", en *Cuadernos de Política Criminal* (106), 2012.

ALONSO RIMO, Alberto, "Medidas de seguridad y proporcionalidad con el hecho cometido (a propósito de la peligrosa expansión del Derecho penal de la peligrosidad), en *Estudios Penales y Criminológicos* (XXX), 2009.

AMELUNG, Knut, "El concepto de 'bien jurídico' en la teoría de la protección penal de bienes jurídicos" (trad. Ortiz de Urbina), en HEFENDEHL, Roland (ed.), *La teoría del bien jurídico. ¿Fundamento de legitimación del Derecho penal o juego de abalorios dogmático?*, Madrid-Barcelona, 2007.

ANDRÉS DOMÍNGUEZ, Ana Cristina, "Artículo 234", en GÓMEZ TOMILLO, Manuel (dir.), *Comentarios prácticos al Código Penal*, tomo III, Pamplona, 2015.

ANDRÉS-PUEYO, Antonio, "La delincuencia violenta internacional. La perspectiva psicológica", en MIR PUIG, Santiago y QUERALT, Joan J. (dirs.), CARPIO BRIZ, David (coord.), en *La seguridad pública ante el Derecho penal*, Buenos Aires-Montevideo, 2010.

ANDRÉS-PUEYO, Antonio, "Peligrosidad criminal: análisis crítico de un concepto polisémico", en DEMETRIO CRESPO (dir.), MAROTO CALATAYUD, Manuel (coord.), *Neurociencias y Derecho penal. Nuevas perspectivas en el ámbito de la culpabilidad y tratamiento jurídico-penal de la peligrosidad*, Madrid, 2013.

APONTE, Alejandro, "Derecho penal del enemigo vs. Derecho penal del ciudadano", en *Revista Peruana de Doctrina y Jurisprudencia Penales* (6), 2005.

ARMAZA ARMAZA, Emilio José, *El tratamiento penal del delincuente imputable peligroso*, Granada, 2013.

ARMENGOL y CORNET, Pedro, *La reincidencia*, Barcelona, 1873.

ASENCIO MELLADO, José María, *Derecho procesal penal,* Valencia, 2004.

ASÚA BATARRITA, Adela, *La reincidencia. Su evolución legal, doctrinal y jurisprudencial en los Códigos penales españoles del siglo XIX*, Bilbao, 1982.

AUSTIN, James; CLARK, John; HARDYMAN, Patricia y HENRY, D. Alan, "The impact of 'three strikes, and you're out'", en *Punishment and Society: The International Journal of Penology* (1), 1999.

BACIGALUPO ZAPATER, Enrique, *Principios de Derecho penal. Parte General*, 4ª edición, Madrid, 1997.

BACIGALUPO ZAPATER, Enrique, *Derecho penal. Parte General*, 2ª edición, Buenos Aires, 1999.

BACIGALUPO ZAPATER, Enrique, *Principios constitucionales de Derecho penal*, Buenos Aires, 1999.

BACIGALUPO ZAPATER, Enrique, "Principio de culpabilidad e individualización judicial de la pena", en *El nuevo Código Penal: presupuestos y fundamentos. Libro homenaje al Dr. D. Ángel Torío López*, Granada, 1999.

BACIGALUPO ZAPATER, Enrique, "El eterno retorno del delincuente peligroso (I)" (publicado el 25 de junio de 2014), en http://www.elimparcial.es/noticia/9490/opinion/El-eterno-retorno-del-delincuente-peligroso-I.html.

BAJO FERNÁNDEZ, Miguel, "Nuevas tendencias en la concepción sustancial del injusto penal. Recensión a Bernardo Feijóo, Normativización del Derecho penal y realidad social, Bogotá (Universidad Externado de Colombia) 2007", en *Indret* (3), 2008.

BANDRES SÁNCHEZ-CRUZAT, José Manuel, *Derecho fundamental al proceso debido*, Madrid, 1992.

BARJA DE QUIROGA, Jacobo, *Derecho penal. Parte General*, Lima, 2004.

BARTOLI, Roberto, "Lettura funzionale e costituzionale della recidiva e problemi di razionalità del sistema", en *Rivista italiana di Diritto e procedura penale* (4), 2013.

BAUMANN, Jürgen, *Derecho penal. Conceptos fundamentales y sistema. Introducción a la sistemática sobre la base de casos* (trad. Conrado), Buenos Aires, 1981.

BECCARIA, Cesare, *Tratado de los delitos y de las penas* (trad. De las Casas, con correcciones de Francioni), Madrid, 2015.

BELESTÁ SEGURA, Luis, "El artículo 66 del nuevo Código Penal y el arbitrio judicial", en *Revista de Derecho y Proceso Penal* (11), 2004.

BENAVENTE CHORRES, Hesbert, *La reincidencia y habitualidad en el proceso penal peruano*, Lima, 2011.

BENJAMÍN, Walter, *Para una crítica de la violencia* (trad. Murena), Buenos Aires, 1995.

BENTHAM, Jeremías, *Compendio de los Tratados de legislación civil y penal* (trad., y notas de Escriche), tomo II, Madrid, 1839.

BERDUGO GÓMEZ DE LA TORRE, Ignacio; ARROYO ZAPATERO, Luis; GARCÍA RIVAS, Nicolás; FERRÉ OLIVÉ, Juan Carlos y SERRANO PIEDECASAS, Ramón, *Lecciones de Derecho penal. Parte General*, 2ª edición, Barcelona, 1999.

BERGALLI, Roberto, *La recaída en el delito. Modos de reaccionar contra ella*, Barcelona, 1980.

BERGALLI, Roberto, "La falacia penitenciaria", en *Jueces para la Democracia* (13), 1991.

BERISTAIN, Antonio, *La pena-retribución y las actuales concepciones criminológicas*, Buenos Aires, 1982.

BESIO HERNÁNDEZ, Martín, *Los criterios legales y judiciales de individualización de la pena*, Valencia, 2011.

BETTIOL, Giuseppe Y PETTOELLO MANTOVANI, Luciano, *Diritto penale. Parte Generale*, 12ª edición, Milan, 1986.

BETTIOL, Giuseppe, *El problema penal* (trad. Guzmán Dalbora), Buenos Aires, 1995.

BINDER, Alberto, *Derecho procesal penal,* 1ª edición, Buenos Aires, 1993.

BINDER, Alberto, *Política criminal: De la formulación a la praxis*, Buenos Aires, 1997.

BINDER, Alberto, *Introducción al Derecho procesal penal*, 2ª edición, Buenos Aires, 1999.

BIRD, Mía; TAFOYA, Sonia; GRATTET, Ryken y NGUYEN, Viet, "How has proposition 47 affected California's jail population?", en *Public Policy Institute of California*, 2016.

BOLDOVA PASAMAR, Miguel Ángel, "Aplicación y determinación de la pena", en GRACIA MARTÍN, Luis (coord.), *Lecciones de consecuencias jurídicas del delito*, Valencia, 2016.

BORJA JIMÉNEZ, Emiliano, "Peligrosidad postcondena, intervención punitiva y Estado de Derecho", en ORTS BERENGUER, Enrique (dir.), ALONSO RIMO, Alberto y ROIG TORRES, Margarita (coords.), *Derecho penal de la peligrosidad y prevención de la reincidencia*, Valencia, 2015.

BORJA JIMÉNEZ, Emiliano, *La aplicación de las circunstancias del delito*, Valencia, 2015.

BOTTKE, Wilfried, "La actual discusión sobre las finalidades de la pena" (trad. Benlloch Petit), en *Política criminal y nuevo derecho penal. Libro Homenaje a Claus Roxin*, Barcelona, 1997.

BRAMONT ARIAS, Luis y BRAMONT-ARIAS TORRES, Luis Alberto, *Código Penal anotado*, Lima, 2002.

BULLARD, Alfredo, *Derecho y Economía, Análisis económico de las instituciones legales*, Lima, 2003.

BUSTAMANTE ALARCÓN, Reynaldo, "Derecho fundamental a un proceso justo", en *Proceso y Justicia*, Lima, 2003.

BUSTOS RAMÍREZ, Juan, *Introducción al Derecho penal*, 2ª edición, Bogotá, 1994.

BUSTOS RAMÍREZ, Juan, "Política criminal y Estado", en *Revista Peruana de Ciencias Penales* (5), 1997.

BUSTOS RAMÍREZ, Juan y HORMAZÁBAL MALARÉE, Hernán, *Lecciones de Derecho penal*, 2ª edición, Madrid, 2006.

CAFFERATA NORES, José Ignacio, *La excarcelación*, Buenos Aires, 1988.

CANCHO ESPINAL, Ciro, "Algunas consideraciones sobre el concepto de persona en el Derecho penal", en *Revista Peruana de Doctrina y Jurisprudencia Penales* (6), 2005.

CANCIO MELIÁ, Manuel, "De nuevo: ¿Derecho penal del enemigo?", en CANCIO MELIÁ, Manuel y GÓMEZ-JARA DÍEZ, Carlos (coords.), *Derecho Penal del enemigo. El discurso penal de la exclusión*, tomo I, Buenos Aires-Montevideo, 2006.

CANCIO MELIÁ, Manuel, "El injusto de los delitos de organización: peligro y significado", en *Revista cuatrimestral de las Facultades de Derecho y Ciencias Económicas y Empresariales* (74), 2008.

CANO PAÑOS, Miguel, "El marco jurídico y criminológico de la custodia de seguridad *(Sicherungsverwahrung)* en el Derecho penal alemán", en *Cuadernos de Política Criminal* (91), 2007.

CARDENAL MONTRAVETA, Sergi, "La reincidencia en el Derecho penal de menores", en LUZÓN PEÑA, Diego-Manuel (dir.), *Derecho penal del Estado Social y Democrático de Derecho. Libro homenaje a Santiago Mir Puig*, Madrid, 2010.

CARDENAL MONTRAVETA, Sergi, en CORCOY BIDASOLO, Mirentxu y MIR PUIG, Santiago (dirs.), *Comentarios al Código Penal. Reforma LO 1/2015 y LO 2/2015*, Valencia, 2015.

CARNEVALI RODRIGUEZ, Raúl, "Derecho penal como *ultima ratio*. Hacia una política criminal racional", en *Ius et Praxis* (14), 2008.

CARO CORIA, Dino Carlos, "Sistema penal y mínima intervención: De una función simbólica a una función real", en *Themis. Revista de Derecho* (27-28), 1994.

CARO CORIA, Dino Carlos, "Sobre la moderna teoría del bien jurídico-penal en España y el rechazo al funcionalismo sistémico de Jakobs", en *Themis. Revista de Derecho* (35), 1997.

CARO CORIA, Dino Carlos, "El principio de *ne bis in idem* en la jurisprudencia del Tribunal Constitucional", en http://www.ccfirma.com/publicaciones/pdf/caro/El%20principio_de_ne_bis_in_idem.pdf.

CARO CORIA, Dino Carlos, "Notas sobre la individualización judicial de la pena en el Código Penal peruano", en http://www.ccfirma.com/publicaciones/pdf/caro/IJP-Carlos%20Caro.pdf.

CARO JOHN, José Antonio, "Recensión al libro Derecho penal económico. Parte General", en *Revista Peruana de Doctrina y Jurisprudencia Penales* (5), 2004.

CARRARA, Francesco, *Programa del curso de Derecho criminal. Parte General* (trad. Soler), tomos I-II, Buenos Aires, 1944.

CARUSO FONTÁN, María Viviana, *El delincuente imputable y peligroso. Cuestiones de política criminal*, Valencia, 2014.

CASTELLÓ NICÁS, Nuria, *Arbitrio judicial y determinación de la pena en los delitos dolosos (art. 66.1 del Código Penal)*, Granada, 2007.

CASTILLO ALVA, José Luis, "Fines de la pena y de la medida de seguridad", en *Código Penal comentado*, tomo I, Lima, 2004.

CASTILLO ALVA, José Luis, *Principios de Derecho penal. Parte General*, Lima, 2004.

CASTILLO MORO, Manuel, "Seguridad ciudadana. Un análisis desde el miedo", en *Cuadernos de Política Criminal* (111), 2013.

CASTIÑEIRA, María Teresa y RAGUÉS I VALLÈS, Ramón, "*Three Strikes*. El principio de proporcionalidad en la jurisprudencia del Tribunal Supremo de los Estados Unidos", en *El principio de proporcionalidad y la interpretación constitucional*, Quito, 2008.

CASTRO CORREDOIRA, María y GUINARTE CABADA, Gumersindo, "La reforma de los delitos de lesiones (arts. 147, 152 y 156 CP)", en GONZÁLEZ CUSSAC, José Luis (dir.), MATALLÍN EVANGELIO, Ángela y GÓRRIZ ROYO, Elena (coords.), *Comentarios a la reforma del Codigo Penal de 2015*, 2ª edición, Valencia, 2015.

CASTRO MORENO, Abraham, *El por qué y el para qué de las penas (análisis crítico sobre los fines de la pena)*, Madrid, 2008.

CEREZO MIR, José, *Curso de Derecho penal español. Parte General,* tomo I, 6ª edición, Madrid, 2004.

CEREZO MIR, José, *Obras completas*, Lima, 2006.

CERVELLÓ DONDERIS, Vicenta, *Derecho penitenciario*, 2ª edición, Valencia, 2006.

CERVELLÓ DONDERIS, Vicenta, "Suspensión de la pena y valoración de la peligrosidad criminal", en ORTS BERENGUER, Enrique (dir.), ALONSO RIMO, Alberto y ROIG TORRES, Margarita (coords.), *Derecho penal de la peligrosidad y prevención de la reincidencia*, Valencia, 2015.

CERVELLÓ DONDERIS, Vicenta, *La prisión perpetua y de larga duración. Régimen jurídico de la prisión permanente revisable*, Valencia, 2015.

CHAZARRA QUINTO, María Asunción, "La reincidencia en el código penal español: una mirada al controvertido modelo norteamericano", en http://www.derechopenalonline.com/derecho.php?id=13,427,0,0,1,0.

CHOCLÁN MONTALVO, José Antonio, *La individualización judicial de la pena. Función de la culpabilidad y la prevención en la determinación de la sanción penal*, Madrid, 1997.

CID MOLINÉ, José, "La medida de seguridad de libertad vigilada (art. 106 CP y concordantes)", en SILVA SÁNCHEZ, Jesús-María (dir.), PASTOR MUÑOZ, Nuria (coord.), *El nuevo Código penal. Comentarios a la reforma*, Madrid, 2012.

COBO DEL ROSAL, Manuel y VIVES ANTON, Tomás Salvador, *Derecho penal. Parte General*, 5ª edición, Valencia, 1999.

COOTER, Robert y ULEN, Thomas, *Derecho y economía*, México, 1997.

CORCOY BIDASOLO, Mirentxu, *Delitos de peligro y protección de bienes jurídico-penales supraindividuales*, Valencia, 1999.

CORCOY Y BIDASOLO, Mirentxu, "Los fines de la pena en el sistema de penas y medidas de la reforma de 2003", en CARBONELL MATEU, Juan Carlos; DEL ROSAL, Bernardo; MORILLAS CUEVA, Lorenzo; ORTS BERENGUER, Enrique Y QUINTANAR DIEZ, Manuel (coords.), *Estudios penales en homenaje al Profesor Cobo del Rosal*, Madrid, 2005.

CORCOY BIDASOLO, Mirentxu, "La perspectiva jurídico-penal", en MIR PUIG, Santiago y QUERALT, Joan J. (dirs.), CARPIO BRIZ, David (coord.), en *La seguridad pública ante el Derecho penal*, Buenos Aires-Montevideo, 2010.

CÓRDOBA RODA, Juan y RODRÍGUEZ MOURULLO, Gonzalo, *Comentarios al Código Penal*, tomo I, Barcelona, 1972.

CÓRDOBA RODA, Juan, *Culpabilidad y pena*, Barcelona, 1977.

CÓRDOBA RODA, Juan, "De la infracción penal", en CÓRDOBA RODA, Juan y GARCÍA ARÁN, Mercedes (dirs.), *Comentarios al Código Penal*, Madrid, 2011.

COUSO SALAS, Jaime, *Fundamentos del Derecho penal de la culpabilidad*, Valencia, 2006.

CRUZ MÁRQUEZ, Beatriz, "Significado de la reincidencia en el derecho penal de menores: del pronóstico de peligrosidad a la culpabilidad", en http://www.biblio.dpp.cl/biblio/DataBank/5592.pdf.

CUERDA ARNAU, María Luisa, *Comentarios al Código Penal de 1995*, Valencia, 1996.

DE ESTEBAN, Jorge y GONZALES-TREVIJANO, Pedro, *Curso de Derecho constitucional español II*, Madrid, 1993.

D'AMBROSIO, Luca, "¿De la incapacitación a la exclusión? Peligrosidad y Derecho penal en Italia", en ARROYO ZAPATERO, Luis; DELMAS-MARTY, Mireille; DANET, Jean y ACALE SÁNCHEZ, María (eds.), *Securatismo y Derecho penal. Por un Derecho penal humanista*, Cuenca, 2013.

DE LA OLIVA SANTOS, Andrés y PEITEADO MARISCAL, Pilar, *Sistema de tutela judicial efectiva*, Madrid, 2014.

DE LEON VILLALBA, Francisco Javier, *Acumulación de sanciones penales y administrativas*, Barcelona, 1998.

DE VICENTE MARTÍNEZ, Rosario, "La reincidencia en el Código Penal de 1995", en *Anuario de Derecho penal y Ciencias Penales* (1), 1997.

DEMETRIO CRESPO, Eduardo, *Prevención general e individualización judicial de la pena*, 2ª edición, Buenos Aires-Montevideo, 2016.

DEVIS ECHANDÍA, Hernando, *Teoría general del proceso. Aplicable a toda clase de procesos*, 3ª edición, Buenos Aires, 2002.

DÍAZ-MAROTO Y VILLAREJO, Julio, "La circunstancia atenuante de la responsabilidad criminal por dilaciones indebidas en el proceso penal", en DÍAZ-MAROTO Y VILLAREJO, Julio (dir.), *Estudios sobre las reformas del Código Penal. Operadas por las LO 5/2010, de 22 de junio y 3/2011, de 28 de enero*, Pamplona, 2011.

DÍAZ SASTRE, Cristina, "Las medidas de seguridad con la nueva reforma del Código penal", en *Revista de Derecho y Proceso Penal* (25), 2011.

DÍEZ-PICAZO, Ignacio, "Reflexiones sobre algunas facetas del derecho fundamental a la tutela judicial efectiva", en *Cuadernos de Derecho Público* (10), 2000.

DÍEZ RIPOLLÉS, José Luis, "El bien jurídico protegido en un derecho penal garantista", en *Jueces para la Democracia*, Madrid, 1998.

DÍEZ RIPOLLÉS, José Luis, "Las circunstancias genéricas modificativas de la responsabilidad criminal en el proyecto de Código Penal de 1992" (texto originalmente publicado en 1992), en *Política criminal y Derecho penal*, 2ª edición, Valencia, 2013.

DÍEZ RIPOLLÉS, José Luis, "Sanciones adicionales a delincuentes y exdelincuentes. Contrastes entre Estados Unidos de América y países nórdicos europeos", en *InDret* (4), 2014.

DÍEZ RIPOLLÉS, José Luis, *Delitos y penas en España*, Madrid, 2015.

DÍEZ RIPOLLÉS, José Luis, *Derecho penal español. Parte General*, Valencia, 2016.

DÍEZ SÁNCHEZ, Juan José, "La reincidencia internacional (especial referencia al Código Penal español)", en *Cuadernos de Política Criminal* (29), 1986.

DOLCINI, Emilio, "La 'nueva' reincidencia. La cárcel en Italia se vuelve todavía más selectiva", en GARCÍA VALDÉS, Carlos; CUERDA RIEZU, Antonio Rafael; MARTÍNEZ ESCAMILLA, Margarita; ALCÁCER GUIRAO, Rafael Y VALLE MARISCAL DE GANTE, Margarita (coords.), *Libro homenaje a Enrique Gimbernat*, tomo I, Madrid, 2008.

DOMANICK, Joe, *Cruel justice: three strikes and the politics of crime in America's golden state*, California, 2004.

DONNA, Edgardo Alberto, *La peligrosidad en el Derecho penal*, Buenos Aires, 1978.

FEIJÓO SÁNCHEZ, Bernardo, "El Derecho penal del enemigo y el Estado democrático de derecho", en *Revista de Derecho penal Contemporáneo* (16), 2006.

FEIJÓO SÁNCHEZ, Bernardo, "Sobre la crisis de la teoría del bien jurídico. Recensión a Roland Hefendehl (ed.): "La teoría del bien jurídico. ¿Fundamento de legitimación del Derecho penal o juego de abalorios dogmático?, editorial Marcial Pons, Madrid y Barcelona 2007, 478 páginas", en *InDret* (2), 2008.

FEIJÓO SÁNCHEZ, Bernardo, "Individualización de la pena y teoría de la pena proporcional al hecho. El debate europeo sobre los modelos de determinación de la pena", en *InDret* (3), 2008.

FEIJÓO SÁNCHEZ, Bernardo, "La libertad vigilada en el Derecho penal de adultos", en DIAZ-MAROTO Y VILLAREJO, Julio (dir.), *Estudios sobre las reformas del Código Penal. Operadas por las LO 5/2010, de 22 de junio y 3/2011, de 28 de enero*, Pamplona, 2011.

FERNÁNDEZ GARCÍA, Julio, "La reforma del sistema de sanciones", en ZÚÑIGA RODRÍGUEZ, Laura; GORJÓN BARRANCO, María Concepción y FERNÁNDEZ GARCÍA, Julio (coords.), *La reforma de 2010*, Salamanca, 2011.

FERNÁNDEZ PANTOJA, Pilar, "La 'exigibilidad' y la 'no exigibilidad' de conductas adecuadas a las normas penales", en *Cuadernos de Política Criminal* (106), 2012.

FERNÁNDEZ VILLAZALA, Tomás; GARCÍA GARCÍA-CERVIGÓN, Josefina; GIMÉNEZ-SALINAS FRAMIS, Andrea; LUACES GUTIÉRREZ, Ana Isabel; RECHEA ARBEROLA, Cristina; SERRANO GÓMEZ, Alfonso; SERRANO MAÍLLO, María Isabel; SERRANO TÁRRAGA, María Dolores y VÁSQUEZ GONZÁLEZ, Carlos, *Tendencias de la criminalidad y percepción social de la inseguridad ciudadana en España y la Unión Europea*, Madrid, 2007.

FIANDACA, Giovanni y MUSCO, Enzo, *Diritto penale. Parte generale*, 4° edición, Bologna, 2006.

FLANDERS, Chad, "The Supreme Court and the rehabilitative ideal", en *Legal studies research paper series* (3), 2014.

FREUND, Georg, "Sobre la función legitimadora de la idea de fin en el sistema integral del Derecho penal" (trad. Ragués i Vallès), en WOLTER, Jürgen, y FREUND, Georg (eds.), *El sistema integral del Derecho penal. Delito, determinación de la pena y proceso penal*, Madrid-Barcelona, 2004.

FRISCH, Wolfang, "Las medidas de corrección y seguridad en el sistema de consecuencias jurídicas del Derecho penal. Clasificación en las teorías de la pena, configuración material y exigencias en el Estado de Derecho" (trad. Ziffer), en *InDret* (3), 2007.

FRISCH, Wolfang, "Pena, delito y sistema del delito en transformación" (trad. Coca Vila), en *InDret* (3), 2014.

GALLAS, Wilhelm, *La teoría del delito en su momento actual* (trad. Córdoba Roda), Barcelona, 1959.

GALLEGO DÍAZ, Manuel, "Arbitrio y revisión de la individualización judicial de la pena: evolución jurisprudencial", en *Revista de Derecho penal* (35), 2012.

GALLEGO SOLER, José Ignacio, en CORCOY BIDASOLO, Mirentxu y MIR PUIG, Santiago (dirs.), *Comentarios al Código Penal. Reforma LO 1/2015 y LO 2/2015*, Valencia, 2015.

GALLIZO, Mercedes, *Penas y personas: 2810 días en las prisiones españolas*, Barcelona, 2013.

GANZENMÜLLER ROIG, Carlos; ESCUDERO MORATALLA, José Francisco y FRIGOLA VALLINA, Joaquín, "Circunstancias que agravan la responsabilidad criminal", en *Eximentes, atenuantes y agravantes en el Código Penal de 1995, Personas criminalmente responsables*, Barcelona, 2000.

GARBERÍ LLOBREGAT, José, *El derecho a la tutela judicial efectiva en la jurisprudencia del Tribunal Constitucional*, Barcelona, 2008.

GARCÍA, Luis M., *Reincidencia y punibilidad*, Buenos Aires, 1992.

GARCÍA ALBERO, Ramón, *"Non bis in idem" material y concurso de leyes penales*, Barcelona, 1995.

GARCÍA AMADO, Juan Antonio, "¿Dogmática penal sistémica? La influencia de Luhmann en la teoría penal", en *Doxa* (23), 2000.

GARCÍA CAVERO, Percy, "Acerca de la función de la pena", en *Revista Peruana de Doctrina y Jurisprudencia Penales* (6), 2005.

GARCÍA CAVERO, Percy, "[Comentarios] al Art. VIII", en *Código Penal Comentado,* tomo I, Lima, 2004.

GARCÍA CAVERO, Percy, *Lecciones de Derecho penal. Parte General*, Lima, 2008.

GARCÍA-PABLOS DE MOLINA, Antonio, *Tratado de criminología*, 2ª edición, Valencia, 1999.

GARCÍA-PABLOS DE MOLINA, Antonio, *Derecho penal. Introducción,* Madrid, 2000.

GARCÍA-PABLOS DE MOLINA, Antonio, *Criminología. Una introducción a sus fundamentos teóricos*, 6ª edición, Valencia, 2007.

GARCÍA-PABLOS DE MOLINA, Antonio, "Sobre los modelos teóricos de prevención del delito", en GARCIA-PABLOS DE MOLINA, Antonio (ed.), *Víctima, prevención del delito y tratamiento del delincuente*, Granada, 2009.

GARCÍA-PABLOS DE MOLINA, Antonio, *Derecho penal. Parte General. Fundamentos*, Lima, 2009.

GARCÍA RIVAS, Nicolás, "La libertad vigilada y el Derecho penal de la peligrosidad", en DEMETRIO CRESPO (dir.), MAROTO CALATAYUD, Manuel (coord.), *Neurociencias y Derecho penal. Nuevas perspectivas en el ámbito de la culpabilidad y tratamiento jurídico-penal de la peligrosidad*, Madrid, 2013.

GARLAND, David, *La cultura del control*, Madrid, 2005.

GARZÓN REAL, Baltazar y MANJÓN-CABEZA OLMEDA, Araceli, "Reincidencia y Constitución", en *Revista Actualidad Jurídica* (1), 1991.

GAZEAS, Nikolaos, "La nueva regulación de la custodia de seguridad en Alemania. Una perspectiva sobre la nueva concepción derivada de las sentencias del Tribunal Europeo de Derechos Humanos y del Tribunal Constitucional alemán", en DEMETRIO CRESPO, Eduardo (dir.), MAROTO CALATAYUD, Manuel (coord.), *Neurociencias y Derecho penal. Nuevas perspectivas en el ámbito de la culpabilidad y tratamiento jurídico-penal de la peligrosidad*, Buenos Aires-Montevideo, 2013.

GIMBERNAT ORDEIG, Enrique, "¿Tiene un futuro la dogmática penal?", *en Estudios de Derecho penal*, 3ª edición, Madrid, 1990.

GÓMEZ MARTÍN, Víctor, *El Derecho penal de autor*, Valencia, 2007.

GONZÁLEZ-CUELLAR GARCÍA, Antonio, "La reincidencia", en COBO DEL ROSAL, Manuel (dir.), BAJO FERNÁNDEZ, Miguel (coord.), *La reforma del Código penal de 1983*, tomo V, vol. 1, Madrid, 1985.

GONZALES CUSSAC, José Luis, *Teoría general de las circunstancias modificativas de la responsabilidad criminal*, Valencia, 1988.

GRACIA MARTÍN, Luis, *El horizonte del finalismo y el "Derecho penal del enemigo"*, Valencia, 2005.

GRACIA MARTÍN, Luis, "Sobre la negación de la condición de persona como paradigma del 'Derecho penal del enemigo'", en CANCIO MELIÁ, Manuel y GÓMEZ-JARA DÍEZ, Carlos (coords.), *Derecho penal del enemigo. El discurso penal de la exclusión*, tomo I, Buenos Aires-Montevideo, 2006.

GRECO, Luis, *Lo vivo y lo muerto en la teoría de la pena. Una contribución al debate actual sobre los fundamentos del Derecho penal*, Madrid, 2015.

GUISASOLA LERMA, Cristina, *Reincidencia y delincuencia habitual*, Valencia, 2008.

HAFFKE, Bernhard, "Reincidencia y medición de la pena" (trad. Silva Sánchez), en SCHÜNEMANN, Bernd (comp.), *El sistema moderno del Derecho penal*, Buenos Aires-Montevideo, 2012.

HANNAH-MOFFAT, Kelly, "Punishment and risk", en SIMON, Jonathan y SPARKS, Richard (eds.), *The sage handbook of punishment and society*, London, 2013.

HASSEMER, Winfried, *Fundamentos del Derecho penal,* Barcelona, 1984.

HASSEMER, Winfried y MUÑOZ CONDE, Francisco, *Introducción a la criminología*, Valencia, 2001.

HENKEL, Heinrich, *Exigibilidad e inexigibilidad como principio jurídico regulativo* (trad. Guzmán Dalbora), Buenos Aires-Montevideo, 2005.

HEREDIA URZÁIZ, Iván, "Control y exclusión social: la ley de vagos y maleantes en el primer franquismo", en http://ifc.dpz.es/recursos/publicaciones/28/93/08heredia.pdf.

HORN, Doyle, "Lockyer versus Andrade: California three strikes law survives challenge based on federal law that is anything but 'clearly established'", en *Journal of Criminal Law and Criminology* (94), 2004.

HÖRNLE, Tatjana, "La concepción anticuada de la culpabilidad en la Jurisprudencia y doctrina tradicionales de la medición de la pena" (trad. Martín Lorenzo), en *Determinación de la pena y culpabilidad*, Buenos Aires, 2003.

HÖRNLE, Tatjana, "Desarrollo y cambios en la teoría alemana de la determinación de la pena" (trad. Franchini), en *Determinación de la pena y culpabilidad*, Buenos Aires, 2003.

HÖRNLE, Tatjana, "La protección de sentimientos en el StGB" (trad. Martín Lorenzo), en HEFENDEHL, Roland (ed.), *La teoría del bien jurídico. ¿Fundamento de legitimación del Derecho penal o juego de abalorios dogmático?*, Madrid-Barcelona, 2007.

HORVITZ, María Inés y LÓPEZ, Julián, *Derecho procesal penal chileno. Principios, sujetos procesales, medidas cautelares y etapa de investigación*, tomo I, Santiago de Chile, 2002.

HRUSCHKA, Joachim, "La imputación ordinaria y extraordinaria en Pufendorf. Sobre la historia y el significado de la diferencia entre *actio libera in se* y *actio libera in sua causa*" (trad. Pastor Muñoz), en SÁNCHEZ-OSTIZ, Pablo (ed.), *Imputación y Derecho penal. Estudio sobre la teoría de la imputación. Joachim Hruschka*, Navarra, 2005.

HUERTA TOCILDO, Susana, "Esa extraña consecuencia del delito: la libertad vigilada", en ÁLVAREZ GARCÍA, Francisco Javier; COBOS GÓMEZ DE LINARES, Miguel Ángel; GÓMEZ PAVÓN, Pilar; MANJÓN-CABEZA OLMEDA, Araceli y MARTÍNEZ GUERRA, Amparo (coords.), *Libro homenaje al profesor Luis Rodríguez Ramos*, Valencia, 2013.

HUSAK, Douglas, *Sobrecriminalización. Los límites del Derecho penal* (trad. Lorca Ferreccio), Madrid, 2013.

JAÉN VALLEJO, Manuel y PERRINO PÉREZ, Ángel Luis, *La reforma penal de 2015*, Madrid, 2015.

JAKOBS, Günther, "Sobre la génesis de la obligación jurídica" (trad. Cancio Meliá), en *Conferencias sobre temas penales*, Buenos Aires, s/f.

JAKOBS, Günther, *Sociedad, norma y persona en una teoria del Derecho penal funcional* (trad. Cancio Meliá y Feijóo Sánchez), Madrid, 1996.

JAKOBS, Günther, *Derecho penal. Parte General. Fundamentos y teoría de la imputación* (trad. Cuello Contreras y Serrano González de Murillo), 2ª edición, Madrid, 1997.

JAKOBS, Günther, *Sobre la normativización de la dogmática jurídico penal* (trad. Cancio Meliá y Feijóo Sánchez), Madrid, 2003.

JAKOBS, Günther, *La pena estatal: significado y finalidad* (trad. Cancio Meliá y Feijóo Sánchez), Madrid, 2006.

JAKOBS, Günther, "¿Derecho penal del enemigo? Un estudio acerca de los presupuestos de la juridicidad" (trad. Cancio Meliá), en *Revista Peruana de Doctrina y Jurisprudencia Penales* (7), 2006.

JAKOBS, Günther, "Coacción y personalidad: reflexiones sobre una teoría de las medidas de seguridad complementarias a la pena" (trad. Pastor Muñoz), en *InDret* (1), 2009.

JAKOBS, Günther, "¿Daño social? Anotaciones sobre un problema teórico fundamental en el Derecho penal" (trad. Polaino-Orts), en *Cuadernos de Política Criminal* (100), 2010.

JESCHECK, Hans-Heinrich, *Tratado de Derecho penal. Parte General* (trad. Olmedo), Granada, 2002.

JIMÉNEZ DE ASÚA, Luis, *El estado peligroso del delincuente y sus consecuencias ante el Derecho penal moderno*, Madrid, 1920.

JIMÉNEZ DE ASÚA, Luis, *La ley y el delito. Principios de Derecho penal*, Buenos Aires, 1954.

JIMÉNEZ DÍAZ, María José, *Seguridad ciudadana y Derecho penal*, Madrid, 2006.

KAUFMANN, Armin, *Teoría de las normas. Fundamentos de la dogmática penal moderna* (trad. Bacigalupo y Garzón Valdés), Buenos Aires, 1977.

KAUFMANN, Armin "La misión del Derecho penal" (trad. Mir Puig), en *Estudios de Derecho penal*, Buenos Aires-Montevideo, 2013.

LANDÍN CARRASCO, Amancio, *Estudio criminológico sobre la multirreincidencia*, Madrid, 1975.

LATAGLIATA, Ángel, *Contribución al estudio de la reincidencia*, Buenos Aires, 1963.

LLOBET ANGLÍ, Mariona, *Terrorismo y "guerra" contra el terror: límites de su punición en un Estado democrático*, tesis doctoral UPF, Barcelona, 2008.

LÓPEZ REY, Manuel, "Algunas reflexiones sobre el peligro de la noción de peligrosidad", en *Cuadernos de Política Criminal* (19), 1983.

LUZÓN PEÑA, Diego-Manuel, "Libertad, culpabilidad y neurociencias", en *InDret* (3), 2012.

LUZÓN PEÑA, Diego-Manuel, *Lecciones de Derecho penal. Parte General*, 3ª edición. Valencia, 2016.

MAGUIRE, Mike, *Manual de criminología* (trad. Aparicio Vázquez), México, 2004.

MAIER, Julio, "Inadmisibilidad de la persecución penal múltiple (*ne bis in idem*)", en *Doctrina penal*, Buenos Aires, 1986.

MAIER, Julio, *Derecho procesal penal. Fundamentos*, tomo I, 2ª edición, Buenos Aires, 1996.

MAIRAL, Héctor, *La doctrina de los propios actos y la administración pública*, Buenos Aires, 1988.

MALLQUI HERRERA, Edwin, "Estabilización de la vigencia de la norma y seguridad cognitiva", en *Revista Peruana de Doctrina y Jurisprudencia Penales* (6), 2005.

MANTOVANI, Ferrando, *Diritto Penale. Parte Generale*, Milan, 2001.

MANZINI, Vicenzo, *Tratado de Derecho penal* (trad. Sentís Melendo), tomo 3, Buenos Aires, 1949.

MARÍN DE ESPINOSA CEBALLOS, Elena B., *La reincidencia: tratamiento dogmático y alternativas político criminales*, Granada, 1999.

MARÍN DE ESPINOSA CEBALLOS, Elena B., "Las circunstancias modificativas de la responsabilidad criminal y los concursos de delitos", en ZUGALDÍA ESPINAR, José Miguel (dir.), MORENO-TORRES HERRERA, María Rosa (coord.), *Lecciones de Derecho penal. Parte General*, Valencia, 2015.

MARÍN FRAGA, Facundo, "Derecho penal de enemigo", en *La Ley* (3), Buenos Aires, 2005.

MARINUCCI, Giorgio, "Certezza d'impunità per i reati gravi e 'mano dura' per i tossicodipendenti in carcere", en *Diritto penale e processo*, Milán, 2006.

MARTÍNEZ-BUJÁN PÉREZ, Carlos, *El contenido de la antijuridicidad (Un estudio a partir de la concepción significativa del delito)*, Valencia, 2013.

MARTÍNEZ GARAY, Lucía, *La imputabilidad penal*, Valencia, 2005.

MARTÍNEZ GARAY, Lucía, "La incertidumbre de los pronósticos de peligrosidad: consecuencias para la dogmática de las medidas de seguridad", en *InDret* (2), 2014.

MARTÍNEZ DE ZAMORA, Antonio, *La reincidencia*, Murcia, 1971.

MAURACH, Reinhart, *Tratado de Derecho penal* (trad. Córdoba Roda), tomo II, Barcelona, 1962.

MAURACH, Reinhart y ZIPF, Heinz, *Derecho penal. Parte General* (trad. Bofill Genzch y Aimone Gibson), vol. 1, Buenos Aires, 1994.

MEDINA ARIZA, Juanjo, *Políticas y estrategias de prevención del delito y seguridad ciudadana*, Buenos Aires-Montevideo, 2011.

MEINI MÉNDEZ, Iván, *La responsabilidad penal de las personas jurídicas,* Lima, 1999.

MEINI MÉNDEZ, Iván, *Lecciones de Derecho penal-Parte General. Teoría Jurídica del Delito*, Lima, 2014.

MILIONE, Ciro, *El Derecho a la tutela judicial efectiva en la jurisprudencia del Tribunal Europeo de Derechos Humanos*, Valencia, 2015.

MIRANDA ESTRAMPES, Manuel, *La mínima actividad probatoria en el proceso penal*, Barcelona, 1997.

MIR PUIG, Carles, *Derecho penitenciario. El cumplimiento de la pena privativa de libertad*, 3ª edición, Barcelona, 2015.

MIR PUIG, Santiago, *La reincidencia en el Código Penal*, Barcelona, 1974.

MIR PUIG, Santiago, *Introducción a las bases del Derecho penal*, Barcelona, 1976.

MIR PUIG, Santiago, "Sobre la constitucionalidad de la reincidencia en la Jurisprudencia del Tribunal Supremo y del Tribunal Constitucional", en *Anuario de Derecho penal y Ciencias Penales* (3), 1993.

MIR PUIG, Santiago, "Principio de proporcionalidad y fines del Derecho penal", en ECHANO BASALDÚA, Juan Ignacio (coord.), *Estudios jurídicos en memoria de José María Lidón*, Bilbao, 2002.

MIR PUIG, Santiago, "Sociedad, norma y persona en Jakobs", en *Revista Derecho penal contemporáneo-Revista Internacional* (2), 2003.

MIR PUIG, Santiago, "Valoraciones, normas y antijuridicidad penal", en *Revista Electrónica de Ciencia Penal y Criminología* (6), 2004.

MIR PUIG, Santiago, *Bases constitucionales del Derecho penal*, Madrid, 2011.

MIR PUIG, Santiago, *Derecho penal. Parte General*, 10ª edición, Barcelona, 2016.

MIRAVET HOMBRADOS, Miguel, *La reforma del Código Penal en general y el tratamiento de la reincidencia en particular*, Valencia, 1983.

MOLINA FERNÁNDEZ, Fernando, *Antijuridicidad y sistema del delito*, Barcelona, 2001.

MOLINA FERNÁNDEZ, Fernando y MENDOZA BUERGO, Blanca, "La determinación de la pena, las instituciones individualizadoras y los sustitutivos de las penas privativas de libertad", en LASCURAÍN SÁNCHEZ, Juan Antonio (coord.), *Introducción al Derecho penal*, 2ª edición, Navarra, 2015.

MONAHAN, John, "Risk assessment in criminal sentencing", en *Public law and legal theory research paper series*, Virginia, 2015.

MONAHAN, John, "A jurisprudence of risk assessment: forecasting harm among prisoners, predators, and patients", en http://www.virginialawreview.org/sites/virginialawreview.org/files/391.pdf.

MONGE FERNÁNDEZ, Antonia, *La circunstancia agravante de la reincidencia desde los fundamentos y fines de la pena*, Barcelona, 2009.

MONTERO AROCA, Juan, "El Derecho procesal en el Siglo XX", en PRIORI POSASA, Giovanni (comp.), *Temas de Derecho Procesal. Selección de Textos*, Materiales de Enseñanza PUCP, Lima, 2002.

MONTIEL, Juan Pablo, "¿Existen las *Obliegenheiten* en el Derecho penal?", en *InDret* (4), 2014.

MUNGAN, Murat C., "The Certainty versus the severity of punishment, repeat Ofenders, and stigmatization", en http://ssrn.com/abstract=2818881.

MUÑOZ CLARES, José, *Ne bis in idem y Derecho penal. Definición, patología y contrarios*, Murcia, 2006.

MUÑOZ CONDE, Francisco, "Penas y medidas de seguridad: monismo versus dualismo", en *Derecho penal y control social*, Jerez, 1985.

MUÑOZ CONDE, Francisco, *Edmund Mezger y el Derecho penal de su tiempo. Estudios sobre el Derecho penal en el nacionalsocialismo*, Valencia, 2002.

MUÑOZ CONDE, Francisco y GARCÍA ARÁN, Mercedes, *Derecho penal. Parte General*, 9ª edición, Valencia, 2015.

MUÑOZ LORENTE, José, *La nueva configuración del principio non bis in idem*, Madrid, 2001.

NAVARRO FRÍAS, Irene, "El principio de proporcionalidad en sentido estricto: ¿principio de proporcionalidad entre el delito y la pena o balance global de costes y beneficios?", en *InDret* (2), 2010.

NEUMANN, Ulfried, "Derecho penal del enemigo", en CANCIO MELIÁ, Manuel y GÓMEZ-JARA DÍEZ, Carlos (coords.), *Derecho penal del enemigo. El discurso penal de la exclusión*, tomo II, Buenos Aires-Montevideo, 2006.

ORÉ GUARDIA, Arsenio, *Manual de Derecho procesal penal*, Lima, 1999.

ORÉ SOSA, Eduardo, "El endurecimiento del Derecho penal a través de las Leyes 28726 y 28730", en *Revista Actualidad Jurídica* (junio), 2006.

ORÉ SOSA, Eduardo, "El pasado criminal como factor de agravación de la pena. La reincidencia y habitualidad en la sentencia del Tribunal Constitucional Exp. n° 0014-2006-PI/TC", en *Jus Constitucional* (febrero), 2008.

ORÉ SOSA, Eduardo, *Temas de Derecho penal,* Lima, 2009.

ORTIZ DE URBINA GIMENO, Iñigo; PAREJA, Monserrat; PONCE SOLÉ, Juli y SIBINA, Doménec, "Estudio preliminar: convivencia ciudadana, seguridad pública y urbanismo", en ORTIZ DE URBINA GIMENO, Iñigo y PONCE SOLÉ, Juli (coords.), *Convivencia ciudadana, seguridad pública y urbanismo. Diez textos fundamentales del panorama internacional*, Barcelona, 2008.

OTERO GONZÁLEZ, Pilar, *La libertad vigilada a ¿imputables?: presente y futuro*, Madrid, 2015.

ORTS BERENGUER, Enrique y GONZÁLEZ CUSSAC, José Luis, *Compendio de Derecho penal. Parte General*, 5ª edición, Valencia, 2015.

PADOVANI, Tullio, "Una novella piena di contraddizioni che introduce disparità inaccettabili", en *Guida al diritto*, Milán, 2006.

PAGLIARO, Antonio, *Principi di diritto penale. Parte Generale*, 8ª edición, Milan, 2003.

PALACIO SÁNCHEZ-IZQUIERDO, José Ricardo, "Novedades introducidas en el artículo 66 del Código Penal por la Ley de 29 de septiembre de 2003", en *Las recientes reformas penales: algunas cuestiones*, Bilbao, 2004.

PALERMO, Omar, "Reincidencia, injusto y culpabilidad", en MALDONADO FUENTES, Francisco (coord.), *Reincidencia y concurso de delitos. Reiteración delictiva*, Buenos Aires-Montevideo, 2016.

PANTA CUEVA, David y ALDANA DOMÍNGUEZ, Roger, "La reincidencia y la habitualidad", en *Manual de actualización procesal penal*, Lima, 2010.

PARSONS, Talcott, *El sistema social* (trad. Jiménez Blanco y Cazorla Pérez), Madrid, 1966.

PASQUEL, Enrique, "Amparo vs. Amparo. Entre el derecho al proceso y la seguridad jurídica", en *Themis. Revista de Derecho* (43), 2001.

PAVEZ LILLO, María Cristina, "Medidas cautelares en el proceso penal", en *Libro de ponencias del XVI Congreso Latinoamericano de Derecho penal y criminología*, Lima, 2004.

PAWLIK, Michael, "La pena retributiva y el concepto de delito" (trad. González Rivero), en *La libertad institucionalizada. Estudios de filosofía jurídica y Derecho penal*, Madrid-Barcelona-Buenos Aires, 2010.

PELISSERO, Marco, "L'incostituzionalità della recidiva obbligatoria. Una riflessione sui vincoli legislativi alla discrezionalità giudiziaria", en *Giurisprudenza Costituzionale* (4), 2015.

PEÑA CABRERA, Raúl, *Tratado de Derecho penal. Estudio programático de la Parte General*, 3ª edición, Lima, 1997.

PEÑA CABRERA FREYRE, Alonso Raúl, "La Ley penal sobre reincidencia y habitualidad. El retorno a los postulados del positivismo criminológico", en *Revista Actualidad Jurídica* (junio), 2006.

PEÑARANDA RAMOS, Enrique, "Sobre la influencia del funcionalismo y la teoría de sistemas en las actuales concepciones de la pena y del delito", en GÓMEZ JARA, Carlos (ed.), *Teoría de sistemas y Derecho penal. Fundamentos y posibilidades de aplicación*, Granada, 2005.

PERALTA, José Milton, *Una investigación acerca de la relevancia de las motivaciones individuales para el Derecho penal liberal*, Madrid, 2012.

PÉREZ ALONSO, Esteban, *El error sobre las circunstancias del delito*, Valencia, 2013.

PÉREZ DEL VALLE, Carlos, "La persona del Derecho penal en la filosofía del Derecho", en LÓPEZ BARJA DE QUIROGA, Jacobo (coord.), *Dogmática y Ley penal. Libro homenaje a Enrique Bacigalupo*, Barcelona, 2004.

PÉREZ DEL VALLE, Carlos, "Recensión a Pablo Sánchez Ostiz. Imputación y teoría del delito", en *InDret* (2), 2010.

PÉREZ MANZANO, Mercedes, *Culpabilidad y Prevención: Las teorías de la prevención general positiva en la fundamentación de la imputación subjetiva y de la pena*, Madrid, 1990.

PÉREZ MANZANO, Mercedes, *La prohibición constitucional de incurrir en bis in idem*, Valencia, 2002.

PIÑA ROCHEFORT, Juan Ignacio, "Rol social y sistema jurídico penal. Acerca de la incorporación de estructuras sociales en una teoría funcionalista del Derecho penal", en MONTEALEGRE, Eduardo (coord.), *Libro homenaje al profesor Günther JAKOBS. El Funcionalismo en Derecho penal*, Bogotá, 2005.

PIÑA ROCHEFORT, Juan Ignacio, "La construcción del 'enemigo' y la reconfiguración de la 'persona'. Aspectos del proceso de formación de una estructura social", en CANCIO MELIÁ, Manuel y GÓMEZ-JARA DÍEZ, Carlos (coords.), *Derecho penal del enemigo. El discurso penal de la exclusión*, tomo II, Buenos Aires-Montevideo, 2006.

POLAINO NAVARRETE, Miguel, *El injusto típico en la teoría del delito*, Buenos Aires, 2000.

POLAINO NAVARRETE, Miguel, *Derecho penal. Modernas bases dogmáticas*, Lima, 2004.

POLAINO NAVARRETE, Miguel, *La reforma penal española de 2003. Práctica jurídica*, Madrid, 2004.

POLAINO NAVARRETE, Miguel, *El injusto de la tentativa en el ejemplo de los delitos de mera actividad y de omisión pura*, Bogotá, 2004.

POLAINO NAVARRETE, Miguel, "Protección de bienes jurídicos y confirmación de la vigencia de la norma: ¿dos funciones excluyentes?", en *Cuadernos de Política Criminal* (93), 2007.

POLAINO NAVARRETE, Miguel, *Derecho penal. Parte General,* tomo I, Barcelona, 2008.

POLAINO-ORTS, Miguel, "Vigencia de la norma: el potencial sentido de un concepto", en *Libro homenaje al profesor Günther Jakobs. El Funcionalismo en Derecho penal*, tomo II, Bogotá, 2003.

POLAINO-ORTS, Miguel, *Derecho penal del enemigo. Desmitificación de un concepto*, Lima, 2006.

POLAINO-ORTS, Miguel, "La legitimación constitucional de un Derecho penal *sui generis* del enemigo frente a la agresión a la mujer", en *Indret* (3), 2008.

POLAINO-ORTS, Miguel, *El concepto funcionalista de enemigo*, Lima, 2009.

POLAINO-ORTS, Miguel, *Lo verdadero y lo falso en el Derecho penal del enemigo*, Lima, 2009.

PORTILLA CONTRERAS, Guillermo, "Relación entre algunas tendencias actuales de la filosofía y sociología y el Derecho penal: La influencia de las teorías funcionalistas y el discurso ético de Habermas en la selección de los valores penales", en DÍEZ RIPOLLÉS, José Luis (coord.), *La ciencia del Derecho penal ante el nuevo siglo. Libro homenaje al profesor doctor don José CEREZO MIR*, Madrid, 2003.

POSNER, Richard, *Análisis económico del derecho*, Lima, 1999.

PRADO SALDARRIAGA, Víctor Pablo, "Reincidencia, Habitualidad y Concurso Real de Delitos: Nuevos Problemas en la Determinación Judicial de la Pena", en *Cuestiones Actuales del Sistema Penal. XX Congreso Latinoamericano, XII Iberoamericano y V Nacional de Derecho penal y Criminología*, Lima, 2008.

PRADO SALDARRIAGA, Víctor Pablo, *Determinación judicial de la pena y Acuerdos Plenarios*, Lima, 2010.

PRATS CANUT, Josep Miquel, "Comentario al art. 22 CP", en *Comentarios al nuevo Código Penal*, Pamplona, 1996.

PUENTE RODRÍGUEZ, Leopoldo, "Fundamento dogmático de la agravación por reincidencia", en *Revista Jurídica de la Universidad Autónoma de Madrid* (26), 2012.

QUINTERO OLIVARES, Gonzalo y MORALES PRATS, Fermín, *Parte General del Derecho penal*, 4ª edición, Navarra, 2010.

QUINTERO OLIVARES, Gonzalo, "De las circunstancias que agravan la responsabilidad penal", en QUINTERO OLIVARES, Gonzalo (dir.), MORALES PRATS, Fermín (coord.), *Comentarios al Código Penal español*, Navarra, 2011.

QUINTERO OLIVARES, Gonzalo, "Monismo y dualismo. Culpables y peligrosos", en DEMETRIO CRESPO, Eduardo (dir.), MAROTO CALATAYUD, Manuel (coord.), *Neurociencias y Derecho penal. Nuevas perspectivas en el ámbito de la culpabilidad y tratamiento jurídico-penal de la peligrosidad*, Buenos Aires-Montevideo, 2013.

QUINTERO OLIVARES, Gonzalo y MORALES PRATS, Fermín, *Parte General del Derecho penal*, 5ª edición, Navarra, 2015.

RADBRUCH, Gustav, "El delincuente por convicción" (trad. Guzmán Dalbora), en *Revista Electrónica de Ciencia Penal y Criminología* (7), 2005.

RAGUÉS I VALLÈS, Ramón, *La prescripción penal: Fundamento y aplicación. Texto adaptado a la LO 15/2003 de reforma del Código Penal*, Barcelona, 2004.

RAGUÉS I VALLÈS, Ramón, "Derecho penal sustantivo y Derecho procesal penal: hacia una visión integrada", en HURTADO POZO, José (dir.), SAN MARTÍN CASTRO (coord.), *Anuario de Derecho penal. Reforma del proceso penal peruano*, Lima, 2004.

REÁTEGUI SÁNCHEZ, James, "Modificación de los requisitos materiales de la prisión preventiva. La reducción de la pena probable y la incorporación de la habitualidad delictiva", en *Revista Actualidad Jurídica* (junio), 2006.

REÁTEGUI SÁNCHEZ, James, *La garantía del "Ne bis in idem" en el Ordenamiento Jurídico-Penal*, Lima, 2006.

RECASENS. Amadeo, "Elementos emergentes de inseguridad ciudadana", *en Revista Catalana de Seguretat Pública* (6-7), 2000.

REDONDO, Santiago; FUNES, Jaume y LUQUE, Eulàlia, *Justícia penal i reincidencia*, Catalunya, 1993.

RIGHI, Esteban, *La culpabilidad en materia penal*, Buenos Aires, 2003.

RIGHI, Esteban, *Derecho penal. Parte General*, Buenos Aires, 2010.

RINCEANU, Johanna, "El futuro de la custodia de seguridad en Alemania", en ARROYO ZAPATERO, Luis; DELMAS-MARTY, Mireille; DANET, Jean y ACALE SÁNCHEZ, María (eds.), *Securatismo y Derecho penal. Por un Derecho penal humanista*, Cuenca, 2013.

ROBINSON, Paul H., *Principios distributivos del Derecho penal. A quién debe sancionarse y en qué medida* (trad. Cancio Meliá y Ortiz de Urbina Gimeno), Barcelona, 2012.

ROBLES PLANAS, Ricardo, "*Sexual Predators*. Estrategias y límites del Derecho penal de la peligrosidad", en *InDret* (4), 2007.

ROBLES PLANAS, Ricardo, "Introducción a la edición española. Dogmática de los límites al Derecho penal", en ROBLES PLANAS (ed.), *Límites al Derecho penal. Principios operativos en la fundamentación del castigo*, Barcelona, 2012.

ROBLES PLANAS, Ricardo, *Estudios de dogmática jurídico-penal. Fundamentos, teoría del delito y Derecho penal económico*, Buenos Aires-Montevideo, 2014.

RODRÍGUEZ HORCAJO, Daniel, "Para este viaje, ¿hacen falta estas (empíricas) alforjas? Recensión a ROBINSON, P. H., *Distributive principles of Criminal Law. Who should be punished how much? Nueva York (Oxford University Press), 2008, 267 pp.*", en *InDret* (4), 2012.

RODRÍGUEZ LÓPEZ, Fernando, "¿Puede el derecho sancionador frenar la corrupción? Reflexiones desde el análisis económico del derecho", en RODRÍGUEZ GARCIA, Nicolás y FABÍAN CAPARROS, Eduardo (coord.), *La corrupción en un mundo globalizado: análisis interdisciplinar*, Salamanca, 2004.

RODRÍGUEZ-MAGARIÑOS, Faustino Gudín, *La nueva medida de seguridad postdelictual de libertad vigilada. Especial referencia a los sistemas de control telemáticos*, Valencia, 2012.

RODRÍGUEZ MOURULLO, Gonzalo y BARREIRO, Jorge, *Comentarios al Código Penal*, Madrid, 1997.

ROIG TORRES, Margarita, *La cancelación de los antecedentes delictivos*, Valencia, 2012.

ROIG TORRES, Margarita, "Medidas de seguridad privativas de libertad: la regulación alemana y su reflejo en el proyecto de reforma del Código Penal español", en *InDret* (4), 2014.

ROIG TORRES, Margarita, "La reforma del Código penal en materia de reiteración delictiva", en ORTS BERENGUER, Enrique (dir.), ALONSO RIMO, Alberto y ROIG TORRES, Margarita (coords.), *Derecho penal de la peligrosidad y prevención de la reincidencia*, Valencia, 2015.

ROIG TORRES, Margarita, "Cambios en la regulación de los antecedentes penales (arts. 22, 80, 89, 90, 94 bis y 136", en GONZÁLEZ CUSSAC, José Luis (dir.), GORRIZ ROYO, Elena y MATALLÍN EVANGELIO, Ángela (coords.), *Comentarios a la Reforma del Código Penal de 2015*, 2ª edición, Valencia, 2015.

ROJAS VARGAS, Fidel, "Las funciones del Derecho penal y los principios de subsidiaridad y última ratio", en *Estudios de Derecho penal*, Lima, 2004.

ROMANO, Michel, "Striking back: using death penalty cases to fight disproportionate sentences imposed under California's three strikes law", en *Stanford law & Policy review* (21), 2010.

ROMEO CASABONA, Carlos María, *Peligrosidad y Derecho penal preventivo*, Barcelona, 1986.

ROMEO CASABONA, Carlos María, "Presupuestos biológicos y culpabilidad penal", en DEMETRIO CRESPO, Eduardo (dir.), MAROTO CALATAYUD, Manuel (coord.), *Neurociencias y Derecho penal. Nuevas perspectivas en el ámbito de la culpabilidad y tratamiento jurídico-penal de la peligrosidad*, Buenos Aires-Montevideo, 2013.

ROXIN, Claus, "Sentido y límites de la pena estatal" (trad. Luzón Peña), en *Problemas básicos del Derecho penal*, Madrid, 1976.

ROXIN, Claus, "¿Qué queda de la culpabilidad?" (trad. Silva Sánchez), en *Cuadernos de Política Criminal* (30), 1986.

ROXIN, Claus, *Derecho penal. Parte General. Fundamentos. La estructura de la teoría del delito* (trad., de la 2ª edición alemana de 1991 y notas por Luzón Peña, García Conlledo y de Vicente Remesal), tomo I, Madrid, 1997.

ROXIN, Claus, *Dogmática penal y política criminal* (trad. Abanto Vásquez), 1ª edición, Lima, 1998.

ROXIN, Claus, "Transformaciones de la teoría de los fines de la pena", en LASCANO (dir.), *Libro homenaje a Claus Roxin*, Córdoba, 2001.

ROXIN, Claus, "¿Es la protección de bienes jurídicos una finalidad del Derecho penal?" (trad. Ortiz de Urbina Gimeno), en HEFENDEHL, Roland (ed.), *La teoría del bien jurídico. ¿Fundamento de legitimación del Derecho penal o juego de abalorios dogmático?*, Madrid-Barcelona, 2007.

ROXIN, Claus, "De la dictadura a la democracia. Tendencias de desarrollo en el Derecho penal y procesal penal alemán" (trad. Cano Paños), en *Cuadernos de Política Criminal* (100), 2010.

ROXIN, Claus, "El nuevo desarrollo de la dogmática jurídico penal en Alemania" (trad. Robles Planas y Coca Vila), en *InDret* (4), 2012.

ROXIN, Claus, "El concepto de bien jurídico como instrumento de crítica legislativa sometido a examen" (trad. Cancio Meliá), en *Revista Electrónica de Ciencia Penal y Criminología* (15), 2013.

RUIZ-RICO RUIZ, Gerardo y CARAZO LIÉBANA, María José, *El Derecho a la tutela judicial efectiva*, Valencia, 2013.

SALAT PAISAL, Marc, *La respuesta jurídico penal a los delincuentes imputables peligrosos: especial referencia a la libertad vigilada*, Navarra, 2015.

SALINERO ALONSO, *Teoría general de las circunstancias modificativas de la responsabilidad y artículo 66 del Código Penal*, Granada, 2000.

SALINERO ALONSO, Carmen, "Naturaleza jurídica, fundamento y comunicabilidad de las circunstancias modificativas", en ADÁN NIETO, Martín (ed.), *Libro homenaje al Dr. Marino Barbero Santos*, Salamanca, 2001.

SÁNCHEZ LÁZARO, Fernando, "Alarma social y Derecho penal", en *InDret* (1), 2009.

SÁNCHEZ LÁZARO, Fernando, "Las circunstancias atenuantes y agravantes del delito", en ROMEO CASABONA, Carlos María; SOLA RECHE, Esteban y BOLDOVA PASAMAR, Miguel Ángel (coords.), *Derecho Penal. Parte General. Introducción. Teoría jurídica del delito*, Granada, 2013.

SÁNCHEZ-OSTIZ, Pablo, "Teoría del delito, imputación extraordinaria e incumbencias", en LUZÓN PEÑA, Diego-Manuel (dir.), *Derecho penal del Estado social y democrático de Derecho. Libro homenaje a Santiago Mir Puig*, Madrid, 2010.

SÁNCHEZ-OSTIZ, Pablo, *Fundamentos de Política criminal. Un retorno a los principios*, Madrid, 2012.

SÁNCHEZ-VERA GÓMEZ-TRELLES, Javier, *Variaciones sobre la presunción de inocencia. Análisis funcional desde el Derecho penal*, Madrid, 2012.

SAN MARTÍN CASTRO, César; CARO CORIA, Dino Carlos y REAÑO PESCHIERA, José Leandro, *Delitos de tráfico de influencias, enriquecimiento ilícito y asociación para delinquir*, Lima, 2002.

SANTANA VEGA, Dulce María, "La pena de libertad vigilada en delitos de terrorismo", en *Estudios Penales y Criminológicos* (XXIX), 2009.

SANZ-DÍEZ DE ULZURRUN LLUCH, Marina, "Reincidencia, habitualidad y profesionalidad en las últimas reformas penales. Especial referencia a la delincuencia patrimonial", en *Estudios Penales y Criminológicos* (XXXIII), 2013.

SANZ MORÁN, Ángel José, *Las medidas de corrección y de seguridad en el Derecho penal*, Valladolid, 2003.

SCHÜNEMANN, Bernd, "La función del principio de culpabilidad en el Derecho penal preventivo" (trad. Silva Sánchez), en SCHÜNEMANN, Bernd (comp.), *El sistema moderno del Derecho penal. Cuestiones fundamentales*, Buenos Aires-Montevideo, 2012.

SEHER, Gerhard, "¿Puede ser 'subsidiario' el Derecho penal? Aporías de un principio 'indiscutido'" (trad. Montiel), en ROBLES PLANAS, Ricardo (ed.), *Límites al Derecho penal. Principios operativos en la fundamentación del castigo*, Barcelona, 2012.

SERRANO-PIEDECASAS FERNÁNDEZ, José Ramón, *Conocimiento científico y fundamento del Derecho penal*, Lima, 1999.

SERRANO GÓMEZ, Alfonso, "La reincidencia en el Código Penal", en *Anuario de Derecho penal y Ciencias Penales* (24), 1976.

SERRANO GÓMEZ, Alfonso, "La reincidencia", en FERNÁNDEZ TERUELO, Javier Gustavo (dir.), GONZÁLEZ TASCÓN, María Marta y VILLA SIEIRO, Victoria (coords.), *Estudios penales en homenaje al profesor Rodrigo Fabio Suárez Montes*, Oviedo, 2013.

SIERRA LÓPEZ, María del Valle, *La medida de libertad vigilada*, Valencia, 2013.

SILVA SÁNCHEZ, Jesús-María, "¿Política criminal del legislador, del juez, de la administración penitenciaria? Sobre el sistema de sanciones del Código penal", en *Revista Jurídica La Ley* (4), 1998.

SILVA SÁNCHEZ, Jesús-María, "El retorno a la inocuización. El caso de las reacciones jurídico penales frente a los delincuentes sexuales violentos", en *Libro homenaje al Dr. Marino Barbero Santos in memoriam*, Cuenca, 2001.

SILVA SÁNCHEZ, Jesús-María; FELIP I SABORIT, David; ROBLES PLANAS, Ricardo y PASTOR MUÑOZ, Nuria, "La ideología de la seguridad en la legislación penal española presente y futura", en *La seguridad en la sociedad de riesgo. Un debate abierto*, Barcelona, 2003.

SILVA SÁNCHEZ, Jesús-María, "La sistemática alemana de la teoría del delito. ¿Es o no adecuada a estos tiempos?", en *Estudios de Derecho penal*, Lima, 2005.

SILVA SÁNCHEZ, Jesús-María, "Los indeseados como enemigos: la exclusión de seres humanos del *status personae*", en CANCIO MELIÁ, Manuel y GÓMEZ-JARA DÍEZ, Carlos (coords.), *Derecho penal del enemigo. El discurso penal de la exclusión*, tomo II, Buenos Aires-Montevideo, 2006.

SILVA SÁNCHEZ, Jesús-María, "La teoría de la determinación de la pena como sistema (dogmático): un primer esbozo", en *InDret* (2), 2007.

SILVA SÁNCHEZ, Jesús-María, "Identidad en el tiempo y responsabilidad penal", en GARCÍA VALDÉS, Carlos; CUERDA RIEZU, Antonio Rafael; MARTÍNEZ ESCAMILLA, Margarita; ALCÁCER GUIRAO, Rafael y VALLE MARISCAL DE GANTE, Margarita (coords.), *Estudios penales en homenaje a Enrique Gimbernat*, tomo I, Madrid, 2008.

SILVA SÁNCHEZ, Jesús-María, "¿*Nullum crimen sine poena*? Sobre las doctrinas penales de la 'lucha contra la impunidad' y del 'derecho de la víctima al castigo del autor'", en GARCÍA-PABLOS DE MOLINA, Antonio (ed.), *Víctima, prevención del delito y tratamiento del delincuente*, Granada, 2009.

SILVA SÁNCHEZ, Jesús-María, *Aproximación al Derecho penal contemporáneo*, 2ª edición, Buenos Aires-Montevideo, 2010.

SILVA SÁNCHEZ, Jesús-María, "¿Es la custodia de seguridad una pena?", en *InDret* (2), 2010.

SILVA SÁNCHEZ, Jesús-María, *La expansión del Derecho penal. Aspectos de la política criminal en las sociedades postindustriales*, 3ª edición, Buenos Aires-Montevideo, 2011.

SILVA SÁNCHEZ, Jesús-María, "Presupuestos socio-políticos de la atribución de responsabilidad penal", en *Estudios penales en homenaje al Profesor Rodrigo Fabio Suárez Montes*, Oviedo, 2013.

SILVA SÁNCHEZ, Jesús-María, "¿Adiós a un concepto unitario de injusto en la teoría del delito? A la vez, una breve contribución a la teoría de las medidas de seguridad", en *InDret* (3), 2014.

SILVA SÁNCHEZ, Jesús-María, *En busca del Derecho penal. Esbozos de una teoría realista del delito y de la pena*, Buenos Aires-Montevideo, 2015.

SMALL ARANA, Germán, *Situación carcelaria en el Perú y beneficios penitenciarios*, Lima, 2006.

STRASORIER, Daniel, "Política criminal de estados neoliberales. Latinoamérica. Necesidad de una transformación", en *Libro de ponencias del "XV Congreso Latinoamericano, VII Iberoamericano y XI Nacional de Derecho penal y Criminología"*, Córdoba, 2004.

STRATENWERTH, Günther, *¿Qué aporta la teoría de los fines de la pena*? (trad. Sancinetti), Bogotá, 1996.

TAVARES, Juarez, *Teoría del injusto penal* (trad. Pereira), Buenos Aires-Montevideo, 2010.

TÉBAR VILCHES, Beatriz, *El modelo de libertad condicional español*, Tesis doctoral UAB, Barcelona, 2004.

TEROL LEVY, Odette, "Medidas de seguridad con agresores sexuales", en GARCÍA-PABLOS DE MOLINA, Antonio (ed.), *Víctima, prevención del delito y tratamiento del delincuente*, Granada, 2009.

URBAN, Federica, "Sulla illegittimità costituzionale dell'applicazione obbligatoria della recidiva anche ai reati di particolare gravità e allarme social", en *Diritto Penale Contemporaneo*, Milán, 2016.

USET, Manuel, "Rational criminal addictions", en *Florida State University, Law, Business & Economics Research Paper* (16), 2014.

VELA GUERRERO, Anderson, "El *ne bis in idem* y el Derecho sancionador peruano", en *Revista Jurídica del Perú* (39), 2002.

VERVAELE, John, "*Ne bis in idem*: ¿un principio transnacional de rango constitucional en la Unión Europea? (trad. Blanco Cordero), en *InDret* (1), 2014.

VIANA BALLESTER, Clara, "Los delitos de estafa: arts. 249 y 250 CP", en GONZÁLEZ CUSSAC, José Luis (dir.), GORRIZ ROYO, Elena y MATALLÍN EVANGELIO, Ángela (coords.), *Comentarios a la Reforma del Código Penal de 2015*, 2ª edición, Valencia, 2015.

VILLAGRA, Carolina, GALLARDO, Roberto y PIÑOL, Diego, "Aspectos metodológicos de la medición de reincidencia", en *La medición de la reincidencia y sus implicancias en la política criminal*, Santiago de Chile, 2014.

VILLAGRA, Carolina, "Aspectos criminológicos para la comprensión de la reincidencia delictiva", en *La medición de la reincidencia y sus implicancias en la política criminal*, Santiago de Chile, 2014.

VILLAVICENCIO TERREROS, Felipe, *Derecho penal. Parte General*, Lima, 2006.

VILLAVICENCIO TERREROS, Felipe, "Insistiendo sobre la inconstitucionalidad de la Reincidencia. Comentario a la sentencia del Pleno Jurisdiccional del Tribunal Constitucional nº 0014-2006-PI/TC", en *Jus Constitucional* (febrero), 2008.

VITALE, Gustavo, "La inconstitucionalidad de la reincidencia: dos fallos ejemplares", en http://www.pensamientopenal.com.ar/system/files/2005/05/doctrina30140.pdf.

VON HIRSCH, Andrew, *Censurar y castigar* (trad. Larrauri), Madrid, 1998.

VON HIRSCH, Andrew, "Retribución y prevención como elementos de justificación de la pena" (trad. Nieto Martín), en ARROYO ZAPATERO, Luis; NEUMANN, Ulfried y NIETO MARTÍN, Adán (coords.), *Crítica y justificación del Derecho penal en el cambio de siglo*, Cuenca, 2003.

VON HIRSCH, Andrew, "Proporcionality of sentence and the role of previous convictions", en SCHULZ, Lorenz (ed.), *Festschrift für Imme Roxin*, Freiburg, 2012.

WOLTER, Jürgen, "Contribución a la crítica del sistema jurídico-penal de orientación político-criminal de Roxin" (trad. Silva Sánchez), en SCHÜNEMANN, Bernd (comp.), *El sistema moderno del Derecho penal*, Buenos Aires-Montevideo, 2012.

YACOBUCCI, Guillermo Jorge, "El dilema de la legalidad en el Derecho penal de los Derechos humanos", en CANCIO MELIÁ, Manuel y GÓMEZ-JARA DÍEZ, Carlos (coords.), *Derecho penal del enemigo. El discurso penal de la exclusión*, tomo II, Buenos Aires-Montevideo, 2006.

YANKAH, Ekow N., "Republican Responsibility in Criminal Law", en *Criminal Law and Philosophy* (9), 2015.

ZAFFARONI, Eugenio Raúl, *Manual de Derecho penal. Parte General*, 1ª edición, Lima, 1990.

ZAFFARONI, Eugenio Raúl, *Hacia un realismo jurídico penal marginal*, Caracas, 1992.

ZAFFARONI, Eugenio Raúl, *Tratado de Derecho penal*, tomo V, Buenos Aires, 1998.

ZAFFARONI, Eugenio Raúl, *Derecho penal. Parte General.* Con colaboración de Alejandro Alagia y Alejandro Slokar, Buenos Aires, 2000.

ZAFFARONI, Eugenio Raúl, *Derecho penal. Parte General*, 2ª edición, Buenos Aires, 2002.

ZAFFARONI, Eugenio Raúl, *En torno a la cuestión penal*, Buenos Aires-Montevideo, 2005.

ZAFFARONI, Eugenio Raúl, *El enemigo en el Derecho penal*, Madrid, 2006.

ZAFFARONI, Eugenio Raúl, "No es cierto que con el nuevo Código Penal desaparezca la reincidencia" (entrevista publicada el 23 de enero de 2015), en http://www.diariojudicial.com/nota/35744.

ZARA, Giorgia y FARRINGTON, David, *Criminal recidivism. Explanation, prediction and prevention*, London, 2016.

ZIFFER, Patricia, *Lineamientos de la determinación de la pena*, Buenos Aires, 1996.

ZIFFER, Patricia, "Reincidencia, *ne bis in idem* y prohibición de la doble valoración", en *Cuaderno de Doctrina y Jurisprudencia Penal* (III), Buenos Aires, 1997.

ZIFFER, Patricia, *Medidas de seguridad. Pronósticos de peligrosidad en el Derecho penal*, Buenos Aires, 2008.

ZUGALDÍA, José Miguel, *Fundamentos de Derecho penal*, 4ª edición, Valencia, 1993.

ZÚÑIGA RODRÍGUEZ, Laura, *Política criminal*, Madrid, 2001.

ZÚÑIGA RODRÍGUEZ, Laura, "Política criminal y prevención del delito; el denodado restablecimiento de la pena de prisión en España o la construcción social del delincuente enemigo", en GARCÍA-PABLOS DE MOLINA, Antonio (ed.), *Víctima, prevención del delito y tratamiento del delincuente*, Granada, 2009.

JURISPRUDENCIA CITADA

Jurisprudencia del Tribunal Europeo de Derechos Humanos

Sentencia del 9 de diciembre de 1994 (caso López Ostra v. España).

Sentencia del 30 de julio de 1998 (caso Oliveira v. Suiza).

Sentencia del 7 de diciembre de 2006 (caso Hauser-Sporn v. Austria).

Sentencia del 4 de marzo de 2008 (caso Garreta v. Francia).

Sentencia del 10 de febrero de 2009 (caso Zolotukhin v. Rusia).

Sentencia del 17 de diciembre de 2009 (caso M v. Alemania).

Jurisprudencia de la Corte Interamericana de Derechos Humanos

Sentencia del 17 de septiembre de 1997 (caso Loayza Tamallo v. Perú).

Sentencia del 12 de noviembre de 1997 (caso Suárez Rosero v. Ecuador).

Sentencia del 20 de junio de 2005 (caso Fermín Ramírez v. Guatemala).

Jurisprudencia de tribunales nacionales

España

Jurisprudencia del Tribunal Constitucional

STC (Sala Primera) núm. 2/1981, del 30 de enero de 1981 (ponente Manuel Díez de Velasco Vallejo). BOE núm. 47, del 24 de febrero de 1981.

STC (Sala Primera) núm. 31/1981, del 28 de julio de 1981 (ponente Gloria Begué Cantón). BOE núm. 193, del 13 de agosto de 1981.

STC (Pleno) núm. 33/1982, del 8 de junio de 1982 (ponente Ángel Latorre Segura). BOE núm. 153, del 28 de junio de 1982.

STC (Sala Segunda) núm. 77/1983, del 7 de noviembre de 1983 (ponente Luis Díez-Picazo y Ponce de León). BOE núm. 266, del 7 de noviembre de 1983.

STC (Sala Segunda) núm. 65/1986, del 22 de mayo de 1986 (ponente Ángel Latorre Segura). BOE núm. 144, del 17 de junio de 1986.

STC (Sala Primera) núm. 104/1986, del 17 de julio de 1986 (ponente Francisco Tomás y Valiente). BOE núm. 193, del 13 de agosto de 1986.

STC (Sala Primera) núm. 109/1986, del 24 de septiembre de 1986 (ponente Luis Díez-Picazo y Ponce de León). BOE núm. 253, del 22 de octubre de 1986.

STC (Pleno) núm. 160/1987, del 27 de octubre de 1987 (ponente Carlos de la Vega Benayas). BOE núm. 271, del 12 de noviembre de 1987.

STC (Pleno) núm. 150/1991, del 4 de julio de 1991 (ponente Luis López Guerra). BOE núm. 180, del 29 de julio de 1991.

STC (Sala Segunda) núm. 69/1992, del 11 de mayo de 1992 (ponente Álvaro Rodríguez Bereijo). BOE núm. 129, del 29 de mayo de 1992.

STC (Sala Segunda) núm. 88/1992, del 8 de junio de 1992 (ponente José Luis de los Mozos y de los Mozos). BOE núm. 157, del 1 de julio de 1992.

STC (Sala Segunda) núm. 152/1992, del 19 de octubre de 1992 (ponente Álvaro Rodríguez Bereijo). BOE núm. 276, del 17 de noviembre de 1992.

STC (Sala Segunda) núm. 57/1994, del 28 de febrero de 1994 (ponente Juan Diego González Campos). BOE núm. 71, del 24 de marzo de 1994.

STC (Sala Primera) núm. 320/1994, del 28 de noviembre de 1994 (ponente Carlos de la Vega Benayas). BOE núm. 310, del 28 de diciembre de 1994.

STC (Sala Segunda) núm. 66/1995, del 8 de mayo de 1995 (ponente Carles Viver Pi-Sunyer). BOE núm. 140, del 13 de junio de 1995.

STC (Sala Segunda) núm. 129/1995, del 11 de septiembre de 1995 (ponente Juan Diego González Campos). BOE núm. 246, del 14 de octubre de 1995.

STC (Sala Segunda) núm. 35/1996, del 11 de marzo de 1996 (ponente José Gabaldón López). BOE núm. 93, del 17 de abril de 1996.

STC (Sala Primera) núm. 207/1996, del 16 de diciembre de 1996 (ponente Vicente Gimeno Sendra). BOE núm. 19, del 22 de enero de 1997.

STC (Sala Segunda) núm. 37/1998, del 17 de febrero de 1998 (ponente Carles Viver Pi-Sunyer). BOE núm. 65, del 17 de marzo de 1998.

STC (Pleno) núm. 136/1999, del 20 de julio de 1999 (ponente Carles Viver Pi-Sunyer). BOE núm. 197, del 18 de agosto de 1999.

STC (Sala Segunda) núm. 88/1999, del 26 de mayo de 1999 (ponente Rafael de Mendizábal Allende). BOE núm. 154, del 29 de junio de 1999.

STC (Sala Primera) núm. 177/1999, del 11 de octubre de 1999 (ponente Pablo García Manzano). BOE núm. 276, del 18 de noviembre de 1999.

STC (Sala Segunda) núm. 114/2000, del 5 de mayo de 2000 (ponente Guillermo Jiménez Sánchez). BOE núm. 136, del 7 de junio de 2000.

STC (Pleno) núm. 120/2000, del 10 de mayo de 2000 (ponente Juan Diego González Campos). BOE núm. 136, del 7 de junio de 2000.

STC (Sala Segunda) núm. 19/2002, del 28 de enero de 2002 (ponente Eugeni Gay Montavo). BOE núm. 52, del 1 de marzo de 2002.

STC (Pleno) núm. 154/2002, del 18 de julio de 2002 (ponente Pablo Cachón Villar). BOE núm. 188, del 7 de agosto de 2002.

STC (Pleno) núm. 2/2003, del 16 de enero de 2003 (ponente María Emilia Casas Baamonde). BOE núm. 43, del 19 de febrero de 2003.

STC (Sala Primera) núm. 248/2004, del 20 de diciembre de 2004 (ponente María Emilia Casas Baamonde). BOE núm. 18, del 21 de enero de 2004.

STC (Sala Segunda) núm. 13/2006, del 16 enero de 2006 (ponente Eugeni Gay Montalvo). BOE núm. 100, del 26 de abril de 2007.

STC (Sala Primera), núm. 199/2006, del 3 de julio de 2006 (ponente Jorge Rodríguez-Zapata Pérez). BOE núm. 185, del 4 de agosto de 2006.

STC (Sala Primera) núm. 205/2007, del 24 de septiembre de 2007 (ponente Jorge Rodríguez-Zapata Pérez). BOE núm. 261, del 31 de octubre de 2007.

STC (Sala Segunda) núm. 11/2008, del 21 de enero de 2008 (ponente Guillermo Jiménez Sánchez). BOE núm. 40, del 15 de febrero de 2008.

STC (Sala Segunda) núm. 26/2008, del 11 de febrero de 2008 (ponente Vicente Conde Martín de Hijas). BOE núm. 64, del 14 de marzo de 2008.

STC (Pleno) núm. 185/2014, del 6 de noviembre de 2014 (ponente Fernando Valdés Dal-Ré). BOE núm. 293, del 4 de diciembre de 2014.

Jurisprudencia del Tribunal Supremo

STS núm. 415/1986, del 20 de marzo de 1986 (ponente Francisco Soto Nieto). ROJ STS núm. 1406/1986.

STS núm. 1263/1990, del 6 de abril de 1990 (ponente Enrique Bacigalupo Zapater). ROJ STS núm. 10325/1990.

STS s/n, del 6 de abril de 1990 (ponente Enrique Bacigalupo Zapater). ROJ STS núm. 3163/1990.

STS s/n, del 26 de diciembre de 1990 (José Augusto de Vega Ruíz). ROJ STS núm. 9780/1990.

STS s/n, del 18 de enero de 1991 (ponente Justo Carrera Ramos). ROJ STS núm. 167/1991.

ATS núm. 1729/1991, del 6 de mayo de 1991 (ponente Manuel García Miguel). ROJ ATS núm. 1905/1991.

STS núm. 2493/1991, del 5 de julio de 1991 (ponente Enrique Bacigalupo Zapater). ROJ STS núm. 7555/1991.

STS núm. 2123/1989, del 5 de julio de 1991 (ponente Enrique Bacigalupo Zapater). ROJ STS núm. 3910/1991.

STS s/n, del 28 de octubre de 1991 (ponente Enrique Bacigalupo Zapater). ROJ STS núm. 5794/1991.

STS s/n, del 21 de febrero de 1992 (ponente Francisco Soto Nieto). ROJ STS núm. 1389/1992.

STS núm. 788/1992, del 9 de marzo de 1992 (ponente Ramón Montero Fernández-Cid). ROJ STS núm. 12877/1992.

STS núm. 2483/1993, del 2 de noviembre de 1994 (ponente Gregorio García Ancos). ROJ STS núm. 7061/1994.

STS núm. 920/1998, del 8 de julio de 1998 (ponente Enrique Bacigalupo Zapater). ROJ STS núm. 4598/1998.

STS núm. 1078/1998, del 17 de octubre de 1998 (ponente Enrique Bacigalupo Zapater). ROJ STS núm. 5954/1998.

STS núm. 119/1999, del 5 de febrero de 1999 (ponente José Jiménez Villarejo). ROJ STS núm. 702/1999.

STS núm. 892/1999, del 2 de junio de 1999 (ponente José Manuel Martínez-Pereda Rodríguez). ROJ STS núm. 3888/1999.

STS núm. 1222/1999, del 23 de julio de 1999 (ponente Joaquín Delgado García). ROJ STS núm. 5387/1999.

STS núm. 853/2000, del 12 de mayo de 2000 (ponente Enrique Abad Fernández). ROJ STS núm. 3898/2000.

STS núm. 4553/1996, del 24 de octubre de 2000 (ponente Juan Antonio Xiol Ríos). ROJ STS núm. 7675/2000.

STS núm. 1919/2001, del 26 de octubre de 2001 (ponente Enrique Bacigalupo Zapater). ROJ STS núm. 8327/2001.

STS núm. 270/2001, del 12 de noviembre de 2001 (ponente Gregorio García Ancos). ROJ STS núm. 8777/2001.

STS núm. 345/2002, del 21 de febrero de 2002 (ponente José Antonio Marañón Chavarri). ROJ STS núm. 1209/2002.

STS núm. 5/2003, del 14 de enero de 2003 (ponente Carlos Granados Pérez). ROJ STS núm. 52/2003.

STS núm. 370/2003, del 13 de marzo de 2003 (ponente Juan Saavedra Ruiz). ROJ STS núm. 1778/2003.

STS núm. 1250/2003, del 30 de septiembre de 2003 (ponente Joaquín Jiménez García). ROJ STS núm. 5889/2003.

STS núm. 1020/2006, del 5 de octubre de 2006 (ponente Julian Artemio Sánchez Melgar). ROJ STS núm. 6579/2006.

STS núm. 460/2007, del 1 de junio de 2007 (ponente Joaquín Delgado García). ROJ STS núm. 3921/2007.

STS núm. 892/2008, del 26 de diciembre de 2008 (ponente Juan Ramón Berdugo Gómez de la Torre). ROJ STS núm. 6940/2008.

STS núm. 971/2010, del 12 de noviembre de 2010 (ponente Juan Ramón Berdugo Gómez de la Torre). ROJ STS núm. 6018/2010.

STS núm. 981/2013, del 23 de diciembre de 2013 (ponente Andrés Martínez Arrieta). ROJ STS núm. 6210/2013.

STS núm. 724/2014, del 13 de noviembre de 2014 (ponente Juan Ramón Berdugo Gómez de la Torre). ROJ STS núm. 4447/2014.

STS núm. 601/2015, del 23 de octubre de 2015 (ponente Antonio del Moral García). ROJ STS núm. 4590/2015.

STS núm. 18/2016, del 26 de enero de 2016 (ponente Candido Conde-Pumpido Touron). ROJ STS núm. 213/2106.

STS núm. 460/2016, del 27 de mayo de 2016 (ponente Ana María Ferrer García). ROJ STS núm. 2590/2016.

STS núm. 539/2016, del 17 de junio de 2016 (ponente Pablo Llerena Conde). ROJ STS núm. 2955/2016.

Perú

Jurisprudencia del Tribunal Constitucional

STC (Pleno) núm. 061-2002-AA/TC, del 21 de octubre de 2002.

STC (Pleno), núm. 010-2002-AI/TC, del 3 de enero de 2003.

STC (Sala Primera) núm. 0052-2003-HC/TC, del 17 de marzo de 2003.

STC (Sala Primera) núm. 0298-2003-HC/TC, del 17 de marzo de 2003.

STC (Sala Segunda) núm. 0729-2003-HC/TC, del 14 de abril de 2003.

STC (Pleno) núm. 2050-2002-AA/TC, del 16 de abril de 2003.

STC (Sala Primera) núm. 0713-2003-AA/TC, del 19 de mayo de 2003.

STC (Sala Primera) núm. 1176-2003-AA/TC, del 16 de junio de 2003.

STC (Sala Primera) núm. 1172-2003-HC/TC, del 9 de enero de 2004.

STC (Sala Primera) núm. 0075-2004-AA/TC, del 5 de mayo de 2004.

STC (Sala Primera) núm. 2192-2004-AA/TC, del 11 de octubre de 2004.

STC (Pleno) núm. 2915-2004-HC/TC, del 23 de noviembre de 2004.

STC (Sala Segunda) núm. 2837-2004-AA/TC, del 24 de noviembre de 2004.

STC (Pleno) núm. 2235-2004-AA/TC, del 18 de febrero de 2005.

STC (Pleno) núm. 0506-2005-PA/TC, del 8 de marzo de 2005.

STC (Sala Segunda) núm. 1805-2005-HC/TC, del 29 de abril de 2005.

STC (Sala Primera) núm. 2522-2005-PHC/TC, del 9 de junio de 2005.

STC (Sala Segunda) núm. 0032-2005-PHC/TC, del 28 de junio de 2005.

STC (Pleno) núm. 0019-2005-PI/TC, del 21 de julio de 2005.

STC (Pleno) núm. 0045-2004-PI/TC, del 29 de octubre de 2005.

STC (Pleno) núm. 003-2005-PI/TC, del 9 de agosto de 2006.

STC (Pleno) núm. 0012-2006-PI/T, del 15 de diciembre de 2006.

STC (Pleno) núm. 0014-2006-PI/TC, del 19 de enero de 2007.

STC (Pleno) núm. 00728-2008-PHC/TC, del 13 de octubre de 2008.

STC (Pleno) núm. 033-2007-PI/TC, del 13 de febrero de 2009.

STC (Sala Segunda) núm. 3509-2009-PHC/TC, del 19 de octubre de 2009.

Jurisprudencia de la Corte Suprema

Acuerdos Plenarios

Acuerdo Plenario núm. 1-2008-CJ/116.

Acuerdo Plenario núm. 8-2008-CJ/116.

Acuerdo Plenario núm. 8-2009-CJ/116.

Acuerdo Plenario núm. 1-2010-CJ/116.

Resoluciones

R.N. núm. 3388-2009-Santa, del 27 de mayo de 2010 (ponente Jorge Santa María Morillo).

R.N. núm. 4246-2009-Lima, del 14 de junio de 2010 (ponente César San Martín Castro).

R.N. núm. 674-2010-Cusco, del 28 de abril de 2011 (ponente Javier Villa Stein).

R.N. núm. 3361-2012-Lima, del 5 de marzo de 2013 (ponente César San Martín Castro).

R.N. núm. 1314-2013-Lima, del 5 de julio de 2013 (ponente Duberlí Rodríguez Tineo).

R.N. núm. 2979-2012-Lima, del 12 de septiembre de 2013 (ponente Elvia Barrios Alvarado).

R.N. núm. 3151-2013-Apurímac, del 23 de enero de 2014 (ponente César San Martín Castro).

R.N. núm. 2726-2013-Lima, del 18 de marzo de 2014 (ponente César San Martín Castro).

R.N. núm. 1407-2013-Lima, del 18 de marzo de 2014 (ponente Duberlí Rodríguez Tineo).

Casación núm. 321-2013-Junín, del 30 de abril de 2014 (ponente Hugo Príncipe Trujillo).

R.N. núm. 3085-2013-Lima, del 27 de mayo de 2014 (ponente Hugo Príncipe Trujillo).

R.N. núm. 3505-2013-Lima, del 1 de agosto de 2014 (ponente Víctor Prado Saldarriaga).

R.N. núm. 3807-2013-Junín, del 12 de agosto de 2014 (ponente Hugo Príncipe Trujillo).

R.N. núm. 3864-2013-Junín, del 9 de septiembre de 2014 (ponente Víctor Prado Saldarriaga).

R.N. núm. 1884-2014-Lima Norte, del 12 de octubre de 2015 (ponente Víctor Prado Saldarriaga).

R.N. núm. 2309-2014-Ucayali, del 27 de octubre de 2015 (ponente Jorge Salas Arenas).

R.N. núm. 3043-2015-Lima, del 14 de abril de 2016 (ponente Hugo Príncipe Trujillo).

FSC
www.fsc.org
MIX
Papier | Fördert gute Waldnutzung
FSC® C083411

Kolibri 360 GmbH
Ferdinand-Jühlke-Straße 7
99095 Erfurt, Deutschland
produktsicherheit@kolibri360.de

Druck:
CPI Druckdienstleistungen GmbH
im Auftrag der
Kolibri 360 GmbH
Ferdinand-Jühlke-Str. 7
99095 Erfurt